ESG 경영과 법률

ESG Management & Law

김병연 · 박종철 · 정웅채

정독
DEEP READING

들어가며

최근의 ESG 경영은 이제 기업 경영에 있어서 변수가 아니라 하나의 상수로 자리잡고 있다. ESG 경영은 COVID19 전염병이 인류의 인재라는 생각이 자리잡음에 따라 과거의 경영화두와는 다르게 기업에 여러 가지 과제와 문제점을 제기하면서 기업과 경영자에게 기회와 위협요인으로 작용하고 있다.

기업 경영에 있어서 많은 경영기법과 트렌드가 생성되고 소멸되곤 했다. 많은 경영자들과 법률가들은 ESG 경영도 그런 트렌드의 하나로 사람들에게 회자되다가 없어질 것이라고 생각했다. 특히 COVID19로 인하여 ESG 경영은 중요성을 상실하고 빛이 바랠 것이라는 것이 중론이었다. 그러나 COVID19로 인하여 ESG 경영은 더욱더 스포트라이트를 받게 되었다. 무엇보다도, 단기간의 분석이지만 ESG 경영을 한 기업이 회복탄력성이라는 측면에서 다른 기업에 비해서 좋은 경영성과를 보이고 있다는 결과를 접하게 되면서 경영과 법률종사자들은 ESG 경영과 법률에 대한 새로운 관심을 갖게 되었다.

과거에는 EU가 ESG 경영과 관련된 논의의 주된 중심이었지만, 최근에는 미국도 적극적으로 참여하고 있다. 미국의 회사법과 관련된 대법원 판례와 최근의 인종차별, Me Too 현상들이 복합적으로 작용하면서 ESG 경영 트렌드의 폭과 범위가 제한이 없어지는 추세이다. 또한 독일의 공급망실사법이 2023년 1월부터 시행됨에 따라 새로운 진화와 변화가 예상된다. 현실적으로 경영자가 접하게 되는 어려움은 ESG 경영이 환경, 사회적 책임 및 지배구조를 포괄하는 모든 사회적인 요소들을 포함한다는 점이다. 그런 점에서 이제는 ESG 경영은 공급망 관리, 인적 자본관리, 개인정보보호 및 영미권에서 일반적인 브랜드 행동주의까지도 다루고 있는 실정이다.

ESG 경영의 본질을 탐구하면 궁극적으로 회사의 목적 및 회사의 기본권에 도달하게 된다. 유럽의 동인도회사와 미국의 철도사업 등으로 인하여 회사라는 제도가 만들어진 이후 투자자로부터 거대 자본을 모집하여 회사 정관에 기재된 목적을 수행하고 주주들에게 배당을 하는 소기의 목적을 달성하고 있다.

회사의 목적과 관련하여 두 가지의 담론이 있다. Milton Friedman과 Friedrich Hayek가 지지한 주주중심주의(shareholder primary)는 이사와 경영자는 이사를 임명 및 해임하고 지배구조 개혁에 투표하여 기업의 지배구조를 결정할 권리가 있는 주주가 있기 때문에 주주의 이익을 위해 회사를 운영해야 한다고 주장하였다. 그러나 Edward Freeman 등이 주장하는 이해관계자 중심주의(stakeholder primary, stakeholder theory)는 비즈니스가 주주의 이익을 극대화하는 것이라는 생각을 구태로 만들어버렸지만, 경영진의 임무는 이해관계자를 위해 가능한 한 많은 가치를 창출하는 것이라고 하며 이제 이런 생각에 동조하는 사람들이 증가하고 있다. 마침내 세계 181명의 CEO로 구성된 Business Roundtable(BRT)에서 기업 책임에 대한 현대적인 표준으로 기업의 주주 우선 원칙을 폐지하고 모든 이해관계자의 가치가 통합된 새로운 기업의 목적을 선언했다. 다만, 아직까지는 주주중심주의와 이해관계자 중심주의에 대한 기업의 목적을 다루는 중요한 미국 대법원 판례 케이스를 살펴보면 케이스마다 다르게 판결하고 있는 것을 볼 수 있다. ESG 경영을 수행하다 보면 회사의 기본권과 관련된 이슈와 접하게 될 것이다. 이해관계자의 이익과 배치되는 회사의 기본적인 권리를 어떻게 판단하여야 하는 부분은 아직까지도 미국에서는 진행형인 것 같다.

ESG 경영과 관련하여 경영계에 가장 큰 영향을 미치고 있는 것은 공급망관리이다. 이미 많은 기업들이 애플, 마이크로소프트 등 글로벌기업으로부터 공급망 관리와 관련된 규제 아닌 규제를 당하고 있는 실정이다. 게다가 최근에 독일 연방의회를 통과한 독일 공급망 실사법은 어느 정도의 법률실사(due dilligence)를 포함하는 수준으로 확대되고 있다. 또한 진화된 형태로 나타나는 ESG 경영은 인적자본관리, 개인정보보호 보고의무 및 CEO·브랜드 행동주의를 포괄하고 있다. 인적 자본관리는 회사의 기업문화, 임직원 및 이사회 다양성, 인종 차별, 직장내 왕따, 갑질 관행 금지 등을 포괄하는 이슈이다. 아울러 기업의 개인정보보호와 관련된 보고의무 이행 및 영미권에서 유행하고 있는 CEO 및 기업 브랜드와 관련된 행동주의도 어느 순간부터 ESG 경영 속에 자리잡고 있다.

이러한 현상은 사회적인 문제 해결에 있어서 기업이 어느 정도 정부의 역할을 대신하고 있고, 또한 주주와 임직원 등 이해관계자들은 기업이 그러한 책무를 수행하기를 원하고 있기 때문이다. 실제 현업에서 경영에 종사하는 경영자들은 어떻게 보면 범위와 한계가 모호한 ESG 경영이라는 거대한 소용돌이 속에서 이익을 창출하고 주주, 임직원 및 이해관계자들과 소통하여야 한다. 저자들은 ESG 경영의 이론과 실무에 대한 도움을 주고자, ESG 원칙, ESG 경영, ESG 법률, ESG 채권, ESG 투자 및 ESG 평가 등을 체계적으로 정리하고 실제 실무에서 활용할 수 있도록 대응방안을 수록하였다.

먼저, ESG 원칙과 관련하여 ESG 의의, 글로벌 동향 등을 살펴보았다. 다음으로 ESG 경영이 탄생하게 된 본질을 경영 및 법률적인 측면에서 탐구하여 기업의 본질과 ESG 관련 책임, 기업의 ESG 관련 책임의 이행, ESG 관련 사업지원과 정보공시규제, 회사의 기업 목적, 권리 등을 다룬다. 그리고 최근의 글로벌 트렌드인 공급망 관리, 인적 자본관리, 개인정보보호 보고의무와 브랜드 행동주의를 살펴보고 기업이 어떻게 대응하여야 하는지에 대한 전략적 방향성을 제안한다. 아울러, 실무적으로 ESG 채권, ESG 투자 및 ESG 평가 등을 분석한다. 특히, ESG 거버넌스와 관련하여 전사 전략방향성 수립, 이사회, 전담 위원회, 감사위원회, 보상위원회, 임원선임위원회, ESG 전담부서와 관련된 역할과 책임을 제안한다.

저자들은 학계, 경영진 및 법률의 전문가로 구성되어 있어 독자들이 ESG 경영과 관련된 본질에 대한 이해를 통하여 실무에서 직면하고 있는 진화된 ESG 경영 위협에 대응할 수 있도록 하였다. 또한 실무에서 언제든지 활용할 수 있는 전략 및 대응방안을 제시하여 일선 경영자들과 실무자들이 쉽게 도움을 받을 수 있도록 하였다.

끝으로 어려운 출판환경 속에서도 흔쾌히 출판을 마다하지 않으신 출판협동조합 박노일 이사장님, 도서출판 정독 김중용 사장님, 심성보 이사님을 비롯한 여러 관계자분에게 감사의 말씀을 드린다.

2021년 9월
저자 일동

차 례

제1장

ESG 원칙

제1절

ESG의 의의

1. ESG란?

(1) ESG 개념 정의

ESG는 환경(environmental), 사회(social), 지배구조(governance)의 이니셜을 합친 용어이다. ESG는 기업활동과 관련하여 단기적인 성과를 보기보다는 장기적인 가치를 창출하는지의 관점에서 접근하는 것이며, 갈수록 그 중요성이 높아지고 있다.[1)]

'E'는 환경(environmental)을 의미하며 온실가스와 같은 자연 생태계에 대한 기업의 영향을 측정하는 요소이다. 투자대상을 선정함에 있어 기업의 생산활동에서 오염물질을 배출하거나 제품생산과정에서 사용되는 물의 양, 에너지의 종류 등을 보겠다는 것이다. 환경적인 요소는 여러 가지 면에서 접근될 수 있다. 단순히 제품생산에 있어서 오염물질을 배출하는지, 어떠한 에너지를 사용하는지, 향후 재활용되는지를 보기도 하고, 디자인의 측면에서 환경친화적인 것을 고려하기도 한다.

'S'는 사회(social)를 의미하는데, 노동력, 고객, 사회와 관련된 기업활동을 말한다. 노동의 질, 노동자의 건강과 안전, 노동훈련 등 기업활동을 위해서 노동력을 착취하는 것이 아니라, 노동자의 건강과 안전과 관련된 노동인권을 보호하고, 노동훈련과 교육을 통하여 노동의 질을 제고하면서 기업의 생산성을 높이는 것을 의미한다.

'G'는 지배구조(governance)를 의미한다. 기업지배구조는 항상 뜨거운 논쟁을 불러오는 주제이다. 지배구조의 핵심은 경영진, 즉 이사회의 구성원을 보는 것이라고 할 수 있다. 장기투자를 하는 주주들의 최선의 이익을 위해서 행동하는지, 적대적 M&A를 방어함에 있어서 주주의 이익을 고려하는지는 투자결정에 있어서 중요한 요소가 된다. 또한 이사회 구성이 다양하고, 독립적인지, 경험이 많은 자들로 이사회가 구성되는지도 중요하다. 그리고 사기나 뇌물, 부패와 같은 불법적인 행동을 하지 않고, 경영진의 보수를 합리적인 수준으로 책정하는지 여부도 투자결정에 중요한 요소가 된다는 것이다.

위에서 언급한 ESG의 각 요소들이 기업활동에 있어서 긍정적인 영향을 발휘하는지를 판단하고 투자를 하겠다는 것이 ESG투자이다. 기업은 영리추구를 본질적으로 하는 개체라고 하는 것이 전통적인 기업관이었다고 한다면, ESG투자는 영리추구가 기업의 유일한, 또는 가장 중요한 목적으로 보지 않고, 비재무적인 요소인 환경, 사회공동체, 그리고 지배구조 측면에서 선한 영향력을 끼치는 것을 고려하여 소위 좋은 기업으로 보고 투자하겠다는 것이다.

(2) ESG의 현실적 중요성과 관련 개념들

ESG는 환경(Environmental)·사회(Social)·지배구조(Governance)를 뜻하는 각 영어단어의 앞 글자를 딴 표현인데, 기업평가의 측면에서는 기업의 매출 자체가 아니라 어떻게 매출을 올렸는가에 초점을 맞추는 일종의 비재무적 요소의 하나이다. 투자의 측면에서 살펴본다면, 투자대상을 선정하고 투자 여부를 결정함에 있어서 '사회적 책임투자'(Social Responsibility Investment: SRI) 혹은 '지속가능한 투자'(sustainable investment)라고 불리는 소위 가치투자의 일종이라고 할 수 있다. 사회적 책임투자의 관점에서 접근한다면, ESG는 기업의 재무적 요소들과 함께 고려되는 요소로 점점 더 그 중요성이 높아지고 있다.

사회적 책임투자라 함은 사회적·윤리적 가치를 반영하는 기업에 투자하는 방식을 말한다. 사회적 책임투자의 개념이 있기 전부터 기업에 대하여 사회적인 기여를 기대하며 이론적으로 논의되기 시작된 '기업의 사회적 책임'(corporate social responsibility)으로부터 시작되었다. 기업의 사회적 책임에 대한 활발한 논의는 투자의 영역으로 옮겨가면서 사회적 책임투자에 대한 관심을 불러일으켰고, 소외된 계층 내지 사회적응력을 높이는 과정에 있는 계층들을 지원하기 위한 사회적 영향 펀드(social impact fund)의 조성을 거쳐 기업의 영속적인 지속이 단순한 이익창출에만 있지 않고 환경, 노동, 지배구조 등의 사회적 가치를 높이는 기업의 지속가능한 경영을 가져오기 위해서는 ESG에 대한 기업의 인식전환이 필요하다는 것으로 발전되었다고 할 수 있다.

기업의 사회적 책임, 사회적 책임투자, 사회적 영향 투자펀드, 지속가능한 기업경영, ESG와 같은 개념들의 공통점은 전통적인 법적 시각에서 본다면 법적으로 강제하기 어렵다는 공통적인 한계를 가진다는 것이다. 기업의 사회적 책임이라는 개념이 등장한 이후 이러한 유형의 책임을 기업에게 강제하는 것은 법적인 차원에서 가능하지 않다고 하는 것이 지배적인 견해였다. 그런데 최근에 들어와서는 기업을 평가함에 있어서 기업의 재무적 성과만을 판단하던 전통적 방식과 달리, 장기적 관점에서 기업 가치와 지속가능성에 영향을 주는 ESG(환경·사회·지배구조) 등의 비재무적 요소를 충분히 반영해 기업평가를 하는 경향이 강해지고 있다.

기업의 ESG 성과를 활용한 투자 방식은 투자자들의 장기적 수익을 추구하는 한편, 기업 행동이 사회에 이익이 되도록 영향을 줄 수 있다. 사실 기업에 대한 이러한 사회인식의 변화는 기업의 사회적 책임의 등장 이후 사회적 책임투자와 사회적 기업을 거치면서 이미 감지된 것이었다. 이른바 공공의 이익이 강조되면서 사회적 가치는 공유가치의 창출, 즉 CSV(creating shared value)라는 개념을 앞세우면서 기업의 사회적 책임에 대하여 강제성을 띠기 시작한 것이다. 이와 더불어 2000년대 들어서면서 사회적 기업(social enterprise)의 개념이 등장하여 '기업'의 개념정의에 대한 혼란 내지 큰 변화가 일어나게 된다.

원래는 기업은 조직적인 경제활동단위조직을 의미하며, 상거래의 영역에서 기업은 영리를 추구하는 것을 당연히 기본적이다. 그런데, 사회적 기업이라 함은 영리기업과 비영리기업의 중간 형태로, 사회적 가치와 목적을 우선적으로 추구하면서 재화·서비스의 생산·판매 등 영업활동을 수행하는 기업조직을 말한다. 예를 들어, 「사회적 기업 육성법」에서는 사회적 기업을 취약계층에게 사회서비스 또는 일자리를 제공하여 지역주민의 삶의 질을 높이는 등의 사회적 목적을 추구하면서 재화 및 서비스의 생산·판매 등 영업활동을 하는 기업으로서 고용노동부 장관의 인증을 받은 기관으로 정의하고 있다(법 제2조 제1호). 일반적인 영리기업이 기업활동을 통하여 획득한 이윤을 주주를 비롯한 자금을 출연한 사원(社員)들에게 배당하는 것이 주된 형태임에 반해, 사회적 기업은 사회취약계층에서 각종 복지관련 서비스를 제공하고 일자리를 창출하는 등의 이른바 사회적 가치를 위한 사회적 목적을 그 활동의 주된 목적으로 하고 있다는 점에서 차이가 있다.

(3) CSR vs. CSV

기업의 사회적 책임(CSR)과 사회적 기업의 경우처럼 사회적 가치(CSV)를 추구하는 것은 그 운영행태에 있어서 2가지 개념에서 다소 차이가 존재한다.

첫째, CSR의 측면에서는 사회가 기업에 대하여 사회적으로 선한 행동을 할 것을 기대하는 것인 반면, CSV의 경우에는 기업활동의 경제적 가치와 사회적 가치의 조화를 기업의 존립목적으로 한다는 것이다. 그 결과 단순히 기업의 사회적 책임이라는 개념만을 이야기하는 경우에는 강제성이 없다는 단점 내지 내재적인 한계가 존재한다. 법적으로 강제할 수 있는 책임은 영어로 'liability'에 해당한다. 이에 반해서 기업의 사회적 책임에서 말하는 책임은 'responsbility'로 표현된다. 즉 강제성이 없다는 것을 전제로 하는 것이다. 일종의 윤리적 측면에서 접근하여 본다면 기업이윤의 획득이 사회에서 발생하는 것이고, 또한 기업은 사회적 합의의 산물이라고 할 수 있는 법률에서 법인격을 부여함으로써 존립하기 시작하고 법률행위를 통하여 법적 효과들을 발생시키는 것이기 때문에 그러한 사회에 대하여 어떤 형태로든 기여(contribution)를 하는 것이 도덕적인 측면에서 바람직하지 않겠느냐는 것이다. 이에 반해 기업의 사회적 가치를 이야기할 때는 기업의 경제적 가치와 사회공동체의 가치를 조화하는 방향으로 기업활동을 해야 한다는 일종의 요구를 강하게 하는 것이다. 물론 기업의 사회적 책임의 경우처럼 법적으로 강제하기는 힘들기는 하지만, 사회적 가치를 실현하기 위해서 일반적인 영리적 기업의 개념에 변화를 가져오는 입법을 통해서 탄생한 사회적 기업(social enterprise)[2)]이나 사회적 영향 펀드의 경우와 같이 기업활동이나 투자원칙에 사회적 가치를 추구하는 것을 요구하는 것이다.

둘째, CSR은 영리활동을 위해 출자한 사원들의 이익을 추구하면서 독립적인 법인으로서의 기업의 지속가능성이 초점인 반면, CSV의 경우에는 사회적 가치를 위해 공헌하는 기업과 기업이 속한 지역공동체의 소위 상생가능성의 길을 모색한다는 점에서 차이가 있다. CSR이 기업이 획득한 이윤의 일부를 가능하면 사회에 기부하는 것을 요청하는 것이라면, CSV는 기업활동 내지 펀드투자 자체가 사회적 가치를 창출하는 경제적 활동이 되어야 한다는 것이라는 점에서 차이가 있다.

셋째, CSR과 CSV 모두 사회적인 기여라는 요소를 담고 있다는 점에서는 공통점이 있다. 그러나 CSR이 추구하는 사회적 책임은 기업활동의 이익창출과는 관계가 없고 기업활동으로 발생한 이윤을 사회에 일부 기부하는 차원이라면, CSV의 경우에는 기업의 정관상 목적 자체가 사회적 가치의 실현을 위한 것이고, 기업의 경제적 투자활동의 목적이 바로 사회적 가치의 실현이 되어야 한다는 것이다.

2. ESG의 국제적인 움직임

ESG가 최근 많은 주목을 받고 있지만, 실은 1946년에 설립되어 국제적 표준화를 위해 활동하고 있는 국제표준화기구(Internation Organization for Standardization: ISO)가 일찍이 관심을 가지고 ESG와 관련한 국제표준을 선포한 바 있다. 환경(E) 분야에서는 ISO140001(환경경영 시스템)을, 사회적(S) 책임 분야에서는 ISO26000을, 지배구조(G) 분야에서는 ISO19600(컴플라이언스 경영시스템)과 ISO37001(부패방지 경영시스템)을 제시하였다. ISO14001은 환경경영 시스템에 대한 요구사항을 규정하는 국제적 표준인데, 자원의 효율적인 사용과 폐기물의 감소를 도와줌으로써 경쟁력의 강화와 이해관계자들의 신뢰를 얻도록 하는 것이 그 목적이다.[3)]ISO26000은 사회적 책임(CSR)에 대한 기업의 집행은 기업의 경쟁력을 강화하고 고객과 지역사회에 대한 이미지 제고 등 평판을 높이며, 근로자의 자부심과 근로의욕을 고취하는 등 장점이 있다는 것을 강조하고 있다.[4)] 그리고 ISO37001의 내용은 투명성과 신뢰는 모든 조직의 신용을 담보하는 요소라는 것을 강조하며, 뇌물은 효율적인 기관운영과 공정한 기업활동을 저해하는 가장 최악의 것이기 때문에 기업은 뇌물 수수를 예방하고 탐지하는 시스템을 갖추어야 하며, 뇌물수수를 탐지하고 위험성을 관리하는 책임자를 선임하는 등의 절차를 마련하여야 한다는 것이다.[5)]

지속가능한 발전을 위한 기업과 투자자의 사회적 책임이 중요해지면서 세계적으로 많은 금융기관과 기관투자자들은 기업들의 ESG 관련 활동에 대한 평가정보를 활용하고 있다. 2000년대 들어서 영국을 시작으로 스웨덴, 독일, 캐나다, 벨기에, 프랑스 등 유럽의 여러 나라에서 연기금을 중심으로 ESG 정보 공시 의무제도를 도입했다.

ESG를 중요시하는 투자가 전 세계적으로 확대된 결정적 계기가 된 것은 2006년 유엔책임투자원칙(United Nations Principles for Responsible Investment: UN PRI)

의 출범이라고 할 수 있다. UN은 2006년 코피 아난(Kofi Annan)이 사무총장이던 시기에 유엔책임투자원칙(UN PRI)을 제정하여 ESG 이슈를 고려한 사회책임투자를 장려하고 있다. 그 결과 UN PRI에 가입한 투자관련기관은 2021년 1월 현재 3,615곳이 되고 우리나라의 경우에도 11개 기관이 가입되어 있다. UN PRI 출범 이후에도 2015년 유엔 지속가능개발목표(Sustainable Development Goals, SDGs), 파리협정(Paris Agreement)과 같은 ESG 이슈에 대한 국제사회의 협력이 지속적으로 강화되고 있음을 고려할 때 투자결정을 함에 있어서 ESG를 중요하게 고려하는 경향은 더욱 강해질 것이다.

3. UN 책임투자원칙

(1) 환경적인 측면

유엔책임투자원칙(UN PRI)에 따르면, 현재 ESG와 관련된 주된 쟁점은 다양한 방면에 걸쳐 있다. 먼저 환경적인(Environmental) 요소로는 지속가능한 토지사용(sustainable land use), 플라스틱(plastic) 사용의 감소, 물(water) 부족과 오염 문제, 자원탐사와 관련하여 환경문제를 야기하는 프래킹fracking),[6] 지구온난화를 악화시키는 메탄가스(methane), 그리고 생물다양성(biodiversity)의 문제로써 환경변화로 인하여 멸종되는 종이 많아지고 있다는 것이다. 토지의 무분별한 사용을 지양하고, 썩지 않는 플라스틱으로 인한 환경파괴와 동식물에 대한 치명적 위험, 지구온난화의 문제들은 이제는 전혀 새롭지 않은 문제이고 그 필요성에 대한 인식을 하면서도 실제로 우리들의 사회생활 가운데에서 실현되지 못하고 있는 부분임을 인정할 수밖에 없다. 그리고 현재 지구상의 생물은 1,300만 종 이상으로 추정되는데, 인간에게 알려진 것은 13% 정도에 불과하다고 한다. 따라서 인간에게 알려지기도 전에 환경변화로 인하여 종이 멸절되는 것에 대한 우려가 있는 것이다.[7]

(2) 사회적인 측면

둘째, 사회적인(Social) 요소로는 인권과 노동여건(Human rights and labour standards)의 문제, 노동여건과 깊은 관련성을 가진 피고용인(Employee)의 지위와 권리의 문제, 그리고 분쟁과 갈등지역(Conflict zones)에서의 기업활동에 대한 관심이다. 인권과 노동요건, 근로자의 권리와 근로환경의 문제는 이미 입법화된 부분이 많고 강제성이 강한 분야이기도 한다. 그러나 분쟁과 갈등지역, 즉 인종이나 종교문제, 자원획득의 경쟁 등이 첨예하게 대립하는 지역에서 이루어지는 기업활동에 대하여 어떠한 규제가 필요하고 그러한 갈등지역에서 이루어지는 기업활동에 대한 투자가 어떤 식으로 이루어져야 하는지에 대한 것은 최근에 와서 많은 사회적 관심을 받고 있다.

(3) 지배구조적인 측면

셋째, 지배구조(Governance)와 관련된 요소로는, 주로 기업활동과 직접적으로 연관된 것이다. 조세회피(Tax avoidance), 경영진에 대한 과도한 보수지급(Executive pay), 기업활동 관련 부패(Corruption), 경영진 선임(Director nominations)의 문제, 사이버 보안(Cyber security) 등의 문제는 건전한 기업활동의 확보, 즉 기업활동이 기업 자체적인 이윤획득으로 주주들(shareholders)에 대한 배당을 하는 것뿐만 아니라, 이른바 이해관계자(stakeholders)를 포함하여 경제계 전체로 그 위험이 확장될 수 있는 부분이다. 지배구조와 관련된 문제들에 대처하는 첫 번째 단계는 투명한 공시(transparent disclosure)로부터 시작되어야 한다.

기업활동과 기업에 대한 투자와 관련하여 발생할 수 있는 위험요소를 제거 또는 감소시키기 위해서는 투명성(transparency)을 제고하는 것이 절대적으로 필요하다. 조세회피는 당연히 현행법을 위반하는 범죄인 동시에 모두에게 평등하여야 할 조세형평을 저해하는 것이며, 금전적으로는 국가, 사회에서 전체 공동체의 복지를 위해서 사용되어야 하는 재원의 충족을 침해하는 것이다. 이러한 부작용을 지니고 있는 조세회피는 개인의 경우보다 기업의 조세회피 규모가 더 크다는 점에서 철저한 감시가 필요하다. 조세회피를 감시하고 조세회피 시도를 억제하고 예방하기 위해서는 정부 조세당국에 의한 철저한 감시와 감독이 필요하다. 그리고 그와 더불어 대차대조표를 비롯하여 기업회계와 관련된 자료들을 공시하도록 함으로써 사회적인 감시가 이루어지도록 하는 것이 또한 필요하다. 경영진에 대한 과도한 보수 지급의 문제는 2000년 초반 Enron과 Worldcom 등의 회계부정 사건과 더불어 경영진의 과도한 보수책정이 이해상충의 관점에서 문제가 되기 시작하였다. 경영진의 보수는 경영진이 기업과 주주들에 대하여 부담하여야 하는 신인의무(fiduciary duty)를 위반하는 것이다. 즉 기업이윤 중에서 차지하는 경영진의 보수가 증가하면 증가할수록 주주들에게 배당되는 금액에는 부정적인 영향을 미칠 수밖에 없기 때문에 이사가 회사에 대하여 부담하는 충실의무, 즉 이해상충의 문제인 것이고, 과도한 보수의 책정은 충실의무 위반이 될 가능성이 높다. 따라서 이러한 경영진에 대한 보수의 문제도 공시를 통하여 투명성을 높이는 것이 필요하다. 기업활동에서 발생하는 부패(Corruption)의 문제는 좀 더 직접적으로 재무상태에 영향을 미친다. 매년 부패로 인한 손실은 전 세계 GDP(US $2.6 trillion)의 5%를 초과하는 규모이고, 여러 가지 형태로 주어지는 뇌물의 규모는 US $1 trillion을 초과하고 있다.[8)] 부패에 연루된 회사에 투자하는 것은 결국 기업의 평판위험(reputation risk)의 문제에서 자유롭지 못하고 이는 투자수익의 감소로 이어지는 것은 자연스러운 것이다. 특히 기관투자자의 경우 수익자의 최고의 이익을 위하여 행동하여야 하는 신인의무를 부담하므로 장기적으로 평판위험의 문제가 있고 투자수익의 감소가 예상되는 경우에 이러한 기업에 투자할 수는 없는 것이다. 경영진 선임(Director nominations)은 주주의 가장 기본적인 권리행사의 하나이다. 즉 주주들이 출자한 자금의 운용을 통하여 기업의 정관상 목적을 수행하고, 이를 바탕으로 하여 수익을 창출할 수 있는 경영진을 주주총회의 의결을 통하여 선임하고 그러한 목적을 달성하지 못하는 경영진을 총회에서 해임하는 권리야말로 주주들의 가장 기본적인 권리인 것이다.

예컨대, 경영진을 선임함에 있어서 비효율적인 추천절차는 비효율적인 이사회 구성원이나 기업의 목적에 적합하지 않는 이사회 구성원을 선임할 가능성이 있다는 점에서 기업활동의 위험성을 증가시킨다. 약 9조 달러의 자산을 운용하는 세계 최대 규모의 자산운용사인 블랙락(BlackRock)의 경우에도 ESG에 많은 관심을 보이고 있으며,[9)] 투자결정을 함에 있어서 기업관여 관련 우선순위에서 이사회의 자질 및 효율성이 최우선항목이라고 밝히고 있다.[10)] 사이버 보안(Cyber security)은 최근 세계 경제포럼 글로벌 위험보고서에서는 향후 10년 동안 세계가 직면하게 될 10대 위험 중 하나로 선정한 바 있다.[11)] 사이버공격과 이에 대한 보안실패비용이 증가함에 따라 기관투자자는 사이버 보안관련위험에 노출되는 포트폴리오 평가에 관심을 가질 수밖에 없다. 이러한 상황 하에서 UN PRI는 총 12조 달러 이상의 자산관리를 하고 있는 55개 기관투자자들과 함께 사이버 안전을 위한 협력관계를 시작하였는데, 이러한 기관투자자들은 2017~2019년 기간에 의료, 금융, 소비재, 정보기술 및 통신 분야의 53개 기업에 대하여 투자하고 있었다.[12)]

4. 국내 ESG 관련 움직임

우리나라에서도 국민연금과 같은 기관투자자를 중심으로 ESG를 고려한 투자에 대한 관심이 높아지고 있다. 2019년 말 국민연금은 ESG 요소를 반영하는 투자를 국민연금기금 전체 자산군에 적용하는 '책임투자 활성화 방안'을 의결하면서 ESG를 고려한 투자에 적극적으로 나서고 있다.[13)] 국민연금기금운용위원회는 책임투자를 통해 환경(E), 사회(S), 지배구조(G)와 관련하여 외부로부터의 부정적인 효과를 최소화하여 기금운용에 있어서 장기적인 수익을 제고하고 기금운용의 지속가능성(sustainability)을 이루겠다는 것이다.[14)]

글로벌 ESG펀드의 규모는 2019년말 기준으로 9,000억 달러(약 1,087조원)에 달하고 있으며, 2028년까지 20조 달러(24,266조원) 이상으로 확대될 것으로 전망되고 있다. 글로벌 ESG 관련투자 전체 규모는 2012년 13.3조 달러(약 167,173조원)에서 2018년 30조 6,830억 달러(약 37,329조원)로 3배 정도 증가하였다. 이에 반해 국내 ESG 투자현황은 2018년 기준으로 1,451억원 정도이며 2020년에는 3,869억원으로 상당히 증가하였으나, 글로벌 펀드와는 여전히 큰 격차가 존재하고 있는 실정이다.

2021년 1월 14일 금융위원회는 2025년부터 자산 총액 2조원 이상의 유가증권시장 상장사의 ESG 공시를 의무화하겠다는 것을 밝힌 바 있고, 2030년부터는 모든 코스피 상장사로 확대된다고 발표하였다. 이로써 비재무적 친환경 사회적 책임 활동이 기업가치를 평가하는 주요 지표로 자리매김하게 되었다고 평가할 수 있다.

제 2 절

ESG의 글로벌 동향

1. ESG 리스크

ESG와 관련된 리스크는 결국 환경, 사회, 지배구조와 관련하여 국제사회가 어떤 점을 중요하게 보는가에 달린 것이다. 투자자의 입장에서는 투자결정을 함에 있어서 긍정적인 ESG를 가지는 기업에 대하여 투자하겠다는 것이고, 기업의 입장에서는 ESG를 고려하지 않으면 투자금을 확보하기 어렵게 된다는 점에서 리스크이다. ESG 관련한 주요 리스크들은 다음과 같다. 아래의 각종 요소들은 기업운영과 관련하여 중요한 선택의 기로에 설 때 직면하는 것들이다. 기업운영은 결국 이윤창출과 비용이 중요한 요소인데, ESG 관련 요소들을 고려하게 되면 비용상승을 가져오게 되어 이윤창출의 극대화에 지장을 초래하게 된다는 점에서 리스크가 되는 것이다. 결국 ESG는 이제 '하면 좋은 것'이 아니라 '해야만 하는 것'으로 변모되고 있다.

2. 환경적 리스크

(1) 환경리스크 요소들

환경적인 요소와 관련하여서는 기후변화 및 탄소배출, 대기 및 수질오염, 효율적인 에너지 사용, 생물의 다양성 보호, 기업 생산활동으로 야기되는 물 부족, 친환경 디자인 등을 들 수 있다. 기업의 생산활동과 관련하여 환경적인 요소를 고려하는 것은 ESG 중에서 가장 적극적이고 일찍부터 시작되었다고 할 수 있다.

기업의 본질은 이윤획득이기 때문에 비용을 절감하려는 의도를 가지고 기업을 운영하는 것은 자연스러운 일이다. 따라서 기업들은 저비용의 재료를 생산활동에 이용하게 되었고, 저비용의 생산기술과 방법을 택하게 되었다. 그 결과 환경오염은 필수적으로 발생할 수밖에 없었다. 지금이라도 미래세대를 위하여 기업이 생산활동에 있어서 환경을 고려하여 지출하는 비용을 고민하기보다는 원료의 수급, 제품의 생산·판매·유통의 모든 과정에 걸쳐서 환경적인 요소를 고려한다면 장기적인 기업의 미래가치는 매우 높아질 것이다. 아래에서는 환경리스크 중에서 가장 많이 논의가 왕성한 탄소배출권과 친환경 마케팅을 적극적으로 이끌어내고 있는 동물보호의 문제를 언급한다.

(2) 탄소배출권의 국제적 동향

ESG 중에서 가장 먼저 세계적인 주목을 받고 구체적으로 강제성을 띤 규제들이 등장한 분야가 바로 기후변화 및 탄소배출의 경우이다. 국제적인 기후협약의 체결은 물론이고, 이미 탄소배출권에 있어서 국가별 할당이 주어지고 탄소배출권을 거래하는 것은 당연시되고 있다. 2021년 6월 13일 G7은 기후관련 재무정보공개 T/F(Task Force on Climate-related Financial Disclosures)의 논의를 바탕으로 하여 기후변화 재무정보의 공시를 의무화하기로 결의하였다.[15] 에너지 분야에서도 석탄을 사용하는 화력발전소는 점점 퇴출되고 있고, 천연가스 화력발전소, 태양열과 같은 에너지 사용을 장려하고 있다.

최근 유럽연합(EU)은 탄소국경제를 부과하려는 움직임을 보이며 탄소배출권규제에 가장 적극적으로 나서고 있으며, 미국도 이와 비슷한 움직임을 보이고 있다. 2021년 7월 유럽연합 집행위원회는 탈탄소 정책인 '유럽그린딜'의 핵심 12개 법안 패키지를 담은 소위 'Fit for 55'를 발표하면서 탄소국경조정제도(CBAM)

시행을 위한 첫 단추를 채웠다. 'Fit for 55'는 1990년 대비 2030년까지 EU의 온실가스 배출량을 55% 줄인다는 내용이고, 주로 철강, 시멘트, 화학비료, 알루미늄과 같이 탄소배출량이 많은 제품에 일종의 관세(탄소국경세)를 부과하겠다는 것이다. 따라서 EU에 이러한 제품들을 수출하기 위해서는 CBAM인증서를 구매해야 하기 때문에 결국 기업의 생산비용이 증가하는 것이다. 탄소국경세는 EU 배출권거래제(ETS)에서 거래되는 탄소의 가격수준으로 책정될 전망이고, 2023년부터 3년간의 과도기를 거친 다음 2026년에 도입될 계획이다. EU는 2030년 탄소국경세 수입이 91억 유로(12조 3,000억원)에 달할 것으로 추산했다.[16)]

(3) 탄소배출권 관련 국내 상황

우리나라는 ESG 환경 분야에서 2008년 「지속가능발전법」과 2010년 「저탄소 녹색성장 기본법」을 제정하여 시행하고 있다. 「지속가능발전법」에서는 '지속가능성'을 현재 세대의 필요를 충족시키기 위하여 미래 세대가 사용할 경제·사회·환경 등의 자원을 낭비하거나 여건을 저하시키지 아니하고 서로 조화와 균형을 이루어는 것으로 개념정의하여, ESG 측면을 고려하여 입법하였음을 밝히고 있다. 또한 「저탄소 녹색성장 기본법」의 경우에도 법의 제정목적에서 "경제와 환경의 조화로운 발전을 위하여 저탄소 녹색성장에 필요한 기반을 조성하고 녹색기술과 녹색산업을 새로운 성장동력으로 활용함으로써 국민경제 발전을 도모하며 저탄소 사회를 구현하여 국민의 삶의 질을 높이고 국제사회에서 책임을 다하는 성숙한 선진 일류국가로 도약하는 데 이바지함을 목적으로" 함을 선언하고 있다(구체적인 입법의 내용은 제3장에서 후술하기로 한다).

(4) 친환경과 동식물보호문제

한편 환경과 관련하여서 최근 동물보호문제가 핫 이슈가 되고 있다. 얼마 전까지만 하더라도 일부 연예인들의 모피사용 반대운동이 언론의 관심을 받는 수준이었지만, 이제는 사회적인 이슈로 발전하였다. 동물 보호를 위해 동물을 대상으로 한 실험을 중지한다던지, 모피제품의 생산을 중단 내지 감소하거나 대체품을 개발하는 것이 흔히 찾아볼 수 있는 것이다. 스페인의 의류브랜드인 H&M은 모피제품의 생산을 중단하였고, 일부 패션쇼에서는 이미 모피를 금지하고 있으며, 많은 유명 브랜드들이 모피를 사용한 제품을 생산하지 않겠다고 한 바 있다. 그리고 2021년 6월 프리미엄 의류브랜드인 캐나다구스가 자사 제품에서 모피 사용을 중단하겠다고 선언하였는데, 구체적으로 2021년 말까지 모피 구매를 중단하고 2022년 말까지 모피 제품 생산을 중단한다는 것이다.

가죽제품들도 동물의 가죽을 사용하지 않고, 식물과 과일로 가죽과 섬유를 만들어 친환경제품인 소위 '비건(vegan) 패션'이 2016년경 유럽을 중심으로 번져가기 시작했다. 비건 패션에 대한 정확한 개념정의가 있는 것은 아니지만, 지속가능한 패션, 친환경 패션, 윤리적 패션 등으로 불리기도 하는데, 일반적으로 비건 패션은 동물시험을 하지 않고, 동물의 털이나 가죽을 사용하지 않고 생산하는 방식을 의미하는 것으로 이해된다. 스위스의 핸드백 제조업체인 Happy Genie 회사가 사과껍질로 핸드백을 생산하고 있고 Happy Genie의 회사 홈페이지에는 사과가 등장하고 있는 것을 볼 수 있다.[17] 영국의 Ananas Anam 회사는 파인애플 부산물로 만든 Pinatex를 사용하여 신발과 가방을 생산하고 있고, 역시 이 회사의 홈페이지에는 파인애플이 등장하고 있다. 이러한 의류생산기업들의 모피 사용중단과 가죽제품 기업들의 가죽대체물질의 개발은 결국 기업들이 ESG 리스크를 고려할 수밖에 없는 상황이 되었다는 것을 의미한다.

나무 벌목을 줄이기 위해서 대체상품을 사용하는 것은 이미 오래되었다. 유명 커피브랜드들은 플라스틱 사용을 줄이는 적극적인 정책을 실시하고 있다. 플라스틱 스트로우를 없애고 재사용 텀블러를 이용하면 상품의 값을 할인하는 등의 정책을 실행하고 있다. 식물을 보호하기 위해서 메탄가스를 유발하지 않는 식물기반 대체상품의 개발에 노력하고 비건푸드의 생산과 판매도 소비자들의 많은 관심 속에 확연한 증가세를 보이고 있다. 또한 화장실의 휴지를 없애고 대신 태양전기를 사용하는 건조기를 설치하는 것도 나무를 보호함으로써 지구의 환경을 보호하는 노력을 하는 것이다.

나무를 사용하여 직접적으로 제품을 생산하는 기업의 경우와 간접적으로 자연환경에 영향을 미치는 기업은 '친환경'의 의미가 다소 다르게 주어진다. 예를 들어, 여러 가지 목재를 사용하여 제품을 생산하는 퍼시스그룹의 경우 목재 자체의 사용을 중지할 수는 없으므로 가능한 한도 내에서 친환경적인 제품의 생산환경과 생산과정을 확보하고, 친환경 포장재와 수성 접착제를 사용하면서 나무심기 활동을 벌이고 있는 것으로 친환경 경영을 할 수밖에 없다.[18] 한편 직접적으로 생산활동과 관련되지 않아도 회사나 사업장 주변에 울창한 숲을 조성하고 관리함으로써 간접적으로 ESG경영을 실천하는 형태도 있다. 국내의 경우 한화리조트는 양평 사업장 일대 270만 평 부지에 2018년부터 2027년까지 10년 동안 많은 묘목을 심고 꾸준한 유지관리를 통하여 울창하고 아름다운 숲을 조성하는 노력을 기울이고 있다.[19] 이러한 활동은 일종의 기업의 사회공헌적인 의미도 가지면서 기업의 이미지를 높이고 소비자들의 호감을 얻는 부수적인 결과도 가져오는 것이다.

기업활동에 투자하는 투자자들은 물론이고 소비자들도 제품 구매 시에 동물보호와 환경적인 요소를 고려하기 때문에 기업들은 이러한 리스크를 투자유인요소로 전환시켜야만 장기적인 기업의 성장을 가져올 수 있다는 인식을 하게 된 것이다.

3. 사회적 리스크

(1) 사회적 리스크

사회적인 요소와 관련한 리스크로는 노동시간이나 노동환경, 급여와 관련된 노동기준, 직원 채용의 다양성과 같은 기업 내부적인 측면과 고객데이터 보호 및 프라이버시 보호, 고객만족, 지역사회에 대한 공헌 등과 같은 기업 외부적인 측면이 있다. 기업 내부적인 측면은 기업 자발적으로 이행하는 것이 가장 바람직하겠지만, 법률로써 최저임금이나 최고 노동시간의 제한을 둔다거나 고용보험이나 산재보험의 가입을 강제함으로써 달성될 수 있다. 기업 외부적인 측면은 기업의 사회적 책임이나 사회적 가치 실현이라는 사회공헌적 측면으로 접근된다.

사회적 책임에 관한 국제 표준인 ISO26000에서는 사회공헌을 '지역사회 참여와 발전'으로 이야기하고 있다. 기업의 사회적 책임(CSR)과 사회공헌이나 사회적 가치창출은 동일한 개념이 아니다. 앞서 CSR과 CSV를 비교한 바 있는 것처럼, 기업의 사회적 책임은 광의의 사회적 책임이라고 한다면 CSV는 CSR이 현실에서 구체화되어지는 노력의 발현이라고 할 수 있다.

(2) 노동환경, 합리적인 임금과 노동인권의 보호

물품의 생산에는 노동력의 존재가 필수적이다. 역시 기업활동을 비용을 줄이려는 본질적인 특성을 가지고 있으므로, 어린이를 포함하여 세계적인 스포츠 브랜드인 나이키(Nike)는 1990년대 축구공을 만드는 파키스탄 하도급 업체가 어린이들의 노동력을 착취하는 것을 방치한 것으로 세계적인 비난을 받았고, 이러한 사건 이후에 나이키는 생산노동자의 연령을 제한하고 하청업체에까지 사회적 책임경영을 하도록 노력하고 있다. 커피 생산의 경우에도 마찬가지로 어린이의 노동력을 사용하고 저임금 노동자를 착취하는 것을 지양하면서 소위 공정무역 커피를 생산하는 기업들도 이제는 주변에서 쉽게 찾아볼 수 있고, 공정무역 커피만을 구매하는 소비자들도 많이 있다.

원래 '공정무역(fair trade)'은 저개발국의 생산자와 노동자가 만든 물건을 공정한 가격에 거래함으로써 그들의 경제적인 자립을 돕고, 소비자에게는 윤리적,

친환경적 기준에 부합하는 제품을 구매할 수 있도록 하는 것이다. 일종의 시민운동적인 성격이 강하다고 볼 수 있다. 국내의 경우 발달장애 청년들이 생산하는 성미산좋은날협동조합의 경우 공정무역적인 측면과 사회공헌적인 측면을 동시에 실현하는 것이라고 평가할 수 있다. 2013년 7월 사회적 기업의 일종인 '마을기업'으로 선정되어 점점 활동을 증가시켜가고 있으며, 공정무역과 유기농 원두를 사용함으로써 친환경 제품 생산과 사회적 기업을 통한 사회공헌의 모범이 되고 있다.[20] 공정무역제품은 비단 나이키의 축구공이나 커피의 경우뿐만 아니고 많은 공정무역제품들이 생산되고 소비되고 있다. 다만 한 가지 아쉬운 점은 주로 중소기업들의 소비재성 제품들이 공정무역으로 생산 및 소비가 되고 있다는 점인데, 그래도 최근에는 대기업들도 공정무역에 점차 많은 관심을 가지고 적극적으로 참여하고 있다는 점에서 고무적인 현상이다. 공정무역제품이 점점 많아지고는 있지만, 형식적으로 모양내기에 그치는 기업들도 적지 않다.[21] 결국 가장 중요한 것은 소비자의 선택이다. 소비자들이 자신들이 선택하는 제품이 어떻게 생산되고, 어떠한 경로로 유통되는지에 대하여 지속적인 관심을 가지고 제품선택의 기준으로 삼을 때 기업들은 이러한 점을 외면할 수 없게 되는 것이다.

(3) 사회공헌 프로그램

전경련은 2016년까지 발행하던 사회공헌백서를 대신하여 2018년부터는 주요 기업의 사회적 가치 보고서를 펴내고 있다. 그 내용은 주요 기업의 사회공헌활동 총량과 분야, 임직원 봉사활동 현황, 기업의 사회공헌에 대한 인식 조사 등이다. '2019년 주요기업 사회적 가치 보고서'에 따르면 500대 기업의 사회공헌 지출액은 2016년에 2조 947억원, 2017년에 2조 7,243억원, 2018년에 2조 6,061억원, 그리고 2019년에는 2조 9,927억원으로 전체적으로 계속 증가하고 있다. 기업당 평균 사회공헌 지출액 역시 2016년에 106억 8,768만원, 2017년 137억

[그림 1-1] 2019년 주요기업 사회 공헌 프로그램

출처: 전국경제인연합회, 2020년 주요기업 사회적 가치 보고서, 5면

5,937만원, 2018년에는 126억 5,077만원에 달한다. 2018년 기준으로 매출액 대비 지출액의 규모는 0.16% 수준이다. 2019년 국내 매출액 기준 500대 기업 중 245개사(사회공헌 지출액은 220개사)의 분석 결과는 [그림 1-1]과 같다.

위의 조사에 따르면 국내 주요기업은 2019년 기준으로 매출액 대비 4 % 내외의 사회공헌 비용을 지출하고 있으며 사회공헌에 대한 인식은 취약계층 지원

[표 1-1] 분석기업 업종별 분포

업종	제조업	금융 보험	유통업	전기 가스 수도	건설업	방송 통신 정보	운수업	기술 서비스	문화 예술	기타 서비스	기타
수 (%)	97 (39.6)	68 (27.8)	23 (9.4)	17 (6.9)	16 (6.5)	13 (5.3)	5 (2.1)	2 (0.8)	2 (0.8)	1 (0.4)	1 (0.4)

출처: 전국경제인연합회, 2020년 주요기업 사회적 가치 보고서, 1면

[표 1-2] 분석기업 매출액 순위 분포

매출액 순위	1~100위	101~200위	201~300위	301~400위	401~500위	계
수 (비율 %)	80 (32.7)	67 (27.3)	38 (15.5)	31 (12.7)	29 (11.8)	245 (100)

출처: 전국경제인연합회, 2020년 주요기업 사회적 가치 보고서, 1면

(28%), 지역사회 문제 해결 및 발전(30.7%) 분야에, 그리고 기업의 사회적 가치 실현은 협력사와의 동반성장(23.9%), 생산활동 내 친환경가치 실현(20.9%), 준법경영 강화(20.9%) 분야에 많은 관심을 쏟고 있는 것을 볼 수 있다.

조사대상은 매출액 기준으로 상위 500대 기업(상장 및 외부감사기업) 중에서 분석기업의 수는 245개사(49%), 지출액 집계대상 기업의 수는 220개사를 기준으로 하였다. 분석대상기업의 업종별 분포 및 매출액 순위 분포는 [표 1-1], [표 1-2]와 같다.

4. 지배구조 관련 리스크

(1) 지배구조 리스크와 지속가능성

지배구조 측면에서는 이사회 구성의 다양성과 독립성 보장, 주주권리의 보호, 임원보수의 적절성, 뇌물 및 부패, 투명한 경영, 기업공시, 내부고발자(whistleblower)의 보호 등의 문제를 들 수 있다. 지배구조는 지속가능성의 문제와 깊은

관련성이 있다.

지속가능한 기업경영을 하기 위해서는 제품생산활동뿐만 아니라, 마케팅 활동에서도 지속가능성이 고려되어야 한다. 지속가능한 마케팅이라 함은 기업이 지속적으로 가치와 성과를 창출할 수 있는 마케팅을 의미하는데, 지속가능한 마케팅은 단기적인 성과보다는 장기적으로 더 큰 가치를 창출할 수 있는 것에 기업마케팅의 초점을 맞추는 것이다.

(2) 지배구조 리스크(오너리스크)의 사례

2021년 5월 대표적인 국내 유제품기업인 남양유업이 사모펀드인 한앤컴퍼니에 인수된다는 보도가 있었다. 2013년 소위 '대리점 갑질'을 비롯하여 오너일가의 불미스러운 사건과 최근 코로나 사태와 관련하여 과도한 광고 등 일련의 사건들을 겪으면서 내부적으로 전혀 견제와 균형의 지배구조가 작동하지 못한 결과, 기업 이미지 추락과 매출액 감소, 소비자 불매운동의 악재가 겹치면서 결국 기업의 경영권을 넘기는 결과에까지 이른 것이다.[22] 대표적인 오너경영기업이고, 지배구조 리스크를 극복하지 못한 적절한 사례라고 할 수 있다. 이사회 구성의 다양성과 독립성이 확보되고 투명한 경영이 있었다면 기업의 지속가능성은 유지되었을 것이다. 인수계약이 발표된 이후 지배구조가 해소되었다는 평가와 함께 주가가 2배 이상 뛰었지만, 동년 9월 남양유업이 인수계약을 파기하자 다시 주가는 40% 이상 하락하였다.[23]

(3) 지배구조 리스크 극복 사례

지배구조 리스크가 아예 발생하지 않도록 잘 극복한 사례도 있다. 유한양행은 국내 최초로 종업원지주제도를 도입하였고, 100%의 지분을 소유하고 있던 창업자 오너는 52%의 주식을 사원들에게 양도하였다. 즉 소유와 경영을 분리라는 경영철학을 실천하였고, 창업자 오너 사망시에도 전문경영인에게 회사경영을 맡기고 자신의 소유주식은 사회에 기부하는 등 지속가능한 지배구조와 경영을 보이고 있다.[24] 관련기업인 유한킴벌리 역시 유한양행과 킴벌리클라크사가 4:6의 비율(1997년 이후에는 3:7의 비율)로 출자하여 설립되었고, 전문경영인 체제를 택하고 있으며 이해관계자(stakerholders)위원회와 사회책임위원회를 갖추고 있는 등 건전한 지배구조를 보임으로써 지배구조 리스크가 발생하지 않고 기업의 지속가능성이 매우 높은 기업으로 평가되고 있다.[25]

한편 SK그룹은 전신인 ㈜선경 때부터 사회공헌프로그램을 운영하는 등 ESG관련 경영에 매우 적극적이다. 1980년대에는 대학생들이 가고 싶어하는 기업의 최상단에 놓일 정도로 기업이미지가 좋았다. 이러한 움직임은 지금까지도 이어지고 있는데, 2021년초 ㈜SK는 이사회 산하에 인사위원회와 ESG위원회를 신설하고 이사회가 대표이사를 평가하는 권한도 부여하여 오너가 아닌 이사회 중심의 지배구조로 변모한다는 계획을 발표하였다. 인사위원회는 사외이사를 추천하는 일반적인 기능에서 더 나아가 사내이사에 대한 평가권한도 가지며, 임기 중이라고 하더라도 대표이사 교체 안건을 이사회에 상정할 수 있는 권한도 부여받는 등 지배구조의 혁신적인 모델이 될 가능성이 높아졌다.[26]

(4) 지배구조와 임원보수의 공시

임원의 보수의 공시(Disclosure of executive compensation)는 기업에 대한 비판적 목소리가 나올 때마다 등장하는 이슈이다. 상법은 이사의 보수에 대하여 정관에 그 액수를 정하도록 하고 정관에 규정이 없으면 주주총회의 결의로 정하도록 함으로써(상법 제388조) 주주들에게 그 권한을 부여하고 있다. 그러나 실제로 보수책정에 있어서 이사회의 영향력이 없을 수가 없고, 이사의 보수는 결국 회사의 이익으로부터 나오는 것이므로 이사의 보수의 문제는 이사가 회사에 대하여 부담하는 충실의무의 영역이다. 따라서 임원보수의 문제도 지배구조 영역에 있어서 매우 중요한 사항이다.

임원보수 액수의 적정성을 확보하기 위해서는 공시를 의무화하는 것이 가장 효율적이라고 본다. 그런데 우리나라의 경우 임원보수 결정과정의 투명성이 확보되지 않고 있고 금액도 전체 이사들의 총액 형태로 공시되고 있고, 개인별 보수는 공시되지 않고 있다. 미국과 EU와 같은 선진국의 경우에는 임원보수를 결정하는 회사정책에 대하여 기본적인 설명과 함께 모든 등기임원들의 최근 몇 년 간의 항목별 보수액과 산정방법을 자세하게 공시하고 임원보수 산정과 관련된 이사회 의사록도 공시하고 있는 것에 비추어 본다면 공시의 투명성은 그리 높지 않다는 평가를 받을 수 있다.

5. ESG와 다보스 포럼

전 세계 정치·경제 지도자 3,000여 명이 참석하는 세계경제포럼(World Economic Forum: WEF)인 일명 '다보스 포럼'이 매년 초 스위스 다보스에서 개최되어 세계경제의 중요 이슈들에 대하여 깊이 있는 논의를 하고 있다. 2020년 1월 개최된 다보스 포럼(WEF)의 핵심 주제는 '결속력 있고 지속 가능한 세계를 위한 이해관계자들(Stakeholders for a Cohesive and Sustainable World)'이라는 의제로 열렸다. 2020년 다보스 포럼의 경우 특히 ESG와 관련된 주제가 많이 논의되었는데, ① 기후 및 환경 문제 해결, ② 지속가능하고 포괄적 비즈니스 모델 구축, ③ 인류 번영을 위한 4차 산업혁명 관련 기술, ④ 인구, 사회, 기술 트렌드 변화에 대한 대비라고 하는 4가지 어젠다를 표방하였으며, 구체적으로는 ① 미래의 건강(Health Future), ② 미래의 일자리(Future of Work), ③ 선의를 위한 기술(Tech for Good), ④ 지구 살리기(How to Save the Planet), ⑤ 더 나은 비즈니스(Better Business), ⑥ 지정학을 넘어(Beyond Geopolitics), ⑦ 더 공정한 경제(Fairer Economies)의 7대 주제를 가지고 정치·경제 지도자들이 머리를 맞대고 지혜를 나누었다.

다보스 포럼은 매년 개최되고 있는데, 여기에서 등장하는 어젠다 가운데에

[그림 1-2] 2020년 다보스 포럼의 대안

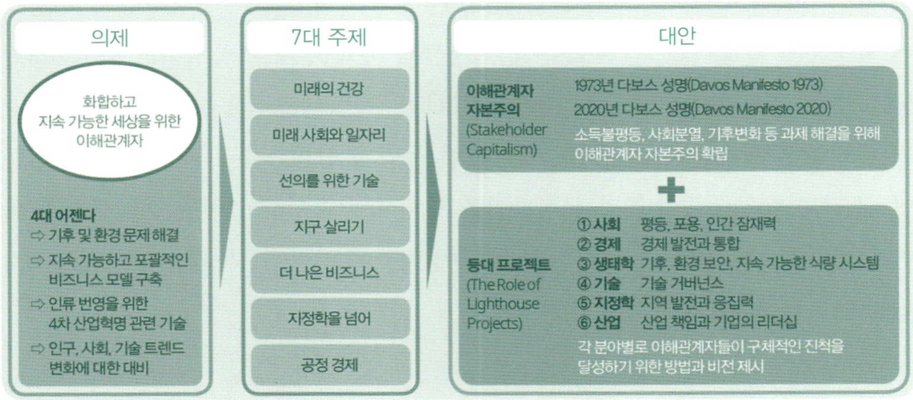

출처: 현대경제연구원, 2020년 다보스 포럼의 주요 내용과 시사점, 경제주평 20-2(통권 866호), iii면

서도 ESG는 항상 단골 메뉴이자 가장 중요한 의제 중의 하나가 되고 있다. 2020년 50회를 맞은 다보스 포럼이 기후변화와 사회책임투자(ESG)를 강조하는 세계 지도자들의 논쟁도 관전포인트 중 하나였다. 왜냐하면 WEF는 2020년이 기후변화의 위기를 감소시키는 데 있어서 매우 중요한 해이며 2015년 파리기후협약(Paris Climate Agreement) 하에서 기후변화의 위기에 대응하는 매우 중요한 시점이라고 인식하고 있었고,[27] 2019년 11월 파리기후변화협약에서 미국이 탈퇴한 것이 예민한 문제였기 때문이다.[28]

2020 다보스 포럼 개막을 앞두고 발표된 여러 기관의 연구보고서들도 기후변화와 지속가능한 성장에 많은 관심을 보인 바 있는데, 이에 따르면 2018년 자연재해로 인한 세계적인 경제적 손실은 US $165 billion에 달하며, 미국의 경우 기후변화와 관련된 경제적 손실만 금세기 말까지 GDP의 10%에 달할 것이라고 한다.[29] 전 세계 국내총생산(GDP)의 절반 이상인 44조 달러(약 5,895조원) 정도가 기후변화 위험에 노출돼 있고, 건설(4조 달러)과 농업(2조 5,000억 달러), 음식료품(1조 4,000억 달러) 산업이 기후변화에 심각하게 노출된 3대 업종으로 분류되었다.

[그림 1-3] 기후위기와 관련된 세계 GDP 규모

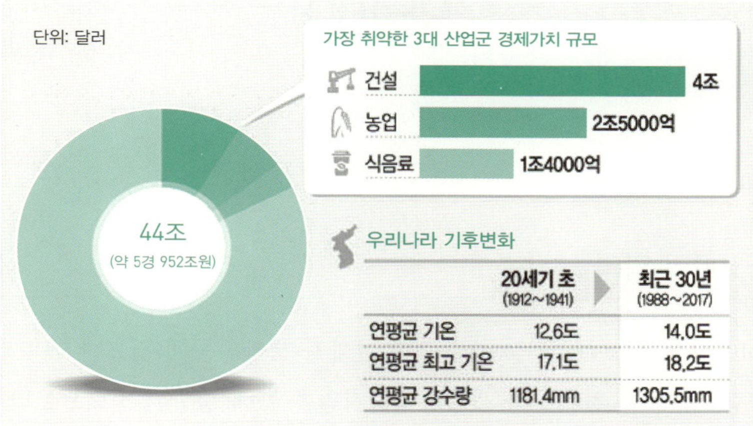

출처: http://www.munhwa.com/news/view.html?no=2020071401031030316001

한편 2019년의 경우 전 세계 평균기온이 역사상 두 번째로 높은 14.9도를 기록하였고, 대기 중 이산화탄소(CO_2) 및 온실가스 농도는 역대 최고치에 달했다.[30] 더욱더 심각한 것은 기후변화의 위기로 인하여 돌이킬 수 없는 시점이 10~17년 정도밖에 남지 않았다는 경고를 하고 있다는 것이다.[31] 기후변화로 닥치게 되는 위험은 거의 도미노현상으로 발생하게 될 것이다. 자연 생태계에 이상이 생기게 되고 1차 산업군은 물론이고 해양에서 원료를 얻는 산업의 몰락도 불을 보듯 뻔한 일이다. 우리나라의 경우 기후변화로 인한 위기에 대응하는 노력이 얼마나 지속적으로 이루어지고 있는지는 의문이다. 원자력발전의 중지, 태양열 및 풍력발전의 실효성 여부 등에 대한 정책이 일관성을 잃은 상태이고, 대책은 난무하지만 체감할 수 있을 정도로 실제 집행되고 있는지는 의문이다. 정치적이거나 홍보적인 메시지에서 벗어나서 전문가들의 의견을 과감히 들어 지속적으로 정책이 집행될 수 있기를 기대한다.

제 3 절

RE100

1. RE100의 의의

RE100(Renewable Energy 100%)은 2050년까지 생산활동에 필요한 전력의 100%를 태양광, 풍력 등 친환경적 신재생에너지원을 통해 생산된 전력으로만 충당하겠다는 기업들의 약속을 이끌어내는 비영리법인들의 캠페인의 결과이다. 영국의 비영리단체인 "The Climate Group"과 "Carbon Disclosure Project"가 2014년 경부터 시작한 일종의 캠페인이다. "The Climate Group"은 2003년부터 환경문제 중에서 특히 탄소배출에 관심을 가지고 활동하고 있는데, 지구의 온도가 1.5도 상승하면 돌이킬 수 없는 재앙이 닥칠 것이라는 과학자들의 경고를 바탕으로 하여 2050년까지 전 세계 탄소배출 제로를 목표로 캠페인을 벌이고 있다. 그리고 "Carbon Disclosure Project(CDP)"는 2000년부터 활동하기 시작하였는데, 글로벌 환경공개시스템을 운영하면서 매년 기후변화, 물의 안전 및 삼림 벌목에 대한 위험을 관리하고 측정하기 위해서 기업, 도시, 국가들을 지원하는 프로그램을 운영하고 있다.

2. RE100 참여 기업현황

RE100은 연간 100GWh 이상의 전력을 사용하는 기업을 대상으로 하고 있는데, 글로벌 대표기업들이 적극적으로 참가하고 있고 2021년 1월말 기준으로

RE100 가입 기업의 수는 미국(51개), 유럽(77개)에 이어, 아시아 기업(24개) 등 총 284개였고, 동년 4월 18일 기준으로 전 세계적으로 302개 기업으로 증가하였다.[32] 2018년 기준으로 애플, 구글 등 30개 기업이 이미 100% 목표를 달성했고, 95% 이상 달성한 기업도 45개에 달하고 있다. 애플, BMW 등 적지 않은 글로벌 기업이 협력업체에까지 RE100 동참을 요구하기 때문에 수출 의존도가 높은 우리나라 기업들이 RE100 프로그램에 가입하는 것에 뒤처질 경우에는 새로운 무역장벽이 될 수 있다. 따라서 국내 기업들도 적극적으로 참여하기 시작하였고 지방자치단체들이 기업을 유치하기 위해서 제공하는 산업공단 등에 대한 혜택도 RE100 참여기업들을 대상으로 하는 등 발빠르게 움직이는 기업과 지방자치단체들도 늘어나고 있다.[33]

2018년 BMW가 LG화학에 대하여 배터리 부품 납품의 전제조건으로 RE100을 요구하면서 계약이 무산된 바 있는 반면, 삼성SDI는 BMW에 납품하는 배터리의 생산을 국내공장이 아니라 신재생에너지 사용이 가능한 해외공장에서 조달한 바 있다.[34] 애플도 2020년 반도체 납품물량을 놓고 SK하이닉스에 대하여 RE100을 맞출 것을 요구하였지만, 계약 성사가 어려운 상황이다.[35] 결국 환경 캠페인으로 시작한 RE100이 모든 기업들에게 의무사항이 되어가고 국내 기업들에게는 새로운 무역장벽으로 되어가고 있는 실정이다.

현재 우리나라 기업들 중에서는 SK그룹 계열사가 가장 적극적으로 가입하고 있으나, 전체적인 기업의 수는 2021년 7월 기준으로 9개에 불과하다. 기업들이 RE100에 참여함에 있어서 가장 부담이 되는 점은 결국 전력의존도와 비용의 문제이다. 기업들이 RE100을 위해 이용할 수 있는 방법은 자가발전시설, 신재생에너지공급인증서(REC) 구매, 녹색프리미엄, 지분투자, 제3자 PPA 등의 방법이 있으나, 기업들이 자체적인 신재생에너지 생산시설을 갖추는 것은 막대한 비용으로 인하여 거의 불가능에 가깝다.

기업들이 RE100 달성을 할 수 있는 방법은 '신재생에너지공급인증서(REC)'를 구입하거나, 한전에서 파는 '녹색 프리미엄' 요금제를 이용하는 것뿐이었는데, 그마저도 비용부담이 만만치 않다. REC는 한국남동발전 등 국내 발전공기업만 구매가 가능하였는데, 2021년부터는 민간기업도 REC를 구매하는 것이 가능하게 되었지만, 여전히 REC는 산업용 전기요금보다 크게 비싸다는 단점을 가지고 있다. 또 다른 대안인 녹색 프리미엄 요금제는 가격문제도 있지만, 국제적인 통용의 문제도 있다 녹색 프리미엄은 기업이 원자력, 화력 등으로 생산한 전기에 프리미엄을 지불하고 해당 금액만큼 재생에너지 사용확인서를 발급받는 제도인데, 여전히 비용부담이 적지 않은데다 애플의 경우 RE100을 녹색프리미엄을 위한 것으로 인정하지 않기 때문에 실효성이 떨어진다. 한국전력으로부터 신재생에너지 생산전력을 구입하는 방법도 있으나, 한국전력이 생산된 전력을 원자력, 화력, 태양광 등으로 구분해서 팔지 않기 때문에 이것 역시 용이한 일이 아니다.

결국 산업통상자원부가 기업들이 한국전력이 아닌 신재생에너지 발전사업자로부터 전력을 직접 살 수 있는 소위 '제3자 전력구매계약(Power Purchase Agreement: 제3자 PPA)'을 마련했고, 2021년 국회를 통과하고 6월부터 시행되어 기업들의 RE100 프로그램 참여에 있어서 REC 구매, 녹색프리미엄 외의 추가적인 참여수단을 제공하게 되었다. 제3자 PPA는 한국전력에 의한 국내 전력시장의 독점구조로 인해 기업의 재생에너지 사용에 대한 증거를 확보하기 위한 제도라고 할 수 있다. 즉 재생에너지발전업자가 한국전력에 전기를 납품하고 한국전력이 기업에 판매하는 형식이 되면 결국 재생에너지 여부를 확인할 수가 없는데, 제3자 PPA제도의 허용으로 인해 한국전력은 중개의 역할을 하고 재생에너지 발전사업자와 기업 간의 직접 계약이 가능하므로 RE100을 이행하는 기업이 재생에너지를 구입하여 사용한다는 증거가 확실하게 나타나게 된다. REC를 구매하거나 녹색프리미엄의 경우는 기업이 실제 전력이 아닌 '환경가치'만을 구입하는 형태인 것과 달리, PPA는 재생에너지발전사업자로부터 '전력 자체'를 공급받는 계약이라는 점에서 구분이 된다.[36)]

제 2 장

ESG 경영

제1절

ESG 경영 동향

1. 글로벌 프레임워크와 표준

ESG와 관련하여 글로벌 프레임워크, 글로벌 표준, 글로벌 이니셔티브, ESG 평가기관, ESG 컨설팅사, 데이터 제공자, 투자기관 및 기업들이 주된 이해관계자이다.

[그림 2-1] **ESG 이해관계자 MAP**

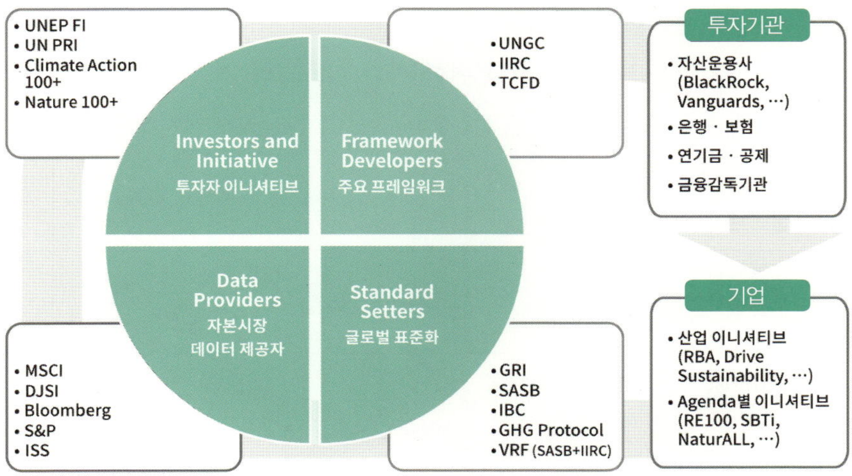

출처: 우태희, '지속가능사회, 기업에만 맡길 것인가? 바람직한 ESG 생태계 구축방안' 이데일리 전략포럼, 자본주의 대전환 ESG 노믹스(2021.6.24), 4쪽

(1) 글로벌 프레임워크

ESG 프레임워크(framework)는 "HOW"와 관련된 정보로 구성되며 이미 준비된 것과 어떤 광범위한 주제가 다루어지는 것에 대한 일련의 원칙에 대해 기술한 가이드 라인을 말한다.

즉, 프레임워크는 정보 전달 방법에 대한 일반 원칙 기반의 지침을 제공한다. 이에 반하여 표준은 정보 공개할 내용에 대한 구체적인 지침과 요구 사항을 제공한다. TCFD(기후 변화 관련 재무정보공개 TF)와 같은 프레임워크는 표준과 함께 사용하도록 설계되었다.

1987년에 UNEP(유엔환경계획)·WCED(세계환경개발위원회) 브룬트란트 보고서가 발간하였는데, 보고서 중 우리 공동의 미래(Our Common Future)에서 지속가능 발전을 의제로 제시하였다. 2003년 UNEP FI에서 ESG 용어를 처음 사용하였고, 2005년 UNGC(유엔글로벌 콤팩드)는 ESG 공식 용어를 채택했다. 2006년 UN은 PRI(책임투자원칙)를 발표하여 책임투자원칙을 제정하고, ESG를 투자결정과 자산 운영에 고려한다는 원칙을 발표하여, ESG 프레임워크의 기본원칙을 제공하였다. 2017년 TCFD는 권고안을 발표하여 기후변화 관련 리스크와 기회요인과 재무정보공개 권고안(거버넌스, 전략, 리스크관리, 지표 및 목표 등 4가지 측면)을 제시하였다.

[그림 2-2] 프레임워크와 표준

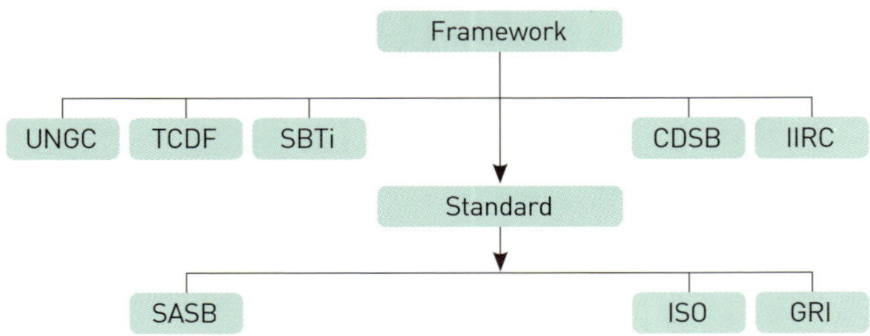

출처: 자체 작성

[표 2-2] 주요 ESG 기관

구분	명칭		내용
글로벌 프레임워크	UNGC	유엔글로벌 콤팩드	기업의 사회적 책임에 관한 국제협약으로 인권, 노동기준, 환경에 관한 10대 원칙 제시
	TCFD	기후 관련 재무정보 공개 태스크포스	기후 변화가 기업에 미치는 재무적 영향공개를 위한 프레임워크 권고안 제정
	SBTi	과학기반 감축 목표 이니셔티브	기업들이 과학에 기반해 온실가스 배출 감축 목표를 설정할 수 있도록 지침 제공
	CDSB	기후 정보 공개 표준 위원회	기업이 재무정보 공시수준으로 환경 정보를 엄격하게 보고하는 프레임워크 제공
	IIRC	국제 통합보고위원회	가치 창출에 대한 정기적이고 전체적인 보고를 장려
글로벌 표준	SASB	지속가능성 회계기준 위원회	미국 증권거래 위원회에 보고할 기업공시 기준 마련
	ISO	국제표준화기구	기업의 사회적 책임에 관한 국제 표준 ISO26000을 발표
	GRI	글로벌 보고 이니셔티브	기업지속가능경영 보고서에 대한 가이드라인을 제시하는 비영리기구
투자자 이니셔티브	GSIA	글로벌 지속 가능 투자연합	우수한 ESG성과를 보이는 기업에 선별 투자
	IFC	국제금융공사	세계 최대 개발금융기관으로 ESG 성과와 리스크를 평가하고 관리하는 여러 원칙 개발
	UN PRI	유엔 책임투자 원칙	전 세계 기관투자자들의 책임 투자 흐름을 이끌고 있는 가장 큰 이니셔티브

출처: 사회적가치연구원, 김규식, 전 세계 큰손 투자지표 1순위···ESG, 제대로 알고 투자하라, 매일경제신문(2021.5.3)

IIRC(국제 통합보고위원회)는 가치 창출에 대한 정기적이고 전체적인 보고를 장려하므로, 조직이 환경 전략, 거버넌스 및 성과가 단기·중기 및 장기적으로 가치를 창출하는 방법을 고려하는 데 도움이 된다. 또한 IIRC는 전략에 대한 이해를 촉진하고 내부 성과를 유도하며 투자를 유치하는 환경을 위해 노력한다.

(2) 글로벌 표준

ESG 표준(standard)은 각 주제에 대해 "What"이 보고되어야 하는 것에 대한 구체적이고 복제 가능하며 상세한 요구 사항을 말한다. 가장 일반적인 두 가지

표준으로 SASB와 GRI가 있다. 표준은 이해 관계자마다 다른 목적으로 사용되기도 한다. SASB와 GRI는 발행자가 가진 불만을 그들의 표준에 반영하였다. 2020년 7월 SASB와 GRI는 두 가지 표준 모두를 사용하고자 하는 기업들에게 동일한 표준을 제공하기 위해 협력하기로 했다.

BlackRock의 Larry Fink 회장 겸 CEO는 2020년 CEO에게 보내는 연례 서한에서 기업이 ESG관련 보고에 TCFD 프레임워크와 SASB 표준을 같이 사용할 것을 요청했다.

① SASB(지속 가능성 회계 기준위원회)

GRI와 달리 SASB는 비교적 최근인 2011년에 표준을 개발하여 2018년 11월 표준을 발표하였다. SASB 표준은 77개의 산업별 표준을 포함한다. SASB 표준은 ESG의 재무적 중요성을 산업별로 제공하므로 투자자를 위해 설계되었다고 볼 수 있다. SASB 표준의 5가지 원칙은 재정적으로 중요하고, 투자자 의사 결정에 유용하고, 비용 효율적이고, 산업별 및 시장 정보를 기반으로 설계되었다.

이 표준은 투자자와 일반인에게 중요한 지속 가능성 문제를 공개하는 데 사용하기 위해 미국 상장 기업에 대한 지속 가능성 회계 기준을 설정한다. 중요 이슈를 조사하고, 산업별 실무 그룹을 소집하여 회계 지표를 설정하고, 주요 비재무 이슈를 인식하고 설명하는 방법에 대한 교육을 제공하여 10개 부문 80개 이상의 산업 표준을 개발하고 있다.[1)]

TCFD와 SASB 두 가지 모두 중요성 또는 비즈니스 관련성에 초점을 맞추고 있다. SASB는 철저한 경험적 분석을 통해 평가한 데이터를 보고하므로 투자 의사 결정에 도움이 된다. SASB 보고는 실제로 이해 관계자 그룹으로서 투자자에게 초점을 맞추고 있다.

SASB는 표준을 가능한 한 비용 효율적으로 만들려고 노력했다. 이는 기업이 이미 보고해야 하는 메트릭 또는 최소한 이유로 수집해야 하는 데이터를 사용하여 SASB의 맥락으로 용도를 변경하는 것을 의미한다. CEO 서한에서 블랙록이 요청한 것은 TCFD 정렬보고와 SASB 정렬보고이다. 회사가 이미 GRI 표준으로 보고하고 있는 경우 해당 보고를 SASB 표준으로 교차하면 투자자들이 이해하는데 도움이 된다.

SASB 표준은 주주 중심이지만 주주만이 ESG 정보 공개를 추구하는 것은 아니다. 규제 기관, 공급 업체, 임직원 및 소비자를 포함한 이해 관계자들도 회사의 환경 및 사회적 약속에 따라 결정을 내린다.

② GRI Standards(표준)

GRI(Global Reporting Initiative)는 SASB보다 훨씬 오래전에 개발되었다. 1997년에 시작되어 전 세계적으로 가장 널리 사용되는 보고 표준이다. GRI는 전 세계 5,000개 이상의 조직에서 사용되어, 세계 기업의 3/4 이상이 사용하고 있으며 35개 이상의 국가에서 그들의 규정에 참조하고 있다.

2016년 GRI는 Standards(표준)를 발표하여 기업 및 기관의 지속가능성 평가지표를 설정하였다. GRI는 지속 가능성 보고를 개선하기 위해 노력하는 네트워크 기반 조직이며, 참가자는 비즈니스, 사회, 노동 및 전문 조직 등이다. GRI의 지속 가능성 보고 가이드 라인은 대기업에서 널리 사용되며 보고 원칙, 표준 공개, 지표 프로토콜, 경제, 환경 및 사회적 성과 측정을 포함한다.

③ 차이점

두 가지 표준의 차이점은 크게 중요성의 개념으로 구별된다.

SASB 표준은 산업별로 다르며 SEC에서 정의한 바와 같이 항상 재무 중요성의 관점에서 중요성을 정의하므로, 투자자에게 초점이 맞추어져 있다.

GRI는 기업의 경제적·환경적·사회적 영향과 광범위한 이해 관계자에게 가장 중요한 문제에 초점을 맞추고 있다. 이러한 이해 관계자에는 투자자뿐만 아니라 임직원, 지역 사회, NGO 등도 포함된다. GRI 표준에는 SEC가 정의한 바와 같이 아직 재정적으로 중요하지 않을 수 있지만, 시간이 지남에 따라 재정적으로 중요해질 수 있는 정보의 공개가 포함되어 있다.

2. 글로벌 이니셔티브

거래소 및 정보 센터를 위한 글로벌 산업 협회인 WFE(World Federation of Exchanges)는 사회 경제적 및 물리적 위험을 줄이기 위해 금융 시장에 장기적인 관점을 통합하는 원칙을 2018년에 발표했다. 회원 거래소가 ESG 공개에 대한 추가 규칙이나 권장 사항을 채택할 필요는 없지만 79개 회원사 중 39개사가 이런 지침을 발표했으며 새로운 원칙은 UN 지속 가능한 증권 거래소 이니셔티브의 이정표가 되었다.[2)]

2019년 BRT 연례회의에서 새로운 '기업의 목적(Purpose of a Corporation)'을 선언하여 이해관계자 가치가 통합된 새로운 기업 목적을 제시하였다. 2020년 세계경제포럼에서 지속가능성 의제를 논의하여 지속가능 가치를 측정할 수 있는 백서를 발간하였다.

[표 2-3] 글로벌 ESG 이니셔티브

분야	명칭	설정연도	특징	역할
기후변화	SBTI(과학기반 감축 이니셔티브)	2015년	금융자산의 2도 시나리오 기반 감축 목표에 따라 출범	파리협정 목표에 부합하는 온실가스 감축 목표를 위한 지침과 방법론 제공
	TCFD(기후관련 재무 정보공개 태스크포스)	2015년	G20 재무장관과 중앙은행장 회의가 만든 이니셔티브	재무공시 자료를 쉽게 적용할 수 있는 정보 공개 프레임워크 개발
	CDP(탄소 정보 공개 프로젝트	2000년	기후변화 관련 정보 공개 플랫폼	전 세계 9,600여 개 기업의 기후변화대응 및 환경 경영 관련 정보공개 요구

녹색 경제	P4G(Partnering for Green Growth and the Global Goals 2030, 녹색경제 분야의 공공-민간 파트너십 강화를 위한 글로벌 이니셔티브)	2017년	P4G는 녹색경제 관련 5대 중점분야(식량·농업, 물, 에너지, 도시, 순환경제)에서 민관협력을 촉진하고 지속가능발전목표(SDGs) 달성과 파리협정 이행을 가속화하기 위한 협력체 제1차 정상회의가 2018년 덴마크에서 개최되었고, 제2차 정상회의는 2021년 5.30-31간 서울에서 개최됨 P4G 이니셔티브는 2011년 3GF(Global Green Growth Forum, 글로벌녹색성장포럼)가 덴마크 코펜하겐에 사무국을 두고 출범한 것이 그 배경이 되는데, 이후 동 포럼의 논의 범위를 녹색성장에서 파리협정 및 지속가능발전목표 이행까지 확대하고, 참여 대상도 유럽 중심 국가에서 대륙별 중견국가로 넓혀 2017년 9월 UN총회 계기에 공식 출범하였음	현재는 미국 워싱턴D.C.에 사무국을 두고, 한국, 덴마크, 네덜란드, 멕시코, 베트남, 에티오피아, 칠레, 케냐, 콜롬비아, 방글라데시, 인도네시아, 남아공 등 12개국 정부와 세계도시기후정상회의(C40), 글로벌녹색성장연구소(GGGI), 세계경제포럼(WEF, World Economic Forum), 세계자원연구소(WRI, World Resources Institute) 등 국제기구/협의체, 민간기업, 시민사회가 참여하고 있음 2018년 10월 덴마크의 코펜하겐에서 개최된 제1차 P4G 정상회의는 포용성장과 지속가능발전목표(SDGs)에 대한 가시적인 진전을 촉진하기 위해 정부, 기업, 시민사회 구성원 간의 파트너십을 고취시키고 강화했음
지속 가능성	GRI(글로벌 보고 이니셔티브)	1997년	지속 가능성 보고를 위한 글로벌 프레임워크	전 세계 15,402개 조직이 GRI 가이드라인에 따라 지속 가능 경영 보고서 발간
	SASB(지속가능 회계기준위원회)	2011년	미국 증권거래위원회(SEC)에 제출할 기업의 비재무 평가지표 개발을 위해 설립	지속가능성 보고에서 재무적 성과와 연계된 ESG 요소를 중심으로 간결한 세부지침 제공
	UnSDGs (지속가능 발전 목표)	2015년	지속가능 발전의 이념을 실현하기 위한 인류 공동의 17개 목표	유니레버, 파타고니아 등 지속가능 경영 선두 주자들은 목표 설정에서 이 지표를 활용
	GSIA(글로벌 지속가능 투자연합)	2014년	유럽, 호주, 캐나다, 영국, 미국, 일본, 네덜란드의 지속가능투자연합 기관들이 설립한 조직	ESG 투자 방법론을 7가지로 제시, 포지티브 스크리닝 방식이 주류로 자리매김
인권	RBA(책임감 있는 산업연합)	2004년	글로벌 전자 산업 분야의 이니셔티브	삼성전자, 삼성디스플레이, 애플, 인텔 등 160여 개 회원사 및 공급망에서 지정된 규범 이행

출처: 이현주, ESG 글로벌 기구가 뜬다…기후변화부터 인권까지 평가 기준 등 표준화, 한경비즈니스(2021.4.14)

(1) UN 지속 가능한 개발 목표

2015년에 모든 UN 회원국이 채택한 지속 가능한 개발을 위한 "2030 Agenda"는 현재와 미래에 사람과 지구를 위한 평화와 번영에 대한 공유 청사진을 제공한다. 그 중심에는 17개의 지속 가능한 개발 목표(Sustainable development goals, SDGs)가 있으며, 이것은 글로벌 파트너십에서 개발 및 개발중인 모든 국가의 긴급한 조치에 대한 요청이다. 주된 내용은 빈곤 퇴치 및 기타 박탈감이 건강과 교

[표 2-4] 지속 가능한 개발 목표

목표	내 용
1	모든 곳에서 모든 형태의 빈곤 퇴치
2	기아 퇴치, 식량 안보 달성, 영양 개선, 지속 가능한 농업 촉진
3	모든 연령대의 건강한 삶을 보장하고 웰빙 증진
4	포용적이고 공평한 양질의 교육을 보장하고 모두를 위한 평생 학습 기회 증진
5	양성 평등을 달성하고 모든 여성과 소녀에게 권한 부여
6	모두를 위한 물과 위생의 가용성과 지속 가능한 관리 보장
7	모두를 위한 저렴하고 신뢰할 수 있으며 지속 가능하며 현대적인 에너지에 대한 접근 보장
8	지속적이고 포용적이며 지속 가능한 경제 성장, 완전하고 생산적인 고용 및 모두를 위한 양질의 일자리 증진
9	탄력적인 인프라 구축, 포용적이고 지속 가능한 산업화 촉진 및 혁신 촉진
10	국가 내 및 국가 간 불평등 감소
11	포용적이고 안전하며 탄력적이며 지속 가능한 도시와 인간 정착지 만들기
12	지속 가능한 소비 및 생산 패턴 보장
13	기후 변화와 그 영향에 맞서기 위한 긴급 조치
14	지속 가능한 개발을 위해 해양, 바다 및 해양 자원을 보존하고 지속 가능하게 사용
15	육상 생태계의 지속 가능한 사용을 보호, 복원 및 촉진하고, 산림을 지속 가능하게 관리하고, 사막화를 방지하고, 토지 황폐화를 중단 및 역전시키고, 생물 다양성 손실 방지
16	지속 가능한 개발을 위한 평화롭고 포용적인 사회를 장려하고, 모두를 위한 정의에 대한 접근을 제공하며, 모든 수준에서 효과적이고 책임 있고 포용적인 기관 구축
17	지속 가능 발전을 위한 이행 수단 강화 및 글로벌 파트너십 활성화

출처: https://sdgs.un.org/2030agenda

육을 개선하고, 불평등을 줄이며, 경제 성장을 촉진하는 전략과 함께 진행되어야 한다는 것을 인식하고 있으며, 이 모든 것이 기후 변화에 대처하고 바다와 숲을 보존하기 위해 노력해야 한다.[3)] 그러므로 이 목표는 빈곤, 불평등, 기후와 환경적인 약화, 번영 및 평화와 공정 등과 관련된 세계적인 도전과제를 포함한다.

(2) Climate Action 100+

투자자가 사용하는 중요한 도구는 주주 제안이며, 주주는 기후 변화에 대한 집단적 목소리를 활용하기 위해 함께 뭉치고 있다. 그 대표적인 예가 Climate Action 100+(기후 행동 100+)이다. 이것은 2017년에 시작된 투자자 이니셔티브로, 세계 최대 기업의 온실 가스 배출원이 기후 변화에 필요한 조치를 취할 수 있도록 보장한다. 40조의 자산을 총괄적으로 관리하는 약 500명의 투자자로 구성된 투자자 연합 Climate Action 100+는 참여하는 회사에 대해 세 가지 핵심 목표를 가지고 있다. 온실 가스 배출을 억제하고 거버넌스를 개선하며 기후 관련 재무 공개를 강화한다. 연합은 네슬레, 쉘, BP를 포함한 세계 최대 기업들과 성공적으로 협상하여 2050년까지 탄소 배출량 제로에 대한 약속과 같은 장기적인 기후 전략을 도출했다.

Climate Action 100+는 온실 가스를 가장 많이 배출하는 100가지 회사이다. 범위를 살펴보면 화석 연료 회사가 아니고 에너지 회사, 석유, 가스, 유틸리티뿐만 아니라 시멘트 제조업체, 철강 회사 및 글로벌 농업 체인 회사도 있는데, 네슬레와 펩시콜라도 포함된다.

(3) 블랙 록 투자방침

세계 최대 투자회사인 블랙 록 회장 겸 CEO인 래리 핑크스는 2018년 "Dear CEO" 서한에서 다음과 같이 말한다.[4)]

> "지역사회는 공공 및 민간 기업이 사회적 목적을 달성할 것을 요구하고 있다. 시간이 지남에 따라 번영하려면 모든 회사가 재무 성과를 제공할 뿐만 아니라 사회에 어떻게 긍정적인 기여를 하는지 보여 주어야 한다. 기업은 주주, 직원, 고객 및 사업을 영위하는 지역 사회를 포함한 모든 이해 관계자에게 혜택을 주어야 한다.
> 기업은 스스로에게 질문해야 한다. 커뮤니티에서 우리는 어떤 역할을 하는가? 환경에 미치는 영향을 어떻게 관리하고 있는가? 다양한 인력을 만들기 위해 노력하고 있는가? 우리는 기술 변화에 적응하고 있는가? 직원과 비즈니스가 점점 더 자동화되는 세상에 적응하는 데 필요한 재교육과 기회를 제공하고 있는가? 우리는 근로자가 은퇴를 준비할 수 있도록 행동 금융 및 기타 도구를 사용하여 목표를 달성하는 데 도움이 되는 방식으로 투자하고 있는가?"

그는 2020년 금융의 근본적인 재구성(A Fundamental Reshaping of Finance)이라는 투자자 서한(Larry Fink's 2020 Letter to CEO's)에서 ESG의 중요성을 강조하고, 향후에는 ESG에 기반한 투자활동을 하겠다고 천명하였다.[5)]

> "기후 변화는 다르다. 예상되는 영향의 일부만 실현되더라도 이는 훨씬 더 구조적이고 장기적인 위기이다. 기업, 투자자 및 정부는 상당한 자본 재배치를 준비해야 한다. 지속가능성은 블랙 록의 새로운 투자 기준이다.
> 장시간에 걸쳐 기업이 번창하려면, 모든 회사가 재무적인 실적뿐만 아니라 사회에 긍정적인 기여방법도 보여줘야 한다. 기업은 주주, 임직원, 고객 및 기업이 소속된 사회를 포함하는 모든 이해 관계자들에게 혜택을 주어야 한다.
> 이러한 기업의 목적이 없다면, 공기업이든 사기업이든 어떠한 기업도 잠재력을 최대한 발휘할 수 없다. 궁극적으로 그 기업은 주요 이해 관계자로부터 운영할 수 있는 자격을 상실하게 된다. 직원 개발, 혁신 및 장기 성장에 필요한 자본 지출과정에서 수익 배분에 대한 단기적 압력에 굴복한다."

3. 새로운 유형의 ESG 이슈

(1) 브랜드 행동주의

① 정의

브랜드 행동주의(Brand Activism)는 기업이 경제적 힘을 사용하여 사회적·정치적 또는 환경적 문제에 영향을 미치는 것을 의미한다. 이것은 CEO 행동주의, 기업의 사회적 행동주의 또는 브랜드 민주주의라고도 한다.

브랜드 행동주의의 예로는 성소수자(LGBTQ) 권리 및 인종 차별과 같은 사회 문제뿐만 아니라 깨끗한 물에 대한 접근이나 탄소 감소 목표와 같은 환경 문제에 대한 행동주의 등을 포함한다. 브랜드 행동주의는 기업의 가치에 초점을 맞추고 있으며 최근에는 정치로까지 범위를 넓히고 있다.[6)]

② 이유

미국에서 브랜드 행동주의가 성행하는 이유는 정부와 민간 기업의 융합, 기업의 사회적 책임 노력 및 기업의 정치적 권리 확대 등으로 인한 비즈니스, 법률 및 사회 간의 상호연결성 확산 경향 때문이다. 첫째, 정부와 민간 부문의 책임이 희미해졌고 사회 변화를 추구하는 사람들은 정치에서 본인들의 견해를 반영하지 못하므로 새로운 민간 채널을 추구한다. 둘째, 기업이 사회적으로 더 의식적이라고 주장하면 궁극적으로 사회가 그러한 기업을 책임지게 만든다. 셋째, 미국 대법원 판결로 인하여 기업의 정치적 권리가 확대되고 있다.[7)]

브랜드 행동주의는 소비자 신뢰를 구축하는 방법으로 사회적 문제에 대해 소비자를 대신하여 옹호하는 역할을 한다. 기업의 직원 기대도 바뀌고 고용주와 직원 간의 관계도 진화하고 있어 점점 더 많은 직원들에게 일이 단순히 급여를 받는 곳이 아니라 일은 도덕적 성취와 목적을 추구하는 장소가 되어 가고 있다. 고용주가 옳은 일을 하여야 한다는 직원의 생각이 흔해지고 있다. 많은 CEO들이 회사의 도덕적 리더로서의 새로운 역할을 받아들이면서 이러한 트렌드 변화와 소명에 대응하고 있다. 그리고 투자자마저도 이러한 직원의 목소리와 경고를 옹호하고 있다. 근로자는 주주뿐만 아니라 회사의 목적, 우선 순위 및 비즈니스의 세부 사항을 정의할 때 더 큰 발언권을 가질 수 있다. 미국에서는 노동자 권력이 강화되는 추세이다. 이사회에서 직원 대표를 옹호하는 주주 제안 등이 나타나고 있다. 브랜드 행동주의가 소비자, 직원 및 투자자를 유치하려는 회사에 긍정적인 혜택을 줄 수 있다.[8)]

③ 역효과

브랜드 행동주의는 항상 리스크를 수반하는데 크게 세 가지 유형의 역효과를 낼 수 있다. 첫째, 브랜드 행동주의는 기존에 제공하는 것보다 훨씬 더 많고 새로운 것을 요구한다. 둘째, 회사가 모든 문제에 관여할 수는 없지만 예상되는 경우 참여하여야 한다. 셋째, 민주적 기관이 아닌 기업은 무의식적으로 필요한 책임이나 투명성 없이 정부의 역할을 대신하여야 하는 경우도 발생한다.[9)]

④ 사례

Salesforce의 창립자인 Marc Benioff는 브랜드 행동주의를 가장 적극적으로 실천하고 있다. 그는 비즈니스 라운드 테이블(BRT)이 2019년에 성명을 발표하기 몇 년 전부터 기업은 주주뿐만 아니라 이해 관계자를 위해 옹호해야 한다고 주장했다.

그는 기업이 세상을 바꿀 수 있다고 생각하며, 창업 시기부터 비즈니스 모델에 자선 사업을 집어 넣어, 기술, 직원, 자원의 1%를 전 세계 비영리 단체들을 돕는데 쓰고 있다. 회사는 1억 달러 이상을 보조금으로 지원했고, 회사 직원들은 1,100만 시간 이상을 자원 봉사에 할애하고 있으며 27,000개 이상의 단체에 회사 제품을 제공했다. Salesforce를 본받아서 550개 이상의 회사가 자산, 제품, 근무 시간의 1%를 지역 사회에 제공하는 '서약 1%'에 가입했다.[10)]

그는 인디애나주와 조지아주에서 성소수자(LGBTQ) 권리를 지원했다.[11] 샌프란시스코의 시민 연합은 노숙자 위기를 해결하기 위해 샌프란시스코에 있는 수백 개의 회사에 세금을 부과하는 2018년 시의 투표에 대한 조치를 하기 위해 기업인들의 서명을 받았다. 발의안 C(Pro C)라고 불린 이 투표 법안은 연간 3억 모금을 모집하여 시가 이미 노숙자 퇴치를 위해 지출하는 금액을 거의 두 배로 늘렸다. Salesforce는 세금이 천만 달러 인상되었지만 Postmates와 함께 추가 세금 부과를 적극적으로 찬성하였다. Benioff와 Salesforce는 이 발의안을 지원하기 위해 엄청난 금액을 기부했으며, 그는 이러한 활동을 회사의 도덕적 책임이라고 강조하기까지 했다.[12]

(2) 공급망 관리

기업은 공급망 리스크를 대처하기 위해 공급 업체와 협력하여야 한다. 공급망 관리의 지속적인 발전에도 불구하고 많은 기업이 공급망에 대한 감독 가능성을 보유하고 있지 않다. 그 결과 공급망에서 강제 노동과 아동 노동은 여전히 존재하고 있다. 많은 국가들이 공급망을 감독하지 않는 기업에 대한 법적 책임을 높이기 위한 법안을 통과시키고 있다. SNS 등을 통해 실시간으로 공급망 감독에 대한 실태가 보고됨에 따라 기업은 공급망관리 관련 평판 위험에 노출되어 있으며, 기업은 공급망 관리차원에서 인권 기준과 규범을 준수하여야 한다. 최근에는 COVID-19로 인하여 공급망 감독의 중요성이 더 높아지고 있다.

① 이유

기업과 투자자가 공급망 관리와 감독에 점점 더 관심을 집중하는 이유는 두 가지이다.

첫째, 효과적인 감독을 통해 회사와 투자자는 위험을 선제적으로 완화할 수 있다. 둘째, 공급 업체와의 지속적인 파트너십을 견지하면 전반적으로 비용을 절감할 수 있다. 이를 통하여 계약 위반, 제품 보이콧, 공급 업체 손실 및 자본

유출을 방지하여 비즈니스 연속성을 향상시킬 수 있다.

공급망 관리를 제대로 하기 위해서는 회사내 공급망관리팀은 물론 NGO, 노동조합과 같은 외부 이해 관계자와의 광범위한 협력이 필요하다. 항상 공급망을 전체 관리하고, 공급 업체 감독을 장려하고, 공급망관리팀을 지원하고, 공급 업체에 대한 불만 보고 체계를 구축하여 체계적으로 문제를 해결하여야 한다.

ⓐ 국제인권헌장

1948년에 유엔 총회는 모든 개인에게 적용되는 30개의 인권을 나열한 세계인권선언을 채택했다. 선언은 구속력이 없으며 국가에 대한 법적 요구 사항이나 명령을 요구하지 않는다. 세계인권선언이 기업의 행동에 적용되는지 여부는 불분명하다. 제29조와 제30조는 모두 기업으로 확장되는 것으로 해석되었지만, 법적 구속력은 없다.

1966년 인권위원회는 시민적·정치적 권리에 관한 국제 규약과 경제적·사회적·문화적 권리에 관한 국제 규약이라는 두 가지 주요 보고서를 작성했으며, 이 두 가지 모두 1976년에 국제법이 되었다. 세계인권선언과 함께 이 두 가지 규약은 국제인권장전(International Bill of Human Rights) 또는 국제인권헌장(International Charter of Human Rights)을 구성한다. 1970년대에 이 모든 규약이 기업이 아닌 국가에만 적용된다는 것을 인식한 사회활동가들은 기업의 활동을 관리하는 새로운 헌장을 만들기 시작했다. 이 헌장은 기업이 주최국의 개발 목표, 천연자원 및 기본 인권을 존중하는 의무를 창출하고자 했지만, 의무를 자발적으로 할 것인지 의무적으로 할 것인지에 대한 내부 논쟁으로 인해 채택되지 않았으며, 이 모든 노력은 1990년대에 포기되었다.

ⓑ UN 비즈니스 및 인권 지침 원칙

2000년에 UN 글로벌 콤팩트가 출범하면서 이러한 노력이 다시 시작되었다. 이 협약의 목적은 변화를 촉진하고 기업의 지속 가능성을 촉진하고 혁신적인 솔루션과 파트너십을 장려하는 것이지만 UN의 감독이나 기업의 의무적인 참여는 포함하지 않는다. UN 글로벌 콤팩트는 자발적이지만 참가자들은 콤팩트의 10가지 원칙을 준수하는 방식을 설명하기 위해 연례 보고서 또는 진행 상황에 대한 커뮤니케이션을 발표해야 한다.

2005년 UN 사무총장이 인권 및 다국적기업 관련 특별 대표를 임명하여 6년 프로세스를 거쳐 완성된 유엔 비즈니스 및 인권 지침 원칙을 2011년에 승인하였다. 이 원칙은 자발적이지만 국가에 인권을 존중할 의무를 부과하며, 국가는 자국의 법률을 제정하여 그 의무를 준수하여야 한다. 이 원칙은 유엔이 발행한 비즈니스와 인권에 관한 최초의 지침이었으며, 최초의 만장일치 승인이었다. 최근에는 전 세계적으로 기업이 비즈니스와 인권을 고려하도록 요구하는 법률을 지속적으로 제정하고 있으며, 캘리포니아 공급망 투명성법, 영국 현대 노예법 및 프랑스의 경계 의무법 등이 대표적이다.

이 원칙은 보호, 존중 및 구제 프레임워크 등의 세 가지 핵심 요소로 구성된다.

첫째, 국가는 기업을 포함한 모든 당사자의 인권 침해로부터 보호할 의무가 있다. 둘째, 기업은 인권을 보호할 책임이 있다. 셋째, 국가는 효과적인 구제책에 대한 접근 권한을 제공할 의무가 있으며 기업은 발생한 피해를 구제할 책임 등이 있다.

② COVID-19 및 공급망 관리

COVID-19 전염병으로 인해 효과적인 공급망 관리가 더 중요하게 되었다. 과거 안정적인 글로벌 경제에서는 가장 낮은 비용의 공급 업체를 우선시하고 재고 수준을 최소화하는 것이 중요했다. 그러나 오늘날 자연 재해에서 사회 불안에 이르는 대규모 위기는 그 어느 때보다 글로벌 공급망 네트워크를 혼란에 빠뜨리고 있다. 이제 그 어느 때보다도 기업과 공급 업체의 운명은 좋은 공급망 관리를 통해 결속되어 있다. 효과적인 공급망 감독에 투자하지 않으면 기업과 공급 업체 모두에게 생존적인 위협이 되고 있다.

COVID-19로 인하여 공급망 감독과 관련하여 투자자는 기업이 두 가지 일을 수행하기를 원한다.

첫째, 회사는 직접 공급 업체와 함께 ESG 위험과 기회를 식별하고 관리할 수 있도록 실사를 하여야 한다.

둘째, 회사는 자체 공급 프로세스와 동일한 관행을 공급업체가 채택하도록 보장하여 공급망 전체에 걸쳐 ESG 관리 방식을 효과적으로 적용하도록 하여야 한다.

(3) 인적 자본관리

COVID-19는 전염병에 많은 근로자가 얼마나 취약한지를 보여주고 있다. 투자자들은 기업의 인력 처우, 다양한 인력 구성, 유급 병가 및 기업 문화를 감독하는 방식을 포함하는 사회적 문제 등에 점점 더 관심을 보이고 있다.

SASB(지속 가능성 회계 기준위원회)는 BlackRock 및 State Street 등의 지지에 따라 인적 자본관리에 대한 선도적인 방식을 도입했다. SASB 표준은 인적 자본 고려 사항으로 세 가지를 포함하고 있다. 첫째, 직원 건강 및 안전, 둘째, 직원 다양성, 포용 및 참여, 셋째, 노동 관행 식별 등이다.

모든 기업이 고려해야 할 인적 자본 관련 리스크가 중요하며 투자자와 이해관계자가 인적 자본관리에 대한 정보 공개 확대를 요구하고 있다. 그러므로 선도적인 기업은 인적 자본관리를 위한 효율적이고 중앙 집중식 정보 공개 체제를 구축하는 것이 필요하다.

미국 SEC는 최근 인적 자본 고려 사항을 포함하는 ESG 공개 프레임워크를 개발했으며 규정 SK의 수정을 통해 구현하려고 하고 있다. 제안된 수정안에 대하여 수천 건의 의견을 받은 후 SEC의 최종 규칙은 2020년 8월에 2/3 투표로 채택되었다.

① 중요성

인적 자본관리가 중요해지는 이유는 다음의 세 가지이다.

첫째, 인력이 회사 가치의 핵심 요소임을 인식하고 영향력 있는 투자자는 인적 자본을 투자고려 우선 순위로 삼고 있으며, 기업이 인적 자본을 관리하고 측정하는 방법을 이해하려는 현재 시장의 니즈는 계속해서 증가하고 있다. 이러한 압력에 대응하여 많은 기업들이 문제의 중요성을 인식하고 그 내용을 알리기 위한 조치를 취하기 시작했다.

둘째, 투자자 및 주요 이해 관계자는 기업이 인적 자본관리 문제의 우선 순위를 정하도록 압박하고 있다. 주주 제안은 점점 더 인적 자본관리 문제를 논점으로 삼고 있다. 직원들도 인적 자본관리에 더욱더 관심을 가지고 있다. 이러한 압력 증가로 인해 기업은 인적 자본 관련 정책을 평가하고 관련 위험을 고려해야 한다.

셋째, 최근 미국 및 글로벌 사건, 특히 인종차별문제에 대한 전국적인 시위와 COVID-19 대유행은 현재 인적 자본관리 관행의 위험, 비효율성 및 불평등을 드러내는 한계점을 보여주고 있다.

② 효과적인 방안

기업은 효과적인 인적 자본관리를 위해 단기적 요구와 장기적인 방안을 모두 고려해야 한다. 회사는 이사회의 감독을 통하여 효과적인 인적 자본관리를 할 수 있다. 회사가 고려해야 할 사항에는 공정한 직원 보상 보장·운영·유지, 다양성 및 포용성을 위한 전략 검토, 복원력을 극대화하기 위해 인력을 전환하는 방법 고려, 우수한 리더십을 위한 명확한 표준 명시, 직원에 대한 공정한 교육 시스템 등이 포함된다. 인적 자본 문제를 효과적으로 관리하기 위해서는 직원의 이익이 의사 결정 수준에서 효과적으로 표현되도록 하는 것이 중요하다.

(4) 개인정보보호 보고의무

일반인들은 개인정보보호 보고의무가 ESG에 어떻게 관련이 있는지 궁금해할 수 있다. Microsoft 및 Apple 등의 CEO는 개인정보를 인권으로 언급하기도 한다.

① ESG와 개인정보보호

2020년 세계 경제 포럼은 사이버 보안을 향후 10년 동안 세계가 직면하게 될 10대 위험 중 하나로 선정했다. 개인 데이터의 수집 및 사용이 오늘날 경제에서 가장 중요한 가치 중 하나라는 점을 감안할 때 이는 놀라운 일이 아니다. 최근의 유명 데이터 침해는 부적절한 데이터 보안의 결과로 기업이 겪는 평판 및 재정적 피해를 보여 주며 투자자는 이와 관련된 주가 하락 위험을 무시할 수 없게 되었다. 개인정보보호는 오늘날 기업과 투자자에게 중요한 비즈니스 문제가 되었다. 투자자는 개인정보보호에 점점 더 집중하고 있으며 기업이 데이터 관리 관행에 대해 보고할 것을 기대하고 있다. 기업은 개인정보 데이터를 수집·사용 및 보호하는 방법에 대해 보다 적극적으로 대처해야 하는 압력에 직면해 있다.

② 프라이버시 본질

프라이버시는 미국의 사생활 보호를 중심으로 하는 프라이버시권과 유럽의 인격권을 토대로 발전하고 있다.

EU에서의 프라이버시는 헌법상의 인간 존엄성에 근거를 두고 양도할 수 없는 권리로 보고 있어 개인의 프라이버시 접근에 대한 동의가 있어야만 정보를 제공할 수 있다. 유럽은 인격권에서 프라이버시권을 근거를 두고 있으며 독일 헌법재판소의 심판을 통하여 프라이버시권이 발전하고 있다. 1949년 독일 헌법상 인간존엄성 조항(제1조 제1항)과 자유로운 인격발현조항(제2조 제1항) 등에 근거

를 두고 있다.[13)]

EU는 모든 산업을 포괄하는 하나의 개인정보보호법 프레임워크를 지칭하는 옴니버스 접근 방식으로 규제하고 있다.

미국의 경우 연방대법원 판결을 통해 프라이버시권이 인정되고 인권운동과 함께 범위가 확대되면서 발전하고 있다. 프라이버시 권리는 혼자 있을 권리(right to be alone), 의사결정의 자유(decision privacy) 및 자기정보 결정권(Information Privacy) 등을 포괄하는 권리이다.[14)]

미국에서는 시장 원리에 근거를 두고 있어 프라이버시는 매매 가능한 상품으로 본다. 미국에서는 개인에게 상품에 대한 접근을 대가로 개인정보를 흥정할 수 있는 권리를 부여하는 계약의 자유를 강조하며, 부문별 전략 또는 개별 산업을 대상으로 하는 법률을 통해 개인정보를 규제한다. 최근 미국에서도 더 강력한 개인정보보호가 필요하다는 논의들이 증가하고 있으며, 데이터 침해가 증가하고 개인정보보호에 대한 사회적 규범이 바뀌면서 머지않아 미국의 연방 개인정보보호법이 도입될 것으로 예상된다.

③ COVID-19와 개인정보보호

COVID-19로 인하여 개인정보보호는 새로운 국면을 맞이하고 있다.

첫째, COVID-19 전염병으로 인해 정보 접근에 대한 대중의 관심이 높아졌다. 바이러스가 확산되면서 많은 국가에서 개인의 정보보호에 대한 제한을 가하고 있다. 정보에 대한 접근은 여러 국제 조약과 100개 이상의 국가의 법률에 의해 보장되기 때문에 이러한 조치는 인권 문제를 제기한다.

둘째, 원격 작업 기술의 사용 증가는 데이터 보호에 상당한 영향을 미친다. 재택 근무로의 신속하고 예기치 않은 전환을 감안할 때 많은 기업은 표준 보안 조치를 준수할 인프라가 없는 상황이다. 직원이 개인 장치를 사용하여 원격 작업 시스템에 접근하도록 허용하거나 직원이 이전에 사용하지 않았을 수 있는 새로운 소프트웨어를 배포하는 것이 요구된다. 최근 재택근무자의 컴퓨터를 통한 해킹이 급증하므로 재택 근무 직원에 의해 급증하는 개인 데이터 침해를 적시에 식별할 수 있는 회사의 능력이 중요해지고 있다.

셋째, 회사는 COVID-19에 대한 직원 노출과 관련된 정보를 처리하는 방법에 대한 질문에 직면하고 있다. 오늘날 직원의 안전을 보호하는 것과 개인정보를 침해하는 것 사이의 경계는 모호하다. 그러나 회사는 직원의 신원이나 특정 의료 정보를 공개해서는 안되는 의무도 동시에 있다.

넷째, 연락처 추적은 개인 의료 정보의 사용 및 저장과 관련된 명백한 개인 정보보호 문제를 제기한다.

(5) 급증하는 주주소송

미국 상장 기업은 합리적인 투자자에게 중요한 재무정보를 공개해야 하는 법적 의무가 있다. 이에 위반하는 경우 상장 기업은 미국 연방 증권법[15]에 따라 책임을 져야 하며 그 책임은 이사회에 있다.

요즈음 미국 기업들은 너무 적게 정보를 공개하는 것에 대한 법적 책임이 증가하고 있다. 동시에 내부 관행과 일치하지 않는 ESG 약속을 하는 기업은 책임에 직면해 있다. 그러므로 회사의 감사를 받은 재무 정보를 공개해야 하는 모든 연례 보고서 등에 오해의 소지가 있는 표현들이 있는지 확인하는 것이 무엇보다도 중요하다.

누락된 정보에 대해 더 많이 공개를 하면 합리적인 투자자가 투자 결정을 내리는 전체 정보의 조합이 달라질 수 있다. ESG 정보공개와 관련해서 회사가 ESG 정책에 대해 절반의 사실인 정보를 공개하는 경우 문제가 될 수 있다. 회사의 정책적 비효율성에 대한 증거가 투자자의 회사 투자 결정에 영향을 미치거나 회사의 주가에 부정적인 영향을 미칠 수 있다

미국의 경우 기업이 ESG 리스크를 공개하지 않아 책임을 지는 이사회 사

례가 빈번하게 나타나고 있다. 이사회가 기후 변화의 위험을 감독하지 않아 감독의 의무를 위반했거나 기후 변화가 비즈니스에 미치는 진정한 영향을 공시하지 않아 연방 증권법을 위반했다고 주장하는 소송이 꾸준하게 발생하고 있다. Exxon Mobil의 이사회가 회사의 사업에 대한 기후 변화의 리스크를 잘못 표현했다고 주장하면서 환경 위험과 관련하여 주주들이 회사를 상대로 소송을 제기하였다.

많은 사람들이 주요 기후 변화로 인하여 북부 캘리포니아 최대 전기·가스 공급사업자인 PG&E[16]가 파산했다고 생각한다. 2014년부터 2017년까지 PG&E가 관리하는 전력 시설물에서 약 1,550건의 화재가 발생한 것으로 보도되었다. PG&E의 이사회와 경영진이 수준 이하의 안전 관행 리스크를 공개하지 않아 산불을 일으켜 인명사고와 300억 달러 이상의 손해가 발생했다고 주장하며 소송이 제기되었다.

미국의 경우 Me Too 운동 이후 ESG의 S로 이동하면서 주주는 이사회 및 임원에 대한 소송을 더 많이 제기하고 있다. 이들은 이사회가 성희롱의 위험을 감독하지 않았고 그 위험을 투자자에게 공개하지 않았다고 주장하며 이사회가 성희롱 위험이 높은 기업 문화를 공개하지 않은 것을 문제 삼고 있다.[17]

법적 위험을 제쳐두고 대부분의 기업은 증가하는 투자자 압력으로 인해 ESG 정보공개를 늘리고 있다. 2016년 SEC는 기업 정보공개 프레임워크를 개편하기 위한 내용을 발표했을 때 투자자와 일반 대중으로부터 26,500건 이상의 의견을 받았다. SEC가 더 강력한 ESG 및 기후 위험관련 정보공개를 요구하여야 한다는 의견이 압도적이었다. 2018년 운용자산 5조 달러 이상을 운용하는 투자자들은 ESG 정보공개에 대한 규칙 제정을 촉구하는 청원서를 SEC에 제출했다. 2019년 말까지 운용자산의 37조 달러 이상을 대표하는 600명 이상의 글로벌 투자자가 TCFD 권장 사항을 지지하고 Financial Sustainability Board와 G20 금융 규제 기관에 이를 표준에 통합할 것을 요청했다.

전 세계의 시민, 정부 및 주주들은 기업의 환경 위험에 대한 책임을 묻기 위해 소송을 제기하고 있다. 소송에서 요청하는 구체적인 구제방법은 ① 주장된 피해를 완화하거나 되돌리려고 하는 완화 주장 방식, ② 기후 변화에 대응하여 기업의 탄력성을 향상시키는 적응 클레임, ③ 회사의 행위로 인한 금전적 손실에 대한 보상을 추구하는 손해 클레임 및 ④ 의사 결정에서 기후 관련 문제에 대한 회사의 인식 제고를 높이기 위한 정보에 입각한 의사 결정 등이다.

4. 각국 정책 방향

정책당국은 ESG 문제에 대한 일반의 생각을 따르는 경향이 있다. EU는 ESG 정책의 글로벌 리더였으며 북미와 아시아가 따라가고 있다. Directive 2014/95/EU에 따라 2018년 현재 약 6,000개의 EU 기업은 환경 보호, 직원 대우, 인권 존중, 부패 방지 및 뇌물 수수, 이사회 다양성에 대한 정책을 공개해야 한다. 미국에서도 점점 가변적인 규제 요구는 이해 관계자의 기대와 개별 기업의 이니셔티브에 의해 추진되는 관행을 생성하는 경향이 있으며 일부 조직 및 지역에서는 공격적인 프로그램을 추구한다. 캘리포니아는 2020년부터 미국 최대 연금 펀드 2개에 주주의 최선 이익을 위한 중요한 기후 관련 위험을 공시하도록 할 예정이다. ESG 경영은 새로운 지역인 동남아시아에서도 나타나고 있다. 동남아시아 기업들은 더 강력한 ESG 정책을 가진 국가에서 사업 능력을 강화하기 위해 ESG 경영 노력을 강화하고 있다.[18)]

미국 ESG 펀드는 2019년 총 206억 달러로 급증했는데 2018년 이전 연평균의 4배에 해당된다. 유럽 ESG 펀드 투자 규모는 2019년에 1,320억 달러를 기록했다. 미국의 70% 이상의 ESG 투자 펀드가 2020년초 4개월 동안 벤치마킹 대상 펀드의 실적을 능가했다. 고객과 투자자는 ESG에 대한 가치를 중요시하며, 업계 선두권 회사들은 포괄적인 지속 가능성 보고서를 발행하고 연간 보고서에서

ESG 공시내용을 확대하고 ESG 평가 기관에 정보를 제공하며 ESG 이행 약속을 공개적으로 밝히는 등 다양한 방식으로 대응하고 있다.[19)]

(1) 미국

바이든 미국 대통령의 공약 중 하나는 친환경 정책이며, 파리기후협약 재가입과 2050년까지 순탄소배출량 '제로' 등이 주요한 내용이다.[20)]

[표 2-5] 바이든 정책, 기후변화·환경

• 파리기후변화협약 복귀 • 2050년 온실가스 배출 순제로(net-zero) 달성 • 청정에너지 생태계 구축을 위한 인프라 투자 및 연구개발 확대 • 신규 산업 활성화, 일자리 창출로 연계

출처: 바이든 한눈에 보기, Fact Book 2021-1호, 국회도서관(2021)

바이든 행정부에는 G30 넷-제로(Net-zero, 탄소중립) 이코노미 자료 운영위원회에 참여한 자넷 옐런(Janet Yellen) 재무장관과 470개 도시 시장이 참여하는 기후변화 대응단체인 클라이멧 메이어(Climate Mayor)의 대표를 역임한 마티 월시 노동부 장관 등 환경 규제와 신재생 에너지 관련 업무를 담당한 각료들이 많다. 바이든 행정부는 녹색산업 육성에 집중하여 저탄소를 강화하는 정책을 지속적으로 수행할 가능성이 높다.

[표 2-6] 기후변화 및 환경정책

구분	내용
정책 기조	기후위기를 엄중히 인식해 파리기후변화협약에 재가입하고 트럼프 행정부의 반환경적인 정책들을 이전 위치로 복구 2050년까지 경제 전반에서 배출가스 순제로 도달을 목표로 상정
인프라	도로, 철도, 다리, 녹지공간, 수도, 전력망, 광대역 통신 등 청정에너지 생태계 구축을 위한 인프라 투자 추진(4년간 2조 달러 투자)
청정 에너지 혁신	기후관련 총괄 연구기관 ARPA-C(Advanced Research Projects Agency for Climate) 신설 에너지 저장, 네거티브 배출기술, 차세대 건축자재, 재생수소, 첨단 원자력 등의 기술 활용을 통한 비용 절감 및 혁신기술 상용화 지원
전력	2035년까지 전력 부문 탄소배출 제로 달성 재생에너지 확대(태양광 지붕 800만 개, 태양광패널 5억 개, 풍력 터빈 6천 개 설치) 에너지 저장 장치 및 재생 에너지 전용 송전망 건설 계획
에너지 효율	2030년부터 신축 건물 100%에 탄소배출 제로 달성 5년 내 400만 개 빌딩 및 200만 채 가구의 에너지 효율 리모델링 에너지 빈곤층 지원 프로그램 도입, 관련 금융 지원 제도 개선
교통	캘리포니아식 강력한 자동차 연비규제 시스템 도입 50만 대의 스쿨버스, 300만 대의 공공차량을 탄소배출 제로 차량으로 대체 50만 개 이상의 공공 전기차 충전소 설치 탄소배출차 생산업체 신설 및 구공장 전환에 보조금 및 국가보증 융자 지원 항구 탄소배출 저감 및 고속철 확대 등을 통한 공기오염 저감 노력

출처: 바이든 한눈에 보기. Fact Book 2021-1호, 국회도서관(2021)

(2) EU

① EU 분류체계 규정

EU 분류체계(EU Taxanomy)는 환경적으로 지속가능한 경제활동을 정의하고 판단기준을 규정한다. 2020년 7월부터 지속가능금융의 행동계획 이행수단으로 EU 분류체계 규정을 시행하여 기업이 수행하는 사업의 녹색경제 활동 여부 판단기준을 제시하고 있다. 세계 최초로 지속가능한 경제 활동을 정의하는 분류시스템이며 6대 환경목표를 설정하고 4개 판단조건을 규정하고 있다. 활동이 모든 조건에 충족될 경우에만 친환경 경제활동으로 인정한다.

[그림 2-3] ESG 규정 관계도

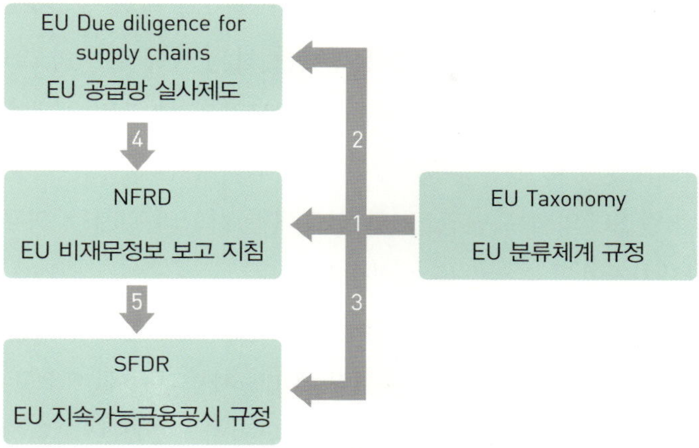

1. 6대 환경목표/4대 판단조건을 제시하여 기업의 친환경 경영 판단 기준 수립
2. 공급망 기업의 친환경 경영 평가를 위한 판단 기준 제시
3. 지속가능한 기업으로 금융기관의 자본유입 촉진 및 그린워싱 방지
4. 기업 전 밸류체인의 ESG 준수여부 및 경영활동 공시
5. 금융기관의 투자상품 관련 지속가능성 공시를 위해 기준에 부합하는 기업의 비재무정보 획득

출처: 한국 무역협회 브뤼셀 지부, EU의 ESG 관련 입법 동향과 시사점, KITA Market Report(2021.4.27)

2021년 4월 EU 집행위원회는 환경적으로 지속가능한 경제활동을 구별하기 위한 구체적 기술선별기준(Technical Screening Criteria: TSC)에 대한 위임법률 초안을 제시하였다. 기후변화 완화 및 적응 목표 기준은 2021년 회계연도부터 시행하여 2022년 기업공시부터 적용하고, 나머지 목표 기준은 2021년까지 법제화하고 2022년 회계연도부터 적용할 계획이다.[21)]

② EU 공급망 실사제도

EU 공급망 실사제도(EU system of due diligence[22)] for supply chains)는 기업에 공급망 전체의 환경·인권보호 등 현황에 대한 실사 의무를 규정하고 있다. 2020년

11월 EU 의회는 기후변화 대응, 노동 및 인권보호를 위해 산업 전반에 걸쳐 기업의 공급망 실사를 의무화하고 있다. 2021년 1월 EU 의회 법무위원회는 기업에 공급망 전 과정에서 환경 및 인권 등을 침해하는 활동 여부의 확인·보고·개선 의무를 부여하고 리스크 발생시에는 해당 내용과 대책을 공개하여야 하며, 위반시에는 벌금을 부과하거나 피해를 보상해야 한다.[23)]

2021년 3월 EU 의회는 인권 및 환경에 대한 기업의 실사를 의무화하는 EU 의회 기업실사지침안의 결의안을 채택했다.[24)]

그리고 EU 소재 기업의 역외 공급망에서 발생한 인권침해와 환경훼손으로 인한 피해에 대해 피해자가 피해구제를 위해 EU 사법기관에 제소할 수 있는 내용의 법안 제정을 고려하고 있는데, EU 집행위원회는 2021년 2분기내 법률 초안을 제시하고 EU 집행위원회, 이사회, 의회의 협의를 거쳐 법안을 확정하고 2024년부터 시행할 계획이다.[25)]

③ 독일 공급망 실사법

2021년 6월 11일 독일 연방의회는 "공급망 실사법(Supply Chain Due Dilligence Act)"[26)]을 승인하여 2023년에 1월 1일 시행을 앞두고 있다. 이 법은 대기업과 협력업체 관계에서 인권과 환경 문제를 조사하고 문제가 있을 때는 규제하는 법률이다. 법률의 목적은 기업이 예방조치를 취하여 인명과 환경에 대한 피해를 방지하는 것과 피해가 발생한 경우 피해 당사자가 보다 쉽게 배상을 받을 수 있도록 하는 것이다.[27)]

법률 적용 대상은 2023년 기준 직원 3,000명 이상, 연 매출 4억 유로(약 5,400억원) 이상의 독일 내에 주된 소재지(본사 및 정관상의 주소지 등) 기업이며, 정부는 적용 기업이 의무를 이행하는지 확인하고 규제할 권한을 갖고 있다. 2024년에는 직원 수가 1,000명 이상인 600여 기업으로 대상이 확대된다.

적용 기업은 위험 인지(Identify risk), 위험분석(Analyse risk), 시정 조치(Take ac-

[표 2-7] 독일 공급망 실사법 주요내용

적용 대상	다음에 해당하는 기업 중 임직원 3,000명 이상 기업(2024년 1월 1일부터 1,000명 이상으로 확대) ① 독일에 본사를 둔 기업 ② 독일을 주요 사업 지역으로 하는 기업(제3국 기업) ③ 독일에 행정·법적 기반을 둔 기업
국제기준	UN 기업과 인권 이행지침, OECD 기업실사 지침
실사 항목	인권 전반
실사 범위	자사 사업 영역, 전 공급망(whole supply chain)
의무사항	회계연도 종료 후 4개월 이내에 공급망 실사 실행 및 결과에 대한 보고서 제출
법적 제재	• [연매출 4억 유로 이상] 총매출액의 최대 2% 또는 최대 800만 유로 • [연매출 4억 유로 이하] 총매출액의 최대 0.35% 또는 최대 200만 유로 • [행정 제재] 중대 위반 시 운송, 건설, 서비스 공적조달에서 최대 3년간 참여 제외

출처: 강애림, EU 의회 기업실사지침안의 주요 내용과 시사점, 대외경제정책연구원 세계경제포커스 Vol. 4, No. 32(2021. 6.21), 7쪽

tions), 유효성 확인(Checkeffectiveness), 문제제기 메커니즘(Complaint mechanism) 및 투명하고 공적인 보고(Transparent & Publicreporting) 등의 절차를 수행하여야 한다.[28)]

기업은 공급망 안에서의 인권과 환경 문제를 확인하고 적정 절차를 수립하여 문제를 해결해야 한다. 먼저 기업이 문제를 발견하면 이를 해결하기 위한 조치를 취하여야 하며, 문제가 해결됐는지 다시 검증하고 그 결과를 정부에 보고하는 절차를 수행해야 한다. 또한 협력업체가 기업이 조치한 행위에 대해 문제를 제기하고 항소할 수 있는 방안도 수립해야 한다.[29)] 기업은 전자보고를 통해 보고서를 관할 정부 부서에 제출하고, 정부는 보고서를 검토하고 필요할 경우 기업에 시정을 요청한다. 기업이 문제를 시정하지 않을 경우에 정부는 규제조치를 취한다.[30)]

아동노동 및 강제노동의 금지가 이 법의 핵심사항이며, 이러한 금지대상 사례가 발생하지 않도록 기업이 주의의무를 이행할 수 있는 방안을 규정하고 이를 위반하는 경우에만 이행강제금과 과태료 처분 및 해당기업에 대해 민사적 청구권

을 행사할 수 있는 법적 기초 등으로 규제하는 방식을 채택하고 있다. 기업에 부여된 인권 관련 주의의무를 이행하기 위하여 요구하는 사항은 아래와 같다.[31]

[표 2-8] 기업의 주의의무 이행방안

- 위험관리를 위한 부서를 설치하여 기업 내부적으로 관할권 부여
- 정기적으로 위험성 평가 실시
- 개별 회사 차원의 예방대책 수립
- 손해가 발생한 경우 구제방안 마련
- 고충처리를 위한 부서의 설치

출처: 이승현, 독일의 공급사슬법 입법 관련 현황, 국제노동브리프, 한국노동연구원, 2021년 3월호, 113쪽

제2절

미국법상 기업 목적과 기본권

1. 기업의 목적

ESG를 이해하기 위해서는 기업의 목적을 살펴보는 것이 중요하다. 전통적인 주주 중심주의에 의하면 회사의 이사회는 주주 중심으로 회사를 경영하여야 하여야 한다. ESG에서 요구하고 있는 이해관계자에 대한 고려는 주주 중심주의의 견해에 어긋날 수 있다. 기업 지배 구조의 화두는 기업의 목적이다. 특히 기업이 주주 부(富)의 추구에서 이해 관계자 또는 사회적 가치에 대한 더 넓은 개념을 추구하는 것으로 목적을 전환해야 하는지에 대한 논쟁이다. 기업의 목적을 명확히 하는 것이 가치가 있을 수 있다. 기업은 이해 관계와 목표가 다른 다양한 구성원으로 구성되기 때문에 명확하고 측정 가능하며 시행 가능한 기업 목적을 통해 기업을 선택하고 계약 또는 규정을 통해 거래를 할 수 있다. 직원, 고객, 파트너, 커뮤니티, 노숙자, 학교 등 모두가 이해관계자이다.[32)]

(1) 학설

① 주주 중심주의

Milton Friedman과 Friedrich Hayek이 지지한 주주중심주의(shareholder primary)는 이사와 경영자는 이사를 임명 및 해임하고 지배 구조 개혁에 투표하여 기업의 지배 구조를 결정할 권리가 있는 주주가 있기 때문에 주주의 이익을 위해 회사를 운영해야 한다고 주장하였다

1970년에 Milton Friedman은 비즈니스의 사회적 책임은 이익을 늘리는 것이라고 주장했다. 프리드먼은 주주의 대리인으로서 경영자는 회사의 성과를 향상시키는 데 집중해야 한다고 강조했다. 그는 사회 프로젝트에 주주의 부를 지출하는 것은 낭비일 뿐만 아니라 CEO가 그 이익을 개인적으로 중요한 원인에 지출할 위험이 있다고 주장했다. 그의 구도에 따라 기업은 법률과 규제를 통해 표현되는 한 사회적·도덕적 가치를 준수해야 한다. 그리고 그들이 사회에 적극적으로 기여하고 싶다면, 자선 또는 세금을 통해서 하면 된다. 따라서 경영자는 법을 위반하지 않고 가능한 모든 수단으로 이익을 추구해야 한다는 논리이다.[33)]

② 이해관계자 중심주의

주주 중심주의와 달리 Edward Freeman과 같은 학자들이 주장하는 이해 관계자 중심주의(stakeholder primary, stakeholder theory)가 있다. Freeman은 저서 〈전략적 관리: 이해 관계자 접근〉에서 "비즈니스가 주주의 이익을 극대화하는 것이라는 생각은 구식이다. 21세기는 '이해 관계자를 위한 관리' 시대이다. 경영진의 임무는 트레이드 오프[34)]에 의존하지 않고 이해 관계자를 위해 가능한 한 많은 가치를 창출하는 것이다."라고 주장하였다.

이해 관계자의 관심을 잘 조정하면 좋은 회사가 될 확률이 높아진다. 이해 관계자는 항상 고객, 공급 업체 및 커뮤니티가 포함되며, 경쟁자, 규제 기관, 협회, 미디어, NGO 등을 포함한다.

(2) 대법원 판례

주주 중심주의와 이해관계자 중심주의에 대한 기업의 목적을 다루는 중요한 미국 대법원 판례의 케이스를 살펴보면, 결론은 각 경우마다 다르게 판결하고 있는 것을 볼 수 있다. 1919년 포드 사건에서 미시간 대법원은 주주중심주의를 주장하였다. 1985년 Unocal 사례에서 델라웨어 대법원은 이해관계자 중심주의 관점을 보여주고 있다. 1986년 적대적 인수사건인 Revlon의 경우 델라웨

[표 2-9] 대법원 판례 요약

구분	내용
Dodge v. Ford	1919년 미시간 대법원은 주주중심주의를 주장하였다.
Unocal v. Mesa Petroleum	1985년 델라웨어 대법원은 이해관계자 중심주의 관점을 보여주고 있다.
Revlon, Inc. v. MacAndrews & Forbes Holdings, Inc.	1986년 델라웨어 대법원은 주주이익 우선을 주장하고 있다.
Paramount v. Time	1989년 델라웨어 대법원은 직원과 같은 이해관계자의 이익을 우선할 수 있다고 판시한다.
eBay Domestic Holdings, Inc. v. Newmark	2010년 델라웨어 법원은 주주의 이익을 우선하여야 한다고 판결했다.

출처: 자체 작성

어 대법원은 주주이익 우선을 주장하고 있다. 1989년 파라마운트 사건에서 델라웨어 대법원은 직원과 같은 이해관계자의 이익을 우선할 수 있다고 판시한다. 2010년 eBay 케이스에서 델라웨어 법원은 주주의 이익을 우선하여야 한다고 판결했다.

① Dodge v. Ford

1919년 미시간 대법원은 Dodge v. Ford[35)] 사건에서 이사와 임원은 주주부(富)를 극대화해야 한다고 판결했다. Ford Motor Company는 주주에게 배당금을 지급하는 대신 자본 투자를 하여 회사 규모를 확장하기를 원했다. 포드의 주주였던 Dodge Brothers는 이에 반대하고 소송을 제기하여 승소했다. 일반적으로 회사의 자본 투자는 경영판단의 원칙에 의해 보호되는데, 포드 회사는 이러한 자본 투자를 통해 더 많은 일자리를 창출하고 자동차 가격을 낮추어 일반 대중이 더 쉽게 접근할 수 있도록 하기를 원했다. 포드 회사의 자본 투자 동기는 직원과 사회에 이익이 되는 것이었으며, 이 시대의 상황과는 다르게 법원에 주주의 이익을 희생시키면서 이해 관계자의 이익을 우선시하고 싶다고 주장했다. 그러나 미시간 대법원은 포드 회사의 주장을 기각하고 법인은 주로 주주의 이익을 위해 조직되고 운영되어야 하므로 이 목적을 위해 이사의 권한을 사용하여야 한다고 판결하였다.

② Unocal v. Mesa Petroleum

1985년 델라웨어 대법원은 Unocal v. Mesa Petroleum[36)]의 2단계 공개 인수 입찰 사건에서 인수 입찰에 대한 방어 전술의 특정 요소를 다루었다. Mesa는 Unocal의 이사회가 매수대금의 일부로서 가치가 부적절하다고 생각하는 고수익 정크 채권을 제공했다. 그래서 Unocal은 Mesa의 인수 입찰을 막기 위해 방어적인 조치를 취하였고 Mesa는 법정에서 이러한 조치에 이의를 제기했다. 델라웨어 대법원은 기업이 채권자, 고객, 직원 및 지역 사회에 미치는 영향을 고려하여 기업에 대한 위협을 평가할 수 있다고 판결했다. 즉 법원은 주주가 이익을 얻는다면 더 많은 이해관계자를 고려할 수 있다고 판시한 것이다.

③ Revlon, Inc. v. MacAndrews & Forbes Holdings, Inc.

1986년 델라웨어 대법원[37)]은 적대적 인수에 대한 이 사건에서 상장 기업이 비공개 인수 제안을 방어하는 과정의 인수가격 설정을 평가하고 있다. 법원은 회사가 매각되고 있다는 것이 분명해지면 이사회의 주된 임무는 가장 높은 입찰가를 취득하고 수락하는 것이며 이사회는 결정을 내리는 데 있어 비(非)주주의 이익을 고려할 수 없다고 판결했다. 이사회의 유일한 의무는 비주주에 대한 결정의 영향에 관계없이 주주의 경제적 가치를 극대화하는 것이라는 원칙을 정립했다.

④ Paramount v. Time

1989년 델라웨어 대법원은 Paramount v. Time[38)]에서 주주 이익 우선 문제를 다루었다. Time은 Paramount와 Warner Brothers를 포함하여 가능한 합병 후보를 찾고 있었다. Time과 Warner Brothers는 주식 거래에 동의했으나, 주주 승인 이전에 Paramount는 전액 현금 제안을 제시했다. Time 이사회는 그것이 타임 문화의 보존을 위해 더 좋다고 생각했기 때문에 수익을 극대화하지 않더라도 Warner Brothers 거래를 계속 진행하기로 결정했다. 법원은 Time이 직원과 같은 다른 이해관계자를 고려하도록 허용했다. 법원은 Time 파산이 불가피하다는 증거가 없었기 때문에 이 사건에서 주주 이익 극대화의 Revlon 케이스를 인용하지 않았다. Time의 결정은 Revlon의 주주 이익 극대화 지침이 매각이 불가피한 인수 환경에서만 적용된다는 주장을 뒷받침하였다.

⑤ eBay Domestic Holdings, Inc. v. Newmark

2010년 Delaware Chancery Court가 판결[39)] 한 이 사건에서 Craigslist의 창립자는 소수 주주인 eBay가 독약이라고 알려진 것을 사용하여 Craigslist를 인수하는 것을 막으려고 했다. 회사의 자산을 보호하기 위해 델라웨어 법률에 따라 독약이 허용되기 때문에, Craigslist의 창립자는 주주 가치를 극대화하는 대신 커뮤니티에 초점을 맞춘 Craigslist의 기업 문화를 보호하기 위해 독약을 사용하기를 원했다. Delaware Chancery Court는 Craigslist 창립자들이 개인적으로 커뮤니티 지향적이어야 한다고 믿었다고 확신했다. 그러나 그들은 영리 기업 형태가 이러한 신념에 부합하는 조직을 관리하는데 적합한 실체라는 것에는 동의하지 않았다. 법원은 영리를 목적으로 하는 법인 형태를 선택한 경우 Craigslist의 이사가 해당 법인 형태에 수반되는 신탁 의무 및 기준에 구속된다고 추론했다. 회사 이름 뒤의 Inc.가 있으므로 이사의 기준에는 주주의 이익을 위해 기업의 가치를 높이기 위한 행동이 포함되어야 한다고 판결했다.

(3) 효과적인 대응 방안

Delaware 대법원장을 역임한 Leo Strine은 기업 목적에 대한 아이디어는 이제 주류가 되었지만 아직까지는 제대로 정의되지 않고 희망적인 상태로 남아 있

다고 보면서, 기업 목적을 의미 있게 만들기 위해 3 가지 방안을 제안한다.[40)]

첫째, 회사는 전략 설정에서 주주를 넘어 어떤 이해관계자가 고려될 것인지 전달하는 명확한 "목적 선언문(Statement of Purpose)"을 채택해야 한다. 둘째, 회사는 투자자 및 기타 이해 관계자가 회사의 목적 달성 성공을 평가할 수 있는 통합 보고 프레임워크를 채택해야 한다. 셋째, 기업은 델라웨어 공익법인의 개념에 기반한 새로운 기업 지배 구조 모델을 채택해야 한다.

2. 기업의 기본권

(1) 주요 내용

미국 판례는 기업의 인격에 대해서는 세 가지 관점으로 다루고 있다. 첫째, 기업은 계약을 체결하고 물건을 사고 팔고 소송을 제기하고 소송을 제기할 수 있는 법인이다. 이러한 법적 분리를 통해 엄청난 부를 창출하고 책임으로부터 스스로를 보호할 수 있다. 둘째, 기업은 직원, 투자자, 경영자 등 사람으로 구성된 공유 기업이다. 셋째, 기업은 헌법상의 권리를 가진다. 세 번째 영역인 헌법상의 권리에서 논쟁이 많았고, 일반적으로 회사는 개인이 가진 헌법상의 권리 중 일부를 가지고 있다. Facebook 같은 SNS는 미국 정부가 개인 사용자 데이터를 찾으려는 부당한 검색에 대해 미국 수정헌법 제4조[41)]를 주장하여 방어하기도 하지만 미국 헌법은 기업을 구체적으로 언급하지 않고 있다. 미국 대법원 판례에서 언급된 기업의 기본권에 대한 판례는 다음과 같다.

[표 2-10] 대법원 판례 요약

구분	내용
Dartmouth College	마샬 대법원장은 본인의 의견에서 "기업은 법을 고려할 때 보이지 않지만 무형으로 존재하는 인공적 존재이다. 그것은 설립 헌장이 명시적으로 또는 명시적으로 부여하는 속성만을 소유하고 있다"라고 판결하였다.
Southern Pacific Railroad	1886년 대법원은 산타 클라라 카운티 v. 남태평양 철도 케이스에서 법인에게 수정헌법 제14조에 따라 개인과 동일한 권리를 부여할 수 있다고 판결했다
American Press Company	대법원은 기업을 "사람"과 같은 동등한 권리를 가진다고 정의하면서 주정부가 미디어에 관례적인 세금을 부과할 수 있지만 더 높은 세금은 수정헌법 제1조에 위배된다고 판시했다.
NAACP	다수의견을 저술한 William J. Brennan, Jr. 판사는 NAACP가 시작한 소송은 "정치적 표현의 한 형태"이지 "사적인 차이를 해결하는 기술"이 아니라고 주장하면서 NAACP와 같은 기업이 제1차 수정안의 보호를 받는다고 밝혔다.
Citizen United	대법원은 Citizens United와 합의하고 기업이 정치 광고에 자금을 지원하는 것을 금지하는 연방 선거 재정법이 위헌이라고 판결했다. 이 사건에서 법원은 영리 기업과 비영리 기업을 구분하지 않았고, 다수 의견에서 케네디 판사는 정부가 면책 조항 및 공개 요건을 통해 기업 연설을 규제할 수 있지만 연설을 완전히 억제하지는 않을 수 있다고 판결했다.
Hobby Lobby	법원은 회사가 개인으로 구성되어 있고 개인이 원하는 목적을 달성하기 위해 회사를 사용한다는 점에 동의하지 않고 판결했다.
Masterpiece Cakeshop	2018년 미국 대법원은 동성 커플에게 시민권 보호를 제공하는 반면, 그러한 결혼에 대한 종교적 반대도 보호한다고 판결했다. 케이크를 만들거나 만들지 않는 형태의 소유자의 반대 및 표현은 미국 헌법에 의해 보호되는데, 이 사건은 언론의 자유와 종교의 자유에 대한 기업의 헌법상의 권리를 더욱 보호했다.

출처: 자체 작성

(2) 대법원 판례

① Dartmouth College

New Hampshire주에 위치하고 있는 사립 대학인 Dartmouth College는 법인 정관에 의해 설립되었다. 1819년 뉴햄프셔주는 Dartmouth College를 주 의회가 관리하는 공립 대학교로 변경하고 싶었다. 대학 이사회는 이 변화에 반대하여 소송하였지만 1심과 2심 소송에서 모두 패했다. 미국 연방대법원은 Dartmouth College 이사회의 의견에 손을 들어 주었고 헌법은 계약 조항으로 New Hampshire 주 또는 모든 주가 Dartmouth의 법인 정관을 방해하는 것을 금지한다고 판결했다. Marshall 대법원장은 "기업은 헌법을 고려할 때 보이지 않지만 무형으로 존재하는 인공적 존재이다. 그것은 법인설립 정관이 명시적으로 또는 명시적으로 부여하는 속성만을 소유하고 있다."라고 판결하였다.[42]

Dartmouth College 케이스는 기업이 헌법상의 권리를 가질 수 있음을 인정한 최초의 사례이다. 그러나 그 이후부터 기업의 존재에 부수적인 권리가 무엇인지에 대한 격렬한 논쟁이 계속 되었다.[43]

② Southern Pacific Railroad

1886년 연방대법원은 산타 클라라 카운티 v. 남태평양 철도 케이스에서 법인에게 헌법 수정 제14조에 따라 개인과 동일한 권리를 부여할 수 있다고 판결했다.[44] 철도 회사에 대한 세금을 적절하게 평가하는데 주정부가 관여했다. 모리슨 웨이트 대법원장은 "법원은 헌법 수정 제14조의 조항에 대한 논쟁을 듣고 싶지 않다. 국가가 관할권 내에서 어떤 사람을 거부하는 것을 금지하는 법은 기업에도 동등하게 적용된다."고 판시하였다. 대법원은 일반적으로 법인에게도 개인이 가지는 헌법적 권리를 확대했다.

③ Henkel

1906년에 회사를 대신해서 직원인 Hale은 배심원 앞에 출석했지만 회사의 부정행위에 대한 질문에 대한 답변이나 문서 작성을 거부했다. 헤일의 주장은 조사중인 혐의가 먼저 확정되지 않는 한 대배심이 회사를 대표하는 사람에게 증언을 요구하거나 문서를 제출하도록 요구할 수 없다고 주장하였다.

Henry B. Brown 대법관은 "대배심이 수사 범위를 밝히지 않았더라도 대배심이 증인을 조사하고 범죄 가능성에 대한 조사와 관련하여 문서 증거를 요구할 수 있다고 주장함으로써 헤일의 특권 주장을 거부했다. 자기 고발에 대한 제5차

수정안에 의해 시민들에게 제공되는 특권은 기업에는 적용되지 않는다."고 판시하였다.[45] 대법원은 회사 직원이 고용주를 대신하여 자기고발에 대한 특권을 주장할 수 없다고 판결했다.

④ American Press Company

언론의 자유와 관련된 사건으로 1936년 Grosjean v. American Press Company에서 대법원은 만장일치로 발행부수가 20,000부 이상인 신문에 대한 별도의 판매세를 부과한 루이지애나 법률을 폐지하여 주 신문에 관례적인 2%의 세금을 부과했다. 별도의 추가 세금을 부과하려는 루이지애나 주지사는 신문이 사람이 아니라 기업이기 때문에 수정 제1조의 보호를 받을 수 없다고 주장했다. 대법원은 기업을 "사람"과 같은 동등한 권리를 가진다고 정의하면서 주정부가 미디어에 관례적인 세금을 부과할 수 있지만 더 높은 세금은 수정헌법 제1조에 위배된다고 판시했다.[46]

⑤ NAACP

집회결사의 자유와 관련된 판례로 NAACP(National Association for the Advancement of Colored People, 미국의 흑인인권단체)는 "모든 법적 또는 전문적 사업의 부적절한 권유"를 금지하는 버지니아 주법을 위반한 혐의로 기소되었다. NAACP의 활동에 적용된 법률이 수정헌법 제1조와 제14조를 위반했는지가 논점이었다.

1963년 대법원은 버지니아주에서 관련 법을 폐지하여 NAACP가 통합을 강화하기 위해 소송을 제기하는 능력을 방해했다고 판결했다. 대법원은 6-3 결정에서 NAACP의 활동이 "버지니아가 금지할 수 없는 수정헌법 제1조 및 제14조에 의해 보호되는 표현 및 결사의 방식"에 해당한다고 판결했다. 다수의견을 저술한 William J. Brennan, Jr. 판사는 NAACP가 시작한 소송은 "정치적 표현의 하나의 형태"이지 "사적인 차이를 해결하는 기술"이 아니라고 주장하면서 NAACP와 같은 기업은 제1차 수정안의 보호를 받는다고 밝혔다.[47]

⑥ Citizen United

2010년 1월 21일, 대법원이 판결한 시민 연합(Citizens United) 사건은 많은 논쟁을 불러일으켰고 치열한 정치적 논쟁의 대상이 되었다. Citizens United는 Hillary Clinton에게 매우 비판적인 Hillary라는 영화를 배포하기를 원했다. 영화는 힐러리 로뎀 클린턴 상원의원이 좋은 대통령이 될 것인지에 대한 의견을 표현했다. 그러나 비영리 기업으로서 2002년 양당 캠페인 개혁법이라는 연방 법률에 의해 부과된 지출 한도가 적용되었다. Citizens United는 연방 법률이 제1조에 따른 언론의 자유를 침해했기 때문에 위헌이라고 주장했다. Citizens United는 "영화 힐러리"에 대해 연방 선거 재정법(BCRA)의 적용을 방지하기 위해 미국 컬럼비아 특별구 지방 법원에 연방 선거 위원회를 대상으로 금지 명령을 신청했다.

대법원은 Citizens United와 합의하고 기업이 정치 광고에 자금을 지원하는 것을 금지하는 연방 선거 재정법이 위헌이라고 판결했다. 이 사건에서 법원은 영리 기업과 비영리 기업을 구분하지 않았고, 다수 의견에서 케네디 대법관은 정부가 면책 조항 및 공개 요건을 통해 기업 연설을 규제할 수 있지만 연설을 완전히 억제하지는 못한다고 판결했다.[48)]

대법원은 기업의 독립적 지출을 금지하는 Austin v. Michigan State Chamber of Commerce의 이전 결정을 번복하고, 기업이 선거 관련 커뮤니케이션을 하는 것이 금지될 수 있다고 판결한 McConnell v. 연방 선거 위원회의 일부를 기각했으며, 독립적 지출 및 선거 관련 커뮤니케이션에 대한 보고 및 면책 조항을 지지했다.[49)]

⑦ Hobby Lobby

Hobby Lobby에서 대법원은 자연인에게 일반적으로 보유된 권리를 회사로 확장했다. 여러 주에 수만 명의 직원과 수백 개의 매장이 있는 영리 기업인 Hobby Lobby 매장은 직원에게 피임을 제공하라는 Affordable Care Act의 명령에서 예외를 요청했다. Hobby Lobby는 Greens라는 가족이 주식을 소유한 가족 기업이었다. Hobby Lobby는 Greens 가족이 진심으로 종교적 신념을 갖고 피임약 사용을 금지했기 때문에 면제되어야 한다고 주장했다. Hobby Lobby가 사람이라고 주장하며 정부가 개인의 종교 행사에 큰 부담을 주지 않도록 규정하고 있는 종교 자유 복원법[50]의 적용을 받는다고 주장했다. 대법원은 회사가 개인으로 구성되어 있고 개인이 원하는 목적을 달성하기 위해 회사를 사용한다는 점에 동의하지 않고 Hobby Lobby가 승소하게 판결했다.[51]

⑧ Masterpiece Cakeshop

2012년 7월 Charlie Craig와 David Mullins는 콜로라도주 레이크우드에 있는 Masterpiece Cakeshop에 가서 그 소유주인 Jack C. Phillips에게 결혼식을 위한 케이크를 디자인하고 만들도록 요청했다. Phillips는 본인의 종교적 신념 때문에 동성 결혼을 위한 웨딩 케이크를 만들지 않는다면서 거절했다. Phillips는 케이크를 장식하는 것은 하나님께 영광을 돌릴 수 있는 예술의 한 형태이며 동성 결혼을 위한 케이크를 만드는 것은 하나님을 불쾌하시게 할 것이라고 믿었다.

Craig와 Mullins는 콜로라도 차별금지법(CADA)에 따라 성적 지향에 근거한 차별을 주장[52]하며 콜로라도 민권국에 차별 혐의를 제기했다. Craig와 Mullins는 Masterpiece가 CADA를 위반하여 공공 시설의 장소에서 본인들을 차별했다고 주장하면서 행정 법원에 고소장을 제출했다. Masterpiece Cakeshop의 소유자는 케이크 만들기 서비스를 몇 가지 경우에 거부했는데, 동성 결혼이 자신이 진심으로 갖고 있는 종교적 신념에 어긋난다고 주장했다.

2018년 대법원은 동성 커플에게 시민권 보호를 제공하는 반면, 그러한 결혼에 대한 종교적 반대도 보호한다고 판결했다.[53] 케이크를 만들지 않을 소유자의 반대 및 표현도 미국 헌법에 의해 보호되며 이 사건은 언론의 자유와 종교의 자유에 대한 기업의 헌법상의 권리를 더욱 보호했다.[54]

3. 새로운 기업 형태

미국 이해관계자 법률(Constituency Statutes)[55]은 완전히 새로운 기업 형태의 시작을 촉발시켰다. 2010년 메릴랜드 주가 최초로 이 새로운 기업 형태를 도입하였으며, 기업 목적, 투명성 및 책임 등의 세 가지 구성요소를 가지고 있는 점이 특징이다.[56]

각 주마다 이해 관계자 고려 사항을 의무화하여 임원과 이사가 서로 다른 이해관계자를 고려해야 함을 명시하고 있으며, 현재 36개 주가 도입하였고, 5개 주가 진행중이다. Delaware Public Benefit Corporation 및 California Benefit Corporation은 가장 인기 있는 이해관계자 기업 형태이며 공익법인이다. 캘리포니아 주에는 California Benefit Corporation과 Social Purpose Corporation의 두 가지 기업 형태가 있지만, 가장 인기 있는 것은 California Benefit Corporation이다.

Delaware Public Benefit Corporation과 California Benefit Corporation은 기업 목적의 정의, 보고 요구사항 및 신탁의무와 책임의 세 가지 측면에서 차이점이 있다.

먼저, 기업 목적의 차이점이다. Delaware Public Benefit Corporation은 공익을 창출하고 책임감 있고 지속 가능한 방식으로 운영되어야 한다. California Benefit Corporation은 해당 법인이 공익법인이며 그 목적 중 하나는 일반 공익을 창출하는 것임을 명시해야 한다. 캘리포니아주는 특히 공익을 사회 및 전체적으로 받아들여지는 환경에 대한 실질적인 긍정적 영향으로 정의한다.

둘째, 보고 요구 사항의 차이점이다. 델라웨어주는 회사가 공익을 추구하는 주주들에게 격년으로 보고하도록 하고 있지만, 이 보고서를 다른 이해 관계자나 일반 대중에게 공개할 필요는 없으며, 제3자 인증을 요구하지 않는다. California Benefit Corporation은 전반적인 사회 및 환경 성과를 주주와 일반 대중에게 연간 혜택 보고서로 보고해야 하며 제3자 기준을 사용해야 한다.

셋째, 신탁 의무 및 책임의 차이점이다. Delaware Public Benefit Corporation 임원과 이사는 주주의 금전적 이익, 회사의 행위에 의해 실질적으로 영향을 받는 사람들의 최선의 이익과 특정 공익 또는 이익 간의 균형을 맞춰야 한다. 이해 당사자에 대한 의무가 없기 때문에 공익 추구에 대한 모든 도전은 이러한 이해 관계의 균형과 관련하여 신탁 의무 위반에 대한 이해 관계자 소송을 통해 이루어져야 한다. 반면에 캘리포니아주에서는 California Benefit Corporation의 이사가 모든 이해 관계자에 대한 영향을 고려해야 한다.

제 3 절

글로벌 기업동향

1. 2019 BRT 선언

선도적인 비즈니스 리더들도 기업의 목적에 대한 보다 광범위한 견해를 지지했다. 2019년 8월 기업 CEO로 구성된 비영리 조직인 Business Roundtable("BRT")은 기업의 목적에 대한 새로운 선언서("BRT 선언서")를 발표했다. BRT는 미국에서 가장 영향력 있는 기업인 애플, 아마존, 월마트, GM, 블랙 록, JP 모건, IBM 등 181명의 CEO로 구성된 협의체이다.

BRT 선언서는 주주를 고객, 근로자, 공급 업체 및 지역 사회와 함께 5대 주요 이해관계자 중 하나로 확인했다. BRT 선언서는 기업이 주로 주주에게 서비스를 제공하기 위해 존재한다는 생각인 주주우선권을 지지하는 예전의 성명서를 대체하고 "기업 책임에 대한 현대적인 표준"을 설명한다. 즉 기업의 주주 우선 원칙을 폐지하고 모든 이해관계자의 가치가 통합된 새로운 기업의 목적(Purpose of a Coperation)을 선언했다.[57)]

이 선언서에는 과거 주주(Shareholder)를 최우선시 했던 기업들이 이제는 고객, 직원, 공급자, 지역사회, 주주 등 모든 이해관계자(Staeholder)의 가치를 고려해야 한다는 내용을 포함하고 있다.[58)]

참여자들은 "이해 관계자들은 필수적이다. 우리는 우리의 회사, 지역 사회, 그리고 국가의 미래의 성공을 위해 모두에게 가치를 제공하기 위해 노력해야 한다."라는 내용을 선언서에 포함하여 1997년부터 매년 Business Roundtable이 주주 우선권 원칙을 지지했던 것과 다르게 이 선언서는 기존의 Friedman의 주주 중심주의를 반대하였다.

2019년 선언서에서 주목할 점은 세 가지이다. 첫째, 1997년부터 Business Roundtable이 승인한 주주 중심주의에 대한 반성이다. 둘째, 자유시장 시스템을 "주주를 위한 것이 아니라 이해관계자를 위한 좋은 일자리를 창출하는 최고의 수단, 강력하고 지속 가능한 경제, 혁신, 건강한 환경, 모두를 위한 경제적 기회"라고 보고 있다. 셋째, 회사가 책임을 지는 각 이해 관계자의 순서를 고객, 직원, 공급 업체, 커뮤니티 및 주주로 나열한다. 마지막으로 주주를 언급하고 있는 것이 중요하다.

2. G30 넷-제로 이코노미 운영위원회

G30 넷-제로 이코노미 운영위원회 보고서는 정부와 기업, 금융기관 등에게 각 주체별 방향성을 포함하고 있다. 정부는 저탄소 인프라와 친환경 연구개발(R&D)을 위한 공공 자금 제공 및 목표 환경 규제를 시행하고 기후 정책의 목표를 효과적으로 전달하여야 한다. 기업은 넷-제로 탄소경제에 맞춰 비즈니스 모델을 재구축하여야 하고, 탄소 감축 계획을 공개할 때 TCFD(기후 변화 관련 재무정보공개 TF) 표준을 기반으로 내부 조직을 구축하고 그 내용을 공시하여야 한다. 금융기관은 기후관련 리스크의 영향을 평가하고 종합하여야 하며, 자본을 어떻게 넷-제로 탄소경제에서 각자의 사업으로 활용할 수 있는지에 대한 자문 서비스를 제공하도록 하고 있다.[59]

3. 애플(Apple)[60]

애플 CEO 팀 쿡은 "우리는 비즈니스가 최상의 상태에서 공익에 기여하고 전 세계 사람들에게 권한을 부여하며 이전과는 다른 방식으로 우리를 하나로 묶어 준다고 믿는다."고 말한다.

애플의 홈페이지에는 애플의 경영목적을 다음과 같이 설명하고 있다.

"우리는 사업이 선(善)을 위한 힘이 될 수 있고 또 그래야 한다고 믿는다. 이를 위해서는 혁신, 노력, 다른 사람에게 봉사하는 데 집중해야 한다. 이는 또한 우리가 만드는 기술, 만드는 방식, 우리가 공유하는 사람과 지구를 대하는 방법에서 우리의 가치를 이끌어가는 것을 의미한다. 애플은 우리가 발견한 것보다 더 나은 세상을 만들고 다른 사람들도 똑같이 할 수 있는 강력한 도구를 만드는 데 전념하고 있다."[61]

(1) 애플 가치

애플의 가치는 접근성, 교육, 환경, 포용과 다양성, 프라이버시, 공급 업체의 책임 등으로 구성된다.

[표 2-11] 애플 가치 1

구분	내용
접근성	사용자 방식대로 작동하는 내장 기능. 당신의 것으로 만들고 멋진 것을 만든다.
교육	제품이 가장 필요한 학교에 제품, 지원 및 기회를 제공한다. 애플은 2014년부터 ConnectED 이니셔티브에 참여하여 전국 114개 소외된 학교에 1억 달러의 교육 및 학습 솔루션을 제공했다. 모든 학생에게 iPad를, 모든 교사에게 Mac과 iPad를, 모든 교실에 Apple TV를 기부했다. 모든 학교가 혁신적 기술의 힘을 경험할 수 있도록 계획, 전문 학습 및 지속적인 지침을 제공하는 프로세스를 구현한다.
환경	탄소 중립적이고 물에 대한 약속을 지킨다. 2018년부터 애플의 매장, 사무실 및 데이터 센터는 100% 재생 가능 에너지로 운영되고 있다.
포용과 다양성	회사를 더 포용적이고 세상을 더 공정하게 만들기 위한 오랜 노력을 강화했다. 모든 훌륭한 아이디어를 들을 수 있는 곳을 만든다.
프라이버시	개인정보를 보호하고 고객의 정보를 제어할 수 있도록 애플 제품을 설계한다.
공급 업체의 책임	우리가 하는 모든 일에서 사람이 먼저이다.

출처: https://investor.apple.com/esg/default.aspx

애플의 가치는 ESG 주제 전반에 걸쳐 이니셔티브를 발전시키려는 약속이다.

[표 2-12] 애플 가치 2

구분	내용
환경	2030년까지 제품을 포함한 전체 비즈니스에서 탄소 중립이 되겠다는 야심찬 목표를 가지고 있다. 우리는 기후 변화에 대처하고 지구의 유한한 자원을 효율적으로 사용하며 더 안전한 화학 물질로 제품을 만들기 위해 혁신 및 투자한다.
사회	사람이 먼저이다. 우리는 사람들에게 접근 가능한 기술을 부여하고, 형평성과 기회를 위한 힘이 되고, 포용적이고 다양한 업무 환경을 조성하고, 우리가 접촉하는 모든 사람의 기본적인 인권을 존중하기 위해 매일 노력한다
거버넌스	기업 거버넌스 프레임워크는 원칙에 입각한 행동, 정보에 입각한 효과적인 의사 결정, 규정 준수 및 성과에 대한 적절한 모니터링을 촉진한다.

출처: https://investor.apple.com/esg/default.aspx

ESG 지수는 GRI(Global Reporting Initiative), SASB(Sustainable Accounting Standards Board) 및 TCFD(기후 관련 재무 공개 태스크 포스) 자발적 공개 프레임워크에 요약된 메트릭을 혼합하여 공개하고 있다.

2016년 미국 애플은 RE100 가입하고, 국내·외 하도급사에게 ESG경영에 맞게 제품을 공급하기를 요청하고 있다. RE100 참여기업으로 협력업체 청정에너지 프로그램 계획을 발표하여 2030년까지 협력사는 100% 재생에너지로 생산한 제품을 공급할 예정이다. 공급업체 지원 프로그램으로 전 공급망의 RE100을 추구하고 있다. 공급망 내 모든 단계의 협력업체에 대한 노동권, 인권, 건강, 환경보호 등 행동강령(Apple Supplier Code of Conduct)을 마련하고 성과 평가를 실시한다. 제품을 직접 생산하지 않고 외부 기업들에게 이를 맡기기 때문에, 제품의 생산과정에 간접적으로 화석연료로 만들어진 전기를 사용한다고 볼 수 있다. 그러므로 애플은 공급업체들이 RE100을 이행하도록 지원하는 프로그램까지 갖추고 있다. 이로 인하여 2019년 49개국 총 1,142개 협력업체 평가 완료 및 100만 톤 이상의 탄소배출량을 감축하였고, 고득점 사업자 비율을 향상하고 있다(2014년 26%

→ 2017년 47% → 2019년 82%).[62] 공급사 중의 하나인 대만 반도체회사 TSMC은 ESG 경영원칙에 맞추기 위해 기자재 공급이 가능한 미국 애리조나에 15조 공장을 건설하고 있다.

애플은 재생에너지 전력을 자체적으로 조달한다. 애플은 조달하는 재생에너지 전력의 83%를 자체 개발한 프로젝트에서 가지고 온다. 84%가 장기 전력구매계약을 통해 조달되고, 12%가 직접 소유(On-site 개념)로, 4%를 재생에너지 발전소에 대한 지분 투자로 조달한다. 17%는 애플이 직접 개발하지 않은 재생에너지 프로젝트들에서 조달한다. 유틸리티(전력회사)의 녹색요금제 프로그램에 참여(10%)하거나 애플이 입주한 데이터센터에 설치된 재생에너지 발전설비로 조달(2%)한다. 또한, 애플은 최근 건설된 발전소에서 발행한 검증된 재생에너지 공급인증서(REC)를 구매한다. 애플은 자신들의 RE100 정책이 실질적인 재생에너지 보급 확대로 이어지도록 항상 신경을 쓰고 있다.[63]

애플은 2015년 10월에 공급업체들을 지원하는 프로그램인 'Supplier Clean Energy Program'을 발족하여, 애플 제품 생산 업체들의 재생에너지 조달을 돕고 있다. 이를 통해 2020년까지 4GW의 재생에너지 설비 상업운전을 달성하기 위해 노력하고 있으며, 2030년까지는 애플의 전 공급망에서 RE100을 달성할 것을 목표로 제시하고 있다. 이러한 노력을 기반으로 2020년 6월 기준 애플의 71개 부품공급사들이 RE100 달성을 확약했고, Supplier Clean Energy Program 하의 7.8GW 발전소가 개발 중이며 이 중 2.7GW는 상업운전 중이다.[64]

애플이 'Supply Clean Energy Program'을 통해 실질적인 RE100 이행을 추진한 사례에는 'China Clean Energy Fund'가 있다. 애플과 10개의 공급업체가 함께 조성한 이 펀드는 총 3억 달러 규모이며 향후 1GW의 중국 재생에너지 발전소에 투자되어 중국 내 애플의 공급기업들이 RE100을 달성할 수 있도록 도울 계획이다. 2020년 보고서에 따르면 위 펀드는 2019년 9월에 총 134MW의 풍력 발전소에 투자하였으며 점차 투자를 확대할 예정이다. 국내의 경우 애플의 주요 공급사인 SK하이닉스가 애플과 Clean Energy Partner 협약을 체결하였으며, 향후 애플에 공급하는 부품 생산 시 재생에너지로 전력을 100% 조달하도록 할 계획이다.[65)]

(2) 협력업체 청정 에너지 프로그램

2020년 현재 애플은 기후 변화에 대응하고 재생 에너지 사용을 전 세계적으로 확산시키기 위해 최선을 다하고 있다. 먼저 애플의 자사 시설을 100% 재생에너지로 가동하는 것부터 시작했으며, 2015년 10월에는 생산 공급망 전반의 청정 에너지 사용을 확대하기 위해 협력업체 청정 에너지 프로그램(Supplier Clean Energy Program)을 출범시켰다. 그 후 2020년까지 4기가와트 규모의 청정 에너지를 신규 도입한다는 초기 목표를 향해 빠르게 성과를 올렸다. 2030년까지 소재 추출, 부품 제조, 최종 제품 조립을 아우르는 애플의 제조 공급망 전체가 100% 재생 에너지로 가동되도록 하는 것이다. 협력업체 청정 에너지 프로그램은 애플의 전반적인 탄소 배출량을 줄이는 데 필수적이다. 제조 과정에서 발생하는 배출량은 애플 전체의 탄소 발자국에서 약 75%를 차지한다. 또한 이러한 탄소 배출의 대부분은 제품에 사용되는 부품을 만드는 데 사용된 전기를 발전하는 과정에서 발생한다. 따라서 애플은 협력업체 설비의 에너지 효율을 높이기 위해 노력하고, 나아가 협력업체가 청정·재생 에너지로 전환할 수 있도록 힘쓰고 있다.

지금까지 17개국의 71개 제조 협력사에서 애플 제품 생산에 100% 재생 에너지를 사용할 것을 약속했다. 또한 애플은 공급망 상단에서의 탄소 배출 저감에 일정 부분 역할을 하기 위해 다수의 재생 가능 에너지 프로젝트에 직접 투자를 진행하기도 했다. 현재 협력업체 청정에너지 프로그램을 통해 총 7.8기가와트 규모의 청정 에너지 프로젝트가 약속된 상태이다. 이 약속이 모두 실현되면 연간 1,430만 톤의 이산화탄소 배출 저감이 이루어지며, 이것은 매년 300만 대씩 자동차를 줄이는 것과 동등한 효과가 있다.[66)]

① 애플의 역할

애플은 협력업체가 가장 큰 영향을 미칠 잠재력이 있는 프로젝트를 잘 선정할 수 있도록 돕는다. 탄소 배출 저감, 생태적·사회적 측면에서 명확한 이점이 있는 프로젝트가 이에 해당하며, 대부분의 경우 풍력 및 태양 에너지 프로젝트가 애플의 기준에 부합한다. 바이오매스나 수력 발전과 같이 추가적인 정보가 필요한 경우에는 유해성을 최소화하면서 긍정적인 효과를 낼 수 있도록 프로젝트별 검토를 진행한다. 또한, 모든 청정 에너지 프로젝트를 검증할 수 있도록 엄격한 책임성 기준을 적용하고 있다. 이와 같은 청정 에너지 솔루션은 구축에 상당한 시간이 소요되는 경우가 많으며, 아래에 열거된 협력업체는 모두 애플 제품 제조에 100% 재생 에너지를 사용한다는 약속을 실현하기 위해 꾸준히 진전을 이루고 있다. 대부분의 협력업체는 운영되고 있는 지역이나 주 또는 전력망권 내에서 솔루션을 찾게 된다. 애플은 재생 에너지 프로젝트에 참여함에 있어 필요한 재정적 지원을 제공하거나 규제 등의 장벽을 극복할 수 있도록 도움으로써 프로젝트 실현을 위한 추진력을 보태는 역할을 수행한다. 일부 핵심 국가에서는 정책적 역학관계가 빠르게 변화하고 있으므로, 애플은 현지 법규를 준수하고 가장 긍정적이고 의미 있는 에너지 전환을 이루어내기 위해 지속적으로 프레임워크를 진화시키고 있다.

애플은 비용 효율이 높고 안정적이고 누구나 흔히 사용할 수 있는 재생 에너지의 세상을 꿈꾼다. 협력업체의 청정 에너지 사용을 확대하기 위해 함께 노력하는 한편, 애플은 다음과 같은 더욱 광범위한 목표 또한 달성하고자 한다.[67)]

ⓐ 협력업체가 속한 지역에서 리더십 발휘

재생 에너지로 전환하기 위해서는 시장 거래와 규제 요건이 서로 다른 다수의 지역에서 복잡한 구조의 거래를 진행해야 하는 경우가 많다. 애플은 난제가 많은 지역을 포함하여 여러 시장에서 재생 가능 에너지에 투자하며 얻은 경험을 공유함으로써 협력업체가 복잡한 상황을 헤쳐나갈 수 있도록 돕는다. 예를 들어, 애플은 공급망 상단의 탄소 배출 저감을 위해 중국과 일본에서 지금까지 총 500메가와트에 육박하는 태양광 및 풍력 발전 프로젝트 개발을 지원한 바 있다.

ⓑ 협력업체를 우수 프로젝트에 연결

애플은 협력업체가 재생 에너지 관련 목표를 달성할 수 있도록 새로운 수단을 마련하기도 한다. 애플이 진출한 지역 중에는 기업이 청정 에너지를 활용할 수 있는 선택지가 제한되어 있는 경우도 많다. 이러한 장벽을 해소하기 위해 애플은 중국 청정 에너지 기금(China Clean Energy Fund)을 설립했으며, 이 기금을 통해 애플과 협력업체는 중국에서 총 규모 1기가와트 이상의 청정 재생 에너지 프로젝트에 투자할 수 있다. 또한, 세계 각지에서 새롭게 등장한 직접 구매 모델을 따라 협력업체가 프로젝트 개발사 및 전력회사로부터 재생 에너지를 직접 구매할 수 있도록 연결하기도 한다.

ⓒ 청정 에너지 지지 기반 구축

애플은 자사의 경험을 활용하고 세계 유수의 전문가를 초빙하여 공급망 협력업체가 재생 에너지로의 전환을 계획할 수 있도록 돕는다. 청정 에너지로 전환하는 협력업체에 트레이닝 및 툴을 제공하는 협력업체 청정 에너지 포털(Supplier Clean Energy Portal)을 성공적으로 운영했던 경험에 기반하여, 2019년에 애플은 30개 이상의 중국 협력업체를 대상으로 최초의 대면 트레이닝 행사를 주최했다. 이틀 동안 심도 깊이 진행된 교육을 통해 협력업체는 애플의 공급망 내에서뿐만 아니라 그 이외에서도 재생 에너지 솔루션 도입을 촉진하기 위해 필요한 시장 인사이트, 정책 분석 및 툴을 얻을 수 있었다.

ⓓ 효과적인 정책을 위한 지지 활동

협력업체는 비용 효율적인 재생 에너지 솔루션을 선택하는 과정에서 규제 장벽에 부딪히는 경우가 많다. 청정 에너지 기술은 우리의 협력업체뿐만 아니라 전력망 및 국가 전체에도 굉장한 이익이 된다. 애플은 정책 입안 주체가 이러한 혜택의 가치를 완전히 이해하면 청정 에너지의 비용 경쟁력이 화석 연료 에너지보다 높아질 수 있다고 생각한다. 따라서 애플은 비용 효율적인 재생 가능 에너지 시장을 조성하는 정책을 적극적으로 지지하며, 협력업체는 물론 기후 변화 대응을 선도하는 다른 기업들과 면밀히 협조하여 지역, 광역, 중앙 정부 기관들과 소통하고 있다. 이를 통해 확장 가능한 재생 에너지 솔루션을 뒷받침하는 국가별 정책 개발을 촉진함으로써 애플 공급망을 넘는 훨씬 광범위한 영향을 미칠 수 있게 된다.

> "협력업체 청정 에너지 프로그램은 환경친화적인 공정을 통해 세계적인 제품을 만들기 위한 애플의 노력에 있어 핵심적인 부분이다. 협력업체는 애플의 이러한 노력에 동참하기 위해 의미 있는 조치를 취하고 있으며, 앞으로도 환경 파괴를 줄이기 위한 노력이 이어지며 더욱 대담한 약속이 이어질 것으로 기대한다."
>
> — 애플 최고운영책임자 제프 윌리엄스(Jeff Williams)

② 협력업체 현황

애플의 공급망을 청정 에너지로 전환하기 위한 지속적인 노력의 일환으로, 전 세계에서 71개 공급업체(작년 신규 약 정 28건 포함)가 애플 제품을 100% 청정 에너지로 생산하겠다고 약속했다.[68]

4. 마이크로소프트(Microsoft)

마이크로소프트는 2030년까지 탄소 네거티브(Carbon Negative By 2030) 운동을 추진하고 있으며, 10억 달러의 '기후 혁신 펀드($ 1 billion Climate Innovation Fund)'를 조성해 향후 4년간 탄소 제거 기술 개발을 지원하고, 2050년까지 역사적인 탄소 배출을 제거하는 운동(move our historical carbon emissions by 2050)을 전개하고 있다.

2012년 실질적 이산화탄소 배출량 제로를 달성하고 2020년부터 탄소 네거티브(Carbon Negative)운동을 추진하고 있다. 이것은 탄소 중립(Carbon Neutral)만으로 만족하지 않고 배출량 이상으로 흡수량을 늘리자는 운동이며, 2030년부터 탄소 흡수량을 배출량보다 더 늘린 후, 2050년까지 1975년 창사 이래 회사가 직접 또는 전기 소비로 배출한 모든 탄소를 제거하는 운동이다.

직접 배출량과 전체 공급 및 가치 사슬 모두에 대해 2030년까지 탄소 배출량을 절반 이상으로 줄이는 공격적인 프로그램이다. 2012년부터 시행하고 2019년에 증가한 내부 탄소 수수료를 확대하여 직접 배출량뿐만 아니라 공급 및 가치 사슬의 배출량을 청구하기 시작하여 부분적으로 자금을 조달한다.

또한 마이크로소프트 기술을 사용하여 전 세계의 공급 업체와 고객이 자체 탄소 발자국을 줄이는 데 도움이 되는 이니셔티브를 시작하고 탄소 감소, 포집 및 제거 기술의 글로벌 개발을 가속화하기 위해 새로운 10억 달러 기후 혁신 기금을 마련하고 있다.[69)]

마이크로소프트는 미국의 한 농업협동조합과 인공지능(AI, Artificial Intelligence)으로 농업을 효율화하기 위한 협업을 시작하여 더 많은 이산화탄소가 토양에 흡수되도록 하여 그 가치에 환금성을 부여해 농가 부수입으로 만들어 주는 바이오에너지 탄소 포집·저장사업(BECCs, Bio Energy with Carbon Capture and Storage)을 진행하고 있다.[70)]

BECCs 사업은 직접적인 공기 탄소 포집·저장(DACCS, Direct Air Capture with Carbon Storage) 기술과 더불어 온실가스를 직간접적으로 회수하는 기술이다.

(1) 주요 원칙[71)]

마이크로소프트는 일곱 가지의 주요원칙을 준수하고 있다.

첫째, 과학과 수학의 기초이다.

가장 유용한 과학과 가장 정확한 수학에 기반을 둔다.

둘째, 탄소 사용 흔적에 대한 책임이다.

모든 배출량에 대해 책임을 지게 될 것이므로 2030년까지 배출량을 절반 이상 줄이고 매년 배출하는 탄소보다 더 많은 탄소를 제거한다.

셋째, 새로운 탄소 감소 및 제거 기술에 대한 투자이다.

세계가 탄소 마이너스가 되도록 도울 탄소 감소 및 제거 기술의 개발을 가속화 하기 위해 새로운 기후 혁신 기금에 10억 달러의 자체 자본을 투자한다.

넷째, 전 세계 고객에게 권한을 부여한다.

공급 업체와 고객이 탄소 발자국을 줄이는 데 도움이 되는 디지털 기술을 개발하고 배포한다.

다섯째, 효과적인 투명성 보장이다.

강력한 글로벌 보고 표준을 기반으로 진행 상황에 대한 투명성을 제공하는 연간 환경 지속 가능성 보고서를 발행한다.

여섯째, 탄소 관련 공공 정책 문제에 대한 지원이다.

탄소 감축 및 제거 기회를 가속화 하기 위한 새로운 공공 정책 이니셔티브를 지원한다.

일곱째, 임직원 참여 장려이다.

임직원들이 혁신을 발전시키는 데 있어 가장 큰 자산이 될 것임을 인식하고 임직원들이 회사의 노력에 기여할 수 있는 새로운 기회를 창출한다.

(2) 주요 추진 내용[72)]

① 과학과 수학의 기초

탄소 문제를 해결하기 위한 회사의 작업은 지속적인 과학 발전과 관련된 기본적이지만 근본적인 수학적 개념에 대한 정확한 기반을 두는 것이 중요하다. 그리고 이것은 개인 소비자 및 비즈니스 커뮤니티로서 모두에게 해당된다.

"탄소 수학"에 대해 배우고 현실화해야 한다는 것이다. 이것은 탄소 문제가 개인, 가족, 기업 또는 기타 조직에 관계없이 각자에게 어떻게 적용되는지 이해하는데 중요한 기본 수학적 개념이다.

[표 2-13] **탄소 배출량 정의**

구분	내용
Scope 1 배출	운전하는 자동차에서 배출되는 배기가스, 비즈니스의 경우 제품을 한 장소에서 다른 장소로 운송하기 위해 운전하는 트럭 또는 작동할 수 있는 발전기와 같이 활동이 생성하는 직접 배출량이다.
Scope 2 배출	집을 밝히거나 사업체가 소유한 건물에 전력을 공급하는 전통적인 에너지원처럼 사용하는 전기 또는 열의 생산에서 발생하는 간접 배출이다.
Scope 3 배출	먹는 식품 생산 또는 구매 제품 제조와 관련된 배출을 포함하여 참여하는 다른 모든 활동에서 발생하는 간접 배출이다. 기업의 경우 이러한 배출원은 광범위할 수 있으며 전체 공급망, 건물의 자재, 직원의 출장 및 고객이 소비할 수 있는 전기를 포함한 제품의 전체 수명주기를 고려하여 고려해야 한다. 제품을 사용할 때, Scope 3 배출량은 종종 Scope 1 및 2 배출량을 합친 것보다 훨씬 크다.

출처: Brad Smith, Microsoft will be carbon negative by 2030(Jan. 16, 2020) https://blogs.microsoft.com/blog/2020/01/16/microsoft-will-be-carbon-negative-by-2030/

마이크로소프트는 2020년 1,600만 톤의 탄소를 배출할 것으로 예상하는데, 약 10만 톤이 Scope 1 배출이고 약 4백만 톤이 Scope 2 배출이며, 1,200만 톤은 Scope 3에 해당한다. 예전부터 마이크로소프트는 Scope 1 및 2 배출량에 중점을 두었으며, 직원 출장을 제외하고는 Scope 3 배출량을 철저하게 계산하지 않았다. 따라서 2020년부터 3가지 Scope 모두에 대해 중점을 두고 2030년에 탄소 마이너스가 되기 위해 노력하고 있다.

[표 2-14] **넷제로**

구분	내용
Net zero (넷 제로)	지구 기후에 변화를 초래하는 온실가스 배출과 흡수가 균형에 이른 상태

출처: 자체 작성

② 탄소사용 흔적에 대한 책임

마이크로소프트 자체 탄소 배출량을 줄이기 위하여 공격적인 계획을 수립하고 추진한다.

첫째, 향후 10.5년에 걸쳐 Scope 1 및 2 배출량을 거의 0에 가깝게 줄일 것이다.

2025년까지 재생 가능 에너지의 100% 공급으로 전환하고, 모든 데이터 센터, 건물 및 캠퍼스에서 소비하는 탄소 방출 전력의 100%에 대해 녹색 에너지에 대한 전력 구매 계약을 체결할 예정이다.

2030년까지 글로벌 캠퍼스 운영 차량에 전기를 공급하고, 실리콘 밸리 캠퍼스 및 퓨젯 사운드 캠퍼스 현대화 프로젝트를 위해 국제 생활 미래 연구소 제로 카본 인증 및 LEED 플래티넘 인증을 계획하고 있다.

둘째, 2030년까지 Scope 3 배출량을 절반 이상 줄일 예정이다.

Scope 3 배출량을 충당하기 위해 내부 탄소세를 단계적으로 도입하여 2020년 7월부터는 모든 사업부에서 Scope 3 배출량에 대해 내부 탄소 수수료를 지불할 예정이다.

2021년 7월까지 공급 업체의 Scope 1, 2 및 3 배출량을 줄일 수 있도록 지원하고 인센티브를 제공하는 새로운 조달 프로세스를 시작할 예정이다.

셋째, 2030년까지 배출하는 탄소보다 더 많은 탄소를 제거하여 1975년 마이크로소프트 설립 이래 회사가 직접 또는 전기 소비로 배출한 모든 탄소를 2050년까지 제거할 것이다.

잠재적으로 조림, 토양 탄소 격리, 탄소 포집 및 저장 등을 통한 바이오 에너지(BECC) 및 직접 공기 포집(DAC)을 포함하는 부정적인 배출 기술(NET)을 통해 포트폴리오를 달성할 계획이다.

마이크로소프트는 확장성, 경제성, 상업적 가용성 및 검증 가능성 등 네 가지 기준과 관련된 NET 속성을 평가하여 매년 탄소 제거 포트폴리오를 구성할 예정이다. 기술과 가격의 현재 상태를 감안할 때, 초기에는 자연 기반 솔루션에 초점을 맞출 것이지만, 2020년부터 2050년 사이에 기술 기반 솔루션으로 전환하는 것을 목표로 할 것이다.

③ 새로운 탄소 감소 및 제거 기술에 대한 투자

ⓐ 기후 혁신 기금

2021년부터 4년 동안 새로운 기술에 10억 달러를 투자하고 이 문제를 해결하기 위해 일하는 사람들에게 투자를 확대할 것이다.

[표 2-15] **투자영역 및 투자기준**

구분	내용
투자 영역	프로젝트 및 부채 금융에 투자하여 지속적인 기술 개발을 가속화 자본과 부채 자본을 통한 새로운 혁신
투자 기준	(1) 의미있는 탈탄소화, 기후 복원력 또는 기타 지속 가능성 영향을 추진할 수 있는 전략 (2) 현재 및 잠재적 솔루션 가속화에 대한 추가적인 시장 영향 (3) 미지급 기후 부채 및 향후 배출량을 처리하는 데 사용할 수 있는 기술을 개발하여 마이크로소프트와의 관련성 (4) 개발도상국을 포함한 기후 형평성 고려

출처: Brad Smith, Microsoft will be carbon negative by 2030(Jan. 16, 2020) https://blogs.microsoft.com/blog/2020/01/16/microsoft-will-be-carbon-negative-by-2030/

ⓑ AI for Earth 프로그램

2018년부터 2년 동안 70개 이상의 국가에서 450명 이상의 수혜자를 지원하기 위해 성장한 AI for Earth 프로그램을 통해 탄소 모니터링 및 모델링 프로젝트에 지속적으로 투자하고 있다.

④ 전 세계 고객에게 권한 부여

탄소 감축에 대한 마이크로소프트의 가장 중요한 기여가 우리 자신의 작업이 아니라 우리의 학습과 데이터 과학, 인공 지능 및 디지털 기술의 힘을 통해 전 세계 고객이 탄소 사용흔적을 줄일 수 있도록 지원함으로써 발생한다고 믿는다.

탄소 추적 개선은 서비스 및 제품의 탄소 영향에 대한 투명성을 높이는 것에서 시작된다. Power BI 대시 보드를 통해 Azure 서비스의 예상 배출량을 분석하는 새로운 도구인 Microsoft Sustainability Calculator를 출시하여 이를 통해 고객은 클라우드 워크로드의 탄소 영향을 더 잘 이해하고, Azure로 완전히 마이그레이션하여 잠재적인 이점을 발견하고, 추적하기 어려운 Scope 3 배출량에 대한 IT 서비스의 탄소사용 흔적을 보고하는데 도움이 되도록 하겠다.

탄소 감소 문제를 해결하기 위해 고객과 새로운 파트너십을 추구하기 위해 노력하고 있다. L&T Technology Services, ABB 및 Johnson Controls와 함께 에너지 소비를 40%까지 줄일 수 있는 지속 가능한 스마트 빌딩 솔루션에 대해 수행한 것처럼 저탄소 솔루션을 개발하기 위해 고객 및 파트너와 공동 혁신하는 것이 포함된다. AT&T 및 NTT와 함께 개척한 전략적 제휴에 지속 가능성을 포함한다.

⑤ 효과적인 투명성 보장

탄소 감축과 관련하여 확실한 진전을 이루기 위해서는 진정한 투명성이 필요하다. 마이크로소프트는 서비스 및 솔루션의 탄소사용 흔적을 계속 공개할 것이다. 투명성과 탄소 배출 및 제거에 대한 보고에 대한 업계 전반의 강력한 표준을 지원할 것이다.

마이크로소프트는 유엔의 "1.5도 비즈니스 야심 서약"[73]에 서명하고 있으며 "연례 환경 지속 가능성 보고서"에서 진행 상황을 공개적으로 추적할 것이다.

⑥ 탄소 관련 공공 정책 문제에 대한 지지

전 세계의 모든 탄소 활동을 발전시킬 수 있다고 생각하는 4가지 공공 정책 문제에 대해 지지를 하고 실행한다.

- 정부가 자금을 지원하는 탄소에 대한 글로벌 기본 및 응용 연구 노력을 확장하고, 목표 결과를 향한 방향을 바꾸고, 글로벌 넷 제로 배출을 달성하는 데 필요한 획기적인 기술을 개발하기 위해 국경 간 협력을 강화해야 한다.
- 규제 장벽을 제거하여 시장을 촉매하여 탄소 감소 기술을 보다 빠르게 확장할 수 있도록 한다.
- 사람들과 기업이 보다 정보에 입각한 탄소 결정을 내릴 수 있도록 시장 및 가격 메커니즘을 사용한다.
- 구매자에게 상품 및 서비스의 탄소 함량에 대해 알리기 위해 보편적인 표준을 사용한다.

⑦ 임직원 참여 장려

임직원들을 탄소 감축 및 제거 노력에 참여하도록 초대하고 장려함으로써 임직원들의 에너지와 지성을 활용할 것이다. 지속 가능성은 임직원에게 중요한

[그림 2-4] Carbon Negative 2030

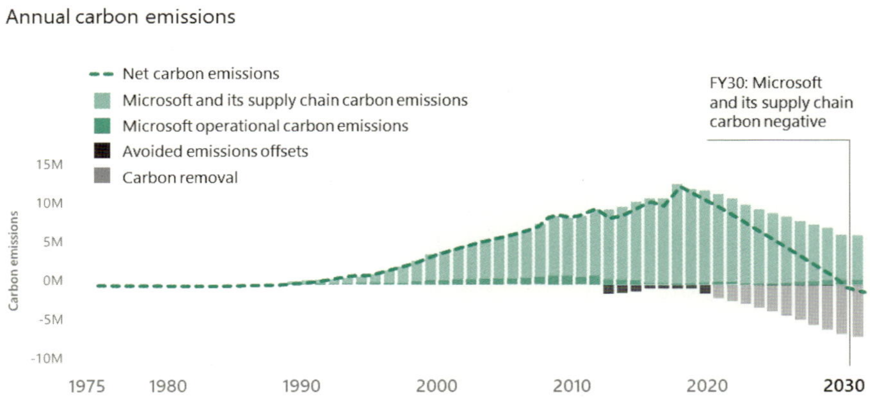

출처: Brad Smith, Microsoft will be carbon negative by 2030(Jan. 16, 2020) https://blogs.microsoft.com/blog/2020/01/16/microsoft-will-be-carbon-negative-by-2030/

요소일 뿐만 아니라 회사 전체에 중요한 통찰력과 혁신을 창출할 수 있는 영역이라고 믿는다.

임직원들이 전사적 활동과 개별 팀의 업무에 적극적으로 참여할 수 있는 더 많은 기회를 만들 것이다. 임직원들이 더 많은 것을 배울 수 있는 확장된 내부 사이트를 시작하며, 매년 이 작업은 탄소 감축 및 제거에 대한 제안을 포함하는 연례 해커 톤 행사를 포함한다.

5. 구글(Google)

(1) 2030 목표

구글이 2030년까지 목표로 하는 내용은 다음과 같다.

① 무탄소 에너지로 운영하는 최초의 대기업 되기

24시간 주 7일, 1년 365일 동안 무탄소 에너지로 운영하는 최초의 대기업이 되는 것이다.

Gmail을 통해 전송되는 모든 이메일, Google 검색에 요청되는 모든 질문, 시청한 모든 YouTube 동영상, 모든 경로를 검색하는 Google 지도, 데이터 센터에 의해 실행되는 Google Cloud 등이 매일 매시간 청정에너지에 의해 운영되는 것을 의미한다.

② 5기가와트의 새로운 무탄소 에너지 활성화

투자를 통해 주요 제조업 전반에 걸쳐 5기가와트의 새로운 무탄소 에너지를 활성화하는 것이다.

- 50억 달러 이상의 깨끗한 에너지 투자
- 1백만 이상의 차를 없애서 얻는 것과 동동한 탄소배출 방지
- 매년 8,000개 이상의 청정 에너지 일자리를 창출

③ 총 1기가 톤의 탄소배출을 감소하도록 돕기

500개 이상의 도시 및 지방 정부가 총 1기가 톤의 탄소배출을 감소하도록 돕는 것이며, 총 1억 2,600만 명의 전 일본 가구가 연간 배출하는 탄소배출량과 동일하다.

[표 2-16] **2030년 목표**

구분	내용
24시간/7일 연중 무휴 무탄소 에너지	하루 24시간, 주 7일, 1년 365일 무탄소 에너지로 작동하는 최초의 기업되기
5기가와트 만들기	투자활동을 통해 주요 제조 지역에서 탄소없는 에너지인 5기가와트 만들기
500개 도시 돕기	연간 탄소 배출량이 1기가 톤의 500개 이상의 도시와 지방정부 돕기

출처: Google Environmental Report 2020, https://www.gstatic.com/gumdrop/sustain

(2) 재생에너지 조달 원칙

구글은 2012년에 재생에너지로 전력 100%를 조달하는 목표(RE100)를 약속하였는데, 2017년에 목표를 달성하였다.[74)]

구글이 회사 운영을 위해 100% 재생 가능 에너지 구매를 달성하기로 약속했을 당시에는 달성하기 어려운 상당히 야심에 찬 목표였고 목표를 달성하는 길이 명확하지 않았다. 구글은 다양한 구매 전술을 적극적으로 사용했으며, 연중무휴 24시간 청정 에너지를 공급한다는 궁극적인 목표에 도달하고 있다.

① 4가지 기본 전략

Renewable Energy Guideline에서 재생에너지 Sourcing 전략을 직접 PPA, 상쇄 PPA, 재생에너지 요금제, 계통 조달 등 4가지로 나누고 있다.[75)]

ⓐ 재생에너지 직접 구매 방식

직접 및 가상 PPA 계약을 말하는 것으로 전력의 도·소매가 모두 개방된 시장에서 주로 선택하는 방안으로, 재생에너지 사업주와 구글이 PPA 계약을 맺음과 동시에, 유틸리티(Utility) 소매업체와는 “Balancing Agreement(차액정산계약)”를 체결한다.[76)]

유럽에서는 규제가 완화된 도·소매 전력 시장으로 인해 Google이 재생 가능 에너지를 직접 구매하고 로컬 그리드를 사용하여 데이터 센터에 소매 청구서를 제출할 수 있다.

데이터를 운영하는 그리드에서 프로젝트 개발자와 PPA에 서명하거나 경쟁력 있는 시장 주체와 별도의 차액정산 계약을 할 수 있다. 그러므로 그리드 전체에 PPA를 제공하는 데 도움이 되며 에너지를 24시간 1주일 내내 끊임없이 전기를 공급받을 수 있다.[77)]

ⓑ 오프셋 재생 가능 PPA

고정 유동 스왑이라고도 하는데, 상쇄 방식의 재생에너지 PPA이다. 이것은 전력 소매시장 규제 및 도매시장 자유화 시 선택하는 옵션인데, 구글은 이 방식을 “소매시장은 규제를 받고 있으나, 도매시장은 자유화된 전력 시장에서 활용한다.”고 언급하고 있다.[78)]

- 구글은 전력구매계약을 통해 재생에너지 발전소로부터 전력 구매
- 구매한 재생에너지의 REC를 폐기 처리
- REC가 없는 전력을 다시 도매시장으로 판매
- 구글이 실제 소비하는 전력은 소매시장을 통해 따로 구입

소매 시장은 규제되지만 도매 시장은 규제되지 않는 지역에서 도매 수준에서 재생 가능 에너지를 구매하고 관련 REC를 폐기하고 판매한다. 나중에 소매 수준에서 전력을 끌어 오는 동일한 그리드로 전력을 되돌린다.

ⓒ 유틸리티 재생 가능 에너지 요금

"재생에너지 요금제(Green Tariff)"인데, 구글은 이 방식을 "소매와 도매 모두 규제받는 시장인 경우에 사용한다."고 밝히고 있다. 이 방식 하에서 구글은 유틸리티(전력회사)와 협력하여 재생에너지 발전소에서 만들어진 전기를 기반으로 한 요금제를 수립하기 위해 유틸리티(전력회사) 및 정부와 적극적으로 협업한다. 이러한 요금제는 통상 일반 발전소 요금보다는 비싸게 되겠지만, 일반 기업 및 가정이 이를 구매한다면 RE100을 이행할 수 있게 된다. 구글이 말하는 "Green Tariff"는 재생에너지 발전소를 특정하여 그곳에서 나오는 전력을 구매하는 요금제이다. 유틸리티 제공 업체와 협력하여 유틸리티가 재생 에너지를 조달하는 "재생에너지 요금"이라고 하는 새로운 등급의 요금제이다.

ⓓ 계통 조달, 그리드 믹스 재생 가능 콘텐츠

전력 계통 전체에서 재생에너지로 생산된 전기의 비중을 계산하여 소비한 전기에서 해당 비중만큼은 재생에너지를 사용한 것이다. 구글은 비중을 산정할 때 이미 전력구매계약으로 사용자가 특정된 발전소에서 나오는 전기는 제외하여 정확하고 투명하게 성과를 계산하고 공유한다.[79)]

② 재생에너지 조달 원칙

ⓐ 부가성

구글은 회사가 전력구매계약을 맺는 모든 프로젝트들이 "부가성(Additionality)"을 갖추고 있어야 한다는 원칙을 세웠다. "부가성"이란 현재 기술 및 제도로 경제성이 나오지 않거나 금융 조달이 힘든 발전소들이 전력구매계약을 통해 비로소 경제성과 금융 조달이 가능해지게 됨을 의미한다. 이미 경제성이 충분한 발전소들에게는 전기를 구매하지 않고, 구글과 같은 거대기업이 안정적인 현금흐름을 보장해야만 사업성이 나오는 발전소들에게서만 전기를 구매하겠다는 것이다.[80)]

ⓑ REC와 묶여 있는 실재하는 전력

구글이 재생에너지 전력을 구매할 때는 반드시 그 전력이 어디서 생산되었는지에 대한 정보를 확인한다는 내용이다. 시장에서 자유롭게 거래 가능한 현물 REC를 구매하는 것이 아니라 자신들이 특정한 재생에너지 발전소에서 생산된 REC만을 구매하겠다는 원칙이며, 이를 통해 구글이 RE100을 이행함으로써 전 세계 재생에너지 보급 확대에 실질적인 도움이 되고자 노력하고 있음을 알 수 있다.[81)]

ⓒ 근거리 원칙

구글은 가능한 한 전력의 소비지와 조달처를 일치시키고자 노력하는 근거리 원칙을 기본으로 재생에너지를 조달하고 있다. 그러나 현재 한국 등 몇몇 국가에서는 RE100을 이행할 수 있는 방법이 없어 이러한 근거리 원칙을 전 세계적으로 100% 달성하지는 못하고 있는 실정이다.[82)]

제 4 절

기업별 대응전략

1. 전략 방향성

ESG로의 패러다임의 변화로 인하여 기업에게 ESG 문제에 대한 전략 방향성이 필요하다. 기업은 장기적이고 지속가능한 성장을 위한 가치 추구를 위해서 ESG와 관련된 지배구조 및 거버넌스에 대한 대비와 보완을 하여야 한다.[83)]

[그림 2-5] ESG 경영체제 구축 Framework

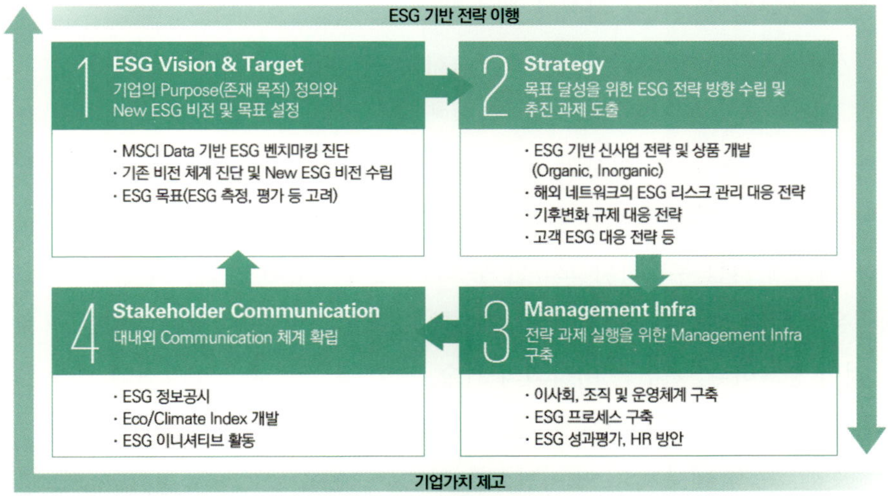

출처: KPMG, ESG의 부상 기업은 무엇을 준비해야 하는가(2021. 2. 23)

첫째, 능동적으로 주주의 참여를 유도해야 한다.

능동적인 주주 참여 프로그램을 통해 기업은 주요 투자자에게 중요한 문제에 대해서 쉽게 이해시킬 수 있다. 분기별 실적 발표만으로 충분하지 않고, 적극적인 주주 커뮤니케이션을 통하여 ESG 문제를 포함한 기업의 장기적 가치에 대한 관심 증대를 도모하여야 한다. 주주 참여와 ESG 정보 공개를 주기적으로 실행하면 회사는 주주들의 행동주의에 대해서 미리 대비할 수 있다.[84)]

둘째, 기업 전략수립에 지속가능성을 수용하고 ESG를 통합하여야 한다.

지속 가능성에 대한 강화된 관심과 ESG 문제는 많은 투자자와 글로벌 기업 관심의 우선 순위가 되고 있다. 비즈니스와 관련된 지속 가능성 주제가 이사회 안건에 포함될 뿐만 아니라 회사 전략에 통합되도록 보장하여야 한다. 성공적인 기업은 지속 가능한 비즈니스 전략을 수립하고 거버넌스에 필수적인 중요한 환경 및 사회적 문제 등을 수용하고 있다. 글로벌 기업이 오랫동안 주주 행동주의에 대한 '취약성 평가'를 준비해 왔듯이 이제 국내 기업은 ESG 취약성에도 관심을 두어 적극적인 준비를 하여야 한다.[85)]

셋째, ESG에 적합한 이사회를 구축하여야 한다.

최고의 기업은 전문성을 갖춘 목적에 맞는 이사회가 필요하므로 지속 가능성 및 ESG의 출현으로 이사의 직무는 그 어느 때보다 어렵고 많은 시간을 할애해야 한다. 이사회는 적절한 감독을 하고, 어려운 질문을 하고, 좋은 시기와 어려운 시기에 기관 투자자와 교류할 수 있는 관점의 전환이 필요하다. 이사회 구성원은 다양한 배경, 역량 및 신탁 의무를 수행할 수 있는 적절한 역량을 보유하는 것이 중요하다. 기업은 이사회의 기술, 경험 및 프로세스의 강점을 외부 투자자와 이해관계자에게 명확하게 전달해야 한다.[86)]

넷째, 회사 내부 ESG 거버넌스를 강화하여야 한다. ESG 거버넌스는 이사회에 국한되지 않는다.

잘 설계된 ESG 프로그램은 지속 가능성 중심의 통제, 핵심 성과 지표(KPI)

및 조직 전체에 대한 보고 등을 포함해야 한다. 기업의 일상적인 경영활동에 지속 가능성 목표를 통합하는데 모든 경영진이 참여해야 한다. 또한, 기업은 지속가능성과 목적을 사후적으로 고려하는 것이 아니라 기업 문화와 항상 통합적으로 운영하여야 한다.[87)]

다섯째, 선도 기업을 벤치마팅하여 임직원들이 ESG 사례를 공유하여야 한다.

모든 산업에서 ESG와 관련된 질문을 적절하게 대응하여야 한다. 상장기업의 경우 제3자 평가등급 제공업체에 소극적으로 대응하지 말고 적극적으로 정보 공개내용에 대응하여야 한다. 정책당국의 지속 가능성 데이터에 대한 규제나 기타 보편적으로 허용되는 공개 표준이 아직 없으므로 정보 공개내용을 확대하는 것이 쉬운 일은 아니다. 세계적인 자산운용사들은 SASB(지속 가능성 회계 기준위원회)에서 발행한 산업별 표준의 장점과 TCFD(기후 관련 재무정보 공개 태스크포스)의 기후 관련 공개 권장 사항을 중심으로 계속해서 통합하고 있으므로, 기업은 이러한 프레임워크를 먼저 살펴보고 대응하여야 하고, 모범사례를 공유하여 대비하여야 한다.[88)]

2. 부문별 전략 수립

회사 부문별로는 기업문화, 리스크관리, 기업전략, 이사회 구성, 이사회 구조, 이사회 운영, 성과 평가 및 인센티브, 주주에 대한 공시 등에 대하여 체계적인 전략을 수립하여야 한다.[89)]

(1) 기업 문화

확립된 우선순위를 갖춘 ESG 경영에 대한 명확한 비전은 조직을 위한 리더십 나침반과 경로를 제공한다. 이사회는 ESG 목표를 지원하는 임직원들의 개선적인 태도와 행동을 지원하기 위해 최고경영자로부터 올바른 신호를 보내고 있

는지에 대한 리더십을 점검해야 한다.[90)]

이사회는 경영진이 직원들에게 확립된 ESG목표와 리스크에 대한 고유한 특성에 대해 명확하게 이해를 시켰다는 것을 보장해야 한다. 적극적이고 능동적인 행동은 조직구조, 정책, 프로세스와 교육 및 인식 프로그램을 통해서만 강화된다. 경영진과 직원간, 이사회와 경영진 간의 사전 예방적인 점검을 통해서 그들의 행동 개선과 바람직한 문화가 얼마나 뿌리를 잘 내리고 있는지에 대한 적절한 평가를 할 수 있다.

이사회는 기업의 ESG 경영 접근방식과 기업 보고내용의 우선 순위에 대한 높은 수준의 토론 기회를 가져야 한다. 기업 보고내용은 경영진단의견서(MD&A), 연간 보고서 또는 위임장 권유 등이 있다.

(2) 기업 전략

조직에 대한 중요한 가치 또는 리스크에 대한 ESG 요소는 이사회의 점검과 함께 장기 전략목표와 신중하게 통합되어야 한다. 또한 이사회는 승인된 비전과 전략적 계획이 일관성을 유지하고 있는 것을 항상 확인하고 점검하여야 한다.[91)]

이사회는 ESG 우선 순위를 전략적 계획의 진화하는 구성 요소로써 검토하는데 충분한 시간을 가지도록 노력해야 한다.

기업 전략이 비즈니스 동인, 경험과 지식의 변화를 포착하는지를 이사회와 경영진이 공동으로 평가할 수 있도록 정기적인 집중 세션을 가져야 한다.

이사회는 장기적인 비전, 전략과 목표가 ESG 고려사항의 요인으로 포함되는 방법과 프로세스에 대해 투명하게 투자자에게 공개해야 한다.

[표 2-17] 국내 기업별 세부 대응방안

(1) 전사적인 전략 수립 및 실행 필요 전사 전략방향성 수립(대기업/중견기업/중소기업/Tech Company 등 구분) 이사회 / 전담 위원회, 감사위원회, 보상위원회, 임원선임위원회, ESG 전담팀
(2) 취약한 공급망관리, 인적자본관리, 개인정보보호보고의무, 정보 공개 및 공시 • 애플, 마이크로소프트, 구글의 변화 이해 및 Catch-up • 자체 공급망관리와 외부 공급망관리 • 독일 공급망 실사법 시행에 대한 대처
(3) 기관투자자의 ESG 평가등급 대비 • 투자금지업종 List
(4) 미국의 판례변화에 따른 ESG 영역의 확대에 대비 • 인적자본관리, 이사회 및 임원에 대한 새로운 소송(ESG → S로 이동)
(5) 유럽의 ESG 규정 변화에 대처 • ESG 관련 기업 공시제도 변경

출처: 박종철, 2021년 한국중견기업학회 하계학술대회, 중견기업과 ESG경영, 토론문(2021. 7.16)

(3) 이사회 책임, 구성, 구조 및 운영

① 이사회 책임

지속 가능성 및 ESG는 더 이상 회사의 지속 가능성 책임자 또는 관련 임원의 단독 책임이 아니다. 투자자들은 이사회가 강력한 감독을 가진 회사가 ESG 리스크를 더 잘 관리하는 경향이 있다고 생각하므로 이사회가 ESG에 적극적으로 관여하여야 한다. 이사회의 책임은 대내·외적으로 기업의 ESG 중대한 이슈를 공개하고 이해관계자와 적극적으로 소통하며, 기업에게 적용되는 법과 규제를 준수하는 것이다.[92)]

이사회는 ESG와 관련하여 책임을 부담하는 것뿐만 아니라 ESG 목표에 적합한 전략을 수립하여야 한다. 이사회가 ESG 보상 보너스 제도를 마련하여 회사의 모든 임직원들이 ESG 목표 달성에 대한 보상을 받도록 하는 것이 필요하다. 이사회는 ESG 목표를 설정하고, 글로벌기업을 벤치마킹하고, 전략 개발, 자본 지출, 자본 배분 투자 및 모든 다양한 비즈니스 변화 측면에서 발생해야 하는 일에 대해 주기적으로 전술목표를 설정해야 한다. 이사회는 ESG관련 모든 목표 등에 대해서 정보 공개를 해서 이해관계자와 공유해야 한다.

Larry Fink, BlackRock 회장 겸 CEO는 2020년 CEO 서신에서 이사회 구성원 책임의 중요성을 언급한 바 있다.

[표 2-18] Larry Fink 2020년 서신

"우리는 회사가 중요한 문제를 효과적으로 해결하지 못하는 경우 이사에게 책임이 있다고 믿는다. 회사와 이사회가 효과적으로 지속 가능성 관련 공개를 하지 않거나 이러한 문제를 관리하기 위한 프레임워크를 구축하지 않는다고 생각되는 경우 이사회 구성원에게 책임을 물을 것이다." — Larry Fink, BlackRock 회장 겸 CEO

출처: BlackRock, "Larry Fink's 2020 Letter to CEOs, A Fundamental Reshaping of Finance," https://www.blackrock.com/corporate/investor-relations/2020-larry-fink-ceo-letter

미국 경제조사기관인 The Conference Board는 NASDAQ OMX 및 NYSE Euronext와 공동으로 이사회의 관행에 대한 설문조사(The Board Practice Survey)를 실시하였다. NASDAQ와 NYSE의 359개 기업을 대상으로한 설문조사에서 80% 이상의 기업이 경영진과 이사회 이상의 높은 수준에서 지속가능성 이슈를 파악하고 해결하는 중추적인 역할을 해야 한다는 의견을 제시했다.[93)]

[표 2-19] 업종별 지속가능 경영 감독의 책임

구분	제조업 (n=144)	금융업 (n=68)	서비스업 (n=120)	계 (n=332)
이사회	19.4%	16.2%	19.2%	18.3%
상임위원회	10.4%	2.9%	7.5%	6.9%
사외이사후보추천 위원회/지배구조 위원회	13.9%	5.9%	13.3%	11.0%
이사회 의장	0.7%	–	–	0.2%
최고경영자	15.3%	22.1%	10.8%	16.1%
임원진	22.9%	33.8%	36.7%	31.1%
기타	17.4%	19.1%	12.5%	16.3%
합계	100%			

출처: 박윤정, 미국 상장기업 이사회의 지속가능경영 관여 현황, 2014년 4권 16호 CGS Report, 11쪽

② 이사회 구성

신임 이사를 채용할 때 경력, 경험과 전문성에 대한 평가시에 ESG 능력에 대한 평가가 포함되어야 한다. ESG 능력은 회사의 산업, 재정적 책임, 리스크와 연관되어 있으며, 새롭고 진화하는 ESG 주제에 대한 공개적이고 건설적인 대화를 가능하게 하는 자질을 의미한다.[94)]

이사회의 통합된 ESG 능력은 회사의 가장 중요한 비즈니스 동인과 연계되어야 한다. 만약 ESG에 대한 요인이 회사 전략에 중요하게 설정되었다면, 투자자는 이사회가 그것을 해결하기 위한 필요한 기술 또는 전문성을 갖출 것을 기대한다. 그러나 이사회가 해당 주제에 관한 통찰력을 제공할 필요한 지식을 가지고 있지 않다면, 이사의 교육 또는 능력을 가진 이사의 채용에 가장 우선순위를 두어야 한다.

투자자는 이사회가 ESG 경영과 관련하여 적절한 감시기능을 가지고 있다는 것을 확실할 수 있는 충분한 설명을 요구할 수도 있다. 가능하다면, 이사의 약력사항에는 ESG 경험과 능력에 관련된 구체적인 정보가 기재되면 좋을 것이다.

ESG 리스크를 책임감 있게 감독할 수 있는 이사회가 되기 위해서는 3가지 요소가 반드시 필요하다.[95)]

ⓐ ESG 전문성

한 명 이상의 이사가 ESG 전문 지식을 보유하여야 하고, 특히 중요한 환경 및 사회 문제와 관련된 자격증을 보유하고 있으면 좋을 것이다.

ⓑ ESG 유능성

이사회는 ESG 문제를 유능하게 다루어야 하며, 이를 통하여 ESG 문제를 비즈니스의 전략적 의사 결정에 연결할 수 있어야 한다.

ESG 전문 지식을 갖춘 개별 이사회 구성원이 있다고 해서 이사회의 ESG 유능성이 보장되는 것은 아니다. ESG 유능성을 갖기 위해 이사회는 ESG 문제에 대해 정확한 대화를 나누고 이러한 문제를 비즈니스와 연결할 수 있어야 한다. 이사회는 전략, 리스크 관리 및 경영진 성과보상 시스템 등의 이슈에 대해 같은 목소리로 행동해야 한다.

ⓒ 지속적인 학습

모든 이사는 ESG 문제 및 비즈니스와의 관계에 대해 지속적으로 배워야 한다.

ESG를 비즈니스 사례 및 전략적 의사 결정에 고려하기 위해 이사회는 경영진과 상호 올바른 질문을 하여야 하고 ESG에 대한 기본적인 이해를 가지고 있어야 한다. 이사 개개인의 전문성, 경험 및 유능함도 중요하지만, 이사회가 해당 전문 지식을 활용하여 비즈니스에 도움이 되도록 하여야 한다. 회사는 이사들에게 ESG 관련 지식을 지속적으로 교육하여 유능성을 견지하도록 하여야 한다.

③ 이사회 구조

이사회는 ESG 경영에 대한 감독을 할 수 있는 가장 효과적인 위원회 구조를 고려하여야 한다. 일부 회사의 경우 전담 위원회를 가지고 있다.[96)]

ESG 경영을 감독하는 위원회에 대한 업무분장 내용은 명확하게 책임과 리스크 오너십을 규정하여야 한다. ESG 리스크가 진화한다는 관점에서 이사회는 ESG 트렌드를 주기적으로 검토하여야 하고, 이사회의 ESG 감독구조는 회사의 내규에 자세히 규정되어야 하고, 주주들이 쉽게 접근할 수 있어야 한다.

④ 이사회 운영

이사회는 회의에서 ESG 관련내용이 정기적인 토론 및 안건이 되도록 보장하고, ESG 관련 적절한 정보가 적시에 이사회에 제공되는 프로세스를 마련하도록 하여야 한다.[97)]

이사회는 효과적인 ESG 감독자로서 주요 이해관계자에게 적절하게 정보를 알려주고 공개하는 것이 필요하며, 이사회의 현장방문은 회사의 환경과 사회적인 주요 사항에 대한 실습적인 측면과 경영에 대한 통찰력을 제공해 줄 수 있다.

이사회 오리엔테이션 및 교육은 복잡하고 새로운 ESG 문제에 대한 인식과 이해를 구축하는 것을 포함해야 하고 교육 주제도 외부에 공개하는 것이 좋다.

이사회는 다양한 의견 수렴을 위해 독립적인 고문 또는 외부 전문가를 활용하는 것을 고려하여야 한다.

(4) 리스크 관리

ESG 이슈가 통합된 ERM 프레임워크는 모든 주요 조직의 리스크 요소를 동등하게 식별하고, 우선순위를 정하며, 리스크를 완화하는 방법을 모색하고 주기적으로 모니터링할 수 있게 한다. 이사회와 경영진은 기본적인 ESG 이슈를 포함한 ERM 프레임워크 범위 내에서 ESG 리스크를 평가하여야 한다. 이사회는 리스크의 가정사항을 감안할 때 ESG 리스크의 장기적 특성을 고려하여야 한다.[98)]

이사회는 CEO와 협력하여 고위 임원에게 ESG 리스크에 대한 명확한 책임을 부여해야 한다. 또한 적절한 행동을 할 수 있도록 경영진의 오너십을 포함하고 ESG 우선순위와 장기 전략 및 리스크 경영활동의 통합을 주도할 수 있는 권한을 함께 부여해야 한다

이사회는 ESG 리스크에 대한 경영진의 의사를 임직원에게 전달하는 건전한 내부 정책 및 행동 강령을 가질 수 있도록 보장하여야 한다. 회사는 이러한 정책이 계약자, 공급업체 및 기타 외부 당사자에게 확대하는 방안도 고려해야 한다.

주요한 ESG 리스크가 적절하게 평가되고 기타 주요 리스크와 동반하여 적절하게 고려되고 있는지를 이사회가 평가할 수 있어야 한다. ESG를 전략과 리스크 관리 관행에 통합하였는지를 이사회가 충분히 검토할 시간을 부여하여야 한다. 이사회는 투자자에게 ESG 리스크를 점검하는 방법(경영진의 ERM 가정, 중요성 평가와 리스크 우선순위를 검토하는데 사용하는 프로세스를 포함)을 공시해야 한다.

이사회는 회사의 목적을 명확히 하고 이러한 원칙이 전략 및 위험과 어떻게 통합되는지를 감독하는 역할을 한다. ESG가 이사회 안건의 최우선 순위가 됨에 따라 이사회는 ESG를 감독하기 위한 지배구조를 투자자에게 공개하는 것이 무엇보다 중요하다. 이사회는 기업 목적과 ESG 경영을 통해 기업 목적이 실행되는 방식에 대해 감독을 하여야 한다. ESG에 대한 사전 감독 및 투명성은 기업이 신뢰도를 얻는데 도움이 된다.[99)]

실무적으로 ESG 리스크를 식별, 평가 및 완화하기는 쉽지 않다. 리스크 식별 시스템은 식별하도록 설계되지 않은 것을 인식하지 못하며 ESG 위험을 무시하는 기업 문화는 리스크 식별 시스템을 업그레이드하는 데 필요한 임직원의 인식제고에 도움이 되지 않는다. 주주의 투자 수익률에 영향을 미치는 기존의 재무 위험만을 찾도록 제한된 리스크 식별 시스템은 광범위한 환경 및 사회적 위험과 관련된 ESG 위험을 탐지하는 데 적절하지 않다.[100)]

ESG 리스크는 본질적으로 동적이고 상호 연관되어 있으므로 복합적이고 다양한 영향을 초래할 수 있다. ESG 리스크는 단기적, 하향식 및 규정 준수 중심적인 성향이 아니고 다양한 이해 관계자들의 이익 속에서 나타난다. 내·외부 이해 관계자 속에서 새로운 ESG 리스크를 감지하는 고성능의 리스크 식별 시스템이 필요하다. 리스크를 식별하는 데 사용된 시스템이 운영, 제품, 서비스 및 시장 관련 리스크 상황을 식별하는 경우 리스크의 가능성과 심각도를 평가할 수 있도록 하여야 한다. 평판 위험에 어긋나게 수익을 창출하는 것은 규제 요구 사항을 준수하지 않는 비용으로 수익을 창출하는 것보다 더 추상적인 리스크이므로 평가하기가 쉽지 않다. ESG 리스크 완화작업은 해당 분야 전문가, 경영진 및 이사회 위원회로 구성된 ESG 전담 조직이 해결할 수 있는 어려운 작업이다.[101)]

(5) 성과 평가 및 인센티브

이사회는 적절한 지표를 사용하여 전략적인 계획에 대한 성과를 모니터링할 책임이 있다. 전략적인 계획의 한 부분으로서 ESG 우선순위는 성과 평가와 경영진 보상 구조에 반영되어야 한다.[102)]

이사회는 지표를 통하여 강화될 ESG 관련 행동과 목표를 경영진과 협력하여 처리하여야 한다. 지표는 새롭게 방향을 설정할 필요가 있는 기존의 모든 행동을 포함하여 판단하여야 한다. 이사회는 바람직한 문화를 강화하는 질적 목표를 보상 위원회의 재량적인 판단사항에 반영하여야 한다. 재량적인 판단과 질적 요소 평가를 적용하는 경우 기준은 명확하게 정의되고 합리적이고 투명하여야 한다.

이사회 보상위원회와 ESG 전담위원회 간에는 충분하게 반복적인 소통기회가 있어야 한다. 보상 목표와 ESG 성과평가가 적절하게 조정되고, 정보에 입각하여 판단하여야 한다.

ESG 우선순위와 보상과의 연계성은 급여관련 공시사항에 통합하여야 한다. 회사는 투자자가 ESG 지표와 성과 목표가 중장기 전략과 주주 가치와 어떻게 연계되어 있는지를 이해할 수 있도록 충분한 정보를 제공하여야 한다.

회사는 투자자에게 재량사항과 정량적인 수단과 관련하여 이사회가 ESG 목표에 대해 성과를 어떻게 평가하고 보상하는지를 이해할 수 있도록 충분한 정보를 제공하여야 한다. 만약 중요한 ESG 요소가 성과 지표에 반영이 되지 않는 경우 이사회는 그 이유를 공개하여야 한다.

(6) 주주에 대한 공시

기업은 ESG와 관련된 공시, 특히 재무적인 보고서에 있어서 투자자의 관점과 요구사항을 고려하여야 한다. 보고서는 세부적인 사항, ESG와 관련된 정보와 지표의 내용과 거버넌스, 전략 및 리스크관리와 관련된 주요 가정사항을 포함하여야 한다.[103)]

주주에 대한 공시에는 ESG 관련 회사 지침과 정보의 내용을 포함하여야 하며, ESG 지표는 명확하고 측정 가능하며 미래 지향적이고 비교할 수 있어야 한다. 회사가 선택한 보고서 프레임워크와 근거는 회사의 기업 보고서[경영진단의견서(MD&A), 연간 보고서 또는 위임장 권유 등]에서 설명하여야 한다

[표 2-20] **ESG 정보공개 / 공시 규제**

구분	유럽	미국	한국	중국
2006년	일부 상장기업 대상 사업보고서(영국)			
2014년	유럽 내 500명 이상 기업과 그 모기업			
2018년			대형 상장사 기업 지배구조 핵심정보 의무 공개	
2020년	상장기업에게 단계적 의무화 도입	ESG펀드 포트폴리오가 ESG 목적에 부합하는지 명시의무	지속가능 경영보고서 공시 활성화 단계적 의무화 추진	홍콩 상장사 대상 ESG 공시 의무화 발표
2021년	2025년까지 모든 상장사에 단계적 의무화		거래소 자율공시	2025년까지 금융사는 TCFD 기준에 맞춰 ESG 공시 의무화
2025년			일정 규모 이상 가입 의무화	
2030년			전 코스피 상장사 의무화	

출처: 삼정 KPMG경제연구원, ESG, 기업가치의 뉴 페러다임, vol.74, 2021(통권 제74호), 8쪽

국내의 경우 2021년 금융위원회·금융감독원·한국거래소 합동으로 기업공시제도 종합개선안을 발표하여, 2025년부터 일정 규모 이상 기업, 2030년부터 모든 코스피 상장사를 대상으로 지속가능경영보고서 발간을 의무화하였다.

3. 조직별 역할 및 체크리스트

(1) 이사회

① 전략 수립

ⓐ 회사의 목적, 리스크 및 소통

회사의 목적은 이사회가 ESG 문제에 대한 관심을 높이고 장기적인 성장을 위해 회사를 관리해야 하는 기본 방향성이다. 기업의 중심과 핵심에 환경과 사회에 대한 긍정적인 영향을 높이기 위한 명확하고 설득력있는 목적이 자리잡고 있어야 한다. 회사의 목적을 정의하는 궁극적이고 최종적인 책임은 이사회에 있다.

이사회는 목적을 실행하고 달성하기 위한 적절한 조직구조, 통제시스템 및 내부 프로세스를 마련하여야 하며 회사의 목적이 조직 전체에 효과적으로 확산되도록 내부 소통 전략을 만들고 이를 감독하여야 한다.[104)]

회사는 내부 소통 및 활동을 통해 기업의 목적이 현장의 실무에 적극 반영되도록 하여야 한다. 감독 역할을 하여야 하는 이사회는 경영진과 협력하여 회사의 목적, 리스크 등이 어떻게 실무 현장에 연결되는지 주기적으로 점검하여야 한다. 회사의 목적과 경영진의 성과를 측정하는 지표를 만들 때 이사회는 항상 ESG 관련 리스크 요소가 반영되도록 하여야 한다.[105)]

[표 2-21] **체크리스트**

구분	내용
전략	ESG 위험과 기회가 회사의 장기 전략에 통합되어 있습니까? 회사는 전략 방향성 및 목표에 대한 진행 상황을 어떻게 측정하고 모니터링합니까?
소통	ESG 활동 및 소통 방법이 회사 목적 및 이해 관계자의 관심과 일치합니까?
리스크 평가	중요한 ESG 리스크가 식별되어 전사적 위험관리(Enterprise Risk Management, ERM)에 통합되어 있습니까? 이사회가 전체 이사회 또는 개별위원회에 ESG 관련 위험에 대한 감독을 담당하게 하고 있습니까?
정보 공개	회사가 활용하고 있는 ESG 정보 공개의무에 가장 적합한 소통 플랫폼은 무엇입니까?

출처: Paula Loop, Paul DeNicola, and Barbara Berlin, How Does the Board Oversee ESG?, Pricewaterhouse-Coopers LLP(Dec. 21, 2020) https://corpgov.law.harvard.edu/2020/12/21/how-does-the-board-oversee-esg/

ⓑ 목적과 이해 관계자

회사는 회사의 목적과 이해 관계자를 항상 연결하고 변화하는 내용을 수정 보완하여야 한다.[106)]

[표 2-22] **체크리스트**

1. 회사가 주요 이해 당사자의 요구 사항을 고려하고 비즈니스 전략에 부합하는 목적을 명확하게 표현했습니까?
2. 회사의 목적이 경쟁사의 목적과 어떻게 다른지 벤치마킹했습니까?

출처: Paula Loop, Paul DeNicola, and Barbara Berlin, How Does the Board Oversee ESG?, Pricewaterhouse-Coopers LLP(Dec. 21, 2020) https://corpgov.law.harvard.edu/2020/12/21/how-does-the-board-oversee-esg/

ⓒ 소통

회사는 목적과 목표를 투자자와 이해관계자에게 적극적으로 알리는 양방향 소통활동을 하여야 한다.[107)] 이사회 전담 위원회가 ESG에 대해 유능하게 심의할 수 있고 해당 이사들이 ESG와 관련된 역량을 가지고 있다고 생각하는 경우 전담 형태의 이사회내 ESG 위원회에 ESG를 담당하게 할 수 있다. ESG를 이사회 위원회에 배정한다는 것은 대내·외적으로 ESG가 회사에 중요하다는 것을 공개적으로 알리는 방법이 될 수 있다. 또한 ESG를 전담 이사회 위원회에 배정하면 보다 많은 심의 시간을 보장할 수 있다. 이사회는 먼저 경영진이 중요한 ESG 주제에 대한 현황 분석을 완료하도록 권한을 부여하고, 추후 경영진이 해당 주제에 대한 성과를 이사회에 보고하도록 하는 방안이 보다 효과적이다.[108)]

[표 2-23] **체크리스트**

1. 회사는 장기적으로 지속 가능한 성공을 위한 목적과 목표를 투자자와 이해관계자에게 어떻게 소통하고 있습니까?
2. 회사는 어떤 양적 정보를 사용하고 있습니까?
3. 회사의 진행 상황을 측정하기 위한 정성 정보는 무엇인가?
4. 회사는 경쟁 업체와 평가 기관의 활동을 어떻게 모니터링합니까?
5. 이사회 및 이해관계자에 대한 보고 및 기타 벤치마킹에 활용하는 데이터는 무엇인가?
6. 이해관계자들이 회사의 장기 목표에 대한 성과를 투명하게 추적하여 진행 상황을 모니터링 할 수 있습니까?
7. 회사는 다양한 ESG 표준 및 프레임워크를 활용하여 평가함으로써 업계가 직면한 가장 중요한 위험과 문제를 해결하고 있습니까?

출처: Paula Loop, Paul DeNicola, and Barbara Berlin, How Does the Board Oversee ESG?, Pricewaterhouse-Coopers LLP(Dec. 21, 2020) https://corpgov.law.harvard.edu/2020/12/21/how-does-the-board-oversee-esg/

ⓓ ESG 전략 수립

이사회는 기업이 단기적 결정과 장기적인 전략 간의 균형을 유지하는 중추적인 역할을 한다. 따라서 각 결정과 관련된 위험을 인식하면서 모든 이해 관계자의 요구 사항을 평가해야 한다. COVID-19로 인하여 ESG 원칙의 역할이 비즈니스 위험 및 전략의 중심으로 보다 강조되고 있으며, ESG 경영이 투자자 및 일반 대중과의 신뢰를 구축하는데 가장 중요한 요소가 되고 있다. 이사회는 조직이 위기에서 더 빠르고 강력하게 부상할 수 있도록 명확하고 이해 관계자를 고려한 경영판단을 내릴 수 있도록 경영진에게 조언하여야 한다.[109] 이사회는 다음과 같이 ESG 전략을 수립하여야 한다.

[표 2-24] 체크리스트

1. 회사 목적 및 ESG 목표를 전략 및 리스크와 어떻게 통합합니까?
2. 경영진이 전략을 수립하는 동안 ESG 관련 주요 정보와 가정을 제공받고 있습니까?
3. 회사는 이해 관계자에게 목적과 ESG 목표를 어떻게 소통하고 있습니까?
4. ESG 성과가 경제적 성과에 미치는 영향을 평가하기 위해 회사가 수집하는 데이터는 무엇이며, 이 데이터는 내부 경영진 의사 결정에 어떻게 영향을 미치고, 이사회는 감독의 차원에서 이 데이터를 어떻게 인식하고 의사결정에 관여합니까?
5. 회사의 거버넌스 구조가 회사의 ESG 문제에 대한 효과적인 감독을 용이하게 합니까?
6. COVID-19 및 사회 정의 문제와 관련하여 회사는 목적과 ESG에 어느 정도 충실하게 반영하고 있습니까?
7. 이사회는 다양하게 구성되어 있습니까? 이사회는 새로운 후보자를 선발할 때 다양성을 고려합니까?
8. 이사회와 경영진이 경영진 승계와 관련하여 다양한 후보자를 모색할 수 있도록 하는 방법에 대해 논의합니까?
9. COVID-19 대응과 회복을 통해 회사가 기업 목적과 ESG 목표를 지속적으로 변경하고, 다양성과 포용 노력을 가속화하기 위해 노력할 것입니까?
10. 회사는 경영진 리더십에 대한 성과 인센티브를 중요한 ESG 목표 및 결과 달성과 어떻게 연결하고 있습니까? 그리고 이런 문제에 대한 이해 관계자의 우려를 이해하고 이를 모니터링하는 별도 경영진이 있습니까?
11. 경영진은 ESG 고려사항을 비즈니스 전략에 어떻게 통합하는가?
12. 장·단기적으로 어떤 ESG 위험과 기회가 식별되었으며 경영진은 이것을 어떻게 다루고 주기적으로 평가하고 있습니까?
13. 경영진은 ESG 위험과 기회를 식별하기 위해 어떤 프로세스를 가지고 있는가?
14. ESG 고려사항을 전략적 계획 및 의사 결정에 통합하기 위해 어떤 프로세스가 마련되어 있는가?
15. 보고 받은 ESG 정보에 얼마나 만족하십니까?
16. 보고 받지 않은 정보는 무엇인가?
17. 회사의 ESG 관행에 대하여 개선할 수 있는 방법은 무엇인가?
18. 이사회로서 ESG에 대한 내·외부 참여를 높이는 가장 좋은 방법은 무엇인가?

19. 이사회는 ESG에 대해 경영진과 얼마나 자주 논의하고 있는가?
    ESG 관련 토론을 보다 강력하고 생산적으로 만들 수 있는 방법은 무엇인가?
20. ESG 정보 공개 및 보고가 투자자의 기대에 부응하고 있는가?
    이와 관련하여 이사회는 경쟁사와 자주 비교하고 있는가?
21. 정보 공개와 관련하여 회사가 추구하는 가장 좋은 방법은 무엇인가?

출처: Deloitte, On the board's agenda, ESG and corporate purpose in a disrupted world(July 2020), 5쪽

② ESG 정보 공개 및 공시

투자자들은 공개된 정보를 사용하여 회사를 분석하고 투자 결정을 내리므로, 투명한 ESG 정보 공개는 투자자에게 장기 수익을 위해 자본을 효율적으로 할당할 수 있는 좋은 정보를 제공하는 도구가 된다. 정보 공개 내용이 결정되고 정보의 신뢰성에 대한 평가가 완료되면 이사회의 구성원은 정보공개에 대한 내부 통제와 관련된 경영진의 정책 및 절차와 정보 공개내용을 제대로 이해해야 한다. 회사가 공개할 정성적 및 정량적 정보공개 내용을 결정하면 이사회는 정보가 체계적으로 준비되고 신뢰할 수 있는지 여부를 확인하여야 한다.[110]

보고의 일관성과 정확성을 보장하기 위해 올바른 통제가 마련되어 있는지를 감독하는 것이 중요할 뿐만 아니라 공개된 ESG 정보에 대해 회사가 제3자 평가기관으로부터 어떤 유형의 보증을 받았는지도 중요하다.[111]

이사회는 다음 사항에 대하여 점검하여야 한다.

[표 2-25] 체크리스트

1. 올바른 장소에서 정보가 공개되고 있으며 다양한 이해 관계자 선호도를 충족합니까?
2. 고객이나 직원은 ESG 정보를 위해 회사 웹 사이트를 참조할 가능성이 높고 투자자는 기업 지속가능경영보고서, 연간 보고서 등을 참조할 가능성이 더 높다. 정보공개가 다양한 플랫폼에서 일관되고 각각의 다른 투자자와 이해관계자에게 적합합니까?
3. 기업 지속가능경영보고서에 공개된 중요한 위험이 회사의 Form 10-K 파일링에서 확인된 위험과 일치합니까?

4. 분기별 투자 분석 회의와 같은 운영 토론에서 정보 공개 내용이 통합되고 있습니까?
5. 회사가 SEC 파일에 ESG 정보를 포함할 때 사전에 해당 내용을 검토했습니까?
6. 회사는 정보 공개의 개발을 지원하기 위한 강력한 정책과 절차를 가지고 있습니까?
7. 정보공개 내용이 특정 ESG 프레임워크 또는 표준의 요구 사항을 준수합니까?
8. 경영진이 정보 공개의 완전성과 정확성에 문제를 발생시키는 내부 통제시스템의 문제점을 점검했습니까? 발견된 문제점을 어떻게 해결할 계획입니까?
9. 회사의 정보 공개가 적절한지 확인하기 위해 사용하는 통제방법의 하나인 정보공개위원회가 있습니까?
10. 이해 관계자는 독립적인 제3자 평가기관의 보증없이 공개된 정보의 정확성에 대해 확신할 수 있습니까?
11. 독립적인 제3자 평가기관의 검증이 경쟁사 간의 차별화 요소가 될 수 있습니까?

출처: Paula Loop, Paul DeNicola, and Barbara Berlin, How Does the Board Oversee ESG?, Pricewaterhouse-Coopers LLP(Dec. 21, 2020) https://corpgov.law.harvard.edu/2020/12/21/how-does-the-board-oversee-esg/

해외 금융회사들이 사용하는 정보공개 관련 기준은 IIRC(국제통합보고 위원회), GRI(국제보고서 가이드라인), SASB(지속가능성 회계기준위원회), TCFD(기후관련 재무정보 공개 TF), EU Non-financial Reporting Directive(유럽연합의 CSR 전략과 비재무 정보 공시 의무화 지침) 등이다.[112] 주요 국가별 ESG기업 공시제도 현황은 다음과 같다.

[표 2-26] 각국의 ESG 기업 공시 제도 현황

국가	유럽			홍콩	미국		일본
	영국	독일	프랑스				
공시 항목	환경	환경	환경	환경	(ESG 관련) 중요규제 위험	업종별 중요 ESG 이슈	지속가능 성장을 위한 ESG 통합 전략
	사회	사회	사회	사회			
	임직원	임직원					
	인권						
	부패방지						
적용 대상	상시 근로자 500인 이상			홍콩거래소 (HKEX) 상장기업	SEC 보고대상 기업		
		매출 4천만원 또는 자산 2천만 유로 이상					

<table>
<tr><td>공시
채널</td><td>연차보고서
별도보고서</td><td>연차보고서
홈페이지</td><td>연차보고서
별도보고서</td><td colspan="2">연차보고서
별도보고서</td><td>자율</td></tr>
<tr><td>위반
책임</td><td colspan="2">벌금부과</td><td>상장위원회
심의처분</td><td>소송위험</td><td></td><td></td></tr>
<tr><td>공시
의무</td><td colspan="3">의무(원칙준수·예외설명)</td><td>의무</td><td>자율</td><td>자율</td></tr>
</table>

출처: 이상호, ESG 공시의무와의 방향성과 과제, 자본시장연구원 정책세미나(2021.5.26)

(2) 감사위원회

감사위원회와 같은 일부 이사회 위원회는 이미 복잡한 의제를 가지고 있고 ESG를 의미 있게 논의하는 데 시간을 소비할 수 없을 수 있다. 그러나 정보공개, 프로세스 및 내부통제와 제3자 평가기관 보증 등에 대해서는 이사회의 전담 ESG위원회와 중첩되게 감독하여야 한다.[113)]

[표 2-27] 체크리스트

구분	내용
정보공개	ESG 공개(정성적 및 정량적) 투자자 등급이 있습니까? 회사에서 사용하는 ESG 프레임워크 또는 표준은 무엇입니까?
프로세스 및 내부통제	ESG 공개가 정확하고, 비교 가능하며, 일관성이 있도록 보장하기 위한 프로세스와 통제가 마련되어 있습니까?
제3자 보증	ESG 공개의 신뢰성을 보장하기 위해 독립적인 보증을 받아야 합니까?

출처: Paula Loop, Paul DeNicola, and Barbara Berlin, How Does the Board Oversee ESG?, Pricewaterhouse-Coopers LLP(Dec. 21, 2020) https://corpgov.law.harvard.edu/2020/12/21/how-does-the-board-oversee-esg/

(3) 보상위원회

기업을 대신하여 지속 가능성을 추구하는 실제 업무에 참여하는 사람은 금전적 보상의 영향을 크게 받는다. 경영진 보상을 ESG 목표에 연동하는 것은 경영진의 행동을 진정으로 장려하는 방식이므로 ESG 위험을 효과적으로 관리하는 방법이다. 모호하고 잘못 정의된 측정 항목, 회사에 중요하지 않는 목표인 임의 목표, 성과에 대한 제3자 검증 부족, 불투명한 보상 공식, ESG 목표에 부여된 최소 가중치는 참여 임직원의 변화를 도출하지 못한다. ESG에 대한 경영진 보상에 대한 홍보방법으로 인한 주식 가치 증가는 실제로 경영진이 ESG 목표를 달성함으로써 얻을 수 있는 금액보다 더 큰 경우가 많다. 보상위원회가 ESG에 능통하지 않고 ESG에 능숙한 구성원이 없다면 ESG 경영성과를 기대하기 어렵다. 명확하고, 잘 정의된 목표, 진행 상황에 대한 투명하고 주기적인 정보 공개, 보상에 대한 E 및 S 목표의 적절한 가중치, ESG에 유능한 보상위원회 등이 마련된다면 ESG와 관련된 실질적인 변화를 기대할 수 있다.[114)]

이사회는 보상위원회를 통해서 조직 전체의 승진 및 보수를 결정하는데 사용할 프로세스를 만들 책임이 있다. 단기 재무제표를 기반으로 한 단순한 이익이 아니라 목적이 보상을 받도록 하여야 한다. 더 넓은 범위의 재무 및 비재무 지표를 사용하여 보다 더 긴 기간 동안의 성과를 평가해야 하며 가장 중심이 이사회의 고위 경영진에 대한 보상 구조이다 회사의 ESG 활동과 제품 및 서비스의 외부 영향 측면에서 성과를 평가해야 하며 중요성이 판단의 중심이 되어야 한다. 이사회와 경영진은 ESG 문제가 회사의 재무성과와 연계되고 있는지를 확인하고 조정하여야 하며 경영진 보상에 반드시 반영되도록 하여야 한다.[115)]

[표 2-28] 체크리스트

구분	내용
책임	ESG 목표와 이정표가 경영진의 보상에 효과적으로 통합됩니까? 보상 계획은 통합되고 있습니까?
인재 및 문화	ESG 전략을 실행하기 위해 경영진은 어떻게 구성되어 있습니까? 적절한 인력과 프로세스가 마련되어 있습니까? 회사에 ESG 노력을 포용하는 기업문화가 있습니까?

출처: Paula Loop, Paul DeNicola, and Barbara Berlin, How Does the Board Oversee ESG?, Pricewaterhouse-Coopers LLP(Dec. 21, 2020) https://corpgov.law.harvard.edu/2020/12/21/how-does-the-board-oversee-esg/

미국의 경우 경제위기 이후 성과보상체계의 결점이 문제가 되어 주주들을 중심으로 지속가능경영성과를 임원보상체계와 연계하는 방안을 고려하고 있다. 그러나 The Conference Board의 조사결과에 의하면, 2010년도에 약 11%의 기업만이 지속가능경영성과를 임원보상체계 산정방식에 포함하였으며, 2013년도에는 비중이 약 24%로 증가하였다.[116)]

[표 2-29] 지속가능경영성과와 보상체계 연계에 대한 가이드라인

기관	입장	내용
Coalition for Environmentally Responsible Economies (Ceres)	찬성	Ceres는 재무성과를 비롯하여 사회적·환경적 부분에 대한 성과를 임원보수 산정식에 포함하는 결의안에 찬성함
Institutional Shareholder Services (ISS)	사례별로 상이함	ISS는 최근 들어 임원보상체계에 지속가능경영성과를 연계시키는 기업의 사례가 증가함에 따라 아래의 요건에 따라서 사례별로 다르게 권고함 • 기업에게 사회적·환경적 이슈에 따른 중대하거나 지속적인 논란이 존재하는지 • 기업에게 사회적·환경적 이슈에 대한 경영 시스템 또는 관리감독 메커니즘이 존재하는지 • 동종산업 내 기업들의 다수가 비재무적 경영성과를 임원보상체계와 연계하고 있는지 • 기업의 사회적 또는 환경적 공시 내용의 범위
Teachers Insurance and Annuity Association - College Retirement Equities Fund (TIAA-CREF)	사례별로 상이함	TIAA-CREF는 기업의 임원보상체계 관행에 대해서 각 사례별로 상이하게 권고하고 있음
Council of Institutional Investors (CII)	사례별로 상이함	임원보상체계는 각 기업의 상황 및 요구에 맞게 특수하게 디자인되어야하며, 보수정책 프로그램은 기업마다 다르게 설계되어야 함. 그러나 일정 원칙은 모든 기업에게 동일하게 적용되어야 함
International Corporate Governance Network (ICGN)	찬성	기업은 비재무적 경영성과를 임원보상체계에 포함할 수 있으나, 비재무적인 성과의 활용에 대해 합리적으로 설명하여야 하며 이사회가 비재무적성과 측정방식의 정확성에 대해서 보장할 필요가 있음

출처: 박윤정, 미국 상장기업 이사회의 지속가능경영 관여 현황, 2014년 4권 16호 CGS Report, 14쪽

(4) 임원 선임 및 거버넌스위원회

임원 선임 및 거버넌스 위원회에서는 소통, 이사회의 전문성 및 교육과 관련되는 사항을 항상 점검하고 보완하여야 한다. 임원 선임시 ESG 경영을 제대로 실천하고 소통할 수 있는 능력을 보유한 사람이 선택될 수 있는 절차와 프로세스를 강구하여야 하며 이사회 및 임원들에 대한 주기적인 ESG 교육을 실시할 수 있도록 하여야 한다.

[표 2-30] **체크리스트**

구분	내용
소통	회사의 ESG 활동이 투자자 및 기타 이해 관계자에게 효과적으로 전달되고 있습니까?
이사회 전문성	이사회는 ESG 위험과 기회를 감독하는 데 필요한 전문성과 기술을 갖추고 있습니까?
교육	이사회는 ESG가 투자자 및 기타 이해 관계자에게 중요한 이유를 이해하고 있습니까? 이사회가 ESG에 대해 적절하게 교육을 받았습니까?

출처: Paula Loop, Paul DeNicola, and Barbara Berlin, How Does the Board Oversee ESG?, Pricewaterhouse-Coopers LLP(Dec. 21, 2020) https://corpgov.law.harvard.edu/2020/12/21/how-does-the-board-oversee-esg/

(5) 리스크관리 위원회

① ESG 리스크 중요성 평가

ESG는 리스크 완화 역할을 하므로 ESG 리스크에 대하여 적절하게 중요성을 평가하여야 한다. COSO(Committee of Sponsoring Organizations of the Treadway Commission)에 의하면 리스크는 어떤 이벤트가 발생할 가능성을 의미하며, 전략 및 비즈니스 목표 달성에 영향을 미친다고 한다. COSO의 리스크에는 평판 손상과 같은 부정적인 영향과 신제품의 신흥 시장 진출과 같은 긍정적인 영향이 모두 포함된다.

ESG 프로세스가 부정적인 영향과 긍정적인 영향을 모두 식별하는 방법을 이해하려면 개별 단계를 이해해야 한다. 기업의 지속 가능성 또는 ESG 프로세스의 출발점은 4단계로 진행되는 중요성 평가를 통해 이루어져야 한다.

첫째, 회사는 운영, 제품, 서비스 및 시장과 관련된 환경, 사회 및 거버넌스 리스크의 전체 영역은 물론 회사가 사회에 긍정적인 기여를 할 수 있는 영역을 식별하여야 한다. 지속 가능성은 규정 준수만을 중심으로 하는 것이 아니라 현재 또는 새로운 위험을 예상하는 것을 의미한다.

둘째, 회사는 ESG 의사결정을 위하여 전략적 비즈니스 우선 순위와 경영환경 및 시장 문제에 대한 직접적인 지식을 가진 주요 내부 의사 결정권자 및 사회와 환경 문제에 대해 알고 있는 외부 이해관계자를 참여시켜 논의하여야 한다. 그 다음에는 환경, 사회 및 거버넌스 문제가 비즈니스 가치와 이해 관계자에게 미치는 영향을 나타내는 중요성 매트릭스에 그 결과를 표시하여 평가 결과를 공유하여야 한다.

셋째, 회사는 중요성 매트릭스를 사용하여 기존 리스크 현황과의 격차를 확인하여야 한다. 회사는 이 격차 평가를 통하여 리스크의 가능성과 영향을 결정하고 리스크 완화 전략을 개발하여야 한다.

넷째, 회사가 상기의 절차를 통하여 도출한 결과물을 바탕으로 사내 ESG 추진팀이 사업부들과 협력하여 지속 가능성 또는 ESG 계획 및 전략을 수립하여

[표 2-31] **체크리스트**

1. 회사의 기존 리스크 프로세스에 ESG 리스크 식별이 포함되어 있습니까?
2. 더 넓은 범위의 리스크를 포착할 수 있도록 리스크 식별 프로세스를 확장해야 합니까?
3. 전사적 리스크 관리(ERM) 프로세스에는 모든 ESG 관련 리스크에 대한 평가 및 완화 계획이 포함되어 있습니까?
4. 경영진은 ESG 리스크와 기회의 우선 순위를 어떻게 정합니까?
5. ESG 리스크와 기회가 자본 배분 결정에 포함됩니까?

출처: Paula Loop, Paul DeNicola, and Barbara Berlin, How Does the Board Oversee ESG?, PricewaterhouseCoopers LLP(Dec. 21, 2020) https://corpgov.law.harvard.edu/2020/12/21/how-does-the-board-oversee-esg/

야 한다. 이 전략에는 특정 핵심 성과 지표 또는 KPI 및 목표가 포함되어야 한다. 회사는 년간 사업계획 및 연례 보고서 등을 통해서 내부적으로는 물론 외부적으로 이런 계획에 대한 진행 상황을 공유하여야 한다 지속 가능성 계획을 통해 회사는 조직 전체에 필요한 자본과 자원을 배치할 세부 전략, 거버넌스 및 관리 시스템을 만들어야 한다.

② ESG와 전사 리스크관리 통합방법

대부분 기업이 이미 자체 리스크관리 프로세스를 갖추고 있을 수 있는데, 이것을 ESG 기능과 통합할 수 있다.

COSO는 2018년에 지속 가능한 개발을 위한 세계 비즈니스 협의회와 파트너 관계를 맺고 환경, 사회 및 거버넌스 리스크에 기업 리스크 관리를 적용하는 방법을 위한 프레임워크를 개발했다.[117] COSO 프레임워크는 기업이 ESG 관련 리스크를 식별하고 관리하는데 도움이 되는 유용한 체크리스트를 제공하고 있다. COSO 기업 리스크 관리 프레임워크는 5가지 요소로 구성되어 있다.

첫 번째 요소는 ESG 관련 리스크에 대한 거버넌스 프레임워크와 문화를 구축하는 것이다. 이것은 정보가 이사회와 경영진에 전달되도록 하는 데 중점을 두고 의사 결정을 내리고 실행하는 방법을 설정하여야 한다. 두 번째 요소는 ESG 리스크에 대한 전략 및 객관적 설정 작업으로, 비즈니스의 외부성이 지구와 사회에 어떻게 영향을 미치는지 이해하는 것을 포함한다. 세 번째 요소는 ESG 관련 리스크의 성과와 관련된 리스크 식별, 평가 및 대응을 포함한다. 네 번째 요소는 ESG 관련 리스크 및 전략을 검토하고 수정하는데 중점을 둔다. 다섯 번째 요소는 내·외부 이해 관계자에게 ESG 관련 위험을 알리고 보고하는 것과 관련된다.

[그림 2-6] COSO 리스크 프레임워크

Chapter	Actions
1	**Governance and culture for ESG-related risks**
	☐ Map or define the organization's mandatory or voluntary ESG-related requirements
	☐ Consider opportunities for embedding ESG in the entity's culture and core values
	☐ Be informed of the ways to increase board awareness of ESG-related risks
	☐ Map the operating structures, risk owners for ESG-related risks, reporting lines and end-to end ERM and strategic planning process to identify areas for improved oversight and collaboration
	☐ Create opportunities for collaboration throughout the organization
	☐ Embed ESG-related skills, capabilities and knowledge in hiring and talent management to promote integration
2	**Strategy and objective-setting for ESG-related risks**
	☐ Examine the value creation process and business model to understand impacts and dependencies on all capitals in the short, medium and long term. To assist with this understanding, conduct: - Megatrend analysis to understand the impact of emerging issues in the external environment - Strengths, weaknesses, opportunities and threats (SWOT) analysis - Impact and dependency mapping for all types of capital - An ESG materiality assessment to describe significant ESG issues - Engagement with internal and external stakeholders to understand emerging ESG trends - Analysis leveraging ESG-specific resources
	☐ Throughout the risk management process, align with the entity's strategy, objectives and risk appetite
	☐ Consider the ESG-related risks that will impact the entity's strategy or objectives
3	**Performance for ESG-related risks**
3a	**Identifies risk**
	☐ Examine the entity's risk inventory to determine which ESG-related risks have or have not been identified
	☐ Involve ESG risk owners and sustainability practitioners in the risk identification process to leverage subject-matter expertise
	☐ Convene meetings with both risk management and sustainability practitioners to understand ESG-related risks
	☐ Identify the ESG-related risks that may impact the organization's strategic and operational plans
	☐ Define the impact of ESG-related risks on the organization precisely
	☐ Use root cause analysis to understand drivers of the risk
3b	**Assesses and prioritizes risk**
	☐ Understand the required output of the risk assessment (e.g., the impact in terms of the strategy and business objectives)
	☐ Understand the entity's criteria for prioritizing risks
	☐ Understand the metrics used by the entity for expressing risk (i.e., quantitative or qualitative)
	☐ Select appropriate assessment approaches to measure risk severity
	☐ Select and document data, parameters and assumptions
	☐ Leverage subject-matter expertise to prioritize ESG-related risks
	☐ Identify and challenge organizational bias against ESG issues
3c	**Implements risk responses**
	☐ Select an appropriate risk response based on entity-specific factors (e.g., costs and benefits and risk appetite)
	☐ Develop the business case for the response and obtain buy-in
	☐ Implement the risk response to manage the entity's risk
	☐ Evaluate risk responses at the entity level to understand the overall impacts to the entity risk profile
4	**Review and revision for ESG-related risks**
	☐ Identify and assess internal and external changes that may substantively affect the strategy or business objectives
	☐ Review ERM activities to identify revisions to ERM processes and capabilities
	☐ Pursue improvements in how ESG-related risks are managed by ERM
5	**Information, communication and reporting for ESG-related risks**
	☐ Identify relevant information and communication channels for internal and external communication and reporting
	☐ Communicate and report relevant ESG-related risk information internally for decision-making
	☐ Communicate and report relevant ESG-related risk information externally to meet regulatory obligations and support stakeholder decision-making
	☐ Continuously identify opportunities for improving the quality of ESG-related data reported internally and externally

출처: COSO, Enterprise Risk Management, Applying enterprise risk management to environmental, social and governance-related risks, 2018, 10쪽

제 3 장

ESG 법률

제1절

기업의 본질과 ESG 관련 책임

1. 기업의 본질과 사회적 지위

(1) 기업의 본질

일반적으로 기업이라는 개념은 이윤의 획득을 목적으로 하여 계속적인 경제활동을 하는 조직적인 경제단위로 이해한다. 기업은 출자와 책임을 기준으로 개인기업과 공동기업으로 나눌 수 있고, 공동기업은 상법상 각종 회사들(합명회사, 합자회사, 유한책임회사, 주식회사, 유한회사), 익명조합, 합자조합과 민법상 조합이 있다. ESG는 결국 영리성과 공공의 이익 사이의 조화점을 찾아가는 것이라고도 할 수 있으므로 강한 영리성을 가지는 회사와 상대적으로 공공성이 강한 조합의 형태를 포괄적으로 다루게 되므로 '기업'이라는 용어를 사용하는 것이 적절하다.

기업은 영리를 위해 움직이는 것을 본질적인 특성으로 한다. 기업은 법률에 정해진 절차에 따라 설립되어 권리능력을 부여받고 본질적인 특성인 영리활동을 하는 법인격을 가진 존재이다. 특히 법인으로 설립된 회사(상법 제169조)는 영리성을 가장 강하게 발현한다. 법인격을 가진 법인의 경우나 그와 유사한 법률상 능력을 인정받고 있는 조합[1] 등의 형태들은 모두 법률의 창조물이고, 법률은 사회적 합의의 결과물이다.

(2) 기업의 사회적 지위

기업은 사회구성원들의 합의에 의해 만들어진 법률에 의해 영속적인 존재로 성립한다. 그리고 법률로부터 부여받은 권리능력으로 영리를 추구하며, 그 영리조차도 기업이 존재하는 근원이라고 할 수 있는 사회구성원들로부터 취득한다. 이러한 이유로 기업에 대하여 사회적으로 선한 행동을 할 것을 기대하는 사회적 책임(corporate social responsibility: CSR)을 이야기하는 것은 자연스러운 결과일지도 모른다.

제1장에서 언급하였듯이 외부로부터 강제할 수 있는 법적 '책임'은 'responsibility'가 아니라 'liability'인데, 기업의 사회적 책임에서 사용하는 용어는 'responsibility'이다. 즉 기업에게 강제할 수 있는 법적 근거는 없는 것이 원칙이다. 따라서 기업이 불법행위를 저지르지 않는 한 직접적으로 사회구성원 개개인에 대하여 책임을 지지는 않는다. 이런 측면에서 기업의 사회적 책임은 사회 전체에 대하여 강제할 수 있는 책임(liability)이 아니라 기업이 받아들여야 할 일종의 윤리적 차원에서의 부담(burden)이라고 보는 것이 적절하다고 본다. 기업에 대하여 요구되는 사회적 책임은 결국, 윤리적 차원에서의 부담 내지 기업이윤의 획득대상인 사회공동체로서의 일원이라는 측면과 아울러 경제활동주체로서 사회에서의 비중을 고려할 때 공익적 측면에서 기업의 기여를 기대하는 것으로 이해된다.

2. 공공의 이익에 의한 영리성의 제한

(1) 공공의 이익과 기업의 공공적 성격

한편으로는 공공의 이익이라는 개념도 있다. 기본적으로 대한민국 헌법은 개인과 기업의 경제상의 자유와 창의를 존중하면서도 균형있는 국민경제의 성장 및 안정과 적정한 소득의 분배를 유지하고, 시장의 지배와 경제력의 남용을 방지하며, 경제주체 간의 조화를 통한 경제의 민주화를 위하여 경제에 관한 규제와 조정을 허용하고 있다(헌법 제119조). 그리고 헌법 제23조의 취지상 공익적 목적을 위해 국민의 재산권에 대한 적절한 제한은 가능하다.

기업이 사회대중으로부터 경영에 필요한 자금을 모집하고, 이를 바탕으로 하여 이윤을 획득하고 사회·경제적으로 중요한 주체가 되었음을 생각해 볼 때, 공공적 성격을 가진다고 보는 것이 합리적이다. 왜냐하면, 기업활동으로 극단적 이윤추구를 하는 것은 도리어 자금조달의 원천인 사회대중에게 부정적인 영향과 결과를 미치는 경우가 많기 때문이다. 즉 기업활동의 확장이 때로는 영세업자에 대한 경영위험을 촉발시킬 수 있고, 때로는 독점적 지위가 되면 재화의 가격에 의해 소비자에게 불이익이 발생할 수도 있다. 우리나라의 경우 특히 일부 대기업재벌의 사례에 나타나는 경우와 같이, 변칙적·탈법적 방법에 의한 상속, 증여와 회사법의 원리에 반하는 여러 가지 행태가 사회의 비판을 받고 있는 것을 고려해 본다면, 어떠한 형태로든지 기업의 사회적 책임을 강조하려는 경향이 계속되고 있는 것은 명분이 충분하다. 따라서 회사가 축적한 부(富)의 일부를 사회에 환원하여서 공동의 선(善)을 이룩하여야 한다는 기업의 사회적 책임론의 취지는 공감을 받을 수밖에 없다.

(2) 회사의 해산명령제도와 장기적 영리론

한편 기업의 공공적 성격은 실정법상 규정과 기업의 설립목적과 직접적인 관계가 없는 경우에도 이른바 장기적 영리론(長期的 營利論)에서도 발견된다. 전자의 경우는 기업에 관한 기본법률인 상법의 회사의 해산명령제도(상법 제176조)이다. 법원은 회사의 설립목적이 불법하거나 정당한 사유없이 설립 후 1년 내에 영업을 개시하지 않거나 1년 이상 영업을 휴지하는 때에는 회사에 대하여 해산명령을 내릴 수 있으며, 해산을 명하기 전이라도 이해관계인이나 검사의 청구 또는 직권으로 관리인을 선임하거나 회사재산의 보전처분을 할 수 있는 회사의 해산명령제도가 있다.

장기적 영리론은 회사의 권리능력에 관한 논쟁과 관련이 있으며, 기업이윤의 사회적 환원의 논거를 제시하였다고 평가할 수 있다. 회사의 권리능력은 회사설립의 근거가 되는 법률[2)]과 정관상 목적에 의해 분명해지며, 그것들에 의해 제한되기도 한다. 학술적으로는 회사의 권리능력에 대한 제한은 3가지 형태로 나타난다. 첫째는 성질상 제한, 둘째는 법률상 제한, 마지막으로 정관상 제한이다. 성질상 제한은 자연인을 전제로 하는 친족권과 같은 것은 회사가 그 주체가 될 수 없다는 것이다. 법률상 제한은 회사가 다른 회사의 무한책임사원이 되지 못한다(상법 제173조)는 것인데, 이는 회사경영상 발생하는 위험의 확산을 막으려는 정책상 목적이다. 마지막으로 회사의 권리능력은 정관상 목적의 범위로 제한된다는 것인데, 목적범위를 벗어난 행위에 대하여 무효로 보면 제한긍정설, 유효로 보는 제한부정설(무제한설), 그리고 목적범위에 포함되는지와 관련하여 정관 목적을 수행함에 있어서 직접적·간접적으로 필요한 행위가 모두 포함된다고 보는 것이 판례[3)]의 입장이다.

(3) 사회적 책임론의 한계

기업의 사회적 책임론은 앞서 살펴본 기업의 사회적 지위, 특히 기업의 사회공동체 구성원으로서의 지위라는 측면에서 볼 때 일응 설득력이 있는 것은 사실이다. 그러나 불법행위책임 등 기존의 법률상 책임체계를 기업의 사회적 책임에 연결시키는 것은 무리가 있다. 법률상 명시적인 근거가 없는 상황에서 입법론적으로는 의미가 있을지 모르겠지만, 해석론적 측면에서는 설득력이 떨어진다.

입법론적으로 접근을 하더라도 책임을 집행하는 것에 관한 법률상 체계에서 볼 때, 원고의 확정문제, 즉 설령 기업의 사회적 책임을 인정하는 경우에도 기업이 누구에게 책임을 이행할 것인가의 문제가 해결되지를 않는다. 법률분쟁에 있어서 책임은 기본적으로 책임을 묻는 자와 책임을 부담할 자가 존재하며, 이것이 소송에서는 원고와 피고로 나타난다. 가령 누군가 기업에 대하여 책임을 이행하라고 청구한 경우, 청구를 당한 기업은 무엇에 관한 책임을 누구에게 부담하여야 하는지가 명확하여야만 청구와 이행이 가능하다. 그런데, 그 '누군가'가 누구이며, 실제로 회사의 행위로 피해를 입었다는 것이 입증이 될 수 있는지, 손해배상의 산정은 어떻게 할지에 대한 법률상 기준이 전혀 없다는 것이다. 구체적으로 말하자면, 기업의 행위로 피해를 입었는지에 관한 인과관계의 문제가 해결되어야 하는데, 기업의 어떠한 행위로, 무엇에 관하여, 어떠한 손해가 얼마만큼 누구에게 발생하였는지가 확정되어야만 책임의 집행이 가능하다. 다시 말하면, 책임의 이행 여부를 따질 때 누구에게 얼마의 책임을 질 것인가가 확정되어야 하는데, 이러한 사항들을 결정하는 것이 절대로 용이하지 않으며, 실제로 용이한지의 여부를 떠나 사실상 불가능에 가깝다.

결국 기업이 사회적 책임을 이행하여야 한다고 하더라도 결과적으로는 기업이 사회공동체에 대하여 행하는 일종의 기부와 유사한 것에 다름 아니다. 따라서 개별적으로 특정되기 힘든 '사회'에 대하여 역시 특정하기 불가능한 손해액을 법적으로 강제하려는 소모전을 계속하기보다는 사회공동체가 동의할 수 있는 합리적인 형태로 기업의 사회적 책임에 대하여 접근하는 것이 바람직하다. 일반주주, 개인투자자, 더 나아가 대중사회에 큰 부작용을 미칠 수 있는 분야에서 포괄적으로 적용될 수 있는 책임에 관한 근거를 마련함으로써 기업의 사회적 책임을 강조하면서 실질적으로 피해가 발생한 경우에는 피해회복에 필요한 기금조성 등의 방법으로 사회에 되돌리는 장치가 필요하다.[4)] 요컨대 기업의 사회적 책임론은 구체적으로 강제할 수 있는 어떤 법적 의무의 형태는 아니고 단지 대규모의 자본을 가진 회사가 이윤추구뿐 아니라 대중의 이익도 생각해야 한다는 추상적·윤리적·도덕적 개념으로 받아들이는 것이 보통이다.

제 2 절

기업의 ESG 관련 책임의 이행

1. ESG 관련 특별법

(1) 입법현황

ESG와 관련된 분야는 매우 광범위하기 때문에 일종의 '기본법'이 제정되기는 어렵다고 본다. 물론 현재도 직접적·간접적으로 ESG 분야와 관련된 법률들은 많이 있다. 대기환경보전법, 토양환경보전법, 해양환경 보전 및 활용에 관한 법률이 대표적인 환경분야(E) 법률이고, 제조물책임법, 공정거래법은 사회적 분야(S), 상법, 자본시장과 금융투자업에 관한 법률, 금융회사의 지배구조에 관한 법률은 지배구조 분야(G)이다.

일단 기업법의 기본인 상법상 회사편에서 이사 및 이사회의 의무의 범위를 해석함에 있어서 ESG를 접목하는 것은 가능할 것이다. 그리고 회사법원칙의 문제로써 주주중심주의(shareholder)와 이해관계자중심주의(stakeholder)의 갈등을 어느 정도에서 조화롭게 가져갈 것인지에 대한 충분한 논의가 필요하다. 지금까지는 학계에만 머물렀던 논의이고, 영리법인인 회사의 특성상 주주중심주의가 다소 우세한 위치였다고 볼 수 있지만, 이제는 ESG의 중시로 인하여 이해관계자중심주의와 조화를 이루어야 하는 상황으로 되었다. 따라서 학계는 물론이고 사회적으로 공감대를 이끌어낼 수 있는 논의의 장이 활발하게 마련되어야 한다.

상장회사의 경우에는 ESG와 관련한 경영공시를 의무화하는 것이 가능할 것이다. 상장회사는 기본적으로 공시의무가 있다. 기업공개(IPO)의 경우 요구되는 발행시장공시와 상장된 이후 정기적으로 이루어지는 정기공시 및 특별한 사항의 경우에 공시되는 수시공시의 유통시장공시가 있는데, ESG 관련 공시는 발행시장과 유통시장공시에 모두 적용될 수 있다. 그리고 실정법의 영역과는 별도로 거래소의 상장규정에서도 이를 다루어야 할 것이며, 어떻게 보면 이것이 가장 현실적으로 중요한 부분이다. ESG와 관련하여 가장 대표적인 특별법 분야가 탄소배출권 문제이며, 이에 대하여는 아래에서 별도로 살펴보기로 한다.

(2) 탄소배출권 관련 국내 상황

우리나라도 ESG 분야의 환경 관련분야에서 2008년 「지속가능발전법」과 2010년 「저탄소 녹색성장 기본법」을 제정하여 시행하고 있다. 「지속가능발전법」에서는 '지속가능성'을 현재 세대의 필요를 충족시키기 위하여 미래 세대가 사용할 경제·사회·환경 등의 자원을 낭비하거나 여건을 저하시키지 아니하고 서로 조화와 균형을 이루어는 것으로 개념정의하여, ESG 측면을 고려하여 입법하였음을 밝히고 있다. 또한 「저탄소 녹색성장 기본법」의 경우에도 법의 제정목적에서 "경제와 환경의 조화로운 발전을 위하여 저탄소 녹색성장에 필요한 기반을 조성하고 녹색기술과 녹색산업을 새로운 성장동력으로 활용함으로써 국민경제 발전을 도모하며 저탄소 사회를 구현하여 국민의 삶의 질을 높이고 국제사회에서 책임을 다하는 성숙한 선진 일류국가로 도약하는 데 이바지함을 목적으로" 함을 선언하고 있다.

「저탄소 녹색성장 기본법」에서는 크게 3가지 분야로 일종의 규제영역이 나누어져 있다. 온실가스·에너지 목표관리제, 공공부문 온실가스 목표관리제, 그리고 온실가스 배출권거래제의 3가지 영역이다.

첫째, 「저탄소 녹색성장 기본법」 제42조(기후변화대응 및 에너지의 목표관리)에 따라 '온실가스·에너지 목표관리제'를 시행하고 있다. 즉 「저탄소 녹색성장 기본법」에 따른 국가 중기 온실가스 감축 목표(2030년까지 배출전망 대비 37% 저감)를 달성

[그림 3-1] 온실가스·에너지 목표관리제 추진 프로세스

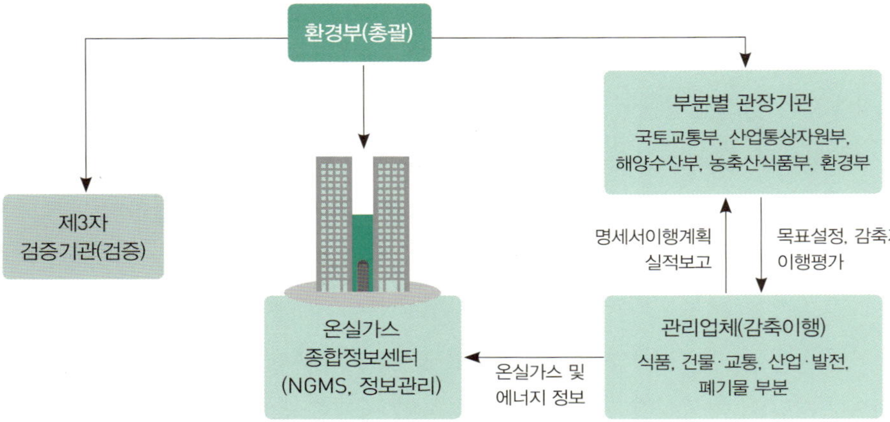

출처: https://ngms.gir.go.kr/cm/cmz/popup/popup_system_intro1.html

할 수 있도록 온실가스 배출량 및 에너지 소비량이 50,000tCO_2eq 200TJ 이상 업체, 15,000tCO_2eq 80TJ 이상 사업장 이상인 업체 및 사업장을 관리업체로 지정하여 온실가스 감축목표, 에너지 절약목표를 설정하고 관리하고, 「저탄소 녹생성장 기본법」과 동법 시행령에 의거하여 지정된 온실가스 대규모 배출사업장의 온실가스 감축, 에너지 절약 및 에너지 이용효율에 대한 목표를 정부와 배출사업장이 협의하여 설정하고 인센티브 및 페널티 제도 등을 통하여 그 이행을 관리하는 제도를 시행하고 있다.

만일 「저탄소 녹색성장 기본법」 제42조를 위반한 경우에는 동법 제64조에서는 최대 천만원의 과태료를 부과하도록 규정하고 있다.

둘째, '공공부문 온실가스·에너지 목표관리제' 역시 「저탄소 녹색성장 기본법」 제42조에 따라 집행되고 있다. '공공부문 온실가스·에너지 목표관리제'는 중앙행정기관, 지방자치단체, 공공기관, 지방공사·공단 등 대상기관이 매년 온실가스 감축 및 에너지 절약에 대한 목표를 설정하고 지속적으로 감축활동을 이행

하는 제도를 말한다. 이에 따르면 대상기관은 2020년까지 2007~2009년 연평균 온실가스 배출량(기준배출량) 대비 30% 이상 온실가스를 감축하는 것을 목표로 삼아야 한다.

셋째, 일반적으로 많이 알려져 있는 '온실가스 배출권 거래제도'이다. '온실가스 배출권 거래제도'는 교토의정서 제17조에 규정되어 있는 온실가스 감축체제로서, 정부가 온실가스를 배출하는 사업장을 대상으로 연단위의 배출권을 할당하여 할당범위 내에서 배출행위를 할 수 있도록 하고, 할당된 사업장의 실질적인 온실가스 배출량을 평가하여 여분 또는 부족분의 배출권에 대하여는 업체 간에 거래를 허용하는 제도를 말한다. '온실가스 배출권 거래제도'의 시행은 「저탄소 녹색성장 기본법」 제46조에 의거하여 2012년 제정된 「온실가스 배출권의 할당 및 거래에 관한 법률」에 따라 이루어지고 있다. 「온실가스 배출권의 할당 및 거래에 관한 법률」 제1조는 그 입법목표에서 시장기능을 활용하여 효과적으로 국가의 온실가스 감축목표를 달성하기 위한 것이라고 밝히고 있다. 즉 온실가스 감축여력이 높은 사업장은 보다 많이 감축하여 정부가 할당한 배출권 중

[그림 3-2] 온실가스 배출권 거래제

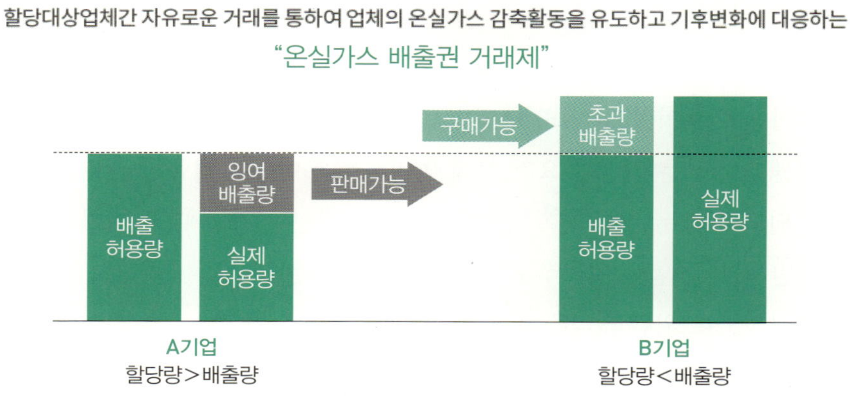

출처: https://ngms.gir.go.kr/cm/cmz/popup/popup_system_intro3.html

초과감축량을 시장에 판매할 수 있고, 감축여력이 낮은 사업장은 직접적인 감축을 하는 대신 배출권을 살 수 있어 비용절감을 가능하게 하는 제도이다. 각 사업장이 자신의 감축여력에 따라 온실가스 감축 또는 배출권 매입 등을 자율적으로 결정하여 온실가스 배출 할당량을 준수할 수 있도록 시장을 개설하여 운영하고 있는 것이다.

이 제도의 적용대상은 계획기간 4년 전부터 3년간 온실가스 배출량 연평균 총량이 125,000톤 이상인 업체 또는 25,000톤 이상인 사업장의 해당업체로써 자발적으로 할당대상업체로 지정신청을 한 업체이다. 관리대상물질은 이산화탄소(CO_2), 메탄(CH_4), 아산화질소(N_2O), 수소불화탄소(HFCS), 과불화탄소(PFCS), 육불화황(SF_6) 6가지 항목이다. 온실가스 배출권의 할당방식은 과거 배출량 기반 할당(Grandfathering: GF)과 과거 활동자료 기반 할당(Benchmark: BM)으로 구분되며, 제1차 계획기간에는 할당량의 100%를 무상으로, 제2차 계획기간에는 유상할당 대상 업종내 기업에 할당되는 배출권의 3%를 유상으로 할당하였다.

2. 사회적 기업 등의 경우

(1) 기업과 사회적 기업

기업은 기본적으로 영리추구를 그 본질적 특성으로 한다. 법률은 기업활동이 원활하게 이루어질 수 있도록 입법적 지원을 하고 있으며, 그 대표적인 것이 바로 법률이 정하는 일정한 요건 하에 법인격을 부여하여 법률상 권리와 의무의 주체가 되도록 하는 것이다.[5] 기업활동은 창조적인 경향을 띠고 여기에는 위험성이 수반된다. 기업은 영리추구의 과정에서 새로운 영역을 개척하는 성향을 보이며 적극적으로 위험을 감수하게 된다. 결과적으로 기업활동은 위험이 수반되는 진취적인 활동이기 때문에 기업활동이 이기적인 성향을 보이는 것은 자연스러운 것이라고도 할 수 있다.

이에 반해 사회적 기업은 기업조직이 주주나 오너의 이익을 최대화하기 위해 경영하는 것이 아니라, 기업활동으로부터 발생한 이익을 사회적 목적을 위해 사용하는 기업을 말한다.[6] 즉 사회적 기업의 설립목적 자체가 단순한 영리획득을 위한 사업의 운영이 아니라, 정관상 기업목적이 사회적 목적을 이루기 위한 것으로 되어 있는 기업을 말한다.[7] 이러한 사회적 기업이 등장하게 된 이유는 기업이 이윤을 획득하는 사회에서 발생하는 여러 가지 문제들, 실업문제, 환경오염문제, 공정한 경쟁환경의 조성 등은 정부나 개인들의 노력만으로는 해결할 수 없기 때문이다. 이러한 사회적 문제들을 해결함에 있어서는 기업도 사회구성원의 일원으로서 같이 노력해야 하는데, 기업의 본질이 영리에만 머무른다면 이를 기대하기 힘들다. 따라서 법률이 기업활동의 부정적 측면을 고려하여 사회적 목적을 이룰 수 있도록 입법적 노력을 하는 것이 필요하며, 사회적 기업의 설립에 대하여 입법적 지원을 하는 방법과 일반 기업들이 사회적 목적을 이루는데 필요한 활동을 강제 내지 유도할 수 있는 제도적 장치를 마련하는 방법도 있다. 전자의 방법이 "사회적기업 육성법", "협동조합기본법", "마을기업제도" 등이 있고, 후자는 기업의 사회적 책임, 사회적 책임투자, 임팩트 투자, ESG위원회의 설치 등의 방법으로 나타난다.

(2) 현행법상 사회적 기업 등에 대한 지원

사회적 기업에 대한 현행법상 지원은 고용노동부 주관의 사회적기업 육성법, 기획재정부 주관의 협동조합기본법, 그리고 행정안전부 주관의 마을기업제도가 있다.

"사회적기업 육성법"은 2007년 제정되었는데, 사회적 목적[8]을 추구하면서 취약계층에게 사회서비스 또는 일자리를 제공하거나 지역사회에 공헌함으로써 지역주민의 삶의 질을 높이는 등의 사회적 목적을 추구하면서 재화 및 서비스의 생산·판매 등 영업활동을 하는 기업으로서 법이 정하는 요건을 갖추어서 고용

노동부장관의 인증을 받은(법 제7조) 사회적 기업의 활동을 지원한다. 구체적으로는 경영지원(법 제10조), 교육훈련 지원(법 제10조의2), 시설비 등의 지원(법 제11조), 조세감면 및 사회보험료의 지원(법 제13조)을 받을 수 있고, 사회서비스 제공 사회적 기업은 재정 지원을 받을 수 있으며(법 제14조) 공공기관으로부터 우선 구매제도를 통하여 생산물품을 판매할 수도 있는 등(법 제12조) 각종 혜택을 향유할 수 있다.

협동조합기본법은 2012년 1월 자주적·자립적·자치적인 협동조합 활동을 촉진하고 사회통합과 국민경제의 균형 있는 발전을 위해 제정되었다(법 제1조). 협동조합은 재화 또는 용역의 구매·생산·판매·제공 등을 협동으로 영위함으로써 조합원의 권익을 향상하고 지역 사회에 공헌하고자 하는 사업조직을 말하며(법 제2조 제1호), 국가 및 공공단체의 협력을 바탕으로(법 제10조) 기획재정부장관으로부터 협동조합의 설립·운영에 필요한 경영·기술·세무·노무·회계 등의 분야에 대한 전문적인 자문 및 정보 제공 등의 지원을 받을 수 있다(법 제10조의2). 협동조합 기본법의 적용을 받으면서도 협동조합과는 다소 차이가 있는 '사회적 협동조합'도 있다. 사회적 협동조합은 협동조합 중에서 지역주민들의 권익·복리증진과 관련된 사업을 수행하거나 취약계층에게 사회서비스 또는 일자리를 제공하는 등 영리를 목적으로 하지 아니하는 협동조합을 말한다. 즉 일반적인 협동조합이 영리를 추구하고 조합원에 대한 배당도 일정 부분 가능한 것에 비해, 사회적 협동조합은 비영리법인으로서 일반적인 협동조합과 달리 주된 사업관련 부처의 설립인가를 받아야 하고(법 제85조) 경영공시의무가 있고(법 제96조 및 제96조의2) 조합원에 대한 배당을 금지되는(법 제98조) 등 그 설립과 활동의 목적이 완전히 사회적 목적을 위한 것이다.

마을기업은 지역주민이 각종 지역자원을 활용한 수익사업을 통해 공동의 지역문제를 해결하고 소득 및 일자리를 창출하여 지역공동체 이익을 효과적으로 실현하기 위해 설립·운영하는 마을 단위의 기업을 말한다. 마을기업제도를 이용하게 되면 행정안전부로부터 최대 3년간 1억원의 자금 지원을 받을 수 있으며, 2020년 12월 기준으로 전국적으로 1,652개의 마을기업이 지원을 받고 있다.[9)]

3. 기업지배구조와 ESG위원회

(1) 이사회내 위원회의 설치

상법은 정관의 규정에 따라 일정한 범위에서 2인 이상의 이사로 구성되는 위원회를 구성하고 이사회의 권한을 위원회에 위임할 수 있도록 하고 있다(상법 제393조의2). 위원회의 종류에 관해 법률에서 특별히 정해진 것은 없으나, 감사위원회(audit committee), 준법감시위원회(compliance committee), 위험관리위원회(risk management committee), 추천위원회(nominating committee) 등이 많이 이용되고 있는데,[10)] 최근에는 ESG위원회를 설치하는 회사들이 점차로 많아지고 있다.

ESG를 고려한 경영을 하는 것은 의미가 있다. 그런데, 기업은 기본적으로 영리를 추구하며 성장을 지향하는 존재이다. 그에 반해서 경영결정과정에서 ESG를 많이 고려할수록 단기적으로는 수익성에는 그리 좋지 않은 결과를 가져온다. 그리고 장기적인 수익성에 도움이 되는지도 데이터로 검증되지 않은 상태이다. 더욱이 법적으로 ESG위원회의 설치가 의무화되지도 않은 상황에서 일종의 유행처럼 ESG위원회를 설치하는 것은 그 실효성에 의문을 던지지 않을 수 없다. 각 기업마다 처해있는 산업적 구조가 다르고, 생산환경, 경영환경에 차이가 있는데도 불구하고 무조건적으로 ESG위원회를 설치하고 ESG경영을 한다는 일종의 '캐치 프레이즈'를 내거는 것이 어떤 의미가 있는지는 솔직히 의문이다.[11)] 정부와 학계 전문가들이 기업경영에 있어서 ESG가 어떠한 의미가 있고 사회경제적인 영향이 무엇인지에 관한 연구와 사회적 공감대가 형성이 되어야만 실효성있는 제도적 실천과 결과가 나타날 것이다.

[표 3-1] 10대그룹 ESG위원회 및 전담 조직 현황

그룹명	위원회	전담조직
삼성	(삼성전자) 지속가능경영협의회 (물산·생명·화재) ESG위원회	(삼성전자) 지속가능경영추진센터(CEO 직속)
현대차	(현대차·모비스·기아차) 지속가능경영위원회	(현대제철) ESG실장·실무협의체
SK	(SK그룹) 수펙스추구협의회 환경사업·사회적 가치·거버넌스위원회 (SK하이닉스) 지속경영위원회	(SK 계열사 16개사) 전담조직 설치
LG	상반기 중 설치 예정 (LG 및 모든 상장계열사)	(LG디스플레이) 최고안전환경책임자 신설 (유플러스) 안전보건관리조직 신설
롯데	(롯데면세점) ESG위원회	(全계열사) ESG경영본부
포스코	ESG위원회	ESG그룹 기업시민 자문회의(CEO자문기구)
한화	ESG위원회	ESG협의체
GS	ESG위원회	(GS리테일) ESG추진위
현대중공업	상반기 중 설치 예정	ESG 실무위원회, 최고 지속가능경영책임자(CSO) 신설
신세계	상반기 중 설치 예정 * 현재는 사회공헌위원회 운영 중	전담조직 설치 예정

출처: https://www.anjunj.com/news/articleView.html?idxno=30206

(2) 금융회사와 ESG위원회

한편, 금융회사지배구조법 제16조는 금융회사가 상법에 의한 이사회내 위원회로서 임원후보추천위원회, 감사위원회, 위험관리위원회, 보수위원회를 설치하여야 한다고 규정하고 있고, 이러한 위원회 위원의 과반수는 사외이사로 구성하도록 되어 있다. 금융회사의 경우에 금융이라는 특성상 감사기능의 강화와 위험관리의 중요성은 기본적으로 요구된다. 그리고 건전한 지배구조의 정착을 위하여 임원후보추천위원회의 설치를 의무화하고 있는 것은 당연하다고 할 수 있다.

일반 기업의 경우와 비교하여 볼 때 금융회사의 경우에도 'social'과 'governance'는 의미가 있지만, 'environement'의 측면은 그와 관련된 금융상품을 출시하는 것은 몰라도 경영 자체와 깊은 관련이 있다고 보기는 어렵고, 따라서 상대적으로 그 중요성도 떨어진다고 본다.

[표 3-2] 금융지주 ESG 경영현황

금융지주	ESG 경영현황
KB금융	• 국내 금융권 최초 '탈석탄 금융' 선언 • 'KB 그린웨이(GREEN WAY) 2030' 발표 • ESG전략부, 이사회 내 ESG위원회 등 운영
신한금융	• ESG 기획팀 신설 • '제로 카본 드라이브(zero Caroon Dive)' 선언 • 국제기구 과학기반 감축 목표 이니셔티브(SSM) 등 가입 예정
우리금융	• ESG 경영부 신설 • '2050 탄소중립 금융그룹' 선언 • 국내 시중은행 최초 ESG 채권 발행
하나금융	• 은행 내 전담부서 ESG기획 섹션 신설 • 환경경영시스템 운영 중
NH농협금융	• ESG 추진위원회 신설 • ISO 제정 환경경영체제 국제표준 인증 획득

출처: http://news.kmib.co.kr/article/view.asp?arcid=0015386636&code=61141311

금융회사지배구조법에서는 임원후보추천위원회 설치를 의무화하고 있기 때문에 'governance'는 이미 실천하고 있다고 보아야 하므로 'social'적인 측면만 보완되면 되지 않을까 한다. 다만 투자대상기업의 선정에 관하여 분석을 하는 경우 애널리스트들의 활동에는 환경적인(environmental) 측면을 고려하여 분석하는 것이 필요하다고 본다.

4. ESG와 한국형 스튜어드십 준칙(stewardship code)

(1) ESG 관련 적극적 대응 필요성

ESG를 중요시하는 국제사회의 움직임은 이제 대세적 흐름이다. 환경보호, 노동인권, 사회공헌, 지배구조 등은 그간 윤리적 수준에 머물러 있던 기업의 사회적 책임을 법적으로 강제하려는 시도에 다름아니다. 전통적인 기업의 본질적 특성에는 반하는 측면에 있음을 부정할 수 없지만, 그렇다고 ESG를 무시한 기업활동을 무시할 수 없는 것도 시대적 대세이고 기업의 영속성에 치명적인 영향을 미치는 요소가 되어 버렸다.

특히 최근 EU의 탄소국경세 시행예정 계획의 발표는 국제무역이 경제활동의 핵심이 우리나라의 경우 더욱더 민첩할 대응이 필요하다. 수출비중이 높은 국내기업들의 경우 실질적으로 직면하는 위험이 될 것이며, 규제 강화의 속도가 빠른 국가 및 산업에 매출비중이 높은 기업의 경우에는 해당 기업 자체뿐만 아니라 해당 기업에 투자하고 있는 투자자들에 대한 영향도 매우 크기 때문에 이에 대한 적절한 대응이 필수적이며[12] 이에 대한 정부의 적극적인 지원과 대책 마련도 필요하다.

현재 자본시장법에서는 발행시장공시와 유통시장공시제도가 운영되고 있다. 발행시장의 경우 시장에 처음 공개되는 회사에 대한 정보를 제공하는 차원이고 유통시장의 경우 자본시장거래의 공정성을 담보하기 위하여 상장기업에 대한 최소한의 중요한 정보를 제공하도록 하는 것인데, 이러한 공시제도의 운영은 결국 투자자들간의 정보 비대칭(information asymmetry)을 해소하고, 소위 'market integrity(시장의 완전성)'의 담보를 위하여 중요한 정보를 적시에 제공하는 것이 핵심이다.[13] ESG 관련정보의 공시도 기업의 ESG 활동과 관련한 비용과 편익을 투명하게 공개하여 ESG 관련정보에 대한 투자자와 이해관계자들의 정보 비대칭을 해소하는 것이어야 한다. 그렇다면 결국 정보의 공시를 의무공시로 운영할 것인지, 아니면 자율공시의 수준으로 운영할 것인지가 문제가 된다. 제1장에서 언급한 바와 같이 한국거래소의 공시제도 하에서는 자율공시에 의해 운영되고 있는 현실인데, 이것을 의무공시화하자는 움직임도 있고, 의무공시가 가져오는 편익도 분명히 존재한다. 일각에서는 ESG 관련정보 공시의 중요성이 강조되고 있으나, 원론적으로 특정 정보에 대하여 의무공시를 강제하는 것은 신중할 필요가 있고, 따라서 ESG 성과에 기초한 자원배분 효율성을 제고하는 측면에서는 자율공시가 바람직하다고 보기도 한다.[14)]

(2) 한국형 스튜어드십과 ESG

스튜어드십(stewardship)은 말 그대로 청지기 자신의 이익을 추구하지 않고 청지기로서 주인의 자산을 잘 관리한다는 의미이다. 이러한 스튜어드십은 2008년 세계금융위기 이후 기관투자자가 단순히 수익률 극대만을 추구하지 않고 기업의 가치향상과 지속가능성장의 측면을 고려하여 투자결정을 할 것을 촉구하는 일종의 행동강령이다. 영국에서 2010년 처음 제정되어 세계적으로 퍼졌으며, 우리나라에서는 2016년 "기관투자자의 수탁자 책임에 관한 원칙"으로 제정되었다.

한국형 스튜어드십의 구체적인 7가지 원칙으로서는 ① 수탁자로서의 책임을 충실한 이행하기 위한 명확한 정책의 제정과 공개, ② 수탁자의 책임이행 과정에서 직면하는 이해상충의 완화 및 방지책의 마련과 공개, ③ 투자대상회사의 중장기적 가치 제고를 위한 주기적 점검, ④ 수탁자 책임 이행을 위한 활동의 시기, 절차, 방법에 관한 내부지침 마련, ⑤ 충실한 의결권 행사를 위한 의결권 정책의 마련 및 공개와 의결권 행사의 적정성을 파악할 수 있도록 의결권 행사의 구체적 내용과 사유의 공개, ⑥ 의결권 행사와 수탁자 책임 이행활동에 관하여 수익자에게 주기적으로 보고, ⑦ 수탁자 책임의 적극적이고 효과적 이행을 위해 필요한 역량과 전문성 확보가 그것이다.[15)] 현재 스튜어드십 코드의 각 항목의 내용에는 ESG 평가와 관련된 내용들이 많이 포함되어 있다.[16] 그런데 스튜어드십의 내용에 ESG에 관한 내용이 명시적으로 표현되도록 수정하여야 한다는 목소리도 있다. 기업들과 투자자들도 ESG를 고려한 스튜어드십 코드를 제정하여 시행하는 움직임이 점차적으로 확대되고 있다. 대표적인 기관투자자인 국민연금의 ESG 관련 움직임은 아래와 같다.

[그림 3-3] **국민연금과 ESG**

국민연금은 일반 펀드나 기관투자자에서 요구되는 ESG 외에 가입자 보호라는 추가적인 과제가 더해짐.
ESG로 커버될 수 없는 가입자 보호 및 연금제도 지속성 강화 노력도 함께 경주되어야 함
ESG에 집중되어 본연의 제도안정성 부문에 소중한 개연성이 있음
국민연금의 시정 영향력에 따른 ESG 전략의 제약사항 존재

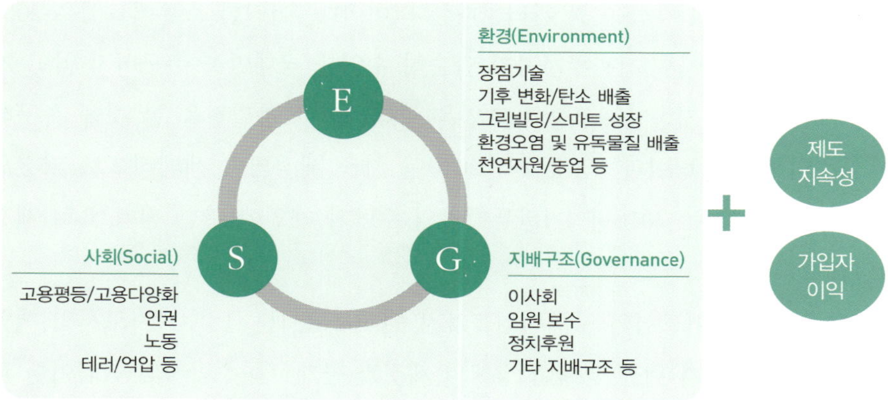

출처: 국민연금기금운용 수탁자책임전문위원회 상근전문위원실

금융위원회는 "스튜어드십 코드 관련 법령해석집"을 2017년 발간하여 기업들이 스튜어드십과 관련된 법령의 이행과 관련하여 위법사항을 줄이도록 29가지 항목에 걸쳐서 상세한 안내를 하고 있다. 여기에 더하여 ESG 관련정보의 공시의무화도 추진하고 있다([그림 3-4] 참조).

[그림 3-4] ESG 보고서 공시 의무화 일정

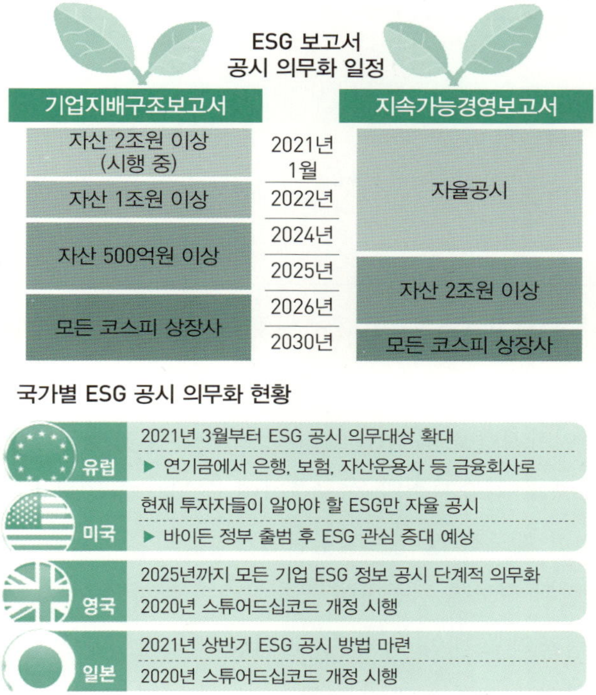

출처: https://news.naver.com/main/read.nhn?oid=009&aid=0004733542

제3절

ESG 관련산업 지원과 정보공시규제

1. 개요

"환경기술 및 환경산업 지원법"은 환경기술의 개발·지원 및 보급을 촉진하고 환경산업을 육성함으로써 환경보전, 녹색성장 촉진 및 국민경제의 지속가능한 발전에 이바지함을 목적(법 제1조)으로 1995년 제정되었다. 그리고 최근에는 '환경정보 공개·검증시스템'을 구축하여[17] 2021년 10월 14일 시행 예정으로 있는데, 이러한 제도적 정비는 환경관련기업들의 경각심을 깨우고 투자자들에게 ESG와 관련된 정보를 검증하여 공개하려는 취지로 이루어졌다. 이외에도 환경산업의 개념정의 확대와 녹색환경지원센터간 네트워크 강화, 금융기관의 환경책임투자 지원을 위한 분류기준 등의 마련, 그리고 기업의 녹색경영을 촉진하기 위한 환경정보공개제도 적용대상의 확대 등을 2021년 법 개정으로 마련하였다.[18]

한편 금융위원회는 2012년 1월 "증권의 발행 및 공시 등에 관한 규정(이하 '증권발행공시규정')"을 개정하여 사업보고서의 기재사항에 이른바 '녹색경영공시'를 의무화하였고, 금융감독원도 "기업공시서식 작성기준(이하 '기업공시서식')"을 개정하여 '녹색경영'과 관련하여 "저탄소 녹색성장 기본법"에 따라 정보에 보고하는 보고사항에 온실가스 배출량 및 에너지 사용량에 관한 사항을 기재하도록 하였다.[19] 이외에도 한국거래소도 ESG와 관련된 정보의 공시제도를 운영하고 있다.

2. 환경산업 활동지원

(1) 환경산업의 범위 확대

"환경기술 및 환경산업 지원법" 2021년 개정으로 환경산업의 범위를 확대하였다. 환경산업 개념정의(법 제2조 제3호)에 환경오염물질 배출 등으로 인한 환경피해의 측정·예방·최소화·복구장치 또는 서비스를 제공하는 산업(법 제2조 제3호 가목)과 폐자원에 아이디어나 디자인 등을 더하여 새로운 방식으로 고부가가치를 창출하는 재활용 산업 등 자원을 순환시켜 환경의 보전·개선에 기여하는 제품을 생산하거나 서비스를 제공하는 산업(법 제2조 제3호 나목)을 추가하였다.

(2) 환경책임투자 지원 및 활성화

환경문제는 주로 제조업종을 중심으로 문제가 되었으나, 결국 기업활동의 원활화를 위해서는 금융의 역할이 중요할 수밖에 없다. 이러한 점 때문에 국제적으로도 기후·환경문제에 대한 금융의 책임과 역할이 강조되고 있고, 국내에서도 「저탄소 녹색성장 기본법」이 2010년 제정되어 녹색성장을 촉진하기 위한 금융 관련 사항을 규정하고 있으나, 세부적인 정책 추진 근거는 분명하지 않은 점 등의 한계가 있었다.

2021년 "환경기술 및 환경산업 지원법" 개정에서는 녹색금융에 대한 지원 및 활성화를 위해 환경부장관으로 하여금 녹색경제활동 분류기준의 제공과 환경책임투자와 관련한 사업 등을 추진할 수 있도록 하고, 이를 전문적으로 지원하기 위해 전문기관을 지정할 수 있도록 하였다.

금융기관은 환경적 요소를 투자의사결정에 반영하는 투자(이하 "환경책임투자")를 하기 위하여 노력하여야 한다(법 제10조의4 제1항).[20] 이러한 내용은 비록 선언적인 것이고 의무적인 것으로 보기는 어렵지만, 법상 근거가 마련되었다는 점에서 그 의미를 찾을 수 있을 것이다.

한편 환경부장관은 환경책임투자의 지원 및 활성화를 위하여 ① 환경적으로 지속가능한 경제활동 여부를 판단하기 위한 녹색분류체계의 수립,[21] ② 기업의 환경적 성과를 평가하기 위한 표준 평가체계의 구축, ③ 그 밖에 대통령령으로 정하는 사업을 할 수 있다(법 제10조의4 제2항). 이러한 사업을 전문적으로 추진하기 위하여 환경부장관은 한국환경산업기술원 등의 기관 또는 단체를 환경책임투자 지원업무 전담기관으로 지정할 수 있고(법 제10조의5 제1항), 지정된 전담기관은 대통령령으로 정하는 바에 따라 기업의 환경적 성과를 평가하기 위한 표준평가체계를 적용한 평가를 실시하고 평가에 필요한 관련정보의 수집·관리 및 제공 등의 업무를 수행한다(동조 제2항). 그리고 환경부장관은 전담기관의 업무수행에 필요한 비용의 전부 일부를 지원할 수 있으며(동조 제3항), 전담기관이 거짓이나 부정한 방법으로 전담기관의 지정을 받은 경우에는 환경부장관은 전담기관의 지정을 취소하여야 하고(동조 제4항 제1호), 전담기관이 지정요건에 부적합하게 된 경우(동조 제4항 제2호)나 전담기관으로서 업무수행이 현저히 부당한 경우에는 환경부장관이 전담기관의 지정을 취소할 수도 있다(동조 제4항 제3호).

(3) 신기술인증 및 기술검증의 유효기간 연장

환경산업에 있어서 '환경신기술' 인증 제도는 1999년부터 운영되고 있는데, 건설신기술 인증제도에 비해 유효기간이 짧고 신기술 활용에 따른 사업 실패 시 담당자에 대한 면책이 되지 않는 등의 문제로 인해 제도활용에 문제가 있었다. 2021년 "환경기술 및 환경산업 지원법" 개정에서는 환경신기술 인증과 기술검증의 유효기간을 5년에서 8년으로 연장하고(법 제7조의3 제1항),[22] 국가기관이나 지방자치단체 등의 담당자가 환경신기술이 적용된 환경시설 설치 등을 추진하였으나 사업 실패 등으로 인해 해당 기관에 손실이 발생하더라도 담당자에게 고의 또는 중대한 과실이 없으면 면책이 되는 근거를 마련하여 적극적인 행정이 가능하도록 하였다(법 제7조의2 제7항).

(4) 녹색환경지원센터의 지정 및 운영

기존에도 환경부장관은 환경현안 문제의 해결과 "저탄소 녹색성장 기본법" 상 녹색성장의 기반조성과 활성화를 위하여 "환경기술 및 환경산업 지원법"에서는 녹색환경지원센터를 지정하고 운영하도록 하고 있었다(법 제10조 제1항).

2021년 법 개정으로 중앙녹색환경지원센터와 지역녹색환경지원센터로 세분화하고 중앙녹색환경지원센터로 하여금 각 지역녹색환경지원센터 간 네트워크의 구축과 운영을 통하여 각 센터가 수행하는 사업의 유기적 연결을 지원하고 녹색환경지원센터의 공동홍보사업을 수행하는 사업환경산업체 협력 지원프로그램을 개발하도록 하였다(법 제10조 제2항 제1호). 그리고 지역녹색환경지원센터는 기존에 규정된 업무[23)]외에도 "대기환경보전법" 제23조, "물환경보전법" 제33조, "폐기물관리법" 제25조 등 환경 관련 각종 인·허가 또는 신고를 위한 기술 자문의 제공업무, 다른 업무와 관련하여 다른 공공기관으로부터 위탁받은 사업 등을 수행한다(법 제10조 제2항 제2호).

한편 녹색환경지원센터의 지정기간은 5년이며 종합평가를 거쳐 5년 단위로 재지정이 가능하며(법 제10조 제3항), 환경부장관 또는 지방자치단체의 장은 녹색환경지원센터의 사업 및 운영에 필요한 자금을 지원할 수도 있다(법 제10조 제5항).

3. 환경정보 공시규제

(1) 환경정보 공개제도 대상기업의 확대

국제적으로 ESG의 비재무적 요소를 중요시하는 경향이 점차 확대되고 있는데, 환경분야는 이미 제도의 시행은 시작되었으나, 막상 환경관련기업의 정보에 대한 공시의무는 찾아보기 힘들었고, 그러한 정보들에 대한 검증도 제대로 되지 않은 상태였던 것이 사실이다.

현행 "환경기술 및 환경산업 지원법"에서도 환경정보 공개의무를 정하고 있으나, 오염물질의 현저한 감소, 자원과 에너지의 절감, 제품의 환경성 개선, 녹색경영체제의 구축 등을 통하여 환경개선에 크게 이바지하는 기업 및 사업장에 대하여 환경부장관이 지정한(법 제16조의2 제1항) '녹색기업' 및 동법 시행령에서 정한 공공기관 및 환경영향이 큰 기업 등에[24] 대하여만 환경정보의 작성·공개의무를 부과하고 있으므로 일반적인 상장법인에 대한 공개의무는 아니었다. 2021년 개정법에서는 이러한 문제점을 인식하고 환경경영의 중요성이 커지고 있는 최근의 국제적 경향도 반영하여, 자본시장법상 '주권상장법인' 중 시행령으로 정하는 규모 이상인 기업을 환경정보 공개의무 대상에 추가하였다.

2021년 "환경기술 및 환경산업 지원법" 개정에 따르면 기존의 "환경기술 및 환경산업 지원법" 제16조의2의 지정에 따른 녹색기업, 자본시장법상 주권상장법인(법 제9조 제15항 제3호) 중 최근 사업연도말 자산총액이 자본시장법 시행령이 정하는 규모[25] 이상인 기업, 그리고 그 밖에 "환경기술 및 환경산업 지원법" 시행령으로 정하는 공공기관 및 환경영향이 큰 기업으로 되었다(동법 제16조의8 제1항).

(2) 증권발행공시규정상 환경분야 및 사회적 분야 공시사항

'증권발행공시규정'에서는 환경(E) 분야와 관련한 사항으로서 "저탄소 녹색성장 기본법"에 따른 관리업체 지정 및 취소에 관한 사항, 온실가스 배출량 및 에너지 사용량에 관한 사항(제4-3조 제1항 제3호 차목)과 "저탄소 녹색성장 기본법"에 따른 인증을 받은 기업의 경우 녹색기술·녹색산업 등에 대한 인증에 관한 사항 및 녹색기업 지정에 관한 사항(제4-3조 제1항 제3호 카목)을 사업보고서에 기재하도록 2012년 개정하였다.

이외에도 사회적(S) 분야의 정보라고 할 수 있는 "고용정책 기본법 시행규칙"에 따른 근로자의 현황(제4-3조 제1항 제3호 파목)도 이미 사업보고서의 기본공시사항에 포함되어 있었다. 다만 이러한 정보들은 사업보고서의 경우에만 필수적 기재사항이고 반기보고서 및 분기보고서에는 생략이 가능하도록 되어 있는데(제4-3조 제2항), 반기 및 분기보고서에 생략될 이유가 없으므로 포함시키도록 하는 것이 타당하다고 본다.

(3) 기업공시서식상 녹색경영공시제도

'기업공시서식'에서는 회사가 영위하는 사업과 관련하여 환경물질의 배출 또는 환경보호와 관련된 사항을 규제하는 정부규제의 준수에 대하여 적절히 기재하고, 향후 환경개선설비에 대한 중요한 자본지출이 계획되어 있는 경우 그 추정치(제4-2-12조 제4항)를 기재하도록 하고 있다.

환경 및 종업원 등에 관한 사항이 회사의 재무상태, 영업실적, 유동성 및 자본의 조달과 지출 등에 중요한 영향을 미치는 경우에는 그에 관하여도 기재하여야 한다(제6-2-6조). 그리고 '증권발행공시규정' 제4-3조에서 정하고 있는 사업보고서 기재사항과 같이, 기업공시서식 제11-3-11조에서는 회사가 "저탄소 녹색성장 기본법"에 따른 관리업체에 해당되는 경우 정부에 보고하여야 하는 온실가스 배출량 및 에너지 사용량에 관한 사항을 기재하여야 하고(동조 제1항), 회사가 "저탄소 녹색성장 기본법"에 따라 녹색기술·녹색사업·녹색제품 적합성 인증 또는 녹색전문기업 확인을 받거나 "환경기술 및 환경산업 지원법"에 따라 녹색기업 지정을 받은 경우 및 그 인증·확인 또는 지정이 취소된 경우에 그 내용을 기재하여야 한다(동조 제2항).

한편 회사 또는 회사의 임·직원이 공시대상기간 중에 회사의 업무수행과 관련하여 환경관련법, 공정거래법, 상법 등 국내외의 금융, 조세 및 환경 관련 법령과 노동, 소비자보호 및 부정경쟁방지 관련 법령상 의무를 위반하여 형사처벌이나 행정상 조치를 받은 사실[26]도 기재하도록 하고 있다.

4. 거래소의 ESG 관련 공시

(1) 개요

한국거래소에 의한 ESG 관련 공시제도는 자율공시형태로 도입되어 있는데, 증권발행공시규정이나 기업공시서식의 경우보다 상당히 자세하게 규정하고 있다. 유가증권시장 공시규정 제28조와 코스닥시장 공시규정 제26조에서는 각각 회사의 경영·재산 및 투자자의 판단에 영향을 미칠 수 있는 사항을 시행세칙에서 거래소에 신고할 수 있다고 함으로써 자율공시에 맡기고 있다.

(2) 유가증권시장 공시규정 시행세칙상 공시정보

유가증권시장 공시규정 시행세칙에 따르면 ① 자원개발 투자의 경우 반기보고서 및 사업보고서 제출 이후 7일 이내에 해당 자원개발에 관한 진행사항을 신고하여야 하며, 해당 자원개발이 중단된 경우에는 지체없이 그 사실을 신고하여야 하고(시행세칙 제8조 제2호), ② 자원개발과 관련하여 매장량·생산량 등에 대한 경제성 판명에 대한 평가보고서와 평가기관[27]에 관한 사항의 제출(시행세칙 제8조 제2-2호), ③ 녹색경영정보와 관련하여 시행세칙이 정하고 있는 사항(시행세칙 제8조 제7호)[28]을 공시하여야 하는데 이것들은 환경적(E) 요소와 관련된 것이다.

지배구조적(G) 요소의 공시정보로는, ① 기업지배구조 보고서(시행세칙 제8조 제7의2호),[29] ② 상호저축은행법상 과점주주가 되는 경우의 지배구조 관련사항(시행세칙 제8조 제9호),[30] ③ 주요주주 또는 계열회사의 변경(시행세칙 제8조 제14호), ④ 가족친화 경영정보[31]와 관련한 사항(시행세칙 제8조 제15호)이 있다.

사회적(S) 요소의 공시정보로는 「고용보험법 시행령」 제35조 제7호에 따라 고용노동부에서 시행하는 근무혁신 인센티브제와 관련하여 근무혁신 우수기업으로 선정받은 사실(시행세칙 제8조 제17의2호)과 「자본시장과 금융투자업에 관한 법률」 제165조의20에 따른 이사회의 성별 구성의무 준수 여부에 관한 사항(시행세칙 제8조 제17의3호)이 있다.

(3) 코스닥시장 공시규정 시행세칙상 공시정보

코스닥시장 공시규정 시행세칙의 경우도 유가증권시장 공시규정 시행세칙과 거의 동일한데, 코스닥시장 공시규정 제26조 하에 동 규정 시행세칙 제13조에서 자율공시사항을 규정하고 있다.

환경적(E) 요소의 공시정보로는, ① 코스닥시장상장법인의 경영·재산 등에 영향을 미칠 자원개발에 투자하기로 결정한 때(시행세칙 제13조 제2호),[32) ② 코스닥시장상장법인의 자원개발과 관련하여 매장량·생산량 등에 대한 경제성이 판명된 경우 평가보고서와 평가기관[33)에 관한 사항(시행세칙 제13조 제3호), ③ 녹색경영정보와 관련한 사항(시행세칙 제13조 제12호)[34)가 있다.

지배구조적(G) 요소의 공시정보로는 가족친화 경영정보와 관련된 사항(시행세칙 제13조 제14호)[35)이 있다.

마지막으로 사회적(S) 요소의 공시정보에는, ① 지속가능경영보고서(「산업발전법」 제19조 제1항에 따른 지속가능경영에 관한 보고서를 말한다)를 공시하기로 결정한 때(시행세칙 제13조 제18호), ② 「고용보험법 시행령」 제35조 제7호에 따라 고용노동부에서 시행하는 근무혁신 인센티브제와 관련하여 근무혁신 우수기업으로 선정받은 사실(시행세칙 제13조 제19호), ③ 「자본시장법과 금융투자업에 관한 법률」 제165조의20에 따른 이사회의 성별 구성 의무 준수 여부(시행세칙 제13조 제20호)가 있다.

제 4 절

해외 공시제도 현황

1. ESG 정보의 공개 추세

ESG 관련정보의 공시의무화는 점차적으로 국제적인 추세가 되어가고 있다. 주요 선진국은 ESG 정보공개의 중요성을 인식하고 환경(E), 사회(S), 지배구조(G) 관련정보의 공개정책을 추진하고 있다. 재무적 정보가 대부분 경성정보(hard information)의 성격을 가지는 기업의 과거 성과를 반영하고 있다고 한다면, ESG 요소는 아직 실현되지 않은 미래의 위험과 기회를 포함하고 있는 일종의 비재무적 정보의 중요한 부분이라고 할 수 있다. 따라서 연성정보(soft information)의 성격을 지니는 일반적인 예측정보(forward-looking information)의 경우와 마찬가지로 그와 같은 정보의 경우에 주어지는 면책조항(safe harhor)의 적용도 동시에 검토하는 것이 바람직하다.

유럽국가들은 법률상 근거를 두는 방향, 즉 EU의 지침(Directives)으로, 미국은 학계와 법조계가 중심이 된 미국법조협회(The American Law Institute: ALI)의 기업지배구조준칙(Corporate Governance: Analysis and Recommendations: CGAR)으로부터 시작하여 최근에는 증권거래소규정과 미국 증권거래위원회(The Securities and Exchange Commissison: SEC)의 기업공시규정에 이를 반영하려는 노력이 이루어지고 있다.

ESG 관련정보가 중요한 국제적 이슈가 된 것은 ESG 이슈를 고려한 사회적 책임투자(SRI)를 장려하는 2006년 유엔책임투자원칙(UN PRI)의 출범이라고 할 수 있고, 이후 2015년 유엔 지속가능개발목표(Sustainable Development Goals, SDGs),

파리 협정(Paris Agreement)을 통한 국제사회의 협력이 지속적으로 강화되고 있다. 그리고 그 이전부터 국제표준화기구(ISO)의 적극적 관심 아래 환경(E) 분야에서는 ISO140001(환경경영 시스템)을, 사회적(S) 책임 분야에서는 ISO26000을, 지배구조(governance) 분야에서는 ISO19600(컴플라이언스 경영시스템)과 ISO37001(부패방지 경영시스템)을 점차적으로 각국이 국내 기준으로 도입하고 있다는 점에서 의미가 있다.

2. 금융안정위원회의 기후변화재무정보공개권고(안)

금융안정위원회(Financial Stability Board: FSB)는 2015년 12월 기후변화 관련 재무정보 공개 태스크포스(Task Force on Climate-related Financial Disclosures: TCFD)를 설립하여 정보에 입각한 투자, 신용(또는 대출), 보험계약심사 결정을 촉진할 수 있도록 하고, 이를 통하여 이해당사자들이 금융섹터와 기후변화 관련위험에 노출된 금융시스템의 탄소 관련 자산의 집중도에 관한 이해도를 높일 수 있도록 기

[그림 3-5] **기후관련 재무공시 권고안의 핵심요소**

지배구조
지배구조 기후변화 관련 위험과 기회에 대한 조직의 지배구조

경영전략
기후변화 관련 위험 및 기회가 조직의 사업, 전략 및 재무 계획에 미치는 실질적 및 잠재적 영향

위험관리
기후변화 관련 위험을 파악, 평가 그리고 관리하기 위해 기관이 사용하는 프로세스

지표·목표설정
해당 기후변화 관련 위험 및 기회를 평가하고 관리하는데 사용되는 지표·감축 목표

출처: TCFD 홈페이지(https://www.fsb-tcfd.org/about/)

후변화 관련 정보공개를 개발하도록 하였다. 이후 2017년 TCFD는 기후관련 금융정보의 공개에 관한 권고안을 발표하였다.[36)]

TCFD는 4가지 주제 영역(거버넌스, 전략, 위험 관리, 지표 및 목표)을 중심으로 권고안을 구성했다([그림 3-5] 참조).

각 영역별로 공개하여야 할 내용을 보면, 첫째, 지배구조 영역에서는 기후변화 관련 위험과 기회에 대한 조직의 지배구조, 둘째, 전략 영역에서는 기후관련 위험과 기회가 조직의 사업, 전략, 재무계획에 미치는 실질적 및 잠재적 영향, 셋째, 위험관리 영역에서는 기후관련 위험을 파악하고 평가 및 관리하기 위해 조직에 의해 사용되는 프로세스, 넷째, 지표와 목표 영역에서는 조직과 관련된 기후관련 위험과 기회를 평가하고 관리하는데 사용되는 지표와 목표가 그 내용이다. 각 분야별로 권장되는 정보공개의 내용목록은 [표 3-3]과 같다.

[표 3-3] 기후변화 관련 재무정보 주요 공개내용

구분	주요 공개내용
지배구조	• 기후리스크와 기회에 대한 이사회의 관리·감독 내용 • 기후리스크와 기회를 평가·관리하기 위한 경영진의 역할
전략	• 단기/중기/장기적인 기후변화 관련 리스크와 기회 • 기후리스크와 기회가 영업, 전략 및 재무계획에 미치는 영향 • 지구 평균기온 2℃ 이내 상승 시나리오를 포함한 다양한 기후 관련 시나리오가 영업, 전략 및 재무계획에 미치는 영향
리스크관리	• 기후리스크 식별, 평가 및 관리 절차 • 기후리스크 식별, 평가 및 관리의 리스크 관리체계 통합 방법
지표 및 목표치	• 기후리스크와 기회를 평가·관리하기 위해 사용하는 지표 • 온실가스 배출정보 및 관련 리스크 • 기후리스크와 기회를 관리하기 위해 사용하는 목표치 및 성과

출처: heraldk.com/2021/05/23/금융위-기후변화-관련-국제권고-지지선언-녹색금/[37)]

3. EU 비재무정보 공시지침

(1) Directive 2014/95

EU는 2014년 재무정보가 아닌 중요정보에 대한 공시지침을 마련하여 대차대조표일 기준으로 회계연도 평균 근로자의 수가 500을 초과하는 대규모 기업, 신용기관, 보험회사 등 자산총계가 2,000만 유로를 초과하거나, 수익이 4,000만 유로를 초과하는 경우 비재무정보의 공시가 의무화되었다. 도입과정에서 많은 논란이 있었지만, 2018년부터 유럽지역의 적용대상기업들은 환경·노동·인권·부패방지 등의 비재무정보를 의무적으로 공시하여야 한다.[38] 다만, 중소기업(SMEs)의 경우에는 공시하는 것이 편익이 크지 않기 때문에 정보공시 의무화대상에서 제외된다.

회사의 발전, 성과 또는 지위에 대한 이해를 잘 이해하는데 필요한 범위 내에서 분석은 재무적인 정보뿐만 아니라 환경, 사회 및 근로자의 문제, 인권 존중, 부패방지 및 뇌물 문제와 관련된 활동의 개발, 성과 및 영향과 관련된 정보를 포함하여 적절한 비재무적 핵심성과지표가 모두 공시대상에 포함되어야 한다.[39] 특히 환경, 근로자, 인권, 부패방지 등의 비재무적 보고서(Non-financial Statement)는 그 중요성이 더해지고 있음은 의심의 여지가 없다. 회사가 비재무적 정보공시를 하는 경우 환경 문제와 관련하여 환경에 대한 회사 활동의 현재 및 예측 가능한 영향에 대한 자세한 정보가 포함되어야 하며, 환경과 관련되는 사항에 대한 건강과 안전에 관한 내용도 포함되어야 한다. 노동조합의 문제, 인권존중, 반부패와 뇌물 방지, 재생 가능성 여부에 따른 에너지의 사용, 온실가스 배출, 물 소비 및 대기오염 등의 정보도 포함되어야 한다.

EU 2014/95 지침(Directive)[40]은 회계지침인 2013/34/EU를 수정하는 것이었는데, 적용대상 기업들에 대하여 사업과 관련된 비재무정보에 대한 투명한 공개와 더불어, 환경보호정책, 사회적 책임전략 또는 반부패 및 뇌물에 관한 데이터를 공유할 것을 규정하고 있다. EU는 이러한 공시의무를 부과하는 이유에 대하여 투자자와 소비자들에 대하여는 그들이 투자하고 소비하는 회사와 브랜드에 대하여 좀 더 정확한 이해를 가지도록 함으로써 투자와 소비를 함에 있어서 확신을 주기 위해서이고, 투자자에게는 잠재적인 미래 투자의 위험과 기회에 대한 예측가능성을 높여주기 위함이고, 회사에게는 장기적인 성장계획을 준비하는데 도움이 될 수 있기 때문이라고 밝혔다.[41)]

(2) NFRD에서 CSRD로의 전환

EU는 비재무적 정보의 공시의무화에 매우 적극적이다. 2021년 4월 EC는 Directive 2014/95 체제 하에서 진행되던 비재무정보의 공시(Non-Financial Reporting Directive: NFRD)에서 발전된 기업 지속가능성 정보의 공시(Corporate Sustainability Reporting Directive: CSRD)로 한 걸음 더 나아가기 위한 제안을 했다. 이 제안은 규제 대상인 상장기업 범위의 확대, 공시된 정보에 대한 검증의 강화 등 EU의 지속가능성 보고 표준에 따라 보고하는 것을 요구하는 것이다. CSRD로의 전환이 강조된 이유는 기존 NFRD에서는 비재무적(non-financial)이라는 명칭이 환경, 사회, 지배구조적 요소가 기업 재무성과와 관련성이 없다는 오해를 불러일으킬 수 있다는 지적을 의식한 것으로 보이며, 따라서 지속가능한 정보의 공시로 제도의 명칭을 변경함으로써 지속가능성 정보가 재무정보와 동등한 수준으로 고려될 필요가 있다는 것을 강조하기 위한 것이다.

CSRD에 대한 EC위원회의 제안은 EU의 지속가능성 보고 표준의 채택을 계획하고 있으며, 지속가능성 보고 표준 초안은 EC위원회가 활동과 자금을 지원하는 민간협회인 EFRAG(European Financial Reporting Advisory Group)에서 개발할 예정이다. 표준 초안은 2022년 10월까지 채택될 예정으로 있으며, 표준을 채택하기 전에 EC위원회는 표준의 내용에 대한 광범위한 합의와 관련 EU 법률 및 정책과의 일관성을 담보하기 위하여 지속가능한 금융에 관한 회원국 전문가 그

[그림 3 - 6] **NFRD에서 CSRD로의 전환 일정**

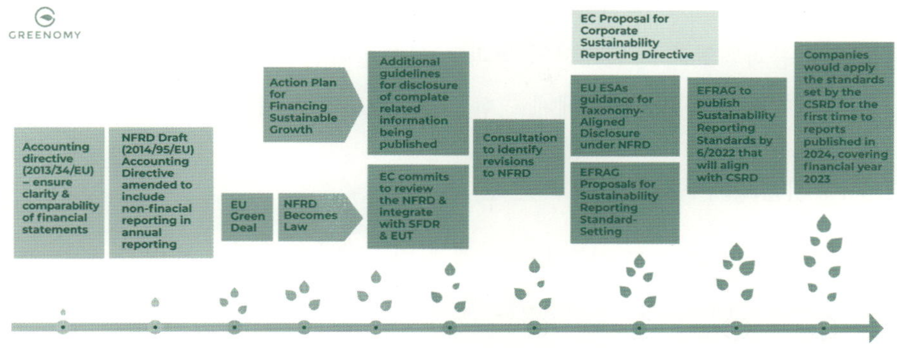

출처: https://greenomy.io/blog/evolution-NFRD-CSRD

룹과의 협의, 유럽 증권 시장 당국, 유럽 은행 당국, 유럽 보험 및 직업 연금 당국, 유럽 환경 기구, 유럽 연합 기본권 기구, 유럽 중앙은행, 유럽 감사 감독 기구 위원회 및 지속 가능한 금융 플랫폼과도 협의할 것이라고 한다.[42] NFRD에서 CSRD로의 전환일정은 [그림 3 - 6]과 같다.

4. 미국의 ESG 정보공시규제

(1) 개요

ESG와 관련된 규제 움직임에 있어서 미국은 유럽보다 소극적이라고 할 수 있다. 1994년 제정된 법조계의 기업지배구조준칙에서도 ESG 관련내용은 찾아볼 수 없다. 최근 ALI의 기업지배구조준칙의 개정움직임도 있고, SEC도 ESG 관련 정보를 공시사항에 포함시키려는 시도를 하고 있으며,[43] 의회에서는 ESG 관련법률의 제정움직임도 보이고 있기는 하지만 속도는 여전히 느리다.

미국 하원은 2021년 6월 16일 'The ESG Disclosure and Simplification Act'를

통과시켰는데, 그 내용은 미국의 상장기업이 ESG 관련 자료를 의무적으로 공개하고 보고하도록 하는 것이다.[44] 물론 이 법안은 하원에서 찬성 215, 반대 214로 근소하게 통과되었고 상원에서의 통과도 불투명하긴 하지만, 의회의 이러한 법률 제정시도는 소극적인 SEC에게 영향을 줄 수도 있기 때문에 의미가 있다.

(2) ALI 기업지배구조원칙의 최근 변화

ALI(American Law Institute)는 1994년에 기업지배구조에 관한 원칙(Corporate Governance: Analysis and Recommendations)을 제정한 바 있는데, 2019년경 기존의 기업지배구조원칙에 2가지 측면을 보완하는 개정작업을 발표했다.[45]

첫째는 기업지배구조에서 비지배주주의 역할이 매우 중요해지고 있다는 점을 고려하여 개정을 하겠다는 것이다. 비지배주주라 함은 헤지펀드와 기관의 대주주, 다른 기업에서 비지배적 지위를 갖고 있는 기업을 의미한다. 이러한 유형의 주주들은 시장에서 핵심 행위자가 아니었기 때문에 기존 원칙에서는 제외되었는데, 이제는 그 중요성을 인식한 것이다.

주주의 역할은 오늘날 기업지배구조에서 더욱 중요해지고 있는데, 그 논란의 중심에는 헤지펀드가 있다. 일반적인 뮤츄얼 펀드를 비롯하여 수익률 지상주의를 내걸고 활동하는 헤지펀드는 매우 적극적으로 회사의 경영에 개입하는데, 회사의 이익을 위해 그 역할의 긍정성 여부에 관해 논란이 있다. 특히 최근에는 ESG를 이유로 하여 회사경영에 많이 개입하고 있는 것이 전체적인 경향이다. 이사회가 이러한 요소를 반드시 고려해야 하는지에 관하여 아직 정립된 이론이 있는 것은 아니지만, 이사회의 신인의무(fiduciary duty) 내지 내부통제시스템의 구축의무를 비롯하여 회사경영에 궁극적인 책임이 있는 이사회가 ESG를 고려한 경영이 회사의 주주들과 회사의 성장에 긍정적인지에 관한 판단을 하여야 하는데, 이것이 쉬운 일이 아니다. 따라서 ALI와 같은 전문가 그룹에서 이에 관한 합리적인 제안을 한다면 회사의 경영자와 주주행동주의의 측면에서도 매우 유용하며, 입법부 내지 정부의 정책수립에도 도움이 될 것이다.

2020년 세계 최대 자산운용사인 BlackRock은 ESG를 투자기준의 중요한 고려요소로 할 것이라는 것을 밝힌 바 있고,[46] 고객과 자산소유자에 대하여 신인의무를 부담하는 투자자로서(as a fiduciary investor) 지배구조와 관련하여 기업과 직접 대화할 것이며, 고객의 장기적인 경제적 이익을 위하여 투표권을 행사하며, 스튜어드십(stewardship)에 기초하여 장기적인 투자와 지속가능한 주주이익을 위하여 행동할 것이라고 하였다.[47] 이런 점을 비추어본다면 ESG가 펀드들의 투자결정기준이 될 것이라는 것은 단순히 단기간의 유행에 그치지는 않을 것으로 보인다.

둘째는 과거에는 강제성이 없는 기업의 사회적 책임(CSR)으로 불리웠던 ESG 관련한 것이다. 환경, 사회 및 거버넌스는 이제 기업과 투자자 모두에게 기업운영과 투자에 있어서 매우 중요한 요소가 되었다. 그런데 기존의 기업지배구조 원칙에는 ESG와 관련된 내용이 거의 없다. 탄소, 기후변화 및 지속가능성은 물론이고, 이사회의 다양성, 인권존중 등 ESG의 많은 부분이 기업지배구조원칙에 반영되어야 할 필요성이 있다는 인식이 강해졌기 때문이다.

기업관련 법률에서 전통적으로 가장 큰 문제는 이사회와 경영진 및 주주의 역할, 그리고 기업과 사회 간의 관계였다. 기업활동의 목표는 주주의 이익을 위해 기업 가치를 극대화하는 것, 즉 주주가치의 극대화라고 하는 것이 전통적인 견해였는데, 이제는 이것이 더 이상 최고의 목표가 아니라고 보는 시각이 ESG를 중시하는 사회경향으로 강해지고 있는 것이다. 기업들도 지속가능성 보고서 또는 SEC에 제출된 정보공개를 통해 ESG 관련 정보를 점점 더 공개하고 있다. 회사는 물론이고 투자자, 고객 및 직원은 기후 변화, 다양성, 성별 임금 평등, 지배구조의 개선 등 ESG 문제가 기업의 재무 성과에 미치는 영향에 대한 관심을 높이고 있다.

(3) SEC의 환경정보공시 움직임

2018년과 2019년에 SEC는 Regulation S-K에 따라 상장기업에 적용되는 공시의무를 "현대화 및 단순화"하기 위해 수십 년에 걸친 프로젝트에서 처음으로 새로운 규칙을 발표했다. 그러나 기업이 새로운 "환경, 사회 및 지배구조"(ESG) 위험을 포함하여 위험에 대한 정보를 투자자에게 제공하는 것은 거의 반영되지 않았다.

그러나 미 의회가 1934년 증권거래소법(The Securities Exchange Act of 1934)에 근거하여 SEC를 만든 이후, SEC는 투자자와 시장을 위해 증권의 발행과 공개시장에서의 증권거래와 관련하여 충분한 정보를 제공하도록 하는 것에 주된 역할을 하는 것이 기대되었다. 완전하고 공정한 정보의 공개 없이는 투자자들이 투자하는 방법과 대상을 결정함에 있어 큰 여려움을 겪게 된다. 자본시장을 공정하고 효율적으로 만들기 위해서는 기후변화를 비롯한 ESG와 관련된 신뢰할 수 있는 정보가 많이 공시되는 것이 필요하다. 시장의 투명성을 보장하는 SEC의 권한은 특정 유형의 투자자에게 중요하거나 단기적으로 시장규제에 제한되어서는 안된다. SEC의 의무는 투자자 및 시장참가자들의 관심 사안에 대해 자본시장의 투명성을 높여 공익을 보호하기 위해 신뢰할 수 있는 정보를 시장에 제공하는 것이어야 하고, 이러한 공시체계를 구축할 권한과 의무가 SEC에게 있다.[48)]

2021년 7월 SEC는 최근 기업의 환경, 사회 및 지배구조와 관련된 정보공시를 강화할 것이라는 의제를 제안하였다. SEC의 역할을 합리적인 투자자에게 중요한 정보가 시장에 제공되도록 하는 것이다. SEC commissioner인 Allison H. Lee는 ESG관련정보의 공개필요성을 언급하며 공시정보의 중요성에 대한 광범위한 정의를 선호하는 견해를 피력한 바 있으며,[49)] Gary Gensler SEC 의장도 2021년 7월 기후 위험 등 ESG에 대한 정보공시가 의무적인 것으로 되기를 원하며 2021년 말까지 SEC가 규칙을 마련할 것이라고 하면서[50)] Lee commissioner의 입장을 지지하였다.

제 4 장

ESG 채권

제1절

정의

1. 개념

ESG 투자는 기본적인 재무분석에 환경(E), 사회적 책임(Social), 지배구조(Governance)의 리스크와 기회를 반영하는 투자방식이다. 사회책임투자는 윤리적 및 사회적 관심사를 반영하여 도덕적 가치체계와 해당하지 않는 산업이나 제품에는 투자하지 않는 방식이다. 임팩트 투자는 나쁜 일을 행하는 기업을 피하기보다는 긍정적인 효과를 만들어 내는 기업을 찾아 투자하며 제품과 서비스가 극빈층의 생활에 직접적이고 확인 가능한 임팩트를 제공하는 것을 중요하게 생각하는 투자방식이다.[1)]

전 세계적으로 사회책임투자가 크게 확대되고 있으며, 국내도 기업의 비재무적 요소인 환경(Environment)·사회적 책임(Society)·지배구조(Governance)를 개선하기 위한 자금조달 목적으로 발행되는 채권인 ESG 채권에 대한 관심과 중요도가 급증하고 있다.

ESG 채권은 발행자가 채권 발행을 통해 조달한 자금을 환경, 사회 및 지속가능성 관련사업에 중점적으로 사용하겠다고 투자자에게 확약하는 특수목적의 채권이다. 이것은 사회책임투자채권, Thematic채권, 사회공헌 채권 등으로 부르기도 한다.[2)] 채권 발행기관은 발행대금을 환경, 사회 및 지속가능성에 기여하는 프로젝트에 확약하고 그 범위와 사업 선정 등을 미리 정할 수 있다.

사회책임투자(Socially Responsible Investment, SRI)는 지속가능한 이익 창출을 목

표로 투자내용 평가 및 투자대상 선별과정에서 재무적 분석뿐만 아니라 환경, 사회, 지배구조 요소 등의 비재무적 요인들을 감안하여 투자 여부 및 투자 방식을 결정하는 투자를 말한다.[3)]

국제자본시장협회(ICMA)는 지속가능금융(sustainable finance)에서 녹색채권(green bond), 사회적채권(social bond), 지속가능채권(sustainability bond), 지속가능연계채권(Sustainability-Linked Bond) 등 4 가지로 정의한다.[4)]

녹색채권은 신재생에너지 등 친환경 프로젝트나 사회기반시설에 투자할 자금을 마련하기 위해 발행하는 채권이다. 사회적채권은 사회가치 창출 사업에 투자할 자금을 마련하기 위해 발행하는 채권이다. 지속가능채권은 환경 친화적이고 사회가치를 창출하는 사업에 투자할 자금을 마련하기 위해 발행하는 채권이며, 녹색채권과 사회적채권의 목적사업을 동시에 갖는 채권이다. 지속가능연계채권은 발행기관이 발행 전에 제시한 ESG 목표 달성 여부에 따라 재무적 특성 혹은 구조적 특성이 바뀔 수 있는 채권으로 미래의 ESG성과와 연동되는 채권이다.

2. 기대효과

투자자와 발행기관의 측면에서 ESG 채권 발행의 기대효과는 다음과 같다.[5)]

투자자의 경우 환경 보호에 필적할 만한 재무적인 수익을 창출할 수 있고, 지속 가능한 투자 의무(예시 : IFC 이행표준과 같은 ESG 기준이 녹색 프로젝트에 적용)에 대한 환경, 사회 및 거버넌스(ESG) 요구 사항을 충족할 수 있다. 또한, 녹색 부문 및 사회적 영향 활동의 "녹색금융"에 직접 투자 가능하며, 수익금의 사용 및 관리에 관한 투명성과 책임성을 향상하는 것을 추구할 수 있다.

발행기관의 경우 녹색금융의 추가적인 원천을 제공하며, 채권 만기를 프로젝트 기간과 일치(녹색 프로젝트 채권 사례)시킬 수 있다. 또한, 투자자 다양화 문제를 개선하고, 장기 투자자 유치가 가능하다. 게다가 발행기관의 평판을 향상할 수 있으며, 높은 초과 인수 수량과 가격 이점을 만드는 강력한 투자자 수요를 유치할 수도 있다. 무엇보다도 발행자에게 환경 리스크 관리를 지원할 수 있다.

[표 4-1] ESG 채권 장·단점

구분	발행기관	투자자
장점	• ESG 투자 관련 수요 확보 • 사회적 책임 관련 이미지 제고 • 책임투자 확대를 요구하는 최근 사회 분위기에 효율적으로 대응	• 공익성과 함께 안정적인 투자수단 • 자금 사용처를 지속적으로 확인할 수 있어 투자위험 관리에 유리 • 투자다변화 기회로 활용 가능
단점	• 일반 채권 대비 사전인증, 사후 공시 등에 따른 추가 비용 발생 • 발행원칙 불이행에 따른 신뢰훼손, 명성추락 등의 위험 존재	• 일반 채권 대비 유동성이 낮아 시장거래 기회가 제한적 • ESG 채권 요건 충족 여부를 판단하기 어려울 수 있음

출처: 강윤식·정재만, "ESG 채권현황 및 활성화 방안에 관한 연구," 아태비즈니스 연구, 2020 바탕으로 국회예산정책처 작성

제2절

기준

1. 국제 기준

ESG 채권으로 인정받기 위한 성립요건 등에 대해 법률이나 감독규정과 같은 공적 규제내용은 없으며, 국제적으로 민간국제기구들의 자율규제 원칙이 통용되고 있다.

2018년 투자은행 컨소시움인 ICMA(국제자본시장협회, International Capital Markets Association)는 녹색채권 원칙(Green Bond Principles, GBP), 사회적채권 원칙(Social Bond

[표 4-2] 국제기준

구분	기준	주요내용
국제자본 시장협회 (ICMA)	녹색채권원칙 (GBP) 사회적채권 원칙 (SBP) 지속가능채권 가이드라인(SBG)	• 표준 가이드라인 제시 1) 자금의 용도 2) 프로젝트 평가 및 선정절차 3) 자금의 관리 4) 사후보고(공시) • 적격 대상프로젝트 리스트 제시 • 독립된 제3의 기관으로부터의 외부평가 권고
국제기후 채권기구 (CBI)	기후채권기준 (CBS)	• 기후채권기준에 따라 발행된 채권에 한하여 검증마크(Label) 제공 • 발행 전/후의 외부검토 및 공시 사항 구분 • 산업별, 국가별, 정량적/정성적 환경영향도 측정기준 제시 • 공시 강화 : 자금배분, 적격성, 효과에 대한 보고 의무화 • 적격 외부평가기관으로부터의 발행 전/후 외부평가 의무화 • 자체적으로 승인한 적격 외부평가기관 목록 제시

출처: ESG TFT, 글로벌 사례 분석을 통해 본 한국형 ESG 정책도입의 방향, 한국신용평가(2020.5), 5쪽

Priciples, SBP), 지속가능채권 가이드라인(Sustainability Bond Guidelines, SBG) 등을 제정하여, ESG 채권으로 인증받기 위한 최소한의 성립요건을 규정하고 있다.[6)]

영국 NGO인 CBI(국제기후채권기구, Climate Bond Initiative)는 기후채권표준(The Climate Bond Standards, CBS)을 발표하여, CBS에 따라 발행한 채권에 대하여 기후채권 인증마크를 발급하고 있다.[7)]

(1) ESG 채권 성립요건

ESG 채권으로 인정받기 위해서는 일반채권에서 요구하지 않는 관리체계, 외부검토, 사후보고 및 제3자 검토 등의 일정한 요건을 충족해야 한다.

① ICMA

ICMA는 녹색채권원칙(GBP), 사회적채권 원칙(SBP) 및 지속가능채권(SBG) 발행에 관한 표준 가이드라인을 제시한다. 가이드라인은 1) 자금의 용도, 2) 프로젝트 평가 및 선정절차, 3) 자금의 관리 및 4) 사후보고(공시) 등 4 가지 핵심 구성요소로 구성된다. 또한 ICMA는 적격 대상프로젝트 리스트를 제시하고, 독립된 제3의 기관으로부터의 외부평가를 권고하고 있다.

ⓐ 자금 사용용도

발행기관이 해당 채권 발행을 통해 조달한 자금이 환경, 사회, 지속가능성에 기여하는 프로젝트에 투입된 금액과 환경과 사회적 측면에서 해당 프로젝트의 효과를 평가하는 요건이다.

조달된 자금은 녹색프로젝트를 위해 사용되어야 하며, 녹색프로젝트는 명확한 환경 개선효과를 제시하여야 한다.

투자자에게 증권신고서나 투자설명서 등 공시 서류를 통해 투입된 금액과 효과를 계량적인 수치로 공개하여야 하며, 차환자금의 경우에도 동일하다.

녹색채권원칙에 따라 녹색 프로젝트 유형에 투자하는 투자금의 집행과 목표는 [표 4-3]과 같다.

[표 4-3] **녹색채권원칙 프로젝트 유형과 환경 목표**

프로젝트 유형	환경 목표				
	기후변화 완화	기후변화 대응	생 다양성	천연자원 보호	오염 방지 및 통제
재생에너지	●●●			●	●
에너지 효율성	●●●				●
오염 방지 및 통제				●	●●●
천연 자원 및 토양 사용의 환경 지속가능 관리	●	●●	●●●	●●●	
육상 및 해상 생 다양성 보호		●	●●●	●●●	
청정 운송	●●●			●	●●●
지속가능한 용수 및 폐수 관리		●●	●●	●●	●●●
기후변화 대응		●●●			
환경 효율적 또는 순환경제 대응 제품, 생산기술 및 공정	●●		●	●●●	●
녹색 건물	●●●	●		●●●	●

* 목표 공헌도 : 주요(1차) ●●●, 2차 ●●, 3차 ●

출처: 오덕교, 국내외 녹색채권 동향, ESG 현안분석, 한국기업지배구조원(2020.5), 8쪽

ⓑ 프로젝트 평가 및 선정절차

발행기관이 채권 관리체계(Bond Framework)에서 투자대상 프로젝트의 적격성을 판단하기 위한 절차, 적격성 평가기준, 환경관련 지속가능한 목표 등을 공개해야 한다. 구체적인 내용은 환경 개선 목표, 발행기관이 추진하는 프로젝트가 녹색 프로젝트에 해당되는지 여부, 해당 프로젝트와 관련된 잠재적인 경제적·사회적 위험을 파악하고 관리하기 위해 사용한 배제 기준 혹은 절차 등의 적합성 판단 기준 등이다. 또한 발행기관의 프로젝트 평가 및 선정 절차에 대한 외부 검토 내용도 공개해야 하며, 프로젝트 선정과정에서 고려한 녹색 인증 또는 기준이 있는 경우 그 내용을 공시하여야 한다.[8)]

ⓒ 자금 관리

발행기관은 조달한 자금을 별도의 회계계정을 통해 관리하거나 추적 가능한 적절한 방법으로 관리하여야 한다. 별도의 관리계좌를 통해 항상 점검이 가능하도록 하고 내부절차에 따라 적절하게 배분하여야 하며, 채권상환 전까지 발행 잔액은 적격 프로젝트에 배분되도록 수시로 조정할 수 있다.

발행기관은 미배분 잔액 투자계획에 대한 정보를 투자자에게 주기적으로 공시하여야 한다. 감사 또는 제3자에 의해 발행기관의 투자금을 내부 점검하도록 하고 투자금의 배분 내역을 수시로 확인 가능하게 해야 한다.

ⓓ 사후 보고 및 공시

발행자금의 배분이 종료될 때까지 발행기관은 투자자금 사용내역을 매년 주기적으로 투자자에게 보고하여야 한다. 연간 보고서 등에는 투자자금 집행 프로젝트 목록, 해당 프로젝트 설명 및 투입 규모, 기대효과 등을 포함하여야 한다. 발행자금 배분이 완료된 이후의 중요한 변경사항에 대해서도 투자자에게 지체없이 공시하여야 한다.

연간 보고서 등에는 에너지 용량, 발전량, 온실가스 배출 저감량, 청정에너지 제공 인구 수, 용수 감소량, 요구 차량 감소 수 등의 정량 성과지표와 정성 성과지표를 포함하여야 하고, 정량 성과지표와 관련된 방법론 및 가정 등을 함께 공시하여야 한다.

발행기관은 매년 조달자금 사용 정보를 공개하여야 하며 중대한 변경사항이 있는 경우 수시로 보고하여야 한다. 연차보고서에는 조달 자금이 사용된 프로젝트들의 목록과 개별 프로젝트마다의 간략한 설명 그리고 프로젝트별 배정 금액과 각 프로젝트의 환경에 대한 예상 효과를 기재하여야 한다.

ⓔ 외부 검토

한 개 또는 복수의 외부 검토기관이 주기적으로 발행기관을 대상으로 채권 또는 채권 프로그램과 녹색채권원칙의 4대 핵심요소 간의 연계성을 확인하는 절차를 가져야 한다.

② CBI

기후채권표준 이사회(Climate Bond Standard Board)의 CBS(기후채권기준, The Climate Bond Standards)는 채권 대출 또는 기타 채무상품이 녹색채권으로서의 자격을 갖추었는지를 검증하는 기준이며, 자금의 사용·추적·보고에 대한 명확한 의무사항, 저탄소 및 기후적응 프로젝트·자산의 적격성에 대한 구체적 기준, 독립적 검증자 및 명확한 절차로 구성된 인증체계 등의 내용으로 구성된다.[9)]

CBI는 2010년 12월에 기후채권기준 1.0을, 2015년에 기후채권기준 2.0을, 2017년에 기후채권기준 2.1을, 2019년 12월에 기후채권기준 3.0을 발표하였다. 기후채권기준 3.0은 공시사항을 확대하면서 구체적이고 명확한 내용을 포함하여 ICMA의 녹색채권원칙(GBP)과 연계하도록 하였다. 업종별 녹색채권 분류를 더욱 세분화하여 녹색채권 판단기준을 강화하였다.

기후채권기준에 따라 발행된 채권에 한하여 검증마크(Label)를 제공하고, 발행 전/후의 외부검토 및 공시 사항을 구분하며, 산업별, 국가별, 정량적/정성

[그림 4-1] 기후채권 인증을 위한 공시서류

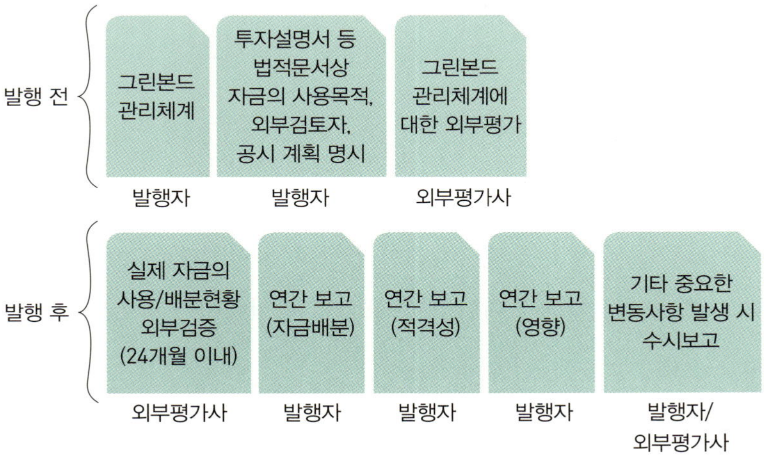

출처: ESG TFT, 글로벌 사례 분석을 통해 본 한국형 ESG 정책도입의 방향, 한국신용평가(2020.5), 7쪽

적 환경영향도 측정기준을 제시한다. 공시를 강화하여 자금배분, 적격성, 효과에 대한 보고 및 적격 외부평가기관으로부터의 발행 전/후 외부평가를 의무화한다. 또한 자체적으로 승인한 적격 외부평가기관 목록을 제시하고 있다.

인증을 받고자 하는 발행기관이 충족시켜야 하는 발행 전 요건과 발행 후 요건은 [그림 4-1]과 같다.[10)]

ⓐ 발행 전 요건

채권 발행 전에 발행기관은 내부절차 및 통제환경의 적절한 구축 및 녹색채권 관리에 대한 계획서를 제출하여야 하며, 녹색채권 관리체계를 공시하여야 한다.

공시내용에는 채권 발행을 통해 조달된 자금을 투입하고자 하는 대상 프로젝트 및 자산목록, 프로젝트에 대한 평가 및 선정 절차, 자금의 관리와 관련된

[표 4-4] 발행 전 요건

구분	내용
투자금의 집행	발행기관은 채권과 연관이 있는 적격 프로젝트 및 자산의 목록 작성
프로젝트 및 자산의 평가 및 선정 절차	발행기관은 지정 프로젝트 및 자산의 적격성을 판단하는 데 사용되는 의사결정 절차를 만들고, 문서화 • 채권의 기후관련 목표에 대한 설명 • 발행기관의 환경 지속가능성과 관련된 목표, 전략, 정책, 절차 배경 내에서 채권의 기후관련 목표의 위치 • 발행기관의 채권 발행 사유 • 지정 프로젝트 및 자산이 적격성 요구사항의 세부내용을 충족하는지를 판단하는 절차 • 지정 프로젝트 및 자산과 연계된 잠재적으로 중대한 환경, 사회, 지배구조 위험을 확인하고 관리하는 데 사용된 관련 적격성 기준 • 지정 프로젝트 및 자산 선정시 참조된 녹색 표준 또는 인증
투자금의 관리	순 투자금의 관리를 위해 활용되는 체계, 정책 및 절차는 발행기관에 의해 문서화되어 검증기관에 공개
발행 전 보고	발행기관은 발행 전 또는 발행 시 녹색채권 프레임워크 마련, 공개

출처: 오덕교, 국내외 녹색채권 동향, ESG 현안분석, 한국기업지배구조원(2020.5), 9~10쪽

내부통제 및 절차 등이 포함된다. 자금 예상 사용용도를 공시한 경우 해당 프로젝트 추진을 통해 추정할 수 있는 파리기후협정 목표에 대한 예상 기여도를 추가적으로 기재하여야 한다.[11)]

ⓑ 발행 후 요건

발행기관은 채권 발행 이후 2년 내에 관리체계에서 규정한 프로젝트에 따라 자금을 배분하고 내역을 공시해야 하며, 자금 배분이 미완료된 경우 잔여 자

[표 4-5] 발행 후 요건

구분	내용
투자금의 집행	• 채권의 순투자금은 지정 프로젝트 및 자산에 집행되어야 함 • 모든 지정 프로젝트 및 자산은 채권의 문서화된 목표와 섹터 적격성 기준을 충족하여야 함 • 발행기관은 채권 발행 후 24개월 내에 순투자금을 지정 프로젝트 및 자산에 집행하거나 순투자금의 지정 프로젝트 및 자산으로의 집행에 대한 시간계획 추정안을 발행 후 보고에 포함하여 공시
프로젝트 및 자산의 평가 및 선정 절차	발행기관은 지정 프로젝트 및 자산의 적격성 유지를 판단하는 데 사용되는 의사결정 절차 문서화
투자금의 관리	채권 발행기관은 지정 프로젝트 및 자산으로의 순투자금 집행에 대해 관리하고 설명하는 별도의 절차를 유지하여야 함
보고	• 발행기관은 최소 매년 업데이트 보고서 제공(채권보유자 및 기후채권기준위원회 송부, 일반 대중 공개) • 업데이트 보고서는 할당 보고, 적격성 보고, 영향 보고로 구성 • 할당 보고는 녹색채권 프레임워크 하에서 발행된 채권이 기후채권기준 또는 다른 적용 가능한 기준에 부합함에 대한 설명, 채권의 기후관련 목표 설명, 순투자금이 집행 또는 재집행된 지정 프로젝트 및 자산 목록, 지정 프로젝트 및 자산에 대한 할당 규모, 투자 및 재투자에 사용된 순투자금의 비율 추정과 재투자된 지정 프로젝트 및 자산 내역, 지정 프로젝트 및 자산의 지리적 분포 등 보고 • 적격성 보고는 지정 프로젝트 및 자산이 세부 적격성 요구사항을 지속적으로 충족하고 있다는 확인, 관련 적격성 기준에서 서술된 지정 프로젝트 및 자산의 환경성 특성 또는 성과에 대한 정보 보고 • 영향 보고는 채권의 기후관련 목표 측면에서 지정 프로젝트 및 자산의 실제 또는 예상 성과 또는 영향, 채권의 기후관련 목표 측면에서 지정 프로젝트 및 자산의 성과 또는 영향의 정성/정량적 성과지표, 성과지표 및 정량 측정치 제시에 사용된 방법 및 주요 가정 보고

출처: 오덕교, 국내외 녹색채권 동향, ESG 현안분석, 한국기업지배구조원(2020.5), 10쪽

금에 대한 예상 집행일정을 공시하여야 한다. 기공시한 프로젝트 이외의 다른 분야에 조달자금을 사용하려는 경우 해당 분야에 대하여 제3의 평가기관으로부터 적격성 여부를 검증받아야 한다. 발행기관은 관리체계 등 공식적이고 문서화된 내부절차에 따라 자금사용처를 채권만기가 도래하기 전까지 1년 단위로 보고서를 공시하여야 한다. 보고서에는 자금을 투입한 프로젝트의 적격성(Eligibility), 투입자금의 배분 현황(Allocation), 환경 효과(Impact) 등의 내용을 포함하여야 한다.[12)]

ⓒ 인증마크(Label) 유지 조건

발행 전·후 최소 1회 기후채권 기준 위원회가 승인한 외부평가기관으로부터 해당 그린본드의 기후채권기준상 산업별·국가별 기준 충족여부에 대하여 평가를 받아야 한다. 외부평가기관의 평가 결과에 따라 기후채권 기준 위원회가 기후채권 인증마크 부여여부가 결정된다.[13)]

ⓓ 기후채권분류 및 섹터 적격성 기준

기후채권분류는 저탄소 경제를 위해 필요한 프로젝트 및 자산을 분류하고, 파리협약에서 마련한 지구 온난화 목표에 부합하는 온실가스 배출량 선별 기준을 제시하는데, 에너지, 운송, 용수, 폐기물, 건물, 토지사용 및 해양자원을 중심으로 기준이 정해져 있다.[14)]

[그림 4-2] 섹터 적격성 기준 개발 현황

에너지	운송	용수	건물	토지사용 및 해양자원	산업	폐기물	ICT
태양	민간 운송	용수 모니터링	주거용	농업	시멘트	준비	브로드밴드 네트워크
풍력	대중교통	용수 저장	업무용	상업용 숲	제철, 제강, 알루미늄 생산	재사용	재택근무 소프트웨어 및 서비스
지역	철도화물	용수 처리	효율성 개선 제품 및 시스템	생태계 보존/보호	유리	재활용	데이터 허브
바이오 에너지	항공	급수	도시 개발	어업 및 양식	화학	생물처리	소비전력 관리
수력	해상	홍수 예방		공급사슬 관리	연료	에너지 생산	
해양재생		자연 대책				매립	
송배전						방사선 폐기물	
저장							
원자력							

■ 은 기후채권기준위원회로부터 승인받은 인증기준, ■ 는 개발 중, ■ 는 개발 예정인 기준
출처: 오덕교, 국내외 녹색채권 동향, ESG 현안분석, 한국기업지배구조원(2020.5), 11쪽

ⓔ 녹색채권원칙과 기후채권기준 비교

5개 요소인 투자금의 집행, 프로젝트 평가 및 선정 절차, 투자금의 관리, 보고, 외부 검토 등은 녹색채권원칙과 기후채권기준 모두 규정하고 있다. 녹색채권원칙은 녹색채권, 사회적 채권, 지속가능성 채권 등 세분화된 개별 원칙을 정하고 있고, 기후채권기준은 녹색, 환경 및 기후변화 대응에 중점을 맞춘 채권 중심으로 정하고 있어 녹색채권원칙보다 좀 더 상세하다고 볼 수 있다.[15)]

[표 4-6] 녹색채권원칙과 기후채권기준 비교

구분		녹색채권원칙	기후채권기준
내용의 포괄성		녹색/사회적/지속가능성 채권 원칙 별도 마련	녹색채권원칙의 내용 포괄
인증 여부		없음	발행 전/후 인증
보고		연차 보고	• 발행 전 보고와 업데이트 보고 • 발행 전 보고 : 녹색채권 프레임워크 제시 • 업데이트 보고 : 할당 보고, 적격성 보고, 영향 보고로 구성, 최소 매년 보고
섹터 적격성 기준		적격 프로젝트 유형 간략 제시	각 섹터별 세부기준 제시 및 마련 중
외부 검토	내용	제2자 의견, 검증, 인증, 평가 등	검증기관이 발행 전/후 인증
	외부 검토기관의 승인	없음	승인 검증기관만 참여(목록 공개)

출처: 오덕교, 국내외 녹색채권 동향, ESG 현안분석, 한국기업지배구조원(2020.5), 12쪽

(2) 적격 프로젝트

ESG 채권은 자금의 사용용도를 환경, 사회 및 지속가능성 증진사업에 한정하여 사용할 것이라고 확약하는 특수목적 채권이기 때문에, 기존의 일반 채권과 구분하기 위해 가장 먼저 정해야 할 사항은 ESG 관련 적격 프로젝트의 범위이다.

ICMA는 녹색채권 및 사회적 채권 원칙을 통해 적격 프로젝트를 예시하고 있다. ICMA가 분류한 ESG 적격 프로젝트에는 직접적인 개발사업뿐만 아니라 간접적인 연구개발 활동과 지원활동 등도 포함된다. ICMA가 제시한 대표적인 ESG 적격 프로젝트의 카테고리는 다음과 같다. 프로젝트의 유형은 카테고리와 직접적으로 연관되는 개발사업뿐만 아니라 간접적인 R&D 활동 및 지원활동 등을 포함하고 있다.[16)]

[표 4-7] ICMA 적격프로젝트

구분	적격프로젝트 예시
Green	• 신재생 에너지 • 에너지 효율 증대사업 • 오염 방지 및 통제 • 환경적으로 지속가능한 생활자원 및 토지이용 관리 • 토양 및 해양 생물 다양성 보존 • 청정 운송 • 지속가능한 수자원 및 폐수 관리 • 기후변화 적응 • 환경 효율 및 순환경제를 고려한 상품, 생산기술 및 공정 • 친환경 건물
Social	• 기초 사회기반시설(정수, 상하수도, 위생, 수송, 에너지) • 필수서비스로의 접근성 개선(건강/의료, 교육 및 직업교육, 금융 서비스) • 주택 • 중소,중견기업 대출 및 소액금융(microfinance) 지원 등을 통한 고용 창출 • 식품 안전성 • 사회경제적 발전과 그 기반 지원

출처: ESG TFT, 글로벌 사례 분석을 통해 본 한국형 ESG 정책도입의 방향, 한국신용평가(2020.5), 7~8쪽

[표 4-8] CBI 적격대상산업 및 사업

구분	대상사업
에너지	태양광/풍력/지열/바이오에너지/수력/해양에너지/전송&배분/저장/원자력
수송	민간 운송/공공여객운송/화물 철도/항공/수로운송
수자원	수질 감시/수자원 보관/하수 처리/수자원 배분/홍수 보호/자연기반 솔루션
건축물	주거용/상업용/효율화를 위한 상품 및 시스템 개발
토지이용/해양자원	농업/상업용 임업/생태계 보존 및 복원/수산&수산물 양식/공급망 관리
산업	시멘트공업/철강, 철, 알루미늄공업/유리공업/화학공업/연료공업
폐기물	재이용/재활용/생물학적처리/에너지폐기물/매립지/방사성폐기물 관리
ICT	광대역 네트워크/통신 소프트웨어 및 서비스/데이터 허브/전력 관리

출처: ESG TFT, 글로벌 사례 분석을 통해 본 한국형 ESG 정책도입의 방향, 한국신용평가(2020.5), 8쪽

CBI는 기후채권 분류체계(CBT, Climate Bonds Taxonomy)를 통해 산업별로 국가·지역별 각각의 상황에 따라 기후채권이라 인정될 만한 정량적·정성적 환경효과 정도에 대한 기준을 규정하고 있다. 정량적인 기준치는 국가별·지역별 상황에 따라 2050년의 Zero Carbon Emission을 목표로 적정수치를 도출하고, 각 채권 만기별 연평균 탄소배출량을 산정한다.[17)]

(3) 적격 외부평가기관 기준

ICMA는 발행기관이 ESG 채권을 발행할 경우 기준에 적합한지를 검증하기 위해 독립적인 외부평가기관의 검토를 받는 것을 권고하고 별도의 가이드라인을 제정하여 외부평가와 관련된 기준을 제시한다. CBI도 외부 평가기관의 적격 판단기준이나 승인절차들을 제시하고 있다.

① 외부평가의 종류

외부평가는 평가방식과 평가기관에 따라 검토(Second Party Opinion), 검증(Verification), 인증(Assessment) 등이 있다. CBI는 제3의 외부평가기관의 검토의견을 바탕으로 2차적으로 인증마크(Label)를 부여하는 증명(Certification) 서비스를 제공하므로

[그림 4 - 3] ESG 채권 외부평가의 종류

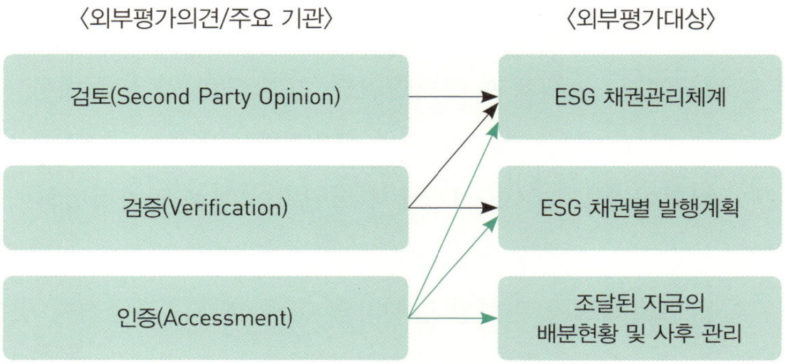

출처: ESG TFT, 글로벌 사례 분석을 통해 본 한국형 ESG 정책도입의 방향, 한국신용평가(2020.5), 9쪽

인증마크(Label) 신청을 위해서는 사전에 외부평가를 의무적으로 받아야 한다.[18]

ⓐ 검토(Second Party Opinion)

검토는 녹색채권 원칙(GBP) 준수 여부를 확인하는 ESG에 대한 전문성을 갖고 있는 제3의 기관이 제공하는 컨설팅 성격의 의견이다.[19] 발행기관이 ESG 채권 관리체계 및 내부통제계획을 수립하는 과정에서 컨설팅 자문을 받아 진행하는데, ICMA는 Opinion을 제공하는 기관의 경우 발행기관으로부터 완전히 독립적이어야 한다고 규정하고 있다.

동일한 기관이 자문과 외부평가를 동시에 하는 경우에는 이해상충 발생 가능성이 있기 때문에 방화벽 등의 적절한 내부통제를 갖추어야 한다. 평가대상은 발행기관의 ESG 채권 관리체계, 발행자의 ESG관련 목표·전략 및 채권 발행을 통해 자금을 투입할 예정인 프로젝트에 대한 환경 측면에서의 평가 등을 포함한다.[20]

ⓑ 검증(Verification)

검증은 사업프로세스, 환경기준과 같은 특정기준에 대한 검증절차이며,[21] 발행기관이 내부기준 또는 요구사항을 충족하고 있는지 여부에 대해 자격을 갖춘 제3의 기관으로부터 검토받는 절차이다. 평가대상은 발행기관이 제시한 용도별 자금관리방법, 자금의 배분 및 공시계획에 대해 국제원칙 또는 기준과의 적합성 여부 등을 검증한다.[22]

ⓒ 인증(Assessment, Certification)

인증은 녹색채권, 녹색채권 프레임워크, 조달금의 사용에 대한 외부기준(dtandard) 혹은 라벨(label)인증 절차이다.[23] 신용평가기관, ESG 전문 조사기관 등과 같은 공인 자격이 있는 제3의 기관에서 독립적인 자체 평가방법론에 따라 평가를 수행하는 것이다. 신용평가의 외부평가는 채권발행을 통해 자금을 투입하고자 하는 대상 프로젝트와 관련된 발행자의 운영, 관리, 자금집행 및 사후 보고 등 활동을 분석, 판단한 후 미래 예측적 의견을 등급 형태로 제공한다. 예를 들면 Moody's Green Bonds Assessment(GBA)와 S&P Green Evaluation, R&I의 Green Bond Assessment 등이 있다. 인증은 주요 항목별로 ESG 채권의 ESG 원칙 부합여부 및 판단근거를 구체적으로 제시하고, 채권 만기기간까지 사후 모니터링을 하며, ESG 채권과 관련한 다양한 정보를 지속적으로 투자자 등에게 제공한다.[24)]

평가등급부여(Green Bond Scoring/Rating)는 녹색채권, 녹색채권 프레임워크, 조달금의 사용과 같은 채권의 주요 특성들에 대한 전문기관으로부터의 평가를 말한다.[25)]

[표 4-9] ESG 채권인증과 ESG 평가

구분	내용
평가대상	ESG 채권인증은 그린본드, 소셜본드, 지속가능성채권 등으로 구분되는 'ESG 채권 자체에 대한 개별 평가'로서 각 ESG 채권의 발행 기준이나 방법론에 따라 그에 상응하는 정도를 그 수준에 따라 등급화하여 개별채권 단위로 인증서를 제공하는 것이다.
	ESG 평가는 해당 기업의 환경(E), 사회(S), 지배구조(G) 각각에 대해 각 평가기관이 정한 평가요소와 가중치 등을 반영한 평가모델을 통해 산출된 점수(Scoring)를 바탕으로 '기업의 ESG 활동 전반에 대한 종합평가'를 등급화하여 대상기업의 Issuer-level 평가 결과를 제공하는 평가방식이다.
자료의 범위 및 수집	ESG 평가는 대상기업으로부터 필요한 제반 자료를 제공받는 데에는 어려움이 있어 주로 결산자료가 나오는 시점에 일괄하여 공시된 자료나 기사 등을 바탕으로 평가가 진행되는 경우가 일반적이다.
	ESG 채권인증은 채권발행 시점에 발행자가 직접 제출한 자료를 바탕으로 발행자와 지속적인 커뮤니케이션을 통해 평가가 이루어진다.
용도	ESG 평가는 대부분 시장에서 수집한 공개된 자료를 바탕으로 정량적인 요인들을 평가대상으로 하기 때문에 주로 상장기업 등 다수의 기업을 대상으로 하는 주식투자에 이용되고 있으며, 각 채권별로 해당 프로젝트에 대한 투자계획과 자금 운용 및 관리체계, 사후 모니터링 등을 수행해야 하는 ESG 채권인증에 적용하기에는 한계가 있다.

출처: ESG TFT, 글로벌 사례 분석을 통해 본 한국형 ESG 정책도입의 방향, 한국신용평가(2020.5), 10쪽

② 외부평가기관 적격 판단 기준

ESG 채권 평가업무를 수행하는 신용평가사나 회계법인은 내부통제 및 평가방법 등을 자체 기준이나 외부규정에 의거하여 명시적으로 규정하고 있다. ICMA는 해당 평가기관의 최소한의 적격요건을 규정하여 적격 외부평가기관을 판단하기 위한 별도의 적격조건을 정하고 있다.[26)]

[표 4-10] ICMA 외부평가기관 적격조건

구분	내용
준수해야 할 기본 원칙	1) 일관성 2) 독립성(객관성) 3) 전문적인 직무수행능력과 상당한 주의 4) 비밀유지 5) 전문적인 업무행동
갖추어야 할 기본 조건	외부평가를 수행하기 위한 적절한 조직구조, 평가 프로세스, 업무수행에 필요한 기타 절차/체계를 확보할 것
	ESG 채권 외부평가에 필요한 경험과 자격을 보유한 적절한 인력을 갖출 것
	해당되는 경우 전문보상 적립금/전문 책임보험 적용
외부평가기관 정보 공시	목적, 평가의 범위, 평가기관으로서의 자격에 대한 일반적인 기술
	독립성 및 이해상충 관련 방침에 관한 공시
	정의, 분석적 접근방식, 적용한 평가방법론
	일부 외부평가의 한계점을 포함한 평가의견/결과 보고서
수행능력 판단기준	적격 ESG 채권의 여부에 대한 전문지식을 보유하고 있을 것
	ESG 채권 발행으로 조달한 자금으로 투입하는 프로젝트를 통해 얻을 수 있는 ESG 관련 편익과 효과를 판정할 수 있을 것
	4원칙의 핵심요소에 대한 적합성을 검증 또는 심사할 수 있을 것
	발행자가 수행하고자 하는 특정 프로젝트의 잠재되어 있는 중대한 리스크에 대해 필요한 조건이나 절차에 따라 평가할 수 있을 것

출처: ESG TFT, 글로벌 사례 분석을 통해 본 한국형 ESG 정책도입의 방향, 한국신용평가(2020.5), 10쪽

CBI는 자체적인 기후채권 인증마크(Label)를 운영하고 있으므로 구체적인 외부평가기관의 요건과 승인절차 등을 명시하고 있다. CBI 인증마크를 받기 위해

서는 CBI가 승인한 외부평가기관으로부터 검증 받아야 하며, 외부평가기관 승인을 받기 위해서는 별도의 요건을 충족하여야 한다.[27)]

[표 4-11] CBI 외부평가기관 승인요건

구분	내용
수행능력 및 경험	자본시장에서 채권의 발행, 자금운용, 관리에 대한 경험/업무능력
	저탄소 프로젝트 및 자산에 대하여 기후채권기준에서 정하는 기술적인(정량적인) 특성에 대한 경험/업무능력
	국제검증업무 ISAE3000 또는 그에 준하는 검증/감사 경험/업무능력
	위의 사항을 충족하는 전문적인 인력으로 이루어진 팀 구성
지역적·기술적인 범위	지역적인 커버리지, 외부검토자의 전문 보상 적립금/보험 등 보장수준
	기후채권기준에서 정하는 여러 산업의 기술적인 부분에 있어서의 경험 및 전문성
외부평가기관 내부통제 및 재무안정성	사업자등록/이사/주소 등의 사업자 설립 전반
	주주관계, 수익모델, 재무기록 및 안정성, 경영진의 능력
	전문평가기관으로서의 멤버십, 정부기관 라이선스 및 관련 인증
	중요한 계약상의 의무나 우발채무 가능성, 소송이나 정부규제 관련 사항

출처: ESG TFT, 글로벌 사례 분석을 통해 본 한국형 ESG 정책도입의 방향, 한국신용평가(2020.5), 11쪽

2. 국내 기준

(1) 녹색채권 가이드라인

2020년 12월 녹색채권에 대한 국내 최초 안내서인 녹색채권 가이드라인(Green Bond Guidelines, GBG)이 마련되었다. 녹색채권 가이드라인은 금융위원회, 환경부, 환경산업기술원, 한국거래소가 공동 제정한 녹색채권 안내서로 녹색채권 정의, 관리체계, 외부기관의 검토 및 부속서 등을 포함한다.[28)]

① 목적

녹색채권 시장에서 국제적으로 널리 인정받고 있는 국제자본시장협회

(ICMA)가 발표한 녹색채권원칙(GBP, 2018.6)을 바탕으로 국내 현황 및 해외 녹색채권 관련 기준을 참고하여 수립하였다.

그린워싱 채권이 시장에 출회되는 것을 방지함으로써 녹색채권에 대한 투자자의 신뢰성 제고 및 녹색채권 시장의 활성화를 목표로 하고 있다. 녹색채권 발행자를 위한 가이드라인을 제공해 줌으로써 녹색채권 관련 이해관계자가 녹색채권에 대해 검토 시 활용할 수 있는 판단 근거를 제시하고 있다.

② 정의

녹색채권이란 발행 자금이 환경개선 목적을 위한 녹색 프로젝트에 사용되며 녹색채권으로서의 유효성 성립을 위한 조달자금의 사용, 프로젝트 평가와 선정과정, 조달자금관리 및 사후보고의 네 가지 핵심요소의 모든 의무사항을 충족하는 채권을 말한다. 환경 목표와 추가 판단요소는 EU Taxonomy(분류체계)의 기준과 유사하다.

[그림 4-4] 4가지 핵심요소

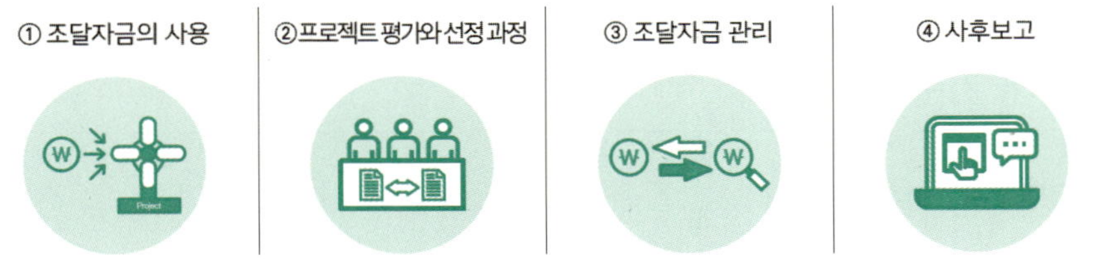

출처: 환경부, 금융위원회, 한국환경산업기술원, 한국거래소, 녹색채권 가이드라인(2020.12)

③ 관리체계

녹색채권 발행자는 자율적으로 녹색채권 관리체계를 수립하고 이에 따라 녹색채권 발행 등을 관리할 것을 권고한다. 녹색채권 관리체계는 [그림 4-5]의 내용을 포함해야 한다.

[그림 4-5] 관리체계

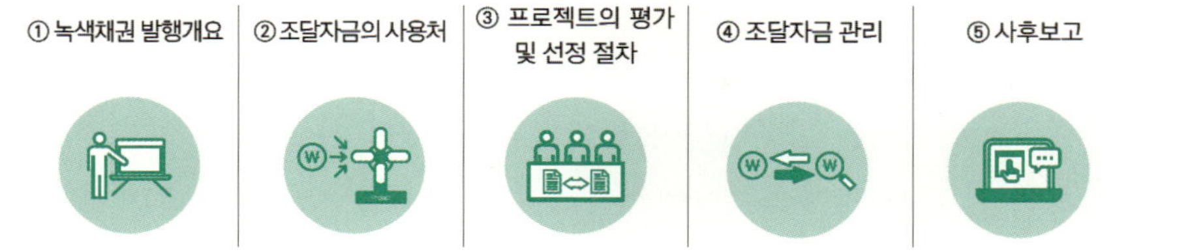

출처: 환경부, 금융위원회, 한국환경산업기술원, 한국거래소, 녹색채권 가이드라인(2020.12)

ⓐ 발행개요

녹색채권의 발생 목적, 발행기관의 녹색경영 전략과 환경 개선 목표와의 연계에 관한 사항 등을 포함한다.

발행자는 관리체계에 녹색채권 발행의 목적, 발행자의 녹색경영 전략과 환경 개선 목표와의 연계에 관한 사항 등에 대해 구체적으로 서술할 것을 권고한다.

ⓑ 조달 자금 사용처

녹색채권을 통해 조달되는 자금은 환경개선 효과를 가져오는 녹색 프로젝트에 사용되어야 한다. 녹색프로젝트는 6가지 환경목표(① 기후변화 완화, ② 기후변화 적응, ③ 천연자원 보전, ④ 생물다양성 보전, ⑤ 오염 방지·관리, ⑥ 순환자원으로의 전환)에 부합하는 프로젝트를 의미하며 해당 사업에 직접 사용되는 비용뿐만 아니라 관련된 투·융자나 연구개발비, 인력교육비, 모니터링 비용 등의 부수비용도 녹색 프로젝트 자금사용처에 포함된다.

ⓒ 프로젝트 평가 및 선정 절차

녹색채권 발행자는 다음과 같은 사항을 투자자에게 공지해야 한다.

- 환경개선 목표
- 투자대상 프로젝트의 녹색프로젝트 해당여부를 판단하는 절차

- 해당 프로젝트 관련 잠재적인 환경·사회적 위험을 파악하고 관리하기 위해 적용된 절차, 관련 적격성 판단 기준 및 배제 기준

ⓓ 조달자금 관리

발행자는 녹색채권 발행자금이 녹색프로젝트에만 사용될 수 있도록 추적 관리해야 한다. 녹색 채권 순조달액(Net proceeds) 또는 그 상당액을 내부 통제 절차를 통해 추적가능한 적절한 방법(별도의 계좌 또는 포트폴리오 마련, 가상의 방식 등)으로 관리해야 한다. 또한, 발행자는 녹색 프로젝트에 대한 대출 및 투자 운용과 관련한 내용을 내부 절차에 따라 증명할 수 있어야 한다.

ⓔ 사후보고

발행자는 녹색채권으로 조달한 자금 사용처에 대한 최신 정보와 예상되는 환경개선 효과에 대해 보고서를 작성하고 공개해야 한다. 발행자가 환경개선 효과에 대해 측정이 가능한 경우 해당 내용을 정기적으로 공개할 것을 권고한다.

[표 4-12] 녹색채권 가이드라인 프로젝트 범위와 환경 목표 연관성

녹색프로젝트 범위 / 환경목표	신재생 에너지	에너지 효율	오염방지 및 저감	환경적으로 지속가능한 생활자원·토지이용 관리	토양 및 해양 생물 다양성 보존	청정 운송	지속가능한 수자원 및 하폐수 관리	기후 변화 적응	환경 효율 및 순환경제를 고려한 상품, 생산 기술 및 공정	친환경 건물
기후변화 완화	●●●	●●●		●		●●●			●●	●●●
기후변화 적응				●	●		●●	●●●		●
생물 다양성				●●●	●●●		●●		●	
천연자원 보전	●		●	●●●	●●●	●	●●		●●●	●●●
오염방지 및 통제	●	●	●●●			●●●	●●●		●	●
순환자원으로의 전환	●●	●				●			●●●	

출처: 글로벌채권팀/ESG연구소, 성공적인 ESG 채권 발행 전략, ESG 채권발행, 선택이 아닌 필수, 삼성증권(2021.2월), 41쪽

(2) 채권 발행 절차

발행절차는 일반적인 채권 발행절차와 유사하나, 사회책임투자채권으로서의 특성을 반영한 절차가 추가된다.

[그림 4-6] 사회책임투자채권 발행절차

〈일반채권 발행절차〉

절차	대상기관	일정
제안요청서(RFP) 발송	발행사→금융투자회사	D-17~20
대표주관계약 체결 및 신고	주간사 및 금융투자협회	D-14
신용등급 평가	신용평가사	D-14~10
기업실사	-	D-13~6
이사회결의	발행사	D-1~2
증권신고서 제출	금융위원회	D
수요예측	금융투자협회	D+1~2
채권상장신청	한국거래소	D+7
증권신고서 효력 발생	금융위원회	D+10
채권등록발행	한국예탁결제원	D+10
청약 및 납입	-	D+10
증권발행실적보고서 제출	금융위원회	D+11
채권상장	한국거래소	D+11~

〈사회책임투자채권 발행절차〉

절차	대상기관	일정
사회책임투자채권 발행여부 결정	발행사	D-40
사회책임투자채권 발행체계 수립	발행사	D-30~5
외부검토 업무 수행	외부평가기관	D-30~5
제안요청서(RFP) 발송	발행사→금융투자회사	D-17~20
대표주관계약 체결 및 신고	주간사 및 금융투자협회	D-14
신용등급 평가	신용평가사	D-14~10
기업실사	-	D-13~6
이사회결의	발행사	D-1~2
외부검토 업무 완료 (평가보고서 발급)	외부평가기관	D-1
증권신고서 제출 * 외부검토 보고서 첨부 제출	금융위원회	D
수요예측	금융투자협회	D+1~2
채권상장신청	한국거래소	D+7
증권신고서 효력 발생	금융위원회	D+10
채권등록발행	한국예탁결제원	D+10
청약 및 납입	-	D+10
증권발행실적보고서 제출	금융위원회	D+11
채권상장	한국거래소	D+11~
사후보고(자금사용 현황 및 환경적·사회적효과 등)	발행사	D+365~

* 무보증사채 발행절차 기준
출처: 한국거래소, http://sribond.krx.co.kr/contents/01/01010000/SRI01010000.jsp

① 관리체계(Frame-work) 구축

관리체계는 자금의 용도(Use of Proceeds), 프로젝트 평가 및 선정 절차(Process for Project Evaluation & Selection), 자금의 관리(Management of Proceeds), 사후 보고(Reporting) 등을 포함한다.

② 외부검토(External Review)

ESG 채권 관리체계가 적용기준(GBP, CBS, SBP, SBG, GBG 등)에 부합하는지 여부를 외국전문기관의 적격의견 수취 및 검증을 통하여 검토한다.

③ 로드쇼 진행 및 발행

④ 사후보고(Reporting)

자금사용 현황 및 채권 발행의 환경적·사회적 효과에 관한 정기보고 등을 포함한다.

[그림 4-7] 사회적채권 사회 영향보고 주요기준

영향 평가 지표 평가 대상	내용	예시
Outputs	프로젝트의 결과로 인해 생긴 관행, 제품과 서비스	공급 주택 수
Outcomes	Output의 결과로 개인 및 그룹에게 생긴 이익 또는 변화	타 지역대비 임대료 변화 추이
Impacts	Outcomes의 최종 목표 혹은 결과. 측정에는 수 년의 시간이 걸릴 수 있음	무주택자 감소율

분야	Impact 예시
건강	수명 의료 서비스를 받을 수 없는 인구의 비율 유아 사망률 (만 1세 미만) 영아 사망률 (만 5세 미만) 산모 사망률
교육	학교 입학률 학교 중퇴율 학교 조기 중퇴율 및 학교 중퇴율에서의 변화 일반 학급에서 특수교육이 필요한 학생의 비율 청년 실업률 교사-학생 비율 OECD 국제 학생 평가프로그램 성적
여성 자주성 배양	여성 실업률

분야	Impact 예시
소외계층	장애인 고용률 빈곤 위험 청년 실업률 수입 자산비율 아동 노동 비율 거주민 1인당 수입 1인당 GDP
기술 접근성	모바일 네트워크 이용률
일자리 창출	장애인 고용률 신규 일자리
식량안보	목표 계층의 식품 보급률 영양부족 상태의 만연함
물/위생	위험 폐기물 처리
교통	접근제한이 없는 비율

출처: 글로벌채권팀/ESG연구소, 성공적인 ESG 채권 발행 전략, ESG 채권발행, 선택이 아닌 필수, 삼성증권(2021.2월), 36쪽

(3) 한국거래소

① SRI채권 전용 세그먼트 등록 절차

ⓐ 한국거래소가 정한 등록요건을 충족하는 채권인지 여부 확인

※ 전용 세그먼트 등록요건(사회책임투자채권 전용 세그먼트 운영지침 제4조)

1. 유가증권시장에 상장된 채무증권일 것
2. 다음 각 목의 어느 하나에 해당하는 사회책임투자채권 원칙 등에 부합할 것
   가. 국제자본시장협회의 「녹색채권 원칙」, 「사회적채권 원칙」 또는 「지속가능채권 가이드라인」
   나. 국제기후채권기구의 「기후채권기준」
   다. 금융위원회와 환경부가 공동 제정한 「녹색채권 가이드라인」
   라. 그 밖에 한국거래소가 인정하는 사회책임투자채권 원칙 등

출처: 한국거래소, http://sribond.krx.co.kr/contents/01/01010000/SRI01010000.jsp

ⓑ 등록신청서 및 관련 서류 등을 제출

ⓒ 한국거래소의 등록여부 결정

ⓓ 등록결정 통보 및 완료

[그림 4-8] 전용 세그먼트 등록 절차

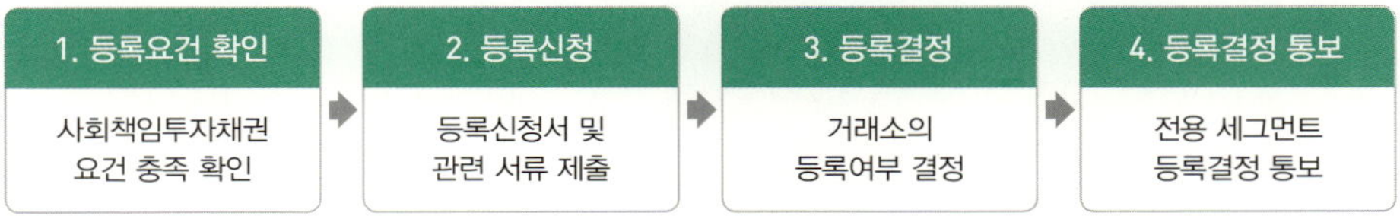

출처: 한국거래소, http://sribond.krx.co.kr/contents/01/01010000/SRI01010000.jsp

② ESG·지속가능경영 지원

상장기업의 사회적책임 확산과 녹색금융 및 지속가능 금융 활성화를 위해 지원하고 있다.

- 2010년, ESG 정보공시에 대한 기준 도입
- 2015년, SSE Initiative가입
- Sustainable Stock Exchanges(SSE) Initiative : 거래소를 통해 기업의 환경(Envrionment)·사회적 책임(Social Responsibility)·지배구조(Governance)를 장려하기 위해 UN 주도로 발족
- 2015년, ESG지수 발표 등 관련 지수상품 개발
- 2020년, 사회책임투자채권 전용 세그먼트 개설
- 2020년, 한국형 녹색채권 가이드라인 공동 제정

제3절

발행 현황

1. 해외

글로벌 금융시장에서 ESG 채권 발행 규모가 지속적으로 증가하고 있으며, 특히 2020년 COVID-19 이후 ESG 채권 시장이 빠르게 확대하고 있다. 2020년말 현재 ESG 채권의 발행금액은 총 5,171억 달러이며, 2019년 2,993억 대비 72.7% 증가하였다. 무엇보다도 2020년에는 대규모 실업 사채, 빈부 및 인종격차 등을 해소하기 위하여 지속가능채권과 사회적 채권의 발행이 증가하였다.[29)]

2020년 10월말 글로벌 기준 3,955억 달러 ESG 채권 발행 규모 중 녹색채권은 2,161억 달러로 54.7% 비중이며, 지속가능채권은 587억 달러로 14.9% 비중이고, 사회적 채권은 1,206억 달러로 30.5% 비중으로 가장 많이 증대하였다. 사회적 채권의 증가는 COVID-19 피해기업에 대한 자금지원, 고용유지 등을 목적으로 하는 750억 달러(pandemic bond) 발행에 기인한다.[30)]

2020년 9월 독일 정부가 처음으로 녹색채권 65억 유로를 발행하였는데, 2020년말 기준으로 녹색채권은 유로화 51%, 미국 달러 22%, 중국 위안화 9%를 차지한다.[31)]

2020년 10월 EU 집행위원회는 COVID-19에 따른 회원국의 고용시장 안정을 위해 사회적 채권 170억 유로를 발행했다.[32)] 2019년 6월 한국 정부는 세계 최초로 5년 만기로 지속가능채권 5억원을 외평채로 발행했다.[33)]

[그림 4-9] 글로벌 발행 규모 및 종류별 비중

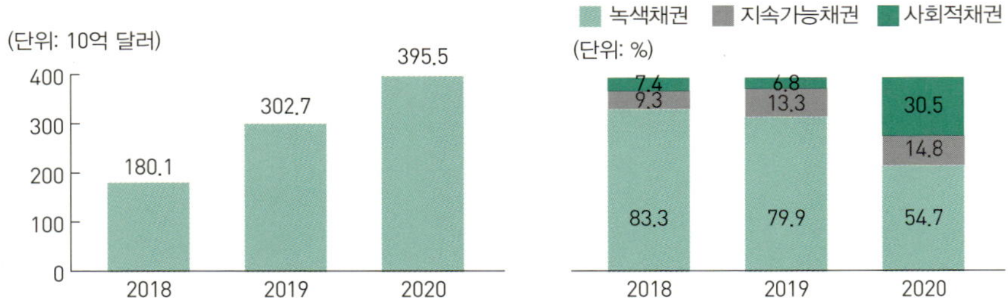

주: 2020년 11월 4일 기준

출처: 진익, 국내외 ESG 채권시장 현황과 시사점, 국회예산처, NABO 경제·산업 동향 & 이슈, 제11호(2020.11), 73쪽

(1) 각국 ESG 채권 정책

① EU 가이드라인 제정

EU는 2018년 3월 지속가능금융 행동계획(EU Action Plan for Financing Sustainable Growth)을 통해 기후변화 대응을 위해 필요한 재원 조달을 위한 금융기관의 역할을 강조하고 10개의 행동계획을 발표하였다. 지속가능 경제활동을 지원하기 위한 EU 분류체계(Taxonomy) 수립, 녹색금융상품의 기준과 인증 확립, 지속가능성에 대한 벤치마크 개발, 지속가능성 관련 공시체계와 회계기준의 강화 등의 내용을 포함한다. 2020년 3월에는 EU 분류체계(Taxonomy)와 GBS 가이드라인을 발표하였다. 또한 EU 분류체계(Taxonomy)의 6대 환경목표, 경제활동, 공시 재무지표를 확정하였다.[34)]

EU GBS는 민간국제기구의 외부평가기관 선정 기준을 바탕으로 추가적인 요건들을 규정하고 있다. 지속가능금융 기술전문가그룹(TEG)은 외부평가기관에 대한 감독 및 규제를 유럽증권시장국(ESMA)에 의해 중앙집중적으로 수행하도록 하고 있다.

[그림 4-10] EU Taxonomy 환경 목표와 추가 충족 요건

환경 목표
1. 기후변화 완화(climate change mitigation)
2. 기후변화 적응(climate change adaptation)
3. 물과 해양자원의 지속가능한 사용과 보호 (the sustainable use and protection of water and marine sources)
4. 순환 경제로의 전환(the transition to a circular economy)
5. 오염 방지와 관리(pollution prevention and control)
6. 생물다양성, 생태계의 보호와 복원 (the protection and restoration of biodiversity and ecosystems)

6대 환경 목표 외 충족해야 할 조건
1. 추구하는 환경 목표 외에 다른 환경 목표에 피해가 되지 않아야 함
2. 최소한의 사회 안전망 준수
3. 기술적 판단 기준 충족

출처: EU, 글로벌채권팀/ESG연구소, 성공적인 ESG 채권 발행 전략, ESG 채권발행, 선택이 아닌 필수, 삼성증권(2021.2월), 40쪽

[그림 4-11] 환경 목표에 부합하는 경제 활동

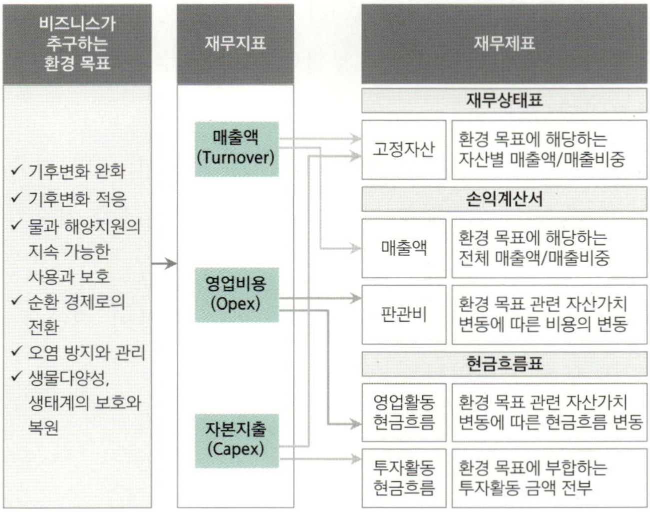

출처: EU, 글로벌채권팀/ESG연구소, 성공적인 ESG 채권 발행 전략, ESG 채권발행, 선택이 아닌 필수, 삼성증권(2021.2월), 40쪽

(2) ESG 공시

① EU

2014년 EU 비재무정보 공시 지침(NFRD)이 공표되어 정보공시 대상 기업은 2018년부터 각 회원국이 정한 규정에 따라 비재무정보를 의무적으로 공시하고 있다.

지속가능금융 기술전문가그룹(TEG)은 2019년 6월 기후관련 공시에 관한 가이드라인을 공표하였다.

EU 기업들은 NFRD를 규정을 준수함과 동시에 금융안정위원회(FSB)의 기후변화와 관련한 금융정보 공시에 태스크포스(TCFD)가 제시한 권고 내용에 따라 사업보고서에 기후변화 관련 재무정보 공시를 의무적으로 공시하도록 한다.

② 미국

증권거래위원회(SEC)는 2010년 기후변화 관련 공시 가이드를 공표하여 기후변화와 관련된 리스크의 공시를 권장한다.

2019년 7월에 증권거래위원회(SEC)가 ESG 공시를 의무화하는 규정을 마련하라는 법안이 상정되었으나 기업의 부담이 가중될 수 있다는 하원 공화당위원들의 반대로 부결되었다.

미국의 지속가능성 회계기준위원회(SASB)는 2018년 11월 자율공시 사항으로 77개 산업별 지속가능성 회계기준을 최초로 체계화하여 지속가능성 회계기준을 발표하였다.

NASDAQ은 2019년 5월 모든 NASDAQ 소속 시장의 기업을 대상으로 한 ESG 리포트 가이드를 공표한다.

(3) 각국 발행지원제도

ESG 채권 기준을 충족하고 인증을 받기 위해 별도의 내부통제체계를 구비해야 하고 외부 컨설팅이나 평가를 받아야 하므로 추가적인 비용이 발생한다. 시장활성화를 위하여 세계 각국은 지원금 지급, 세제혜택 등 다양한 인센티브 및 지원제도를 마련하여 추가적인 비용을 지원하여 발행자의 원활한 EGS 채권 발행을 돕고 있다.

[표 4-12] ESG 채권 시장 활성화 관련 해외 사례

국가	지원내용	지원대상
미국	• 녹색채권 발행기관 앞 이자지급주기에 맞춰 직접 보조금 지급	발행기관
	• 개도국에서 녹색사업을 수행하는 기업을 지원하기 위해 OPIC(해외민간투자공사)에서 국가보증 채권 발행	발행기관
싱가포르	• 녹색채권 발행건당 인증비용 지원 - 2017.6.1~2020.5.31 기간 동안 발행되는 녹색채권	발행기관
중국	• 인민은행 등에서 녹색채권 FrameWork를 표준화하여 발행기관 앞 제공, 발행절차 간소화	발행기관
	• 이자비용 보전 - 베이징 중관춘 행정위원회는 최소 3년만기 녹색채권에 대해 발행자 대신 40%의 이자 부담 - 센전의 푸텐 지방정부는 녹색채권 금리에 대한 2% 보조금 지원	발행기관
	• 이자소득에 대한 세금감면	투자기관
일본	• 사전인증·사후검증 관련 비용 지원	발행기관
	• 공적 연금기금은 투자대상 자산군별로 사회책임투자 요소를 반영하도록 규정	투자기관
프랑스	• 생태환경부 주도로 에너지전환법을 통해 기관투자자에게 기후변화 관련 활동 보고서 제출 의무화 - 사회책임투자 요소를 투자방침에 반영하도록 규정	투자기관
인도	• 증권거래위원회에서 공식 가이드라인을 제정하여 배포	발행기관

출처: 이재원, 그린뉴딜 재원확보 ESG 채권 발행확대(안), 사회책임 투자채권(ESG 채권) 활성화 토론회 토론자료(2020. 9.15), 79쪽

2. 국내

(1) 발행현황

녹색채권은 수출입 은행이 2013년에 최초로 해외물을 발행하였고 국내물은 산업은행이 2018년에 처음으로 발행·상장하였다. 녹색채권의 발행은 비약적으로 증가하여 2020년 11월말 기준으로 한국거래소에 31개 종목이 상장되어 있다.[35)]

2013년 국내 최초로 수출입은행이 저탄소 친환경 사업 지원을 위해 해외투자자를 대상으로 5억 달러 규모의 외화표시 녹색채권을 발행했다. 2016년 현대캐피탈이 대체에너지 및 친환경차 관련 사업에 금융지원을 위해 미달러표시 외화채권을 발행했다.[36)]

정부는 2019년 6월 13일 5년 만기 외국환평형기금채권(5억 달러)을 녹색 및 지속가능채권으로 발행하였으며, 발행금리는 약 2.18%였다.[37)] 2020년 6월말 현재 한국 외화 ESG 채권 발행 규모는 약 62억 달러이며,[38)] 전체 외화 채권 대비 ESG 채권 비중은 약 28%이다. 2019년부터 외화표시 ESG 채권의 발행 사례가 크게 증가하고 있다.[39)]

국내 ESG 채권 발행은 글로벌 추세와 동일하게 증가 추세를 보이고 있으며

[표 4-13] 국내 발행 현황

종류	발행기관수	종목수	상장잔액(백만원)
녹색채권	27	69	7,218,000
사회적채권	13	519	81,687,359
지속가능채권	23	67	7,780,000
전체	56(63)*	655	96,685,359

* 중복을 제거한 기관수(누적 발행기관수)

출처: 이인형, 사회적책임투자채권(ESG 채권) 활성화 토론회 토론 자료(2020.9.15), 47~48쪽

[그림 4-12] 원화 ESG 채권 종류별 및 채권 유형별 발행규모

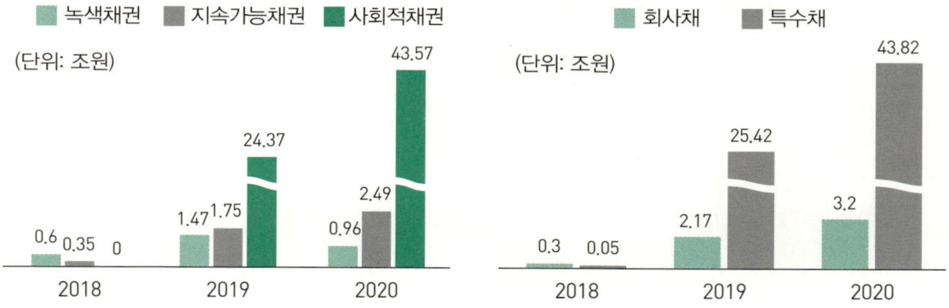

주: 2020년은 10월 말 기준
출처: 이인형, 사회적책임투자채권(ESG 채권) 활성화 토론회 토론 자료(2020.9.15), 47~48쪽

발행자 및 발행 통화도 다양화되고 있다. 최근에는 공공기관, 금융공공기관, 우리은행, 현대캐피탈, 우리카드 등 금융기관과 SK에너지, GS칼텍스, LG화학 등 일반 기업의 발행이 급증하고 있다.[40)]

원화 ESG 채권 발행 규모도 최근 2개년 동안 큰 폭으로 증가하고 있는데,[41)] 2020년 10월말 현재 원화 ESG 채권 발행규모는 약 47조원이며, 사회적채권 발행 규모는 약 43.6조원으로 전체 대비 비중이 약 93%를 차지하며 지속가능채권은 약 2.5조원, 녹색채권은 약 1.0조원 수준이다.[42)]

채권 유형별로 보면 특수채는 약 43.8조원이고 회사채는 약 3.2조원이며, 주요 발행주체는 한국주택금융공사(39.7조원), 산업은행(1.2조원), 한국장학재단(1.1조원), 금융회사(3.1조원), 비금융회사(0.4조원) 등이다.[43)]

(2) 특징

2020년 9월 11일 현재 한국거래소에는 25개의 발행기관이 발행한 453개의 종목이 상장되어 있고 상장 잔액은 69.6조원이며,[44)] 사회적채권 비중은 91%으로 가장 높다. 한국주택공사(57조원, 91.7%)와 한국장학재단(1.8조원, 2.9%)의 사

회적 채권 발행이 대부분이며, 이들을 제외할 경우 상장잔액은 9.7조원으로 이 중 6.1조원이 녹색 및 지속가능채권이다. 이것은 글로벌 ESG 채권중 녹색채권(대출 포함) 비중 80%와 유사한데, 신재생 에너지 사업 성장성과 지구온난화 관련 파리국제기후협약 등 국제적 협력에 부응하는 녹색채권의 발행 수요 급증때문이다.[45)]

국내 ESG 발행시장은 특정 발행기관과 사회적채권에 편중되어 있는 편이다. 사회적채권의 대상이 되는 사회적 사업에 비해 녹색 관련 사업이 절대적으로 부족하며, ESG 채권 발행량 중 83%가 주택금융공사가 발행한 사회적채권으로 이를 제외할 경우 ESG 발행시장 규모는 11조원 수준으로 성장 초기 단계로 볼 수 있다.[46)]

[그림 4-13] 국내 ESG 채권 발행 및 발행사별 현황

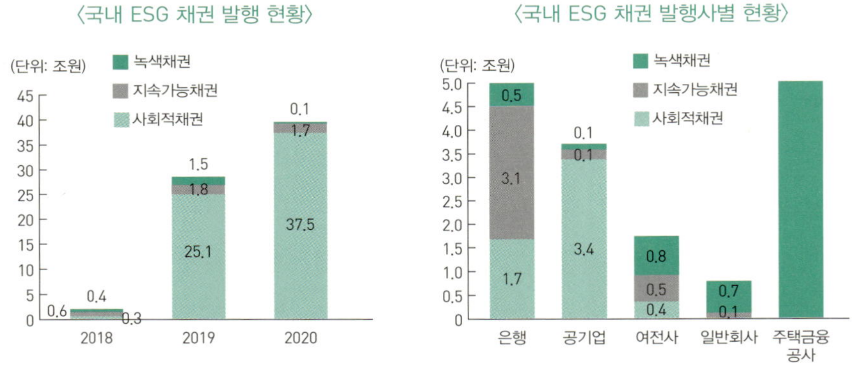

출처: 오민영, ESG 채권시장 현황과 활성화 방안, 사회책임 투자채권(ESG 채권) 활성화 토론회 토론자료(2020.9.15), 69쪽

제4절

발행 사례 연구

1. 스타벅스(Starbucks)

스타벅스는 2016년 5월 21일 사상 최대 규모의 기업 지속 가능성 채권을 발행했다. 커피 체인의 지속 가능성 활동을 위해 10년 만기와 2.45%의 쿠폰으로 5억 달러를 모집했다. 스타벅스는 초기 사회 및 지속 가능성 채권 분야에 진입하기로 결정했고, 지속 가능성이 비즈니스 모델의 필수 요소이며 별도의 비용으로 간주되지 않는다는 관점에서 경영진의 지원을 받았다. 스타벅스 이사회는 지속 가능성 노력에 자금을 지원하는 것이 전체 자금 조달의 중심 부분이 되어야 한다고 판단했다.

이 공채 수익금의 주요 자금용도 중 하나는 제3자 검증 기관인 SCS Global Services에서 CAFE(커피 및 농부 지분) 표준에 의해 인증한 커피이다. 2004년에 스타벅스는 커피 재배자를 위한 CAFE 환경 및 사회적 표준을 개발했으며, 근로자 처우 및 살충제 사용과 관련된 내용이 포함된다. 스타벅스는 지속 가능성 채권으로 한 걸음 더 나아가 커피 재배자들이 이러한 기준을 충족할 수 있도록 5천만 달러의 추가 대출을 제공했다. 스타벅스는 딜로이트가 제공할 수익금 사용에 대한 감사와 함께 프로젝트와 그 영향에 대해 매년 보고할 것이다.[47)]

[표 4-14] **채권 개요**

발행사: 스타벅스 거래 유형: 사회적 및 지속 가능성 채권 거래 구조: 선순위, 무담보 거래 형식: 수익금 사용 지속가능채권 발행자 등급: A/A2/A 준거법: 미국법 금융주관사: Morgan Stanley, Bank of America Merrill Lynch(BAML) 및 Wells Fargo 규모: 5억 달러 만기: 10년 쿠폰: 2.45% 수익금 사용: 지속 가능한 커피 구매 외부 검토: Sustainalytics에서 2차 의견 제공 특징: • 기업의 최대 지속가능채권 • 수익금의 신규 사용

외부 평가기관 Sustainalytics는 스타벅스의 ESG 채권에 대한 평가에서 Starbucks Corporation(Starbucks) 지속 가능성 채권 프레임워크가 신뢰할 수 있고 영향력이 있으며 지속 가능성 채권 가이드라인 2018과 일치한다고 분석했다.

[표 4-15] **외부 검토보고서**[48)]

프로젝트: 스타벅스 지속 가능성 채권 프레임워크 제2자 의견 발행사 : 스타벅스 프로젝트 유형: 지속 가능성 채권 장소: 미국 평가 날짜: 2019년 5월 〈평가 요약〉 Sustainalytics는 Starbucks Corporation(Starbucks) 지속 가능성 채권 프레임워크가 신뢰할 수 있고 영향력이 있으며 지속 가능성 채권 가이드라인 2018과 일치한다고 생각한다. 이 평가는 다음을 기반으로 한다.

〈자금의 용도〉

자금을 사용할 수 있는 사회적 및 녹색 범주 – ① 사회경제적 발전 및 권한 부여, ② 필수 서비스 이용, ③ 녹색 건물 –는 2018년 녹색채권 원칙, 사회적 채권 원칙 2018 그리고 지속 가능성 채권 가이드라인 2018에 의해 인정된 범주와 연계된다. Sustainalytics의 의견에 따라 전반적으로 자금의 용도는 긍정적인 환경 및 사회적 영향을 미치고 UN 지속 가능한 개발 목표, 특히 1, 8, 9, 11 및 12를 발전시킬 것이다.

〈프로젝트 평가/선택〉

스타벅스 글로벌 커피 팀 및/또는 에너지 및 지속 가능성 팀은 적격한 프로젝트를 평가하고 재무 부서에 추천한다. 대출은 최고 재무 책임자(CFO)의 승인이 필요하며 기타 모든 프로젝트는 재무 부서에서 검토할 것이다. Sustainalytics는 이것을 시장 관행에 따라 고려한다.

〈절차 관리〉

지속 가능성 채권의 자금은 스타벅스 재무 부서에서 배분 및 관리한다. 부서는 모든 적격 프로젝트 범주에 대한 분기별 예산과 실제 지출을 내부적으로 추적한다. 배분이 보류되는 동안 회사는 현금, 현금 등가물 및/또는 국채에 자금 잔액과 동일한 금액을 일시적으로 투자할 것이다. 이것은 시장 관행과 일치한다.

〈보고〉

스타벅스는 배분 보고와 가능한 경우 영향 보고로 구성된 연례 스타벅스 글로벌 책임 보고서와 웹사이트에 연간 단위로 진행사항을 게시할 예정이다. 보고서에는 순자금이 적격 프로젝트에 배분되었다는 경영진 주장과 그러한 주장에 대한 외부 감사인의 보고서도 함께 제공된다. Sustainalytics는 이것을 시장 모범 사례에 따라 고려한다.

출처: Sustainalytics(May 2019)

2. GS칼텍스

GS칼텍스에서 발행한 녹색채권의 사례를 살펴보면 공시내용은 녹색채권 발행 개요, 녹색채권 자금용도, 계획사업평가 및 선정, 자금의 관리, 사후보고 및 기타사항 등으로 구성된다.

(1) 개요

① 발행 개요

GS칼텍스는 1967년 국내 최초의 민간정유회사로 출범하여 대한민국 석유사업의 새장을 연이래, 세계적인 경쟁력을 갖춘 글로벌에너지·화학기업으로 성장하기 위한 투자와 노력을 지속하여 왔습니다.

(중략)

회사는 급변하는 글로벌 경영환경 속에서 "Value No. 1 Energy & Chemical Partner"로 지속성장하기 위해 외부환경 대응력을 키우고 견고한 내부경쟁력을 구축함과 동시에, 경제·사회·환경 등 회사와 관련된 다양한 분야의 리스크 관리 및 사회적 책임이행을 기반으로 하는 지속가능경영체계를 꾸준히 관리해 나가고 있습니다. 이에 2017년 전사적 차원의 ESG(Environmental, Social, Governance) 관리체계를 수립하였으며, 지속적인 ESG 데이터 베이스 관리를 위해 GRI Standards·DJSI·UNGC·ISO26000·IPIECA 등 글로벌ESG 표준을 분석하고 선진기업 벤치마킹, 미디어 리서치 등을 병행해 나가고 있습니다. 특히 안전한 사회구축과 환경영향을 줄이기 위한 활동을 적극적으로 전개하고 있습니다. 1996년 경영활동에 환경적요소를 우선적으로 고려하는 환경경영방침을 선언한 이래, 품질경영 및 안전보건 경영방침을 강화하여 2019년에는 안전·보건·환경을 핵심가치로 설정한 SHE 경영방침을 실천하고 있습니다. 여수공장, 인천 윤활유공장 등 각 사업장을 대상으로한 환경경영시스템은 ISO 14001인증을 획득하여 유지하고 있으며 생산부터 최종판매에 이르기까지 전 과정 역시 품질경영시스템인 ISO 9001에 의해 엄격히 관리하고 있습니다. 회사의 주요 환경관리정책 및 활동은 아래와 같습니다.

(1) 에너지효율화

GS칼텍스는 에너지 비용절감 및 효율화를 통한 경쟁력 강화를 위하여 에너지 관리활동을 지속하고 있습니다. 솔로몬스터디 및 국내외 우수절감사례 발굴 및 벤치마킹, 전 공정에너지 진단 등 다양한 에너지 혁신프로그램을 실행하고 있으며, 발굴된 에너지 절감내역에 대해서는 자체 에너지 데이터베이스를 통해 일괄집계하고 관리하고 있습니다.

(2) 기후변화대응

GS칼텍스는 온실가스 배출로 인한 영향을 사전에 분석하여 대응전략을 수립하고 있습니다. 국가온실가스 로드맵 및 회사경영전략에 따른 내·외부환경변화를 분석하여 중장기 배출량 추이를 예측하고 있으며, 사내 배출 현황모니터링 프로세스를 구축하여 기후변화에 대응하고 있습니다. 또한 모든 신규사업 투자검토과정에서 온실가스 영향을 고려하여 경제성 평가를 실시하고, 전사 Value Chain에 대한 최적의 대응방안을 지속적으로 모색하고 있습니다. 이외에도 환경에 대한 사회적 책임실천을 위하여, 해외 저개발국가에 고효율 쿡스토브 지원사업을 추진하고 있습니다.

(중략)

회사는 해당사업으로 주민들의 삶의 질 개선과 동시에, 온실가스 감축을 통한 기후변화 대응 노력에 이바지하고자 합니다. 이는 UN이 지구환경과 인류가 처한 문제를 해결하기 위해 발의한 SDGs(Sustainable Development Goals)에 기여하기 위한 회사의 대표적인 CSR 활동이며, 향후 이 사업의 범위를 확장해 나갈 계획입니다.

(3) 대기 및 수질개선

회사는 대기질 개선에 대한 사회적 요구에 부응하기 위하여 다양한 저감활동을 수행하고 있습니다. 전기 집진기와 오염물질 환원장치 등 대기오염 방지시설을 설치하여 황산화물, 질소 산화물 등의 배출저감을 위해 노력하고 있으며, 여수공장의 주요 굴뚝에 대기오염물질 배출농도 모니터링을 위한 자동측정시스템을 설치하여 매년 배출량을 모니터링하고 배출량 저감이 추가로 필요한 오염물질을 파악하고 이를 개선하는데 해당 데이터를 활용하고 있습니다. 나아가, 수질 및 토양오염 방지를 위한 활동도 수행하고 있습니다. 생산공정의 폐수발생원에 대한 모니터링 체계를 확보하여 폐수발생 현황을 관리하고 있으며, 토양 및 지하수오염방지를 위해 사업장의 지하유류배관을 지상화함으로써 토양오염을 차단하기 위한 노력을 지속하고 있습니다.

(4) 환경 친화적 제품 생산 및 개발

GS칼텍스는 깨끗하고 에너지 효율이 높은 환경친화적 제품과 서비스를 제공하고자 노력하고 있습니다.

(중략)

휘발유는 세계 최고 수준의 친환경 규격을 만족하고 있으며, 고도의 탈황시설을 통해 황함량이 10ppm 이하인 초저유 황경유를 생산하고 있습니다. 특히 등유제품은 고도의 정제과정을 거쳐 만들어진 제품으로, 황함량을 법적 품질기준의 30%가량인 30ppm 이하로 생산하여 환경부로부터 친환경 마크를 획득하였습니다. 또한 제품의 생산, 소비, 폐기를 포함하는 전 과정에서 오염물질 배출과 자원소비를 최소화하는 노력을 지속적으로 이행해 오고 있습니다.

(5) 폐기물관리

GS칼텍스는 폐기물 발생량 감축을 위하여 생산현장부서별 폐기물 발생량을 월단위로 공유하여 발생량 최소화를 유도하고 폐기물 종류에 따라 철저히 분리보관이 실행되도록 현장을 관리하여 재활용 극대화를 추진하고 있습니다. 또한, 폐기물 처리요청 전산시스템과 폐기물 실명제를 실시하고 있으며, 폐기물의 재활용 비율을 높이기 위하여 재활용 업체와 함께 처리기술 및 수요처 개발 노력을 지속함으로써 폐유, 촉매, 음식물 쓰레기 등을 다양한 용도로 재활용하고 있습니다.

② 녹색채권 자금용도

GS칼텍스는 녹색채권으로 조성된 재원을 국제금융시장에서 녹색채권발행시 자율적으로 적용하는 기준 중 하나인 녹색채권원칙(Green Bond Principles)과 부합하고, 아래의 분야에 해당하는 계획사업 중에 녹색채권 발행일을 기준으로 과거 2년 이내 승인된 계획사업부터 발행일 이후 승인되는 계획사업을 포함한 계획사업 중에 선정하여 사용할 예정입니다.

■ 녹색채권 지원대상 사업분야

(1) 오염 물질 저감 및 관리(대기, 수질, 화학물질, 폐기물 등)
- 대기: 미세먼지 원인물질인 먼지, 황산화물, 질소 산화물 저감을 위한 방지시설투자
- 수질: 수질개선을 위한 방지 설비투자

(2) 에너지효율(건물, 설비, 제품, 에너지저장등)
- 중장기 에너지절감 투자사업 및 에너지 모니터링 시스템 최적화 관련 투자

(3) 기타 녹색채권 원칙상 제시된 대상사업에 부합하는 투자

③ 계획사업평가 및 선정

GS칼텍스 녹색채권 발행 주관부서는(자금부서)는 계획사업의 지원여부를 담당부서와 사전협의합니다.
계획사업이 녹색채권 지원대상 사업분야에 해당하는지 환경·사회적 영향을 종합적으로 검토 및 평가한 후 최종적으로 선정합니다.

④ 자금의 관리

GS칼텍스 녹색채권 발행 주관부서는 선정된 계획사업에 대해 녹색채권 발행대금을 적절하게 배분하여 관리 및 운용할 계획입니다. 미사용된 발행대금에 대하여 내부자금관리규정 등에 의거하여 현금 또는 현금성자산, 수익증권 등으로 운용합니다.

⑤ 사후보고

GS칼텍스는 녹색채권 발행대금의 사용현황을 포함한 [투자자안내문]을 자금사용이 완료될 때까지 매년 당사 홈페이지를 통해 제공할 예정이며, 해당 안내문은 다음의 정보를포함하고 있습니다.

- 녹색채권 발행대금이 지원된 사업관련정보
- 녹색채권 발행대금 사용금액 총계
- 녹색채권 발행대금 미사용금액 총계
- 녹색채권 지원 계획사업의 환경개선 기여도 예상수치

⑥ 기타사항

6.1 외부검토

GS칼텍스는 녹색채권 관리체계의 적정성에 대하여 외부전문기관의 검토의견을 받으며, 동 의견서는 당사 홈페이지에서 확인 가능합니다.

6.2 준수사항

GS칼텍스는 지원대상 계획사업의 수행기간 동안 발생 가능한 환경, 사회위험을 방지하고경감하기 위한 내부규정 및 법률적 약정사항에 대해 준수할 것을 확인합니다.

계획사업과 관련하여 발생되는 문제에 대해서는 법적 합의 사항에 의거하여 해당 사업의 차주가 적절한 조치 및 대응을 취하도록 하겠습니다.

(2) 외부 검증보고서

삼정회계법인이 수행한 녹색채권원칙에 기반한 외부검증인의 검증보고서의 내용은 다음과 같다.[49)]

① 목적 및 범위

본 검증은 GS칼텍스의 녹색채권 관리체계가 중요성 관점에서 국제자본시장협회(International Capital Market Association)의 녹색채권원칙(Green Bond Principles)에 따라 공정하고 적정하게 작성되었는지 여부에 대한 제한적 검증을 제공하기 위해 계획되었습니다.

② 책임사항

GS칼텍스는 녹색채권원칙에 준한 녹색채권 관리체계의 모든 내용에 대한 책임이 있습니다. 경영진은 GS칼텍스의 녹색채권 관리체계에 부합하는 관리 및 내부 통제체계를 확립하고 유지할 책임이 있습니다.
본 검증인은 제한적 검증을 수행하고 검증 결과를 바탕으로 결론을 제시해야 할 책임이 있습니다.

③ 독립성

본 검증인은 국제회계사연맹(International Federation of Accountants)의 윤리헌장을 준수하며, 녹색채권 관리체계 작성 업무를 포함한 독립적인 검증 활동과 의견 표명에 영향을 줄 수 있는 여타 업무 수행을 금지하고 있습니다. 삼정회계법인은 독립성 문제 발생 예방 및 윤리헌장 준수 모니터링에 관한 적절한 시스템과 프로세스를 보유하고 있습니다.

④ 검증기준

검증활동은 국제감사인증기준위원회(International Auditing and Assurance Standards Board)가 발행한 International Standard on Assurance Engagements(ISAE) 3000(Revised), Assurance Engagements Other Than Audits or Reviews of Historical Financial Information을 바탕으로 실시되었습니다. 본 기준은 검증인의 독립성 요건과 관련 윤리적 요건을 포함하며, 보고서가 올바르게 작성되도록 제한적 검증을 계획 및 수행할 요건을 포함합니다.

⑤ 제한사항

제한적 검증범위는 합리적 검증범위와 차이가 있으며, 본 검증인이 합리적 검증을 통해서는 확인할 수 있을 모든 중요 사항을 인지하지 못할 수도 있습니다. 따라서, 본 검증인은 합리적 검증 결론을 내리지 않습니다.

본 검증인의 검증 보고서는 전적으로 계약에 따라 GS칼텍스를 위해 발간된 것입니다. 본 검증인은 검증 결과와 검증 보고를 통해 내린 결론에 대하여 GS칼텍스 외의 인원에 대한 책임을 지지 않습니다.

⑥ 주요 검증절차

녹색채권 관리체계에 대한 제한적 검증은 관련 정보를 준비할 책임이 있는 업무 담당자와의 인터뷰, 적합한 분석 및 기타 증거 수집 절차의 활용을 포함합니다. 절차에는 아래 사항이 포함되었습니다.

- 부록 1. GS칼텍스 녹색채권 관리체계가 녹색채권원칙에 부합하는지 여부 검토
- 제안된 자금 배분안과 녹색채권 관리체계에 명시된 유형 간 부합 여부 검토
- 제안된 자금 배분안 관련 환경개선효과 측정 방법론 검토
- 녹색채권 관리체계에 대한 이해도를 증진시키기 위해 녹색채권 관련 업무 담당자와 계획사업 유형, 사업 평가 및 선정, 자금 관리, 사후보고에 대한 인터뷰 실시
- 녹색채권 관리체계의 사업 평가 및 선정, 자금 관리, 사후보고에 대한 근거 문서 확인

⑦ 검증의견

본 검증인이 수행한 절차와 획득한 증거에 기초할 때 GS칼텍스가 발행할 녹색채권에 적용하는 녹색채권 관리체계가 중요성 관점에서 녹색채권원칙에 부합하지 않게 작성되었다고 보이지 않습니다. 또한, 중요성 관점에서 녹색채권 관리체계에 부합하지 않는 내용이 제시된 자금 배분안에서 발견되지 않았습니다.

제 5 장

ESG 투자

제1절

ESG 투자란

1. ESG 투자 개념

(1) ESG 투자와 SRI

ESG에 투자가 더해진 'ESG 투자'는 ESG 이슈를 투자 의사결정에 반영하는 것을 의미한다. 기업의 ESG 경영은 기업이 어떻게 ESG 요소를 경영에 반영시킬 것이며, 기업의 입장에서 해당 기업이 ESG 요소 중에 어떠한 부분에 강점을 가지는지, 어떠한 부분이 약한지, 어떠한 부분을 개선하여 기업의 이윤 중심 가치 상승뿐만 아니라, 본질적 가치의 상승을 도모할 수 있는지 판단하는 방식을 의미한다. 또한 ESG 요소의 기업 경영에의 반영을 통하여 어떻게 투자금 및 금융자본 활용에 이용할 것인지를 포함한다.

반면 ESG 투자는 책임투자를 행함에 있어서 ESG에 맞는 구체적인 판단기준을 구체화하여 행해지는 투자로 이해하면 된다. '책임투자'란 투자대상 기업의 재무적 가치뿐만 아니라, 환경보호 및 사회적 책임의 이행 정도 등을 고려하여 투자 대상을 선정하는 것을 의미한다. 이는 사회적 책임투자(Social Responsible Investment)로 구체화될 수 있는데, 이는 주주뿐만 아니라 종업원, 고객, 지역사회, 환경 등 다양한 이해관계자들을 고려한 경영 의사결정을 하는 기업들을 선정하여 투자하는 투자전략을 말한다.[1)]

ESG 투자는 이러한 사회적책임투자와 거의 동일한 개념으로 이해하면 된다. 다만 ESG의 각 요소에 맞춘 투자성향이 구체화되는 경향이 있다.[2)] 투자 기관이 기업의 ESG 경영활동(ESG 기준을 회사의 경영 전반에 반영하여 본질적 가치를 추구하는 활동)에 대한 평가를 함에 있어 기존의 투자 판단의 기준에 추가하여 ESG 요소를 반영하는 투자로서 책임투자를 하게 된다. 이에 기업의 사회적 책임의 구체적 기준으로서 ESG의 개별 요소 및 기준들에 대한 구체적인 반영을 통해 본질적 가치 찾기를 도모하는 것으로서 ESG 투자가 그 의미를 가진다.

이에 관하여 사회적 책임투자(SRI)와 ESG 투자를 구별하여 SRI는 특정 펀드에서 이루어지는 것으로 분류하고 책임투자나 ESG 투자는 기관투자자가 운용하는 모든 자산에 환경, 사회, 지배구조의 평가를 포함하는 투자법이라는 점에서 구별된다고 보는 분류도 있으나, 이는 투자전략 또는 투자판단의 기준, 투자방법의 측면에서 유의미한 분류기준이 있다고 보이지는 않고, 그 의미를 개별 특정펀드에서 SRI를 주로 투자전략으로 활용하다가 추후 책임투자에 대한 요구범위가 넓어지면서 그 전략의 다양한 적용 및 판단기준의 구체화 및 다양화가 이루어지면서 ESG 투자로 정착되고 있다는 정도의 의미로 받아들이면 충분하다.

이러한 책임투자는 단기적인 수익과 단기 효율성에 집중하기보다 장기적인 관점에서 투자 대상기업의 위험관리에 기초하여 장기투자수익을 극대화하는 투자 방식으로 볼 수 있다. 이러한 책임투자는 기업에 영향을 주게 되는데, 이는 기업이 (책임)투자를 유치하기 위하여 기업의 사회적 책임(Corporate Social Responsibility; CSR)의 이행가능성을 높이기 위하여 노력하게 되고, 이러한 노력은 기업의 지속가능성(Sustainability)의 상향 효과를 도모할 수 있게 한다. 이로써 경영자와 기업뿐만 아니라 ESG 이슈의 수혜자들이라고 볼 수 있는 이해관계자들까지 긍정적인 효과를 가져올 수 있게 된다.

(2) CSR과 ESG

여기서 CSR과 ESG의 구별을 통해 ESG 투자의 개념을 명확히 해보자.[3] ESG와 CSR이 경제 특히 기업활동에 있어 본질적인 가치를 추구한다는 점에서 동일하다. 하지만 CSR은 시장실패에 대한 기업의 책임론에서 등장한 개념으로 기업이 CSR을 실천하며 좋은 평판을 쌓고 평판을 활용해 이윤을 창출하는 것을 목표로 한다. 즉 CSR은 기업의 책임 위주로 이루어지고 이에 대한 투자의 기준으로서의 평가는 이루어지지 않았다. 즉 CSR을 이루는 수단은 기업에서의 기본적인 인권보장이나, 봉사, 기부 등 사회공헌활동을 통해서 이루어지는 것이 대부분이다. 반면 ESG 가치를 추구하는 기업은 재무적 성과에 더하여 기업의 환경, 사회, 지배구조 등을 비재무적 성과로 하여 경영판단에 포섭시키고 그 포섭의 효과를 평가하고 개선하는 것을 목표로 한다. 이러한 방향성은 ESG 가치를 반영하는 투자계획을 세우고, 조직 구조를 바꾸면서, 기업경영 그 자체에 ESG 가치를 명시적으로 포함시키는 것이다.

(3) ESG 투자란

여기서 ESG 투자의 개념을 명확히 할 수 있는데, CSR이 기업의 사회적 공헌활동을 수행함으로써 기업의 사회적 책임을 수행하는 것을 의미하는 반면, ESG 투자는 기업의 기업활동에 ESG 가치를 반영하고 평가함으로써 비재무적인 부분에 성과를 달성하거나 달성할 목적으로 ESG 경영을 함으로써 장기투자자들을 모집하고, 기업에 대한 투자자들은 이러한 부분을 반영한 투자를 통하여 기업의 본질적 가치 추구를 용이하도록 함으로서 위험을 줄이고, 비재무적 성과뿐만 아니라 전체적인 성과를 장기적으로 낼 수 있도록 하는 것이다.

2. ESG 투자의 발전과정

ESG라는 개념이 있기 전부터 책임투자 개념은 존재해 왔다. 과거 종교적 신념에 따른 투자제한을 한 것은 차치하고, 1920년대에는 구체화되어 종교적 신념에 기반을 둔 윤리적 투자가 시작되었다. 이후 1960년대에는 자본주의의 폐해에 대한 반성으로서 여러 사회적 문화적 변화를 거치는 과정에서 공익적 성격의 책임투자가 이루어지기 시작하였고, 사회·환경·경제적 문제들에 대한 자각을 통하여 기업과 투자들의 책임을 연계시켜 보기 시작하였다.

1980년대 기업의 사회적 책임(CSR)의 이행 여부를 기업 평가의 잣대로 삼아야 한다는 주장이 강해졌고, 반 아파르트헤이트 운동 취지에 부합하는 인종차별 기업에 대한 포트폴리오 배제, 체르노빌 등 환경재앙에 대응하는 투자, 기업지배구조에 대한 관심에서 연기금들의 자산 가치 방어를 위한 기업 감시 등의 차원에서 책임투자가 이루어지기 시작하였다.

지속가능 투자(SI)의 개념을 바탕으로 책임투자가 구체화된 것은 2000대에 들어선 이후이다. 해외 투자시장에서 인권문제를 연관 짓거나, 녹색투자 등 환경을 고려한 투자가 확대되었고, 책임투자의 구체화 및 보완작업이 지속적으로 이루어져 왔다.[4)]

특히 이 과정에서 코피아난 당시 유엔 사무총장이 2004년 세계 각국 금융회사에 지구 환경과 사회의 지속가능성을 위한 행동에 나서줄 것을 호소하면서 투자 결정 과정에서 ESG 가치를 비중있게 다루어 달라는 요청을 한 것을 주요 기점으로 하여, 2006년에는 ESG 가치가 적용된 '유엔 책임투자 원칙(PRI)'이 정립됐다. 이때부터 ESG 가치가 본격적으로 기업경영을 위한 국제규범으로 포섭되기에 이르렀다. 특히 책임투자원칙을 통해 투자자들의 관심이 증대되고 있으며 그 투자규모 또한 증가하는 추세이다. 투자자들은 재무적 성과와 함께 환경, 사회, 지배구조 등 비재무적 요소를 중요한 기업 평가 항목으로 삼기 시작했고, 정량적으로 산출된 기업의 ESG 평가결과를 투자의사 결정에 적극적으로 활용하고 있다.

유엔의 책임투자원칙에 서명한 기관투자자들을 포함한 투자기관들의 적극적인 참여는 ESG 투자 활성화의 기폭제 역할을 하였다. 그 외에도 환경 분야 등 다양한 이니셔티브 및 프레임워크 단체들의 활동이 이루어지고 있다.[5)]

3. UN PRI

(1) 유엔의 책임투자원칙의 시작

유엔은 2006년 책임투자원칙(PRI, Principles for Responsible Investment, 이하 'PRI')을 발표하고 많은 기관 투자자가 여기에 동의하고 서명한 것이 책임투자의 확대 계기이다.[6)] 책임투자원칙이 발표된 후 국제적으로 책임투자 흐름이 빨라지고 있다. 2021년 상반기인 현재 3,826개 기관이 PRI에 서명하였고, 그 운용자산은 121조 3천억 달러에 달하며, 빠른 속도로 증가하고 있다.

[표 5-1] UN PRI 가입 현황

					Growth rates			
Yea	AO AUM ($ US trillion)	Number of AOs	Assets under management (US$ trillion)	Number of Signatories	AO AUM ($ US trillion)	Number of AOs	Assets under management (US$ trillion)	Number of Signatories
2006	2.0	32	6.5	63				
2007	3.2	77	10	185	60%	141%	54%	194%
2008	4.2	135	13	361	31%	75%	30%	95%
2009	3.6	172	18	523	-14%	27%	38%	45%
2010	4.8	203	21	734	33%	18%	17%	40%
2011	5.5	229	24	890	15%	13%	14%	21%
2012	7.6	251	32	1,050	38%	10%	33%	18%
2013	10.5	268	34	1,186	38%	7%	6%	13%
2014	11.2	270	45	1,251	7%	1%	32%	5%
2015	13.2	288	59	1,384	18%	7%	31%	11%
2016	13.9	307	62	1,501	5%	7%	5%	8%
2017	16.3	346	68.4	1,714	17%	13%	10%	14%
2018	19.1	373	81.7	1,951	17%	8%	19%	14%
2019	20.1	432	86.3	2,372	5%	16%	6%	22%
2020	23.5	521	103.4	3,038	17%	21%	20%	28%
2021	29.2	609	121.3	3,826	24%	17%	17%	26%

출처: PRI 홈페이지(https://www.unpri.org/)

이러한 PRI에 서명하는 기관 투자자들이 급속도로 늘어나고 있는 것은 국제적으로 책임투자의 흐름이 빨라지고 있다는 것을 보여준다. 이런 세계적인 흐름은 지구의 지속가능성을 위협하는 다양한 문제, 즉 기후변화문제에 대해 국제기구와 국제금융기관의 강한 위기의식이 작용하고 있다.

유엔이 책임투자원칙을 제안한 이후에 세계 각국의 기관 투자자들은 잇달아 책임투자원칙을 적극적으로 도입하고 있다. ESG의 가치를 자산운용 프로세스에 포함하는 것이 수탁자 책임을 수행하는 것으로 인식하고 있기도 하고, 기업의 실적, 투자수익, 시장 행동에 단기주의가 미치는 영향을 우려하는 의견을 반영하여 금융부문에서 ESG 과제가 중요하다는 인식이 높아지고 있다. 또한, 이는 CSR에 만족하지 못하고 ESG 투자를 통해 경쟁사와 차별화를 시도하려는 목적도 있다.[7)]

이러한 시도들이 많아지게 된 이유는 기존의 SRI와는 달리 기관투자자들을 포함하여 투자들이 투자 의사결정을 함에 있어 사회적 책임을 다하는 차원을 넘어서서 투자의 기준에 기업의 비재무적 요소들을 전반적으로 반영하는 것을 수탁자로서의 책임을 다하는 방법으로 인식하기 시작했다는 점과, 이러한 유엔의 책임투자원칙에 가입함으로써 투자 대상 기업에 대한 장기적인 투자에 대한 성공가능성을 높인다는 의미를 투자자들에게 보여줄 수 있다고 보기 때문에 경쟁력을 가질 수 있다는 점을 주로 한다. 즉 단순히 우리는 사회적 책임을 다하는 투자기관이라는 점을 넘어서서 ESG 투자를 통하여 더 나은 투자성과를 보여줄 수 있는 수단으로서 작용할 수 있다는 점에서 문제의식을 공감하고 실천이 이루어지고 있는 것이다.

(2) 유엔 책임투자원칙

유엔이 제안한 책임투자 원칙, 즉 UN PRI의 6가지 원칙은 다음과 같다.

[표 5-2] 유엔 책임투자원칙

제1원칙 : 우리는 ESG 이슈를 투자분석과 의사결정 과정에 통합한다. 제2원칙 : 우리는 적극적인 소유주가 되어 ESG 이슈를 소유권 정책과 관행에 통합한다. 제3원칙 : 우리는 투자하는 기업이 ESG 이슈에 대해 적절하게 공개하도록 추구한다. 제4원칙 : 우리는 투자산업 내에서 원칙의 수용과 실천을 추진한다. 제5원칙 : 우리는 원칙을 실행함에 있어 우리의 효율성을 높이기 위해 함께 노력한다. 제6원칙 : 우리는 원칙을 실천함에 있어 우리의 활동과 진행상황에 대하여 보고한다.

출처: PRI홈페이지(www.unpri.org)

이러한 6가지 원칙은 이 원칙에 서명한 투자자가 ESG 투자를 행하는 과정에서 수행해야 하는 절차적인 원칙을 보여주고 있다. 우선 ESG 요소를 투자에 대한 의사결정 과정에 포함시키도록 함으로써 ESG 요소, 즉 투자 대상 기업의 비재무적인 사항에 대한 판단을 의무적으로 포함시키도록 하고 있다(제1원칙). 또한 이러한 내용은 스튜어드십과 같은 수탁자 책임 원칙으로 대변되는 의결권을 행사하거나 투자 대상 기업에 대하여 ESG 요소가 투자 대상 기업에 반영되고 있는지 확인하거나, ESG 요소에 기반한 기업활동을 하도록 요구하는 소유권(결국 의결권의 행사로 귀결될 것이다)의 행사에 관한 정책과 활동에 포함시키도록 하고 있다(제2원칙).

이에 더하여 투자 대상 기업이 ESG 이슈에 대한 정보를 적절히 공개하도록 투자기관이 투자 대상 기업에 요구함으로써 기업의 비재무적 요소에 대한 투명성 확보를 추구하고 있다(제3원칙). 이러한 원칙들을 단순히 따르겠다고 서명하는데 그치는 것이 아니라, 전체적인 투자산업에 수용과 실천을 하도록 요구하고 있으며(제4원칙). ESG 요소의 투자산업에의 적절한 반영, 즉 ESG 투자가 효율적으로 이루어질 수 있도록 노력해야 하고(제5원칙), 이러한 진행 상황을 투자기관이 적절히 보고함으로써 투자 대상 기업에 ESG 이슈에 대한 정보공개를 요청하는 것에 더하여 ESG 투자에 관한 전반적인 진행 상황을 실천하고 있는지 검토할 수 있도록 하고 있다(제6원칙).

(3) 유엔 책임투자원칙의 향후 과제와 ESG 투자

위의 성장률을 드러낸 UN PRI 가입현황([표 5-1])에서 확인할 수 있듯이 2006년 이후 많은 기관 투자자가 책임투자원칙에 서명하기 시작하면서 ESG 투자 비율 역시 늘어나고 있다. 특히 미국과 유럽의 정부 기금과 공적연금이 나서서 서명함으로써 책임투자의 확대에 기여한 바 있다.

하지만 ESG 투자에 대하여 모두가 지적하는 바와 같이, UN PRI의 서명 이후에 기관 투자자가 ESG 요소를 투자방침과 자산운용프로세스에서 어떻게 통합해나갈지, 즉 책임투자원칙의 실효성을 높이기 위한 방안들에 대한 지속적인 문제도 제기되고 있다. 실제 서명한 기관들이 ESG 투자에 관하여 적극적으로 실행하고 있는지에 대한 이슈에서 부정적인 평가를 받은 기관들도 상당수 있다.

이와 관련하여 PRI 보고서는 에셋오너의 적극적인 행동이 필요하다는 점과 투자방침과 운용 프로세스에 ESG 요소를 충분히 통합하지 못하고 있으며, 기후변화 전략도 충분하지 않다는 문제점들을 지적하고 있다.[8)]

에셋오너의 적극적인 행동과 기후변화 전략은 별론으로 하더라도 투자방침과 운용 프로세스에서 ESG 요소를 충분히 통합하지 못하고 있다는 문제점은 또 다른 이슈와 연결될 수 있다. 이는 ESG에 대한 통합적인 평가 기준의 부재 문제로 드러난다. 기관 투자자들은 대부분 자신들의 독자적인 ESG 평가 시스템을 구축하기 위하여 노력하고 있다. 우리나라의 국민연금 또한 최근 독자적인 ESG 평가 시스템을 구축하고 개선하고 있고, 이를 통해 구축된 ESG 평가 기준은 비공개를 원칙으로 한다고 전하고 있다.[9)] 하지만 ESG 평가에 있어서 통합기준의 부재는 ESG 요소의 투자 프로세스에의 반영을 더디게 하며, 투자 대상 기업의 ESG 요소의 적극적인 반영에도 장애물이 될 것이다.

이에 더하여 보면, 유엔의 책임투자원칙에 서명한 기관에는 에셋오너(Asset Owner, 외부기관에게 자산관리를 위탁하는 자), 자산운용기관(Asset Manager, 에셋오너에게 자산을 위탁받아 운용하는 자), 금융기관(운용자산에 관한 상품과 서비스를 제공하는 자)이 있다. ESG 평가의 통일된 기준은 에셋오너로 하여금 ESG 이슈에 대한 적절하고 일관된 판단을 할 수 있도록 조력할 수 있으며, 자산운용기관으로 하여금 통일된 기준을 자신의 자산운용 프로세스에 통합하게 함으로써 의사결정을 쉽게 할 수 있으며, 금융기관에서는 공통의 기준을 활용하여 투자 대상 기업에 대한 합리적이고 효율적인 평가 시스템을 구축할 수 있도록 할 것이다.

유엔의 책임투자원칙은 ESG 이슈를 세계적인 관심을 가지도록 하는 데 성공하였다고 평가할 만하고, 이에 더하여 서명 기관들의 적절한 ESG 투자 프로세스의 구축에 어떻게 영향을 미칠 수 있는지에 대한 효율적인 대책들이 필요하고 이를 주도할 책임이 있다고 할 것이다.

4. 신의성실의무와 이해관계자 중심주의

(1) 신의성실의무

책임투자에 있어서 신의성실의무는 돈을 맡긴 투자자에 대한 수탁자의 의무를 뜻하며, 책임투자의 근간이 되는 중요한 개념이다. 신의성실의무에 대한 정의와 법적 해석은 국가별로 다양하지만, 일반적으로 자산운용 측면에서는 투자자의 이익에 대한 충실의무(Duty of Loyalty)와 선량한 관리자로서의 주의의무(Duty of Care)를 의미한다.[10)]

책임투자의 관점에서 기관 투자자가 단기적인 재무적 성과만을 노리는 것이 아니라, 장기적인 측면에서 기업의 비재무적 측면으로서의 ESG 요소를 고려하고 이에 기반하여 주주권 등을 적극적으로 행사하는 것은 신의성실의무를 충실히 수행하는 것이라 할 수 있다. 이러한 신의성실의무 개념의 적극적인 확대 논의가 ESG 이슈의 이론적 시발점이라고 할 수 있다.

이러한 신의성실의무는 다음의 사항을 요구하고 있다.[11)]

[표 5-3] 신의성실의무가 투자기관에 요구하는 사항

• Incorporate environmental, social and governance(ESG) issues into investment analysis and decision-making processes, consistent with their investment time horizons.	• 환경, 사회 및 거버넌스(ESG) 문제를 투자기관의 투자선상에서 투자분석과 의사결정 프로세스에 포함시키도록 한다.
• Encourage high standards of ESG performance in the companies or other entities in which they invest.	• 투자하는 회사 또는 기타 기관에서 ESG 성과에 대한 높은 기준을 적용하기를 장려한다.
• Understand and incorporate beneficiaries' and savers' sustainability-related preferences, regardless of whether these preferences are financially material.	• 이러한 선호가 재정적으로 중요한지 여부에 관계없이 수익자와 투자자의 지속가능성 관련 선호를 이해하고 통합한다.
• Support the stability and resilience of the financial system.	• 금융 시스템의 안정성과 탄력성을 지지한다.
• Report on how they have implemented these commitments.	• 이러한 약속을 어떻게 이행했는지 보고한다.

출처: Rory Sullivan, Fiduciary-duty-21st-century-final-report, UNEP FI and PRI, 2019

이렇듯 과거 신의성실의무에 대하여 주주의 이익으로 전부화되던 개념을 넘어서 비재무적 성과를 명확히 반영하는 것이 신의성실의무를 다하는 것으로 바뀌고 이 신의성실 의무는 투자기관 및 기업들에게 요구하고 있다. 이러한 충실의무와 신인의무라는 투자기관의 수탁자로서의 의무에 ESG 문제를 포함시켜야 하는 주된 세 가지 이유는 다음과 같다.[12)]

① ESG 요소의 반영은 투자의 기준이다. 책임 있는 투자라는 아이디어에 모멘텀이 생겨 PRI가 121조 달러가 넘는 투자하는 서명자가 3,826곳 이상으로 성장하였고 현재도 계속하여 성장하고 있다. 2018년에 PRI는 관리 대상 자산의 50% 이상을 차지해야 하는 투자자의 책임투자 접근방식을 다루는 투자 정책과 고위급의 약속 및 이행을 위한 책임 메커니즘을 포함하여 서명자에 대한 최소 요구 사항을 제시했다. 서명자가 행하는 지속적인 연례 보고 및 공시는 TCFD에 반영되는 공개 요건을 포함하여 서명자의 원칙의 이행을 위한 더 나아간 행동을 보여주고 있다. 이러한 점은 ESG 투자의 아이디어 및 동기가 실제 ESG 투자와

일치하고 있음을 보여준다. ESG 요소를 투자분석 및 의사결정 프로세스에 통합하는 것은 필수가 되고 있다.

② ESG 이슈는 재정적으로 중요해졌다. 그간의 경험과 학술적 연구들은 ESG 문제를 기존 재무적 의사결정 판단 기준에 통합하는 것이 투자의 본질적 가치에 해당함을 보여주고 있다. ESG 분석은 투자자가 가치 관련 문제를 식별하는 데 도움이 되며 ESG 분석을 무시하는 것은 위험의 잘못된 측정과 잘못된 투자자산 배분을 유발할 수 있으므로 수탁자의 의무불이행에 해당한다는 합의가 이루어지고 있다. 기후 변화와 같은 시스템 문제는 특정 부문, 산업 및 지역에 대한 투자 근거를 크게 바꾸고 있고 재무적 결과에 부정적인 영향을 미친다는 것이 이미 일반화되고 있다. 궁극적으로 ESG 이슈의 반영은 투자 프로세스의 신중함을 대변하는 핵심 특징이 되었다.

③ 정책 및 규제 프레임워크가 ESG 통합을 요구하는 방향으로 변경되고 있다. 전 세계적으로 약 500개 정책 도구에 걸쳐 730개 이상의 경성 및 연성 규제 정책의 제정 및 개정이 있으며, 이는 투자자가 ESG 이슈를 포함한 장기적인 가치 동인을 고려하도록 지원하거나, 장려하거나, 요구하고 있다. 이러한 ESG 이슈에 따른 정책 변경에 따라 ESG 통합 및 적극적인 소유권 행사가 투자자의 수탁자 의무에 포함됨을 명확히 하고 있다. ESG 이슈를 반영하지 못한 투자자는 수탁자로서의 의무를 해태하는 것으로 판단할 수 있게 되고, 법적인 문제를 발생시킬 가능성이 점점 높아지고 있는 것이다.

이러한 ESG 이슈의 투자 프로세스에의 반영의 이론적 근거로서의 신의성실 의무가 사회적 합의 및 유행을 불러일으키고 국가적인 정책 대응까지 이루어지고 있는 상황이어서 투자기관으로서는 ESG 투자를 의무할 수밖에 없는 상황이 되고 있다. 이러한 상황의 변화는 2014년 이후 급격하게 변경되고 있고, COVID-19의 대유행이라는 상황이 더욱 촉진시키고 있다. 이러한 신의성실의 의무에 부합하는 ESG 투자가 이루어지도록 하는 방향성에는 2가지 측면이 있다.

(2) 이해관계자 중심주의

한 측면은 기업의 목적을 단순히 주주의 금전적 이익을 극대화하는 주주 중심주의(shareholder theory)에서, 이해관계자를 위한 관리로 보는 이해관계자 중심주의(stakeholder theory)로의 변화가 발생하고 있다는 점이다. 자본주의의 취약요인을 벗어날 수 있는 특성 중 하나로 드는 것이 이해관계자 중심주의이다. 기업의 목적은 직원, 고객, 공급업체, 지역사회, 자연환경 및 주주 등 모든 이해관계자를 위한 가치를 창출하는 것으로서 이러한 다중적 의무는 기업 의사결정, 거버넌스 모델 및 인센티브 시스템에 일관되게 반영되어야 한다는 것이다.[13)]

이러한 이해관계자 중심주의는 ESG 요소 중 기업의 지배구조(Governance)와 사회(Social) 요소의 대부분의 쟁점에서 이슈로 드러나고 있다. 여기에서 더 나아가 환경(Environment)으로 나아가는 과정을 통해 ESG 이슈가 기업의 비재무적 요소로서 기업활동에 적극적으로 반영되어야 한다는 점으로 드러나게 된 것이다. [표 5-4]에서는 이러한 이해관계자 중심주의와의 ESG의 연관성을 단적으로 드러내는 각 요소들을 보여주고 있다.

[표 5-4] ESG 요인사례

환경(Environment)	사회(Social)	지배구조(Governance)
• 생물다양성, 토지이용 • 탄소배출 • 기후 변화 • 에너지 사용 • 원자재 채굴 • 규제, 법적 위험 • 공급 체인 관리 • 폐기물 및 재활용 • 기후 이벤트	• 지역사회 관계 • 논란이 있는 사업 • 고객관계 / 제품 다양성 • 고용관계 • 건강 및 안전 • 인적자산관리 • 책임있는 판매 및 R&D • 노동조합 관계	• 신뢰성 • 기업인수규제 • 이사회 구조 및 규모 • 뇌물, 부패 • 최고경영자 이원성 • 임원 보수 구조 • 소유 구조 • 주주 권리 • 투명성 • 주주권 행사 프로세스

출처: Gordon L Clark, From the Stockholders to the Stakeholders, University of Oxford & Arabesque Partners, 2015, p.12

(3) 투자기관의 충실의무

또 하나의 측면은 기업의 ESG 요소의 기업 경영에의 통합(또는 반영)에 있어 자발적인 측면을 넘어서 외부의 강제성있는 방안으로서 선택된 것은 금융을 통한 압박이라는 점이다. 유엔의 책임투자원칙이 그 방향성을 보여주는 대표적인 사례이다. 투자기관, 즉 ESG 요소를 반영해야 하는 기업들에 대하여 주도적인 영향력을 행사할 수 있는(기관투자자를 포함한) 투자기관들이 ESG 투자를 하도록 컨센서스를 만들어감으로써 투자기관을 통하여 투자 대상 기업으로 하여금 ESG 이슈를 받아들이도록 하고 있다.

다시 말해 신의성실의 원칙은 기업이 단순한 주주를 넘어선 이해관계자를 위한 관리의 측면으로 확대되어 가는 방향성을 제시하고, 또한 투자기관으로 하여금 재무적인 성과만이 아니라 비재무적 성과로서의 ESG 요소의 반영을 통한 장기적인 투자와 안정적인 투자를 보장함으로서 원 투자자에 대한 충실의무를 다할 수 있도록 한다는 측면에서 작용하고 있는 것이다. 이는 기업의 본질적인 가치에 관한 변화를 보여주기도 한다. 기업의 본질적인 가치가 이윤의 창출에서 ESG 요소를 반영한 본질적인 가치찾기로 나아가고 있다.

제2절

ESG 책임투자의 전략

1. ESG 책임투자 방식

책임투자는 단기적인 수익에 집착하기보다는 장기적인 관점에서 위험관리에 기초하여 장기투자수익의 안정적 극대화를 추구하는 투자방식이라 할 수 있고, 장기적인 관점에서 위험관리를 평가하기 위하여 투자 의사결정 시 기업의 재무적 요소 이외에도 ESG 요소로 대변되는 비재무적인 요소를 고려하여 결정함으로써 ESG 투자가 이루어지게 된다. 그리고 기업은 책임투자를 통해 기업의 사회적 책임(CSR)의 이행가능성을 판단할 수 있으며, 이에 따른 기업의 지속가능성의 상향 효과 등을 도모함으로써 경영자와 기업에 긍정적인 영향을 줄 수 있다.[14)]

이러한 ESG 투자가 이루어지는 방식, 즉 ESG 투자와 관련된 투자접근 방법의 개념은 역사적으로 변화해 왔다. 이와 함께 초기에는 단순한 모델에서 시작하여 근래에는 전통적인 주류 투자 접근법에 포함되는 방식으로 진화해 왔다. 특히 글로벌지속가능성투자협회(Global Sustainable Investment Association, GSIA)는 기관투자가 또는 펀드매니저 등이 사용하는 여러 가지 책임투자 유형을 정리하였다.

2. 책임투자 전략의 종류

해외 주요 연기금에서는 책임투자의 이행을 위해 다양한 유형의 책임투자 방법을 고안하여 적용하고 있는데, 글로벌지속가능성투자협회(GSIA)는 기관투자자 또는 펀드매너저 등이 사용하는 여러 가지 책임투자 유형을 총 7가지로 정리하였다.[15)]

[표 5-5] 책임투자의 유형별 분류

책임투자유형		정 의
ESG 요소 포함 유형 (ESG Incorporation)	네거티브/투자배제 스크리닝 (Negative/Exclusionary Screening)	특정의 환경(E), 사회(S), 지배구조(G) 기준을 토대로 부정적으로 평가되는 산업/기업을 포트폴리오나 펀드 구성에서 배제하는 방식
	포지티브/동종업계 우수기업 선정 스크리닝 (Positive/Best-in-Class Screening)	동종업종 비교집단에 비해 상대적으로 우수한 ESG 성과를 보이는 기업 혹은 프로젝트를 선별하여 투자하는 방식
	규범 기반 스크리닝 (Norms-Based Screening)	국제적으로 통용되는 규범에 입각하여 비즈니스 관행에 대한 최소한의 기준을 설정하고 그 충족 여부를 투자심사에 반영하는 방식
	ESG 통합투자 (Integration of ESG Factors)	투자의사 결정을 위한 재무분석 프로세스에 환경적(E), 사회적(S), 지배구조적(G) 요소들을 체계적/명시적으로 융합시키는 방식
	지속가능성 테마 투자 (Sustainability Themed Investing)	지속가능성에 특화된 테마(청정에너지, 녹색기술, 지속가능 농업 등)의 자산/기업들에 투자하는 방식
	임팩트/지역사회 투자 (Impact/Community Investing)	사회, 환경 문제를 해결하여 긍정적인 영향을 이끌어내기 위한 자본투자(임팩트 투자), 혹은 소외된 계층이나 지역사회를 대상으로 특화된 책임투자(지역사회 투자)방식
기업 관여활동 유형 (Engagement)	기업 관여활동 및 주주행동 (Corporate Engagement and Shareholder Action)	책임투자 기준에 맞는 기업경영을 위해 주주 권한을 활용하여 적극적인 영향력을 행사(기업 관여활동, 의결권 행사, 주주 제안 등)하는 방식

출처: GSIA, 2016 Glibal Sustainable Investment Review, 2016

ESG 투자 전략의 기본은 자산의 재무적 위험과 수익을 계량적으로 분석하는 기존의 전통적인 투자분석에 ESG 정책과 성과 등에 대한 질적, 계량적 분석을 보완적으로 반영하는 것을 의미한다.

(1) 네거티브/투자배제 스크리닝(Negative/Exclusionary Screening)

가장 오래된 책임투자 전략이며, ESG 평가를 기준으로 부정적으로 평가되는 기업/섹터/산업을 투자에서 배제하여 ESG 관련 위험을 관리하는 방식이다. 배제 여부를 판단하는 기준으로 ESG나 국제규범 등을 사용할 수 있으며, 투자 대상 기업의 총매출이나 총수익에서 배제 대상 품목이 차지하는 비중 등을 고려하는 것이 일반적이다. 예를 들어 무기, 담배, 외설물, 도박 등을 들 수 있다.

(2) 포지티브/동종업계 우수기업 선정 스크리닝(Positive/Best-in-Class Screening)

어떤 특정한 섹터의 기업군에서 ESG 성과가 가장 좋은 높은 기업들을 선택하여 투자하는 전략이다. 성과가 우수한 종목을 선정하여 투자한다는 측면(투자 대상으로 선발되는 기업의 범주가 좁다는 측면)에서 네거티브 스크리닝에 비해 더욱 엄격한 방식이다. 기업 지속가능성등급지수 구성 종목을 활용하는 방식이 널리 이용된다.

(3) 규범 기반 스크리닝(Norms-Based Screening)

포트폴리오에 속한 각각의 기업들이 환경, 인권, 노동, 반부패 등에 관한 국제규범을 잘 준수하는지를 기준으로 기업의 ESG 고려 정도를 평가하는 방식이다. 이러한 국제규범을 충실히 따르지 않을 때 투자자들은 이들 기업에 관여하여 어떤 조치가 필요한지 여부와 투자 대상에서 제외할지 여부를 판단한다. 가장 흔히 고려되는 국제규범으로는 UN Global Compact, 국제노동조약(ILO convestion), OECD 다국적기업 가이드라인을 들 수 있다.

(4) ESG 통합투자(Integration of ESG Factors)

ESG 요소들을 기존의 전통적인 재무분석에 체계적이고 명시적으로 포함시키는 방식이다. 2019년 이후에는 가장 많이 채택되고 있는 방식이다. 하지만 그 명확한 범위를 구분하기 어려운 모호성 때문에 그 사용 정도의 정확한 추정이 어렵다. 근래 해외 및 국내 연기금 등이 기존의 투자 프로세스에 적극적으로 반영할 ESG 평가기준을 자체적으로 개발하고 다양한 투자기관들이 자체적인 재무의사결정 프로세스에 ESG를 명시적으로 반영하고 있어, 기존의 네거티브 스크리닝 방식을 넘어서는 결과를 보여주고 있다.

(5) 지속가능성 테마 투자(Sustainability Themed Investing)

지속가능한 개발과 긴밀히 연관된 자산을 집중적으로 선택하여 투자하는 방식이다. 다양한 테마의 지속가능성 투자들이 있지만, 기후변화에 관련된 자산에의 투자가 가장 활발하다.

(6) 임팩트/지역사회 투자(Impact/Community Investing)

사회, 환경 문제 등의 해결을 통해 지속가능한 개발에 긍정적인 영향을 미치도록 하는 투자 방식이다. 특히 저탄소 기술과 기반 형성에 더 많은 투자를 위한 기념비적인 합의를 이루어 낸 파리기후협약 이후 책임투자에 있어 이 전략이 더욱 핵심적인 역할을 하고 있으며, 더 나아가 최근에는 재무적 수익을 창출하는 투자 기회로도 주목받고 있다. 녹색채권이 이에 해당한다.

(7) 기업 관여활동 및 주주행동(Corporate Engagement and Shareholder Action)

관여 전략은 주주로서의 권한을 활용하여 기업에 ESG 관련 이슈들을 제기하고 관철시키는 방식이다. 주주로서 행사할 수 있는 수단으로 우선 공식적/공개적으로 ESG 이슈에 관련한 주주 제안을 하고 이의 관철을 위해 적극적으로 주주 투표에 임하는 것을 들 수 있다. 이에는 기업의 고위 경영진이 되거나, 주주 제안 사항의 제출, 포괄적인 ESG 가이드라인에 따른 프록시 보팅 등이 포함된다.

3. ESG 투자 전략의 변화

글로벌지속가능성투자협회(GSIA)에서 발행하는 연도별 보고서를 참고하여 분석하면, 2018년까지는 네거티브/투자배제 스크리닝 방식이 가장 많은 투자 금액에 활용되는 투자전략이었으나, 2020년에는 압도적으로 ESG 통합투자를 통한 투자가 늘어남으로 인하여 ESG 통합투자가 가장 많이 활용되는 투자전략이 되었다.

[그림 5-1] 2016~2020 전략별 책임투자의 세계 성장

	2020	2018	2016	GROWTH 2016-2020	COMPOUND ANNUAL GROWTH RATE
Impact/community investing	$352	$444	$248	42%	9%
Positive/best-in-class screening	$1,384	$1,842	$818	69%	14%
Sustainability-themed investing	$1,948	$1,018	$276	605%	63%
Norms-based screening	$4,140	$4,679	$6,195	-33%	-10%
Corporate engagement and shareholder action	$10,504	$9,835	$8,385	25%	6%
Negative/exclusionary screening	$15,030	$19,771	$15,064	0%	0%
ESG integration	$25,195	$17,544	$10,353	143%	25%

NOTE: Asset values are expressec in billions of US dollars.

출처: GSIA, 2020 Glibal Sustainable Investment Review, 2020

[그림 5 – 1]에서도 확인할 수 있듯이 ESG 통합투자 전략을 활용한 사례가 2016년에 비하여 2020년에서는 143%의 성장률을 보여주었다. 그리고 금액상으로도 2020년 보고 당시에 네거티브/투자배제 스크리닝보다 월등히 많은 금액의 투자가 이루어졌다.

이러한 성장은 미국의 ESG 통합투자의 규모가 많이 늘어난 결과이다. 이는 다른 지역에 비하여 미국의 경우 2019년에서 2020년 사이에 투자기관이 자신의 투자 프로세스에 ESG 요소에 대한 적극적이고 명시적인 반영을 하였다는 것으로 해석할 수 있다. 하지만 이러한 금액의 증가가 미국의 경우 ESG 투자가 다른 나라에 비하여 괄목할 만한 성장을 보여주었다는 것으로 곧바로 해석할 수 있는 것은 아니다. 투자기관이 자신의 투자 프로세스에 ESG 요소를 반영하기만 하면 이는 ESG 통합 전략을 채택한 것으로 평가할 수 있고, 기존 네거티브/투자배제 스크리닝의 금액의 증가의 경우 ESG 요소의 적극적인 반영으로 평가될 수 있는 반면, ESG 통합 전략의 경우에는 ESG 요소의 반영에 있어서 그 적극성 또는 투자 의사결정에서의 ESG가 가지는 영향력의 크기를 곧바로 담보하는 것은 아니기 때문이다.

[그림 5 – 2] 2020년 전략과 지역에 따른 책임투자 자산 (단위 : Billions of US dollars)

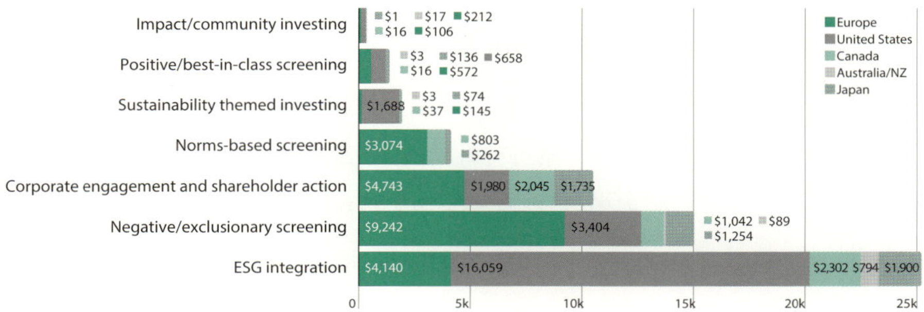

출처: GSIA, 2020 Glibal Sustainable Investment Review, 2020

다만, 이러한 조사결과에서 찾아볼 수 있는 것은 미국을 중심으로 투자기관의 의사결정 프로세스에 ESG 요소를 적극적으로 반영하였다는 사실을 기초로 하여 투자기관이 자신만의 고유 ESG 평가 시스템을 구축하였든, 기업들에 대한 외부기관의 ESG 평가의 결과를 활용하든, 이러한 평가를 기존의 투자 의사결정 프로세스에 명시적, 공식적으로 반영하기 시작하였다는 점이다. 2020년 GSIA의 보고서에서는 유럽에 대한 자료의 근거기준의 변경으로 정확성을 담보할 수 없다고 밝히고 있지만, 적어도 ESG 통합 전략이 가장 유행하고 있는 ESG 투자 전략이 되었음은 부인할 수 없는 것이다.

4. ESG 투자 전략의 안정화

GSIA의 보고서를 분석하면, 2018년 이전에 비하여 2018년 이후 현재까지 ESG 통합 전략의 성장이 두드러지고, 이러한 현상은 네거티브/투자배제 스크리닝전략을 넘어선다는 점은 ESG 투자에 있어서 큰 의미를 가진다.

우선 각국의 연기금뿐만 아니라, 자산운용사등 투자기관에서는 단순한 네거티브/투자배제 스크리닝 방식을 넘어서는 ESG 통합전략을 구축하기 위한 ESG 평가 방법을 각 투자기관의 투자 의사결정에 포함시키기 위해서 노력하였고, 그 결과물이 나오기 시작하였다는 점이다.

기존의 연구자료들,[16] 특히 2014년부터 2018년까지의 연구자료들에서는 그 주된 연구의 결론을 지속가능성을 투자 의사결정 프로세스에 포함시키는 것이 그 경제적 영향에 기초하여 투자자와 기업에 모두 이익이 되는 것이라는 점을 제시하고 있다.[17] 즉 기업의 지속가능성에 대한 투자와 기업의 재무적 성과는 절대 상반되는 구조가 아니고, 장기적인 투자 관점에서 리스크를 줄임으로 인하여 기업의 이미지 개선뿐만 아니라 초과성과의 달성이 가능하다는 결론을 제시함으로써 ESG 투자의 필요성을 역설하는데 그 중점을 두고 있다.

반면, ESG 투자에 관한 기존의 연구자료들은 우리가 살펴보고 있는 GSIA, SIF 등의 보고서에 대한 분석을 하면서 네거티브/투자배제 스크리닝 전략이 가장 많이 활용되는 ESG 투자 전략이라는 점을 부각하면서 우리나라의 경우에는 국민연금의 스튜어드십 코드의 도입을 반기며, 네거티브/투자배제 스크리닝 전략의 구체적인 기준을 세우거나 도입하는 방향으로 국내 ESG 투자의 방향을 설정하고 있다.[18]

또한 네거티브/투자배제 스크리닝 전략은 투자성과에 부정적 영향을 준다는 이도 있으며 책임투자와 네거티브/투자배제 스크리닝을 동일시하는 기존 인식으로 인해 책임투자 유형의 다양화가 지체되는 측면도 있다는 비판을 제시하면서 책임투자 전략의 다양화가 필요하다는 측면을 강조하는 연구도 있었다.[19] 그러하면서도 책임투자를 위한 제도적 여건이 미비하므로 이에 대한 충분한 대응이 필요하다는 점을 강조하고 있다.

하지만 2020년에 이미 네거티브/투자배제 스크리닝 전략을 넘어서 ESG 통합 전략이 ESG 투자 전략에서 우위를 점하게 되었다는 사실은 위의 연구들을 넘어선 투자시장에서의 인식변화는 이미 이루어졌고, 그에 대한 실천의 성과가 나오기 시작하였음을 보여주고 있다. ESG 통합전략의 핵심은 ESG 평가의 기준을 투자기관의 투자 의사결정 프로세스에 명시적이고 객관적으로 포함시켰다는 결과를 보여주기 때문이다.

2021년에 이루어지고 있는 논의는 이미 ESG 요소를 투자의 기준으로 삼아야 한다는 필요성을 넘어서 이미 개별적인 ESG 평가기준에 의해 이루어지고 있는 ESG 투자에 있어서 어떻게 공통적인 ESG 평가의 기준을 만들어 낼 수 있는지로 넘어가고 있다. 우리는 이미 네거티브/투자배제 스크리닝 전략을 넘어서 투자기관들이 ESG를 자신의 투자의 기본프로세스로 삼고 있다는 점을 확인하고, 독자적인 ESG 평가기준을 만드는 것을 넘어서는 통일적인 ESG 평가 기준을 만드는 것으로 나아가면서도, 국내 투자시장에서 ESG 투자의 역할과 ESG 평가의 기준을 세울 수 있는 방안을 갈구하여야 할 것이다.

그러함에도 불구하고 해외 주요국 및 주요 연기금에서는 네거티브/투자배제 스크리닝 전략을 주로 사용하고 있는 것은 사실이다. ESG 요소에 부합하지 않는 기업에 대하여는 투자를 전면배제하거나, 투자의 비중을 조정하여 투자자산을 운용하는 방식을 채택하고 있기 때문이다. 이러한 점에서 해외 주요국의 책임투자의 동향과 연기금의 ESG 투자 방식에 대하여 알아보는 것은 향후 국민연금의 ESG 투자의 방향과 국내 자산운용사들의 ESG 투자의 방향을 모색하여 ESG 투자의 활성화를 위한 좋은 밑바탕이 된다.

제3절

해외의 ESG 투자

1. 주요국의 ESG 투자현황 및 투자제한 동향의 특징

(1) 해외 주요시장의 책임투자 동향

해외의 ESG 투자의 현황에 대한 연구자료로서는 GSIA의 보고서(2020 Glibal Sustainable Investment Review, 여기서는 2016년, 2018, 2020년 보고서를 활용하였다)와 UN Global Compact와 PRI, UNEP FI가 공동으로 발간한 21세기 신의성실의무 보고서(Fiduciary Duty in the 21st Centuyry, 여기서는 PRI, UNEP FI가 발행한 2019년 Final report를 활용하였다)를 참고하여 동향과 특징을 살폈다.

① 글로벌 5개 주요시장의 책임투자 규모 : 2020년 기준 약 35조 3천억 달러로 빠르게 증가

전 세계적으로 투자산업 전반에 걸쳐 ESG 투자가 지속적으로 확대되고 있다. 사회적 책임투자에 의해 관리되고 있는 자산은 유럽, 미국, 캐나다, 호주 및 뉴질랜드, 일본 5개의 주요시장을 기준으로 35조 3천억 달러에 달하고, 2년 동안 15% 성장했으며 2016년부터 4년간 55%가 성장했다. 이러한 추세로 보아 책임투자는 빠르게 화장되고 있음을 알 수 있다. 또한, 전체 금액을 확인하면 2014년 이래로 지속적인 성장을 보여주고 있다.

2020년도에 이르러 유럽의 경우 오히려 ESG 투자 자산이 줄어든 것으로 보인다. 이에 대하여 GSIA는 유럽은 오히려 2018년에서 2020년까지 책임투자 자

[표 5-6] 글로벌 6개 주요시장의 책임투자 자산 성장 추이

	2014	2016	2018	2020	GROWTH 2014~2016	GROWTH 2016~2018	GROWTH 2018~2020	COMPOUND ANNUAL GROWTH RATE (CARG) 2014~2020
2020Europe(EUR)	€9,885	€11,045	€12,306	€10,730	12%	11%	-13%	1%
United States(USD)	$6,572	$8,723	$11,995	$17,081	33%	38%	42%	17%
Canada(CAD)	$1,011	$1,505	$2,132	$3,166	49%	42%	48%	21%
Australasia*(AUD)	$203	$707	$1,033	$1,2952	48%	46%	25%	36%
Japan(JPY)	¥840	¥57,056	¥231,952	¥310,039	6,692%	307%	34%	168%

출처: GSIA, 2020 Glibal Sustainable Investment Review, 2020

산이 13% 감소한 것으로 보이는 데 이는 측정방법의 변경에 기인한 것이라고 하여 실제 감소하였는지에 대하여는 부정적으로 판단하고 있다. 그 이유를 유럽에서의 규제에 따른 정의 개념의 변경을 들고 있는데, 기존의 ESG 투자 자산으로 분류되던 것이 규제변화에 따라 새로운 정의에 부합하지 않을 수 있어서 이러한 부분에서 EURO SIF[20] 등의 수치의 변화가 발생할 수 있기 때문이다. 유럽 시장은 지속적이면서도 빠르게 변화하고 있으므로 추세에 대하여 선부르게 결론을 내릴 수는 없지만, 오히려 유럽 시장이 강화된 ESG 규제를 통하여 ESG 요소에 대한 엄격한 규제를 시행할 만큼 성숙한 시장이 되었다는 측면으로도 볼 수 있을

[표 5-7] 글로벌 5개 주요시장의 책임투자 자산 규모 (기준 10억 U.S.달러)

REGION	2016	2018	2020
Europe	12,040	14,075	12,017
United States	8,723	11,995	17,081
Canada	1,086	1,699	2,423
Australasia	516	734	906
Japan	474	2,180	2,874
Total(USD billions)	22,839	30,683	35,301

출처: GSIA, 2020 Glibal Sustainable Investment Review, 2020

것이다. 이는 유럽이 지속가능한 투자를 위한 분류체계를 도입하고, 그린본드에 대한 표준적인 정의를 확립하고, 그리고 환경 라벨에 대한 연구 등 보다 전문적이고 세부적인 분류가 이루어지고 있으며, 이를 정책 및 규제에 반영하고 있어 책임투자가 유럽에서 보다 성숙한 단계에 이르렀음을 보여주는 것이다.[21)]

유럽의 이러한 규제 변경에 따른 영향을 제외하면, 세계 주요시장의 총 관리 자산 대비 책임투자 자산의 비율은 거의 모든 지역에서 증가하는 추세이다. 역시 글로벌 시장에서 가장 큰 책임투자 자산을 보유하고 있는 지역은 유럽과 미국이다. 유럽의 경우 책임투자를 위해 투입된 총 자산은 2018년 기준 약 14.1조 달러, 2020년 기준 12조 달러로 2016년 12조 달러부터 계속하여 증가하는 추세이고, 미국의 경우 책임투자 총 자산은 2016년 8.7조 달러에서 2020년 17조 달러로 많이 증가한 것으로 나타난다.

특히 한국과 일본 시장의 성장률을 세계 시장과 비교하여 보면 2014년부터 큰 폭의 성장세를 기록하였고, 일본은 2018년도에 307% 성장하였고, 우리나라의 경우 2018년에서 2020년 사이 약 250% 성장하였다. 이는 세계의 흐름에 맞추어 아시아 투자시장에서 ESG 투자가 급속한 속도로 자리를 잡아가고 있다는 것을 의미한다.

[표 5-8] 한국 책임투자 자산 비율과 세계 시장의 비교 (기준 10억 U.S.달러)

시장	2016	2018	2020	기간별 성장률(%)			연평균 성장률(%)
				2014 ~2016	2016 ~2018	2018 ~2020	
대한민국	6.1	22.8	90.5*	-6.1	74	251	106.3
일본	474	2,180	2,874	6692	307	34	168
주요시장 합계	22,890	30,683	35,300	25.2	34	35	31.4

* 한국의 경우 국민연금의 책임투자 자산규모를 반영한 것이다(달러환율 1,120원 기준).[22)]

글로벌 주요시장의 총 관리 자산 대비 지속가능하고 책임 있는 투자자산의 비율은 거의 모든 지역에서 증가하는 추세이다. 유럽의 경우 위에서 설명한 바와 같이 ESG 투자의 정의가 변경됨에 따라 보이는 특성에 불과하다. 향후 몇 년 간은 더 지켜봐야 하는 상황이다. 오스트랄라시아(오스트리아와 뉴질랜드)의 경우 두 가지 요인으로 인한 감소가 발생하였는데(ESG 투자 자산의 규모 자체는 성장하였다), 이는 RIAA(Responsible Investment Association Australasia)에 의해 수행된 지역 조사 데이터에 포함될 것으로 예상되는 지속 가능한 투자 표준의 변화와 중앙은행의 정의에 기반한 총 시가 규모의 정의에 사용된 데이터 소스가 변경되었기 때문이다. 이는 유럽과 오스트랄라시아의 ESG 투자에 대한 엄격한 정의규제가 시작되었음을 의미하고 이는 ESG 투자의 성숙도를 보여주는 것이기도 하다.

[그림 5-3] 글로벌 5개 주요 시장의 총 관리자산 대비 책임투자 자산의 비율

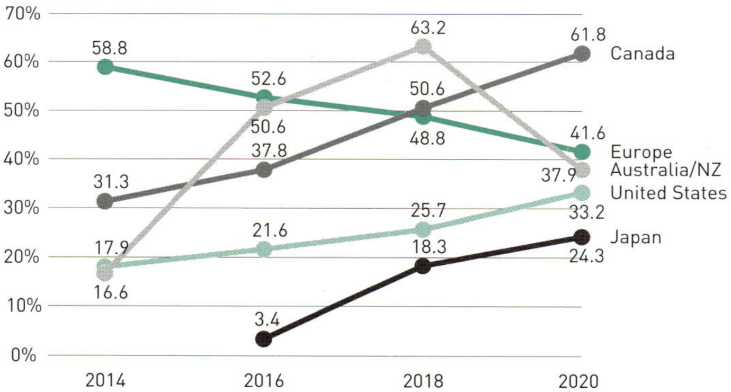

REGION	2014	2016	2018	2020
Europe	58.8%	52.6%	48.8%	41.6%
United States	17.9%	21.6%	25.7%	33.2%
Canada	31.3%	37.8%	50.6%	61.8%
Australasia	16.6%	50.6%	63.2%	37.9%
Japan		3.4%	18.3%	24.3%

출처: GSIA, 2020 Glibal Sustainable Investment Review, 2020

한편 캐나다는 현재 책임투자 자산의 비율이 62%로 가장 높은 시장이며 유럽(42%), 오스트랄라시아(38%), 미국(33%), 일본(24%)이 그 뒤를 잇고 있다. 이는 캐나다의 경우 ESG 요소의 산업에의 반영이 빠르게 이루어졌고 책임투자가 선도적으로 진행되고 있다는 것을 확인할 수 있다.

2018년도까지 유럽은 책임투자 총 자산의 거의 절반에 해당하는 부분(46%)을 관리하고 있었다. 하지만 2020년도에는 미국이 48%를 관리하는 것으로 변경되었다. 반면 일본이 8%대로 올라오면서 2018년도부터 세 번째로 많은 책임투자 자산을 관리하고 있다. 여기서의 미국의 점유율 순위 변동은 유럽의 ESG 투자 규제의 변경에 기인하는 것에 더하여 미국의 ESG 통합 투자 전략 자산의 급격한 증가에 기인하는 것으로 보인다. 이는 미국의 투자기관들이 빠른 속도로 자신들의 투자 의사결정 프로세스에 ESG 요소를 명시적으로 반영시킴으로써 책임투자자산의 규모가 급속도로 증가한 것으로 분석할 수 있다.

[그림 5-4] 지역별 책임투자 자산의 비율(2020년 기준)

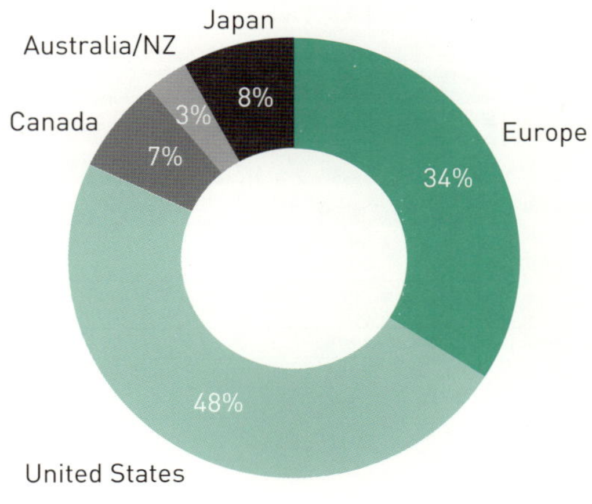

출처: GSIA, 2020 Glibal Sustainable Investment Review, 2020

② 글로벌 주요 시장의 책임투자 유형의 비중

위 3. ESG 투자 전략의 변화에서 책임투자 유형의 비중이 네거티브/투자배제 스크리닝 전략에서 ESG 통합 전략으로 대세가 바뀌었다는 설명을 한 바 있다. 2018년도까지는 네거티브/투자배제 스크리닝은 유럽에서 55%, 미국에서 40%로 활용되는 전략이었으나, 2020년도에는 ESG 통합 전략이 143% 증가(대부분 미국에서의 증가)하면서 ESG 통합전략이 가장 많이 활용되는 ESG 투자 전략이 되었다.

기업 관여 활동 및 주주행동 유형은 유럽에서 가장 활발하게 사용되고 있으며, 이어서 미국과 캐나다가 동일한 비율 19%로 활용되고 있다. 한편 일본은 책임투자 자산의 8%를 보유하고 있지만 기업 참여 및 주주행동 전략을 통해 운영하는 자산의 비중은 17%로 매우 높다.

[그림 5-5] 글로벌 주요시장의 책임투자 유형 비중(2020년 기준)

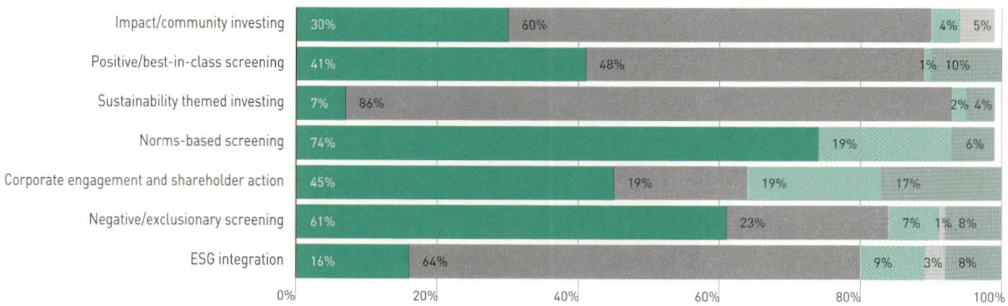

	■EUROPE	■UNITED STATES	■CANADA	■AUSTRALIA/ NEW ZEALAND	■JAPAN
Impact/community investing	30%	60%	4%	5%	0%
Positive/best-in-class screening	41%	48%	1%	0%	10%
Sustainability-themed investing	7%	86%	2%	0%	4%
Norms-based screening	74%	-	19%	-	6%
Corporate engagement and shareholder action	45%	19%	19%	-	17%
Negative/exclusionary screening	61%	23%	7%	1%	8%
ESG integration	16%	64%	9%	3%	8%

■ Europe
■ United States
■ Canada
■ Australia/NZ
■ Japan

출처: GSIA, 2020 Glibal Sustainable Investment Review, 2020

포지티브/동종업계 우수기업 선정 스크리닝, 지속가능성 테마 투자, 임팩트/지역사회 투자 3가지 유형은 주로 미국과 유럽에서 사용되고 있으며, 특히 미국에서 선호된다는 공통점을 보인다. 예를 들어, 지속가능성 테마투자의 경우 미국(전체 자산의 86%)에서 주로 사용되며 캐나다는 2%, 오스트랄라시아의 경우에는 사용되고 있지 않다.

규범기반 스크리닝 전략의 경우에는 유럽에서 주로 사용되는 방식이며, 미국의 경우에는 집계 자체가 되지 않았다.

이러한 투자전략은 투자자가 투자 프로세스의 일부로 여러 책임투자 전략의 방식을 활용할 수 있다. 따라서 이러한 전략을 세부적으로 분리하는 것은 ESG 투자에 있어서 세계적으로 보여주는 추세를 직접적으로 보여준다고 볼 수는 없다. 이를 보면 유럽의 경우 역사적으로 규범 기반 및 네거티브/투자배제 스크리닝 전략이 많이 활용되어왔다. 최근 EU의 지속가능한 금융공시규제(European Union Sustainable Finance Disclosure Regulation)가 투자기관으로 하여금 투자에 지속가능성 리스크로 포함해야 하는 요구 사항을 제시함에 따라 네거티브/투자배제 스크리닝, 규범 기반 스크리닝, ESG 통합이 모든 금융 상품의 프로세스에 반영될 수밖에 없게 되었다는 점을 보면 확인할 수 있다.

또한 앞에서도 설명하였듯이 ESG 통합 전략이 급격이 성장하는 이유는 투자기관이 자신의 투자 의사결정 전반에 걸쳐 ESG 평가를 통한 ESG 요소의 직접적이고 명시적인 반영을 하고 이를 공시하는 절차를 포함시키고 있다. 이러한 각 투자기관의 개별적인 ESG 평가 및 반영 시스템은 위와 같은 ESG 투자 전략의 구별을 오히려 불필요하게 할 수 있다는 점도 생각해볼 만하다.

(2) 해외 주요국가의 책임투자의 특징

해외 주요국가들의 공통적인 특징은 ① 책임투자의 중요성을 인지하고 그 투자 범위를 확대하는 추세라는 점이다. 책임투자에 대한 글로벌 시장 각 지역의 접근 방식은 다소 차이가 있을 수 있지만, 전반적으로 책임투자의 중요성을 인식하고 그 투자 범위를 확대하는 추세라는 것을 확인할 수 있다. 특히 국제적으로 지속가능성과 사회적 책임을 요구하는 목소리가 커지면서 글로벌 자산운용산업에서 ESG 펀드의 성장세가 지속되고 있다. ② 또한 책임투자 유형에 있어서 ESG 통합 전략의 활용이 늘었다는 점은 전반적인 투자시장에서 투자 의사결정 프로세스 전반에 ESG 요소의 반영을 위한 시스템이 포함되기 시작했다는 점을 직접적으로 보여준다. 이에 대하여 각 국가의 책임투자에 있어서의 특징들에 대하여 간략히 살펴보면 다음과 같다.

① 미국의 경우

미국은 세계에서 가장 큰 경제이자 PRI의 가장 큰 시장이다. 미국 투자자들은 ESG 요소 통합의 장기적 가치를 점점 더 인정해 나가고 있고 지속적으로 책임투자 자산의 규모가 상승할 것이라고 보고 있다. 이러한 낙관적인 전망에는 ESG 이슈의 재무 관련성에 대한 시장 인식의 증가와 윤리적인 선정과 ESG 통합 간의 차이에 대한 시장의 이해도 증가, ESG 성과 관련 기업 공시의 개선, 기후변화와 인권 등 이슈에 대한 고객 관심의 증가와 같은 사회적 동향에 기인한다.

반면 미국의 경우 ESG 저해 요인으로서 책임투자에 대한 규제당국의 지도 및 법원 판결이 부족하는 등 정책적 뒷받침이 부족하는 점과 법률 자문가와 투자 컨설턴트의 단기적 재무성과에 대한 강조의 분위기가 아직 존재한다는 점이다. 그러함에도 불구하고, 코로나 19의 유행과 기업의 ESG 이슈에 대한 반영에 따라 GSIA의 보고서는 큰 주류가 유럽에서 미국 투자기관들로 넘어가고 있다는 점을 여실히 보여주고 있다.

미국의 책임투자 자산은 2014년부터 2020년까지 유럽보다 높은 평균 17%의 성장률을 보이며 확대되고 있다. 미국은 2018년 기준 글로벌 주요시장의 책임투자 자산의 48%를 관리함으로써 유럽을 넘어서 가장 많은 자산을 관리하게 되었다. 약 17조 달러의 책임투자 자산을 보유하고 있다.

유형의 측면에서 보면 ESG 통합투자에서 64%의 비중을 차지하고 있을 만큼 16조 달러의 비중을 차지하면서 ESG 투자 전략으로 2020년도에는 ESG 통합투자 전략을 취하고 있다. 이는 투자산업 전반에 거쳐 ESG 투자가 반영되었다는 점을 보여주고 있다.

② 유럽의 경우

2016년 유럽에서는 각 연기금이 ESG 이슈를 고려하도록 의무화한 개정 IORP(Institutions for Occupational Retirement Provision)에 합의했다. 이는 스튜어드십을 강화하고 투자 체인의 단기적 성과주의와 본인-대리인 문제를 해결하기 위해 수정된 주주의 권리지침에 대한 합의도 이루어졌다.

특히 2019년 금융 서비스 부문의 지속가능성 관련 공개에 관한 규정(Regulation on sustainability-related disclosures for the financial services sector)이 채택되었고, 지속가능성의 위험에 관한 투명성 규칙을 규정하고 있다. 이에 더하여 추가 관련 규정들에 대하여 수탁자 책임의 원칙을 반영한 수정안을 만들고 있다.

유럽은 책임투자가 일찍 시작된 만큼 완만한 속도로 성장해 왔다. 2018년 기준 14조 달러로서 가장 큰 자산규모를 보였으나, 위와 같은 ESG 투자에 대한 규제의 시행으로 인하여 ESG 투자자산의 규모 파악에 엄격성이 더해져 오히려 규모가 수치상 감소하였다. 유럽은 책임투자가 오랜 시간 동안 널리 수용된 곳으로서보다 전문적이고 세부적인 분류가 이루어지고 있는 등 책임투자 시장이 점차 성숙해져 나아가고 있다.

③ 일본의 경우

일본에서는 2021년 도쿄 증권거래소의 기업지배구조 강령과 투자자 및 기업대화 지침(Corporate Governance Code and the Guidelines for Investors' and Companies' Dialogue)에서 ESG 요소에 대한 개정이 이루어졌고, 경제산업성과 금융청, 환경부

등은 기후변화를 중심으로 한 실무 그룹을 설립하는 등 규제에 있어서 ESG 투자 환경을 조성하기 위해 노력하고 있다. 또한, 기관 투자자 및 JSIF를 포함한 8개 조직이 참여하는 ESG 공개 연구 그룹을 2021년에 설립하였다. 이에 더하여 글로벌 투자자들 역시 일본 기업에 대하여 ESG 개선을 할 것을 요구하고 있다.

일본의 책임투자 자산은 2014년 이후 가장 빠른 성장률을 보여주고 있다. 특히 일본의 책임투자 자산이 2016년부터 2018년도까지 3배 이상 증가하여 307%의 성장률을 보였고, 유럽과 미국에 이어 책임투자의 세 번째로 큰 중심지가 되었다. 전반적인 책임투자자산의 비율에 비해 기업 관여활동 및 주주행동 유형을 특히 선호하는 것으로 드러난다.

하지만 일본이 책임투자를 재무적 성과를 이끌어내기 위한 수단으로서 사용하는 것은 아직 초기 단계라는 것이 일반적인 관점이다.

④ 캐나다의 경우

캐나다는 글로벌 책임투자 자산에서 급성장하는 일본에 뒤처졌다. 뿐만 아니라 아직 지속가능한 금융에 관계된 공식적 목표를 세우지 못하고 있다. 반면 연방의 지속가능한 발전 전략에서는 환경을 중심으로 한 13가지 목표를 발표하였고, 탄소배출을 줄이기 위한 노력들을 발표하고 있다. 또한 캐나다는 채광업에 많이 치중되어 있어 캐나다 투자자는 기후 및 환경에 많은 영향을 받는다. 그렇기에 환경을 중심으로 한 책임투자에 대한 성장도 및 인식의 변화는 빠른 편이다.

2014년부터 2018년까지 연평균 23.6%의 성장률을 보이며 확대되고 있다. 캐다다는 2020년 기준 글로벌 주요시장의 책임투자 자산의 7%를 관리하고 있으며 약 2.4조 달러의 책임투자 자산을 보유한다.

캐나다는 규범기반 스크리닝이 19%, 기업관여 활동 및 주주행동이 19%, 그리고 ESG 통합투자가 9%를 나타내고 있어 이 3가지 유형을 특히 선호한다는 것을 파악할 수 있다. 네거티브/투자배제 스크리닝의 경우 7%의 비중을 나타내고 있는데 이 부분에서의 성장이 이루어지고 있음을 확인할 수 있다.

⑤ 호주 & 뉴질랜드의 경우

호주는 세계에서 네 번째로 큰 사적 연금풀을 가지고 있는 시장이며, OECD 국가 중 1인당 CO_2 배출량이 가장 높은 국가이다. 호주 퇴직연금 산업의 ESG 요소에 대한 다양한 견해와 관행이 존재한다. 그럼에도 불구하고 수년간 투자 의사결정의 법적 구조가 거의 바뀌지 않았다. 다만 2014년 이후 책임투자 자산의 규모에 있어서 큰 성장률을 보이고 있어 미래에 유망한 신흥 책임투자 시장으로 성장하고 있다.

(3) 국가별 사례에서의 도출점

이에 관한 연구로서 21세기 신의성실의무 보고서는 책임투자를 신의성실의무와 연결시키는 데 초점을 맞추고 작성된 것이다. 이 보고서에서 나타난 공통점은 책임투자 또는 ESG 투자가 증가 추세에 있다는 것이고, 국가마다 책임투자의 발전을 촉진하는 요소가 다르지만, 책임투자의 추진 핵심요인은 법적 제도장치와 연금제도에 있는 것으로 파악할 수 있다.[23] 여기서 글로벌 로드맵과 국가별 추천안을 제시하는데, 공통적인 것은 금융감독당국이 금융주체에게 ESG 요소를 고려한 책임투자와 신의성실 의무에 대해서 명확하게 기술할 것을 요구하고 있다. 그리고 연기금의 책임투자 실천을 강조하고 있다.

일단 2014년 이후 ESG 투자자산의 총 규모는 빠르게 성장하고 있고, ESG 통합투자 전략의 성과 및 네거티브/투자배제 스크리닝 전략을 활용하는 자산의 성장세가 계속 유지되고 있는 점들에 비추어보아 투자산업에 대비한 ESG 요소의 적극적 반영이 물러설 수 없는 대세가 되었다는 점은 명확하다.

2. 해외 연기금의 책임투자 현황

(1) 글로벌 ESG 투자에 있어서 주요 연기금의 역할

21세기 신의성실 의무 보고서는 책임투자를 활성화하는 방안으로 정부와 연금의 역할을 강조하고 있다. 정부는 정책 집행권한이 있으며, 연금은 투자 산업을 이끄는 주도 세력이기 때문이라고 해석된다. 반면, 책임투자 전문가가 부족하고, 책임투자에 대한 수용력이 부족하다는 것도 전반적인 문제점으로 지적하고 있다. 따라서 ESG 투자의 지속적인 성장을 통한 ESG 이슈의 확산을 주도하기 위해서는 정부와 연금의 책임투자에 대한 이해도 고양 및 수용력의 확산이 필요하다.

최근의 COVID-19의 대유행으로 환경 분야에 대한 영향뿐만 아니라 노동 이슈와 관련된 사회문제, 기업 내에서의 구조 문제에까지 영향을 주고, 인간의 결집으로 이루어진 기업의 ESG 이슈에 대한 적극적인 대응 필요성이 대두되고 있다. 그리고 이러한 영향은 금융당국 및 투자산업에의 핵심 이슈로 자리 잡고 있다. 두말할 나위 없이 투자산업의 선도적 역할을 하는 자는 각국의 금융당국과 연기금이라고 할 것이다. 사적 투자기관으로서는 비교할 수 없는 자산규모와 국민의 신뢰를 바탕으로 하고 있으며, 투자의 장기적 성과가 담보되어야 한다는 연기금이 가지는 가장 큰 이슈가 변화된 시대의 신의성실의 의무와도 딱 맞아떨어지고 있기 때문이다.

이러한 세계적인 동향에서 주도적인 역할을 하면서 또한 주도적인 역할을 할 것으로 기대되고 요구되는 곳이 연기금이다. 이하에서는 세계 주요 연기금의 ESG 투자의 동향에 대하여 살펴봄으로써 ESG 투자에 대하여 알아보자.

(2) 해외 주요 연기금의 투자 동향

책임투자 시장이 급속도로 확산되고 있고, 원활한 책임투자 정책의 적용이 필요한 것은 이제는 당연한 과제가 되었다. 15년이 넘는 기간 동안 세계적으로 책임투자 시장은 그 범위가 확대되어 발전하고 있는데, 대부분 연기금, 보험회사 및 은행 등은 투자분석 또는 관련 의사결정 시에 책임투자 정책을 적용하고 있다.

또 하나의 특징으로는 책임투자와 관련하여 여러 ESG 요소들 중 최근 가장 많은 논의가 이루어지고 있는 주제로 기후변화를 꼽을 수 있다. 급속한 산업화에 따라 기후변화와 같은 환경문제가 부각되면서 기후변화에 대한 기업의 책임 관련 논의가 부각되고 있으며, 최근 소비자, 투자자, 근로자, 시민단체 등이 기업들에게 법규 준수에서 더 나아가 적극적인 환경친화적인 경영을 하도록 압박하는 움직임이 활발해지고 있는 추세다. 즉, 기업이 단순한 법규준수, 자원재활용, 에너지 절약의 차원을 벗어나 지구환경 보호를 위한 보다 포괄적인 접근 방법으로 제품, 생산 과정 및 서비스를 평가하는 '지속가능한 개발'에 적극적으로 기여해야 한다는 주장이 제기되고 있다.[24] 이러한 기후변화 등과 관련한 책임투자에 대한 관심은 해외 주요 연기금에서 공통적으로 나타나고 있는 특징이며, 이들은 기후변화에 대한 구체적이고 측정가능한 방안을 마련하기 위해 관심을 기울이고 있다.[25]

이렇듯 연기금은 그 자산규모도 클 뿐만 아니라, 그 성격상 장기적 투자성과가 당연하다시피 요구되는 투자자산으로서 ESG 요소의 반영이 신의성실의 의무의 차원에 더하여 재무적 성과의 측면에서도 필요하다는 내부적 인식의 확장이 다른 투자기관에 비하여 빠르게 이루어지고 있다. 따라서 해외 주요 연기금의 ESG 투자 동향을 살피는 것은 ESG 투자의 성장 방향을 찾는 것과 다름아니다.

따라서 이하에서는 해외 주요 연기금들인 네덜란드의 공적연금(APG), 노르웨이 국부펀드(GPFG), 미국 캘리포니아 공무원 연금(CalPERS), 캐나다 연금투자위원회(CPPIB), 일본 공적연금(GPIF)의 주된 투자 동향에 대하여 살펴보도록 하자.[26]

[표 5-9] 해외 주요 연기금의 기후변화 관련 책임투자 현황

순위	기관	자산규모	책임투자 내용
1	일본 공적연금 (GPIF)	1,632조원 (2018년)	• 투자시 S&P/JPX 탄소효과지수를 적용 • 2018년 12월 TCFD(기후관련 재무정보공개 태스크포스 지지 선언
2	노르웨이 국부펀드 (GPFG)	1,107조원 (2019년)	• 연기금 내 윤리위원회에서 '투자배제 및 감시를 위한 가이드라인(Guideline for Observation and Exclusion of Companies from the Government Pension Fund Global)'을 운영 (수익의 30% 이상을 석탄에 의존하는 기업을 투자배제함) • '파슬 프리 캠페인(Fossil Free Campaign)'에 참여
3	미국 캘리포니아 공무원 연금 (CalPERS)	436조원 (2019년)	• 기업 수익의 50% 이상을 열석탄에 의존하는 기업과의 신규 계약 체결 또는 기존 계약 갱신 등을 금지 • '파슬 프리 캠페인'에 참여
4	캐나다 연금투자위원회 (CPPIB)	434조원 (2018년)	• 기업을 대상으로 기후변화 위험 정보를 공개하고 관리하도록 하는 '탄소정보공개 프로젝트(Carbon Disclosure Project)' 참여
5	미국 캘리포니아 교직원 연금 (CalSTRS)	262조원 (2018년)	• 2017년 미국 이외의 모든 석탄보유기업에 대한 투자를 철회
6	네덜란드 공적연금 (APG)	108조원 (2018년)	• UN 지속가능 개발 목표(UN Sustainable Development Goals)를 따르는 기업들을 투자대상으로 선정

출처: 황운경 외1, 해외 주요 연기금 및 자산운용사의 책임투자와 투자제한 동향으로부터의 시사점, 대신경제연구소, 2021, 51쪽

(3) 네덜란드 공적연금(ABP & APG)

① 공적연금 ABP와 기음운용담당 APG

네덜란드 공적연금 ABP는 공공 및 교육 부문 근로자에 대한 6개의 연기금을 통합하여 관리하는 기관으로서, 주요 글로벌 연기금 7개 중 2009년부터 2018년까지 10년간 수익률이 8.89%로 가장 높게 평가된 공적연금이다.[27] 특히 ABP는 VBDO(Dutch Association of Investors for Sustainable Development)의 2019년 보고서에 따르면 네덜란드 내 운용자산 규모가 300억 이상인 연기금 중 책임투자 관련 정

책, 이행, 책임 및 지배구조 측면에서 총 4.6점으로 1위를 차지한 바 있다.[28] 따라서 해외 연기금 중에서 ESG 투자 동향을 살피는 데 유용하게 참고할 만하다.

ABP는 1996년에 민영화가 되었으며 개정 2007년 연금법(Pension Acr 2007)에 따라 2008년에 기존 ABP의 기금운용부문을 분리한 자회사 APG(All pension Group, 이하 'APG')를 설립하여 투자정책을 입안하고 APG에 대한 감독업무를 수행하기 시작하였다.

네덜란드의 책임투자 시장은 오랜 기간에 걸쳐 그 범위가 확대되고 있으며, 네덜란드의 대표 연기금은 ABP의 책임투자 자산규모도 2015년 약 385억 유로에서 2019년 약 812억 유로로 그 규모가 꾸준히 증가하는 추세이다.

② APG 책임투자의 특징

ⓐ 책임투자 시장의 확대에 따른 강화된 책임투자 정책의 수립

APG는 2005년부터 네덜란드 최초로 8가지 책임투자 원칙을 공표하여 책임투자에서 기업의 지속가능성 및 지배구조 개선의 중요성을 강조하고 있으며, 문제 개선을 위해 투자대상 기업 경영진과의 활발한 대화를 요구하고, 이러한 대화를 통해 개선이 이루어지지 않는 경우 해당 기업 지분을 매각할 것도 명시하고 있다.

이러한 원칙에 따라 APG는 대상 기업에 대한 투자 여부를 결정할 때, 기업관여활동을 통해 직접 기업경영 및 정책에 관여하는 방식으로 포트폴리오를 관리하며, 다양한 ESG 관련 이슈에 대해 투자대상 기업 경영진과 건설적 대화를 하고 있다. 또한 장기적 관점에서 주주로서의 영향력을 행사하는데 중점을 두고 구체적인 책임투자 전략을 채택하기 위해 재무적 위험, 수익률, 비용 및 ESG 요소 등을 모두 활용하는 강화된 책임투자 정책을 시행하고 있다. 여기서 더 나아가 책임투자 자산의 상당 부분을 UN의 지속가능 개발 목표 이행을 위해 투자하는 정책을 펴고 있다.

[표 5-10] APG의 책임투자 원칙

원칙	내용
1	• 책임투자는 APG 의 투자 프로세스의 핵심 요소이다. • Responsible investment is an integral part of the investment process at APG
2	• APG는 기업의 지속가능 경영과 우수한 지배구조를 위해 대화(dialogue) 방식을 활용한다. • APG enters into dialogue with companies in order to achieve sustainability and good corporate governance
3	• APG는 기업이 UN 글로벌 콤팩트 협약에 따라 경영할 것을 요구하고 있으며 대화를 통한 개선이 없는 경우 해당 기업의 지분을 매각할 것이다. 더 나아가 APG는 네덜란드의 법 또는 국제 규정상 금지되고 있는 제품에는 투자를 하지 않는다. • APG expects companies to act with respect for the principles of the UN Global Compact, and we will sell the shares we hold if the dialogue does not lead to improvement. Moreover, APG does not invest in products which are banned under Dutch law or international regulations
4	• APG는 UN 안전보장이사회에서 무기금수 조치를 받고있는 국가가 발행한 국채에는 투자하지 않는다. • APG does not invest in sovereign bonds issued by countries that are subject to an arms embargo by the UN Security Council
5	• APG는 주주로서의 권리를 적극적으로 이행한다. • APG actively exercises our rights as shareholder
6	• APG는 지속가능성과 우수한 기업지배구조를 장려하는 네덜란드법, 국제법 및 규정을 강하게 지지한다. • APG strongly advocates robust Dutch and international laws and regulations aimed at promoting sustainability and good corporate governance
7	• APG는 지속가능성을 촉진하는 투자영역을 적극적으로 찾는다. • APG actively looks for attractive investments that promote sustainability
8	• APG는 지속가능성과 기업지배구조 개선을 촉진하기 위한 책임투자 정책을 적극적으로 전파한다. • APG actively propagates our responsible investment policy in order to promote sustainability and corporate governance

출처: APG 홈페이지(https://apg.nl/en/)

ⓑ 기후변화 리스크에 대한 관심 증가

네덜란드는 책임투자 관련 분야 중 특히 기후변화에 관심을 가지고, 기후변화 리스크에 대응하는 기업의 효과적인 대응방안 모색을 위한 노력을 기울이고 있다. 즉, 환경에 해를 끼치는 기업들의 가치가 지속적으로 하락할 것이라는 판단하에 기업의 지속가능한 수익을 위해 책임투자를 강조하고 있으며, 특히 재생에너지와 그린본드에 대한 투자비중을 크게 늘려가고 있다.

ⓒ 정교한 네거티브/투자배제 스크리닝의 적용 및 포지티브/동종업계 우수기업 선정 스크리닝 활용의 증가

네덜란드 투자자들은 7가지 책임투자 유형을 골고루 사용하고 있으며, 그 중 특히 네거티브/투자배제 스크리닝, 기업 관여활동 및 주주행동, 규범 기반 스크리닝, ESG 통합투자 등 4가지를 활발하게 이용하고 있다. 또한 포지티브/동종업계 우수기업 선정 스크리닝(2015년부터 2017년까지 47%)과 ESG 통합투자(42.3%) 유형의 경우 높은 성장률을 보이고 있다.[29] 특히 네거티브/투자배제 스크리닝을 적용함에 있어 한 가지 배제 요인만 가지고 투자배제 결정을 내리는 것이 아니라 다양한 투자배제 요인들을 복합적으로 함께 활용하여 보다 정교한 네거티브 투자배제 스크리닝 방식을 이용하고 있다. 또한 포지티브/동종업계 우수기업 선정 스크리닝과 같은 전략에서는 '지속가능성' 측면에서 가장 진화되어 있는 기업 또는 상대적으로 우수한 ESG 성과를 보이는 기업에 초점을 맞춘 투자를 하고 있다.

③ ABP와 APG의 투자배제기준 및 투자배제 기업 리스트

ⓐ 투자배제 기준

ABP와 APG는 2007년부터 명확한 투자제한 정책을 시행하고 있으며, 매년 투자배제 기준에 부합하는 기업을 조사 분석하여 투자에서 제외하고 있다. 이 투자배제는 ① 기업 관여활동 이후 투자배제와 ② 즉각적 투자배제로 구분할 수 있다.

ABP의 책임투자 원칙에 반하는 경우 기업 관여 활동 이후 성과가 없을 경우에 투자제한 정책을 적용당하여 해당 기업의 지분을 매각한다. 반면, ① 담배, 집속탄, 대인지뢰, 생화학 및 핵무기, 석탄화력발전의 경우 등과 같은 제품

기반 배제사유, ② UN 글로벌 콤팩트 협약을 위반한 기업들이 문재 해결이나 개선방안을 마련하지 못하는 경우, ③ UN 안전보장이사회의 무기수출 금수조치 해당 사유 등 3가지 사유에 해당하는 경우 투자 배제한다.

ⓑ 투자 배제 현황

이에 따라 APG의 경우 2020년 6월 1일 기준 총 160개 기업에 대한 투자배제를 권고하였으며, 제품기반사유 기업 157개, UN 글로벌 콤팩트 협약 위반이 3개, 무기수출 금수조치 해당 9개 국가가 포함된다.

우리나라의 경우에는 총 8개 기업(KT&G와 포비스 T&C가 담배생산을 사유로, LIG넥스원, 한화, 풍산 및 풍산홀딩스가 집속탄 생산을 사유로, S&T 다이나믹스와 S&T 홀딩스가 대인지뢰 생산을 사유로)이 제품기반 사유에 해당하여 투자에서 배제된 상태이다.

(4) 노르웨이 및 국부펀드(GPFG)

① 노르웨이와 GPFG의 책임투자 동향

노르웨이는 책임투자 프레임워크라고 명시할 수 있는 뚜렷한 체제가 존재하는 것은 아니지만, 투자자들은 노르웨이 재무부가 감독하는 노르웨이 국부펀드(Norwegian Government Pension Fund Global; 이하 'GPFG')의 결정에 영향을 받으며 책임투자를 이행하고 있다.

이러한 노르웨이이 GPFG는 세계 2위 및 유럽 최대 규모의 연기금으로서 석유수입을 통해 국부의 안정적 증진을 도모하고 정부의 재정적자를 보전하기 위한 목적으로 1990년에 설립되었다. GPFG 기금의 소유자는 노르웨이의 재무부이며, 중앙은행이 해당기금을 위탁하고 산하조직인 투자운영위원회가 이를 관리하는 형태로 운영된다.

GPFG는 1,267조원의 기금(2019년 12월 기준)을 운영하는 세계 2위 및 유럽 최대 규모의 연기금으로 기업지배구조 개선과 관련한 UN과 OECD의 원칙 및 기준에 따라 아동 노동, 기후변화, 반부패 등과 같은 이슈에 대한 책임투자를 바탕으로 기금을 운영한다. 2020년 5월 현재 74개국의 9,202개 기업에 투자하고 있는 GPFG는 크게 주식, 채권, 그리고 부동산 등의 분야에 투자하고 있으며 전 세계 상장기업 지분의 1.5%를 보유하고 있다.[30)]

② GPFG 책임투자의 특징

ⓐ 지속가능한 투자 원칙의 강조

GPFG 는 지속가능한 투자 원칙을 중시하며 이를 위해 정부에 독립된 별도의 기구로 '윤리위원회'를 설치하고 있으며 윤리위원회에서 제정한 '감시 및 투자배제를 위한 가이드라인'에 따라 투자를 이행한다. 윤리위원회는 전체 매출액이나 전력 생산량의 30% 이상을 석탄에 의존하는 기업을 투자대상에서 배제한다고 정하여, 현재 석탄 생산이 연간 2,000만 톤을 초과하거나 석탄 발전량이 10GW를 초과하는 기업의 경우 투자를 금지하고 있다. 그리고 이러한 화석연료 투자를 대폭 줄이는 대신 태양광과 풍력 등과 같은 재생에너지 분야에 대한 투자를 확대하고 있다. 이외에도 기후변화에 대한 책임투자의 형태로 '파슬 프리 캠페인(fossil free campaign)'에도 동참하고 있다.

ⓑ GPFG의 적극적인 대회를 통한 기업 관여활동

GPFG는 적극적으로 기업 경영진과의 대화를 진행하고 있으며, 2019년 한 해 총 1,474개 기업의 경영활동에 참여하였다. GPFG는 정기적으로 기업의 이사회에 참여하거나, 직접 방문하는 방식을 통해 기업과 소통하기도 하며, 대기업 임원진들이 한 자리에 모여 정보를 공유할 수 있는 컨퍼런스와 같은 자리를 마련하여 대화를 이어나가기도 한다.

③ GPFG의 투자배제기준 및 투자배제 기업 리스트

ⓐ 투자배제 기준

GPFG는 지속가능한 투자 이행을 위하여 윤리위원회의 '감시 및 투자배제를 위한 가이드라인'과 추가 평가 대상 기업 선정 원칙에 따라 총 4단계 절차를 통해 기업을 선별하고 투자에서 배제한다. 이 4 단계 절차는 ① 가이드라인 위반 대상 기업의 파악, ② 사전적 평가 대상 기업의 선정, ③ 평가 대상 기업에 대한 철저한 분석 및 평가, 그리고 ④ 투자배제 또는 감시에 대한 권고로 구분된다.

ⓑ 투자배제 기업 현황

윤리위원회의 투자배제 기준은 크게 ① 제품기반 투자배제 사유, ② 행위기반 투자배제 사유, 그리고 ③ 감시로 구분되며, 이 중 ① 제품기반 사유는 (a) 담배생산, (b) 집속탄 및 지뢰, 생화학 및 핵무기 등과 같은 특수한 형태의 무기 생산, (c) 석탄·화력 발전 생산 등 3가지로 구분된다. ② 행위기반 사유는 (a) 심각한 인권 침해, (b) 환경 피해, (c) 중대한 부패, (d) 기후변화, (e) 기타 윤리적 규범, (f) 전쟁 상황에서의 개인의 권리 침해 등 6가지로 구분된다. 그리고 ③ 감시 대상으로는 (a) 심각한 환경 피해, (b) 중대한 부패, (c) 석탄·화력 발전 생산 등 3가지가 해당한다.

2020년 7월 기준 GPFG 펀드는 총 166개 기업을 투자배제 및 감시 대상(투자배제 142개, 감시 24개)으로 선정하였다.

우리나라의 경우 2020년 7월 기준 GPFG의 투자배제 기준에 따라 제외된 국내 기업은 총 8개이다. 한화와 풍산은 국제적으로 금지된 대량살상무기로 알려진 집속탄 생산을 이유로, KT&G는 담배생산을 그 사유로 2009년부터 투자배제가 되었고, 포스코인터내셔널 및 포스코는 환경 피해를 일으키는 행위를 이유로 하여 2015년에 투자금이 회수된 바 있다. 한국전력의 경우 발전 자회사 중 석탄 발전소를 보유하지 않은 한국수력 및 원자력을 제외한 한국남부발전, 한국동서발전, 한국서부발전, 한국중부발전 총 5개 발전자회사의 석탄발전 비중은 무려 83.3%(2017년 기준)에 달하여, 이는 GPFG 가이드라인의 기준에 부적합하다고 판단되었고 2017년 3월부로 투자가 배제되었다. 그리고 2018년에는 국내 해운기업인 대한해운과 팬오션이 환경에 위험을 초래하거나 인권 침해 등 윤리적 기준을 위반했다고 판단되어 투자대상에서 제외되거나 감시 대상으로 선정되었다.

(5) 미국 및 캘리포니아 공무원 퇴직연금(CalPERS)

① 미국과 CalPERS의 책임투자의 동향

미국은 GSIA의 보고서에 따르면 2020년에는 글로벌 시장에서 가장 큰 책임투자 자산을 보유하고 있다.[31] US SIF(The Forum for Sustainable and Responsible Investment)의 2020년 보고서에 따르면, 2020년 상반기 지속가능한 투자전략을 활용한 미국의 사회책임투자(SRI) 자산 규모는 17.1조 달러에 이르고, 2016년 약 8조 7천억 달러에서 2018년 12조 달러를 거쳐 2배 이상 상승한 것으로 나타난다.[32]

미국 내 최대 규모의 공적 연기금인 CalPERS는 캘리포니아 주정부에 고용된 근로자에게 퇴직연금급여를 제공하기 위해 설립된 특수직역연금이다.[33] CalPERS는 1932년 설립된 이후 2020년 말 현재 약 39조 5,800억 달러가 넘는 자산을 운용하고 있다.[34]

② CalPERS의 책임자산 운용의 특징

ⓐ '포커스 리스트(Focus List)' 도입 : 'CalPERS 효과(CalPERS Effect)'의 발생

미국내 최대 공적 연기금인 CalPERS는 기업의 사회적 책임을 제고하기 위하여 1987년부터 매년 지배구조와 경영실적이 좋지 않은 기업을 지배구조 개선 집중 감시대상 기업으로 선정하여 발표하는 '포커스 리스트(Focus List)'를 도입하였다. 이후 해당 리스트에 포함되었던 155개의 기업을 대상으로 1999년부터 2008년까지의 변화를 살펴본바, 기업들의 평균 주가가 벤치마크 대비 크게 상승하면서 적극적인 주주권 행사가 기업의 가치를 높인다는 실증 결과를 보여줌으로써 'CalPERS 효과(CalPERS Effect)'라는 현상이 나타나기도 했다. 이는 CalPERS가 주주총회에서 CEO 의 교체 및 독립 이사회 강화 등의 요구로 인해 기업 체질이 강화된 것에 기인하는 것으로 판단된다.

CalPERS는 리스트에 선정된 기업들을 대상으로 해당 기업의 임원, 경영진 등 관계자와의 직접적인 대화를 통해 개선작업을 수행하거나 주주제안 등을 통해 주주관여 활동을 할 수 있도록 하고 있다. CalPERS는 1999년부터 2013년까지 총 188개 기업을 선정하여 기업 관여활동을 진행해 왔는데, 리스트에 오른 기업들을 분석한 결과 관여활동을 통해 점차적인 개선이 이루어졌다고 한다.[35)]

ⓑ '책임투자 신념' 원칙의 최초 수립 및 장기적 가치 창출을 위한 핵심 사항 마련

CalPERS는 2013년 10월 장기적 투자 포트폴리오 운용을 위하여 새로운 프레임워크의 일환으로 '책임투자 신념' 10가지의 투자 원칙을 최초로 도입하였다. 이 원칙은 장기적인 투자가치 창출을 위해서는 재무적, 물적, 인적 자본의 효과적 운용이 요구된다고 설명하고 있으며, 이 중 투자 원칙3과 4에서는 책임투자에 있어 신인의무의 이행과 ESG 요인 고려의 중요성을 강조한다

또한 CalPERS는 투자대상 기업 등을 대상으로 '장기적 가치 창출에 필수적인 핵심 사항(Core Issues in Long Term Value Creation) 5가지를 정하여 기업 관여활동을 실행하고 있다. CalPERS가 정한 리스크 및 수익에 장기적으로 영향을 미칠 것으로 판단되는 핵심 사항은 ① 주주의 권리(Investor Rights), ② 이사회 수준 및 다양성(Board Quality & Diversity), ③ 임원보수 체계(Executive Compensation), ④ 기업 보고 체계(Corporate Reporting), ⑤ 규제의 효율성(Regulatory Effectiveness) 등이 있다.

③ CalPERS의 투자배제기준 및 투자배제 기업 리스트

CalPERS의 경우 투자배제 기준에 대한 자료를 공시한다거나 특정 기업을 대상으로 한 투자배제 기업 리스트를 공개하고 있지는 않다. 다만 CalPERS가 투자를 배제한다고 밝힌 산업 및 기업의 경우가 있다. 이를 정리하면 CalPERS의 투자배제 기준은 크게 ① 제품기반, ② 행위기반, ③ 국가기반 투자배제 사유로 구분할 수 있고, 이 중 ① 제품기반 투자배제 사유는 (i) 담배생산, (ii) 특수한 형태의 무기 생산, (iii) 석탄 채굴 관련 등 3가지로 구분된다. ② 행위기반 투자배제 사유는 (i) 심각한 인권 침해, (ii) 환경 피해, (iii) 기타 사회복지 등 3가지로 구분할 수 있으며, ③ 국가기반투자배제 사유는 수단과 이란 관련 산업 및 기업

이 해당한다.

투자배제 기업 리스트를 공개하고 있지는 않으나, 2019년 12월 기준 CalPERS에서 수단 및 이란 관련 투자배제 조치에 따른 매각 투자배제 대상이 된 기업은 총 16개이며, 매각 투자배제 검토 대상 기업은 총 12개, 그리고 감시 감독 대상 기업은 총 54개로 나타난다.

우리나라의 경우 2019년 12월 31일 기준, CalPERS의 이란 관련 산업 및 기업에 대한 투자배제 조치에 따라 CalPERS의 매각 투자배제, 매각 투자배제 검토, 그리고 감시 감독 대상으로 지정된 국내기업은 총 5개이다. 두산은 투자배제, 우리금융그룹은 매각 투자배제 검토, 그리고 두산밥캣, 두산중공업, 현대중공업은 감시 감독 대상으로 지정되어 있다.

(6) 캐나다 및 연금투자위원회(CPPIB)

① 캐나다와 CPPIB의 책임투자 동향

캐나다의 책임투자 규모는 지속적으로 확대되고 있다. 책임투자 전략에 의해 운용되는 자산 규모는 2016년 약 1.1 조 달러에서 2020년 약 2조 4230달러로 2배 이상 증가하였다. 특히 시장 점유율 측면에서 더 큰 성장 속도를 보이고 있는데, 2016년 당시 책임투자의 시장 점유율은 38% 정도였으나 2020년 기준 전문적으로 운용되는 책임투자 자산은 61.8% 이상의 점유율을 보이고 있다.[36)]

캐나다 연금투자위원회(Canada Pension Plan Investment Board, CPP Investment Board; 이하 'CPPIB')는 CPP가 기금운용을 위해 설립한 독립적인 운용기구로 우리나라 국민연금의 기금운용본부에 해당하는 조직이다. CPPIB는 CPP의 재정 건전성 악화 및 기금 고갈 문제가 심각해짐에 따라 운용의 독립성과 전문성을 위하여 1998년에 「캐나다 연금기금투자위원회법」(Canada Pension Plan Investment Board Act; 이하'CPPIB Act')에 따라 설립되었다.[37)] CPP는 정부에 의해 운영되며, CPPIB는 최고의사결정기구인 이사회와 기금운용집행기구로 구성되어 있다. 그리고 이사회는 금융최고경영자, 경제학 교수, 변호사 등과 같은 12명의 전문가들로 구성되어 있다. 2019년 12월 기준 CPPIB의 운용자산 규모는 4,204억 달러로 세계 9위에 해당하고, 지난 5년간 연평균 수익률은 10.4%이다.

CPPIB는 기금운용자로서 '기금수익성의 극대화를 통해 연금가입자 및 수급자에게 최대수익(a maximum rate of return)을 보장하는 것'을 단일한 운용목표로 두고 있다. CPPIB는 책임투자 정책을 마련하고 있으며, 전 자산군을 대상으로 책임투자를 실시한다. 따라서 기금운용 의사결정에 있어 전반적으로 독자적인 권한을 가지고 있는 CPPIB의 이사회는 기금운용 수익의 극대화를 위한 장기적 투자 결정에 있어 ESG 위험 및 기회 요인을 모두 통합하여 고려한다.[38] 그리고 CPPIB는 책임투자에 관한 전략 및 활동에 대한 전반적인 감시와 승인을 담당하는 '지속가능위원회(Sustainable Investing Committee)'를 두어 책임투자 정책을 지속적으로 검토하고 의결권 위임(proxy voting)에 대한 원칙 및 가이드라인 등을 제시하고 있다.

② CPPIB의 책임자산 운용의 특징

ⓐ 책임투자 원칙의 수립

CPPIB의 책임투자 정책은 UN PRI의 6가지 세부 원칙을 준용하며, 이를 바탕으로 8가지 책임투자 원칙을 수립하였다. CPPIB는 해당 원칙에서 포트폴리오의 다각화를 통한 투자수익의 극대화를 투자목표로 설정하고 ESG가 기업의 장기적 재무성과에 미치는 긍정적 영향력, ESG 공시의 중요성, ESG가 리스크 및 수익에 미치는 영향을 반영한 투자분석의 필요성 등을 설명하고 있다.

ⓑ 기후변화 등 환경분야에 대한 관심

CPPIB는 2008년부터 기후변화와 채취산업(Extractive Industries)분야에 집중적으로 책임투자 활동을 해왔으며 인권 개선, 물(수자원) 보호 등 점차적으로 그 활동 영역을 확대하고 있다. 또한 Hermes EOS와의 협약을 통해 환경 문제 개선, 특히 물(수자원) 보호를 위해 CDP Water Disclosure(CDP WD; 물 관련 정보 공개 프로젝트)에 참여하는 등 사회투자에 관련된 다양한 활동들을 함께 수행한다.

ⓒ 적극적인 기업 관여활동 및 주주행동 : '5가지 핵심영역(Focus Area)'의 선정

CPPIB는 2018년 '5가지 핵심영역'을 선정하여 기업과의 대화를 통해 개선 방안을 마련하는데 힘쓰고 있다. CPPIB가 선정한 5가지 핵심영역은 기후변화, 물(수자원), 인권, 임원보수, 그리고 이사회 운영으로, 이와 관련하여 기업 관여 활동 및 주주행동의 하나인 기업과의 대화를 진행한다.

③ 투자배제 기준

CPPIB의 경우 투자배제 기준에 대한 자료를 공시하지 않고 있지만, CPPIB가 투자를 배제한다고 밝힌 사업은 특수한 형태의 무기생산, 석탄 화력 발전 관련 등으로 분류되는 사업이 있다.

(7) 일본 및 공적연금(GPIF)

① 일본과 공적연금 GPIF의 책임투자 동향

일본의 책임투자 시장은 해를 거듭할수록 놀라운 규모로 빠르게 성장되고 있다. '일본 지속가능 투자 포럼(Japan Sustainable Investment Forum, 이하 'JSIF')의 2019년 보고서에 따르면 일본의 책임투자 규모는 2019년 기준 약 336조 엔으로 2018년 기준 약 232조 엔과 비교하여 1.45배 성장하였으며, 이는 2017년의 137조 엔 대비 145.2%, 2016년의 약 56.3조 엔 대비 496.8% 증가한 상당한 규모라 할 수 있다.[39] 그리고 이로써 일본은 2018년 기준 유럽과 미국에 이어 지속가능한 투자의 세 번째로 큰 중심지가 되었다.

일본의 이와 같은 빠른 성장의 원인은 아베 정권이 최근 몇 년간 경제성장 전략의 일부로 책임투자와 관련하여 민간 부문 투자를 장려하고 다양한 관련 이니셔티브를 발표하는 등 적극적인 정부 정책을 펴왔기 때문으로 판단된다.[40] 2017년 일본 재정부는 스튜어드십 코드 및 기업지배구조 규범 검토를 위한 회의

를 개최하여 스튜어드십 코드를 개정하였으며, 환경부는 ESG 분야의 투자 확대를 위하여 ESG 실무그룹(ESG Working Group)이 수행한 지속가능성 문제를 반영한 투자분석 조사를 바탕으로 '그린본드 가이드라인(Green Bond Guidelines)'을 제정하였다. 이와 같은 정부 정책에 힘입어 책임투자를 적용하는 기관투자자들의 수뿐만 아니라 그 규모도 함께 증가하고 있으며, 일본의 지속가능한 책임투자 시장이 빠르게 확대되어 가고 있다.

일본 공적연금펀드(Government Pensio n Investment Fund; 이하 'GPIF')는 일본의 후생노동성의 산하기관으로 기초연금 및 후생연금보험금을 운용한다. GPIF는 세계 최대 연기금으로서 168조 9,897억 엔(약 1,930조원, 2019년 12월 기준)을 운용하고 있으며,[41] 이는 우리나라 국민연금 운용자산 892.3조원(2021년 기준)의 2배가 넘는다. GPIF는 주식자산운용을 100% 위탁하고 있으나, ESG 원칙을 바탕으로 책임투자를 강조하고 있고 ESG 실행 결과에 대한 평가를 자금 배분 과정에 반영하는 방법으로 기금을 관리한다. 최근 몇 년간 일본의 책임투자 자산규모는 2016년부터 2019년 사이 496.8%가 상승하며 매우 빠르게 성장하는 모습을 보이고 있는데, 이와 같이 책임투자가 급성장할 수 있는 원동력 중 하나로 꼽히는 것이 바로 GPIF의 영향력이라고 할 수 있다.[42]

② GPIF의 책임자산 운용의 특징

ⓐ 책임투자 원칙의 수립

GPIF는 책임투자에 대한 접근성을 높이기 위하여 2014년 일본 스튜어드십 코드에 서명하였고, 2015년 UN PRI의 서명기관이 되었다. 또한 2017년 10월에 GPIF의 책임투자 원칙 제4조를 수정하여 상장주식뿐만 아니라 채권과 같은 다른 자산 투자에서도 ESG를 고려하기 시작함으로써 책임투자에 대한 의지를 투자시장 전반에 전달하였다. 특히 MSCI와 FTSE Russel에서 제시한 ESG 요소를 고려한 일본 주가지수에 상당한 자산의 투자를 단행하는 등 ESG 관련 펀드에 투자하기 시작하였고, '장기적 투자자 및 보편적 소유자(long term investor and universal owner)'로써 일본 기업 전체의 시장 수익률을 높이는 것을 주된 목적으로 하고 있다.[43] 따라서 GPIF는 이러한 목적 달성을 위해 ESG를 고려한 장기투자적 관점에서 적절한 장기전략을 수립하여 ESG 리스크와 기회를 효과적으로 관리하고 있으며, 이를 위한 기업의 투명성도 강조하고 있다.

ⓑ 기후변화 리스크에 대한 관심 확대 및 그린본드 투자의 활성화

2018년에 주목할 만한 GPIF의 ESG 및 책임투자 관련 활동으로는 기후변화 관련 이니셔티브를 승인한 것과 그린본드 투자를 활성화한 것을 들 수 있다. GPIF는 자산운용에 있어 환경 특히 기후변화 이슈가 중요 고려사항이라고 판단하고, 2018년 12월 기후 관련 재무공시에 관한 태스크포스에 동참함으로써 기업에게 기후변화와 관련된 재무정보를 공개하도록 하고 이를 바탕으로 자산 건전성을 분석하고 있다.

또한 GPIF는 투자자 중심 기후변화 이니셔브티인 '기후행동 100+(Climate Action 100+)'에 2018년 10월부터 참여하기 시작하였다. 아울러 세계은행과 국제금융공사는 GPIF에게 그린본드에 투자할 수 있는 프로젝트를 제시한 바 있다.[44]

ⓒ 포지티브/동종업계 우수기업 스크리닝의 적극 활용

GPIF의 경우 특정 기업군을 배제하지 않고 ESG 측면에서 지속가능성을 높여나가는 기업을 적극적으로 선별하여 투자대상에 포함시키는 포지티브 동종업계 우수기업 스크리닝 전략을 중시하는 모습을 보인다. GPIF는 포지티브 동종업계 우수기업 선정 스크리닝을 활용한 책임투자를 확대하기 위하여 2017년 책임투자 원칙을 수정한 이후 ESG를 필수적으로 고려하기 시작하였고, 대표적인 3가지 ESG 지수인 FTSE Blossom Japan Index, MSCI Japan ESG Select Leaders Index, 그리고 MSCI Japan Empowering Women Index(WIN)를 선택하여 ESG 요소를 고려한 일본 주가지수에 약 1조 엔을 투자하였다. GPIF가 이 3

가지 지수에 투자한 이유 중 하나가 이들 지수는 ESG 기반의 네거티브 투자배제 스크리닝이 아닌 포지티브 동종업계 우수기업 선정 스크리닝을 적용하고 있기 때문이다.

또한 투자배제 기준을 바탕으로 투자배제 기업 리스트를 공개하고 있는 주요 유럽 연기금들의 경우와는 달리 GPIF는 투자배제 기준 및 해당 기업 리스트를 발표하지 않으며 특이하게 투자대상 기업들 중 '우수 통합 보고서' 및 '발전 통합 보고서'를 발간한 기업을 자체적으로 선정하여 그 리스트를 공개하는 방식을 채택한다.

③ 투자배제 기준과 포지티브 우수기업의 논란

GPIF의 경우 투자배제 기준에 대한 자료를 공시한다거나 특정 기업을 대상으로 한 투자배제 기업 리스트를 공개하지는 않는다. 다만, 일본의 경우 네거티브 투자배제 스크리닝을 활용한 기관투자자들이 적용한 몇 가지의 배제 기준이 있다.

반면, 위의 포지티브/동종업계 우수기업 스크리닝을 통해 작성된 리스트에는 한국에서 전범기업으로 알려져 논란이 되고 있는 일본 기업들이 다수 포함되어 있는데 2019년 기준 우수 통합 보고서에는 총 16개, 발전 통합 보고서에는 총 20개가 포함되어 있으며 중복 기재 기업 10개를 고려하면 총 26개 기업이 현재 우리나라에서 전범기업으로 알려진 경우에 해당한다. 즉 Asahi Group Holding, Ltd., Daiwa House Industry Co. Ltd., DyDo Group Holdings, Inc., Daikin Industries Ltd., Hitachi Chemical Company, Ltd., Kirin Holdings Company, Ltd., Mitsubishi Corporation, Sumitomo Corporation, Fujifilm Holdings Corporation, Hitachi, Ltd., JFE Holdings, Sumitomo Metal Mining Co., Ltd., Meiji Holdings Co., Ltd., Ube Industries, Ltd., Yamaha Corporation 등이 이에 해당된다.

따라서 이들 기업의 경우 한국에서는 전범기업에 국민연금 및 한국투자공사(KIC)가 과연 투자를 해야 하는가에 대한 논의의 대상이나, 자국 일본에서는 우수한 통합 보고서 및 발전한 통합 보고서를 작성한 기업으로 선정되어 결과적으로 투자가 장려되는 상반된 모습을 보이고 있다.

3. 해외 주요 자산운용사의 책임투자 현황

(1) 해외 주요 자산운용사의 투자배제 기준 및 투자배제 기업 리스트 현황

해외 자산운용사들은 해외 연기금과 달리 금융당국의 규제가 없음에도 불구하고 UN PRI 등에 가입함으로써 ESG 투자를 우선하여 실천하고 있는 곳들이 많다. 처음에는 각 자산운용사들의 이미지 재고와 투자자들의 요구에 충족하기 위해 시작되었으나 2014년 이후 본격적으로 ESG 투자가 장기적인 투자에서 리스크를 줄이고 재무적인 성과를 가져올 수 있다는 상호 신뢰가 쌓였기 때문에 현재까지도 빠른 속도로 증가하고 있다.

해외 자산운용사 및 기타 금융기관의 경우에도 투자배제 기준 또는 투자배제 기업 리스트를 홈페이지에 공개하는 경우가 많다. 국내의 대신경제연구소에서는 최근 이러한 해외 주요 자산운용사들의 각 분석하여 투자배제 기준 및 투자배제 기업 리스트 공개여부를 정리한 보고서를 작성한 바 있다.

[표 5-11] 해외 주요 자산운용사 및 금융기관 리스트(2020년 9월 기준)

	국가	기업명	구분	글로벌 자산 규모 순위*	투자배제 기준 공개여부	투자배제 가업 리스트 공개 여부
1	프랑스	Amundi Asset Management	자산운용사	9	○	×
2		Natixis Investment Managers	자산운용사	17	○	×
3		AXA	자산운용사	21	○	×
4		BNP Paribas Asset Management	자산운용사	28	○	×

5	네덜란드	Aegon Asset Management	자산운용사	61	○	×
6		Robeco	자산운용사	104	○	○
7	스웨덴	Nordea Investment Management	자산운용사	85	○	○
8		SEB	자산운용사	94	○	○
9	영국	AVIVA	보험사	–	○	○
10		AVIVA Investmnet	자산운용사	54	○	
11		Legal & General Investment Management	자산운용사	11	○	
12		Ashmore Invest Management	자산운용사	175	○	×
13	독일	Allianz	보험사	–	○	×
14		Allianz Global Investors	자산운용사	30	○	×
15		DWS Group	자산운용사	23	○	×
16	미국	BlackRock	자산운용사	1	○	×
17		Vanguard	자산운용사	2	○	×
18		Fedeliity Investments	자산운용사	3	○	×
19		State Street Global Adviser	자산운용사	4	○	×
20		J.P. Morgan Asset Management	자산운용사	6	○	×
21		Boston Common	자산운용사	–	○	×
22		Morgan Stanley Investment Management	자산운용사	41	○	×
23		Trillium Asset Management	자산운용사	–	○	×
24		Goldman Sachs Asset Management	자산운용사	10	△	×
25	캐나다	BMOI Glkobal Asset Management	자산운용사	82	○	×
26		Manulife Investment Management	자산운용사	60	○	×
27		fiera Capital	자산운용사	143	○	×
28		CIBC Asset Management	자산운용사	136	△	×
29		Brookfield Asset Management	자산운용사	57	×	×
30	일본	Sumimoto	자산운용사	19	○	×
31		MUFG Asset manavement	자산운용사	39	○	×
32		Nomura Asset Management	자산운용사	48	○	×
33		Nikko Asset Management	자산운용사	87	○	×

34	일본	Nissay Asset Management	자산운용사	144	○	×
35		Japan Post Insurance Company	보험사	–	○	×
36		Nippon Life Insurance Company	보험사	–	○	×
37		Dai–chi Life Insurance Company	보험사	–	○	×
38	호주	AMP Capotal	자산운용사	135	○	○
39		Perennial Value managemant	자산운용사	473	○	×
40		Maple–Brown Abbott	자산운용사	397	○	×
41		QIC	자산운용사	232	○	×
42		First State Imvestments	자산운용사	119	○	○
43		Macquarie Asset Management	자산운용사	59	×	×
44		IFM Invesgtors	자산운용사	161	×	×
45		Lendlease Investment management	자산운용사	303	×	×
46		The GPT Group	자산운용사	336	×	×
47		Cromwell Property Group	자산운용사	402	×	×
48		Investors Mutual Limites	자산운용사	423	×	×
49		Investa Property Group	자산운용사	430	×	×
50		RARE ingrastrud	자산운용사	446	×	×

* 해당 글로벌 자산 규모 순위는 IPE의 'Top 500 Asset Managers 2020'(2020sus 6월 기준)을 참조[45)]

출처: 황운경 외1, 해외 주요 연기금 및 자산운용사의 책임투자와 투자제한 동향으로부터의 시사점, 대신경제연구소, 2021, 219쪽

(2) 해외 주요 자산운용사 및 금융회사의 투자제한 특징 및 현황

① 네거티브/투자배제 스크리닝 유형의 활발한 활용

해외 연기금 이외에 자산운용사 및 기타 금융기관의 경우에도 네거티브/투자배제 스크리닝을 활발하게 적용하고 있으며, 투자배제 기준 또는 투자배제 기업 리스트를 홈페이지에 공개하는 경우가 다수 있다. 대신경제연구소의 보고서에 따르면 조사대상 유럽 5개국(프랑스, 네덜란드, 스웨덴, 영국, 독일), 미국, 캐나다, 일본, 호주 등 총 9개국의 주요 자산운용사 및 기타 금융기관 총 50개 중 39개사(자산운용사 34개, 보험사 5개)가 홈페이지에 투자배제 기준을 언급하고 있으며, 이 중 7개사(자

산운용사 6개, 보험사 1개)는 투자배제 기업 리스트까지 공개하고 있다고 밝히고 있다.

다만 GSIA의 보고서를 보면 미국의 책임투자 자산의 경우 ESG 통합 전략을 활용하는 자산이 최근 급격하게 늘어났고, 이를 통해 글로벌 ESG 투자 전략에서 ESG 통합 전략이 가장 많이 활용하는 투자 전략이 되었다. 이는 ESG 투자 전략에서 상당한 변화를 보여주고 있다. 이는 2020년 초에 ESG 통합 전략을 실시하는 530개 기관투자자, 382개의 자금 운용사, 1,204개의 커뮤니티 투자기관이 보유한 16조 6천억 달러의 미국의 책임투자 자산을 보유하는데, 가장 많은 비율의 자금관리자가 ESG 통합 전략을 도입한 이유로 위험관리를 언급하고 있고, 이로 인해 ESG 통합 전략이 가장 널리 퍼진 ESG 투자 전략이라고 보고하고 있다. 또한, 2018년부터 2020년 상반기까지 149명의 기관투자자와 56명의 투자운용사가 1조 9,800억 달러의 운용자산을 관리하며 ESG 문제에 대한 주주결의를 주도하거나 공동 주도했다. 모두 ESG 요소에 관련된 자산의 이중 계산을 제거하고 주주결의안을 제출하는 것을 통해 2020년 초 총 17.1조 달러의 책임투자 자산을 확보한 것이다.[46)]

기존의 투자배제 전략에서 ESG 통합 전략으로의 변경에 따라 전체 투자산업에서 ESG 투자의 역할과 비중 및 성과에 관한 어떠한 변화를 가져올 것인지는 더 지켜봐야 할 것이지만, 단순한 투자배제 전략을 넘어서 ESG 요소를 자산운용사들이 자신들의 투자 의사결정 프로세스에 전반적으로 반영하게 된 것은 사실이고, 그만큼 ESG 요소의 반영을 통한 ESG 투자가 시대의 거스를 수 없는 흐름이 된 것은 사실이다.

② 해외 주요 자산운용사 및 보험사의 투자배제 기준

대신경제연구소의 보고서는 해외 주요 자산운용사 및 보험사의 투자배제기준을 총괄하여 정리하였다. 이러한 해외 주요 자산운용사 및 보험사의 투자배제 사유는 매우 다양하게 존재하며, 일반적으로 ① 제품기반 배제 사유, ② 행위기반 배제 사유(UN 글로벌 콤팩트 협약 위반 사유), ③ 기타 사유(UN 안전보장이사회의 무기 수출 금수조치 해당 사유, EU/UK Sanction, US Office of Foreign Assets and Control(OFAC) Lists, 고객의 요구가 있는 경우, ESG 점수가 낮은 기업의 경우)로 구분할 수 있다. 또한 ④ 투자제한 사유를 나타내는 자산운용사도 존재한다.

[표 5-12] 해외 자산운용사들의 투자배제 사유

<table>
<tr><th>투자배제 사유</th><th colspan="2">내용</th><th>자산운용사 및 보험사</th></tr>
<tr><td rowspan="19">제품기반
배제 사유</td><td colspan="2">담배 및 대마</td><td>24</td></tr>
<tr><td colspan="2">아편유사제 처방 제조업체 및 유통업체</td><td>1
(미국 J.P. Moran)</td></tr>
<tr><td colspan="2">무기류(통칭하고 있는 경우)</td><td>9</td></tr>
<tr><td rowspan="9">특수한
형태의
무기류</td><td>집속탄[47]</td><td>29</td></tr>
<tr><td>대인지뢰</td><td>26</td></tr>
<tr><td>생화학무기</td><td>23</td></tr>
<tr><td>감손 우라늄을 사용한 무기</td><td>6</td></tr>
<tr><td>백린탄</td><td>2</td></tr>
<tr><td>실명 레이저 무기</td><td>1
(영국 AVIVA Investors)</td></tr>
<tr><td>Non-detectable fragments</td><td>1
(영국 AVIVA Investors)</td></tr>
<tr><td>재래식 무기</td><td>2</td></tr>
<tr><td>민간 총기류</td><td>3</td></tr>
<tr><td colspan="2">군수산업(군비계약) 및 무기상</td><td>7</td></tr>
<tr><td rowspan="2">화석
연료</td><td>석탄 화력 발전(발전용 석탄, 열 석탄, 갈탄, 오일샌드 등)</td><td>26</td></tr>
<tr><td>석유 및 가스
(석유, 가스, 타르샌드 등)</td><td>12</td></tr>
<tr><td colspan="2">원자력</td><td>9</td></tr>
<tr><td colspan="2">석면</td><td>1
(프랑스 BNP Paribas Asset Management)</td></tr>
</table>

<table>
<tr><td rowspan="25">제품기반
배제 사유</td><td colspan="2">채광·광산업</td><td>5</td></tr>
<tr><td colspan="2">오염·공해</td><td>1
(영국 AVIVA Investors)</td></tr>
<tr><td colspan="2">기후변화-운송</td><td>2</td></tr>
<tr><td colspan="2">팜유</td><td>3</td></tr>
<tr><td colspan="2">화학약품</td><td>1
(영국 AVIVA Group)</td></tr>
<tr><td colspan="2">독성 화학물질</td><td>2</td></tr>
<tr><td colspan="2">전 세계적으로 승인되지 않은
살충제/제초제</td><td>2</td></tr>
<tr><td colspan="2">주류</td><td>12</td></tr>
<tr><td colspan="2">도박</td><td>12</td></tr>
<tr><td colspan="2">성인 엔터테인먼트/포르노</td><td>12</td></tr>
<tr><td rowspan="8">동물보호</td><td>동물실험</td><td>4</td></tr>
<tr><td>모피</td><td>2</td></tr>
<tr><td>육류</td><td>2</td></tr>
<tr><td>불법 야생동물 매매</td><td>1
(미국 J.P. Moran)</td></tr>
<tr><td>살아있는 동물의 수출</td><td>1
(호주 Perennial Value Management)</td></tr>
<tr><td>위기종</td><td>1
(영국 AVIVA Group)</td></tr>
<tr><td>유망 어업</td><td>1
(미국 J.P. Moran)</td></tr>
<tr><td colspan="2">생물다양성 손실</td><td>2</td></tr>
<tr><td colspan="2">유전자 조작/변형</td><td>5</td></tr>
<tr><td colspan="2">낙태/피임/배아줄기세포</td><td>1
(미국 Morgan Stanley)</td></tr>
<tr><td colspan="2">불법벌목</td><td>3</td></tr>
<tr><td colspan="2">방치된 화재</td><td>1
(미국 J.P. Moran)</td></tr>
<tr><td colspan="2">폐기물 관리</td><td>1
(BMO Global Asset Management)</td></tr>
</table>

<table>
<tr><td rowspan="12">제품기반
배제 사유</td><td>수자원 소비</td><td>1
(캐나다 BMO Global Asset Management)</td></tr>
<tr><td>세계문화유산의 개발</td><td>1
(미국 J.P. Moran)</td></tr>
<tr><td>성/인종 차별</td><td>1
(미국 Morgan Stanley)</td></tr>
<tr><td>민영 교도소 운영자</td><td>2</td></tr>
<tr><td>소프트 상품</td><td>1
(프랑스 AXA Investment Managers)</td></tr>
<tr><td>제품 안정성</td><td>2</td></tr>
<tr><td>책임 판매 및 마케팅</td><td>1
(캐나다 BMO Global Asset Management)</td></tr>
<tr><td>정치자금 기부</td><td>1
(네덜란드 Aegon Asset Management)</td></tr>
<tr><td>은행</td><td>1
(네덜란드 Aegon Asset Management)</td></tr>
<tr><td>고금리/약탈적 대출</td><td>2</td></tr>
<tr><td>억압적 정권/체제</td><td>1
(네덜란드 Aegon Asset Management)</td></tr>
<tr><td colspan="2"></td></tr>
<tr><td>행위기반
배제 사유
(UN 글로벌 콤팩트와 같은 국제규범 및 협약 등 위반 사유)</td><td>• 심각한 인권침해
• 부정적인 환경 영향(기후변화)
• 보건 및 안전 위험
• 중대한 부패
• 불법 도박 및 카지노 등
• 노동법 위반
• 기타 윤리적 규범 위반
• 점령 지역에서의 운영
• 반사회적 세력
• 전쟁 상황에서의 개인의 권리
• 위기종 거래(워싱턴 협약 위반)
• 기타 사회복지 등</td><td>15</td></tr>
</table>

UN 안정보장 이사회의 무기수출 금수조치 해당 사유	UN 안정보장이사회의 무기수출 금수조치 해당 국가의 국채	1 (영국 Ashmore Investment Management)
EU/UK Saction	UK의 무기수출 금수조치, 자산동결조치 대상 국가 및 기업	1 (영국 Ashmore Investment Management)
US Office of Foreign Assets and Control (OFAC) Lists	미국 재무부의 국제 테러, 마약 밀매, 대량 살상무기 확산 관련 활동 금지 조치 관련 기업	1 (영국 Ashmore Investment Management)
Australian Sanctioned Countries List	호주 외교통상부의 '제재국가 목록' 및 다른 관할권의 정부에서 발행된 유사 목록에 명시된 제재 및 고위험 국가 소재 기업들	1 (호주 First State Investments)
기타	고객의 투자배제 요청이 있는 경우	4
	ESG 점수가 낮은 기업	1 (프랑스 AXA Investment Managers)
투자제한 사유	동물복지, 환경, 지배구조, 인권, 제품 안정성 등과 같이 최근 또는 현재 논란이 되고 있는 이슈와 연관된 기업	1 (미국 Trillium Asset Management)

출처: 황운경 외1, 해외 주요 연기금 및 자산운용사의 책임투자와 투자제한 동향으로부터의 시사점, 대신경제연구소, 2021, 290쪽

위와 같은 투자배제 기준을 검토하면 ESG 요소 중 어떠한 측면이 현재 강조되고 있는 이슈인지가 드러난다. 물론 이에는 환경관련 이슈가 주된 쟁점으로 활용되고 있음을 확인할 수 있다. 이 투자배제 기준은 네거티브/투자배제 스크리닝 전략으로서 활용되는 것이기 때문에 ESG 요소 전반에 대하여 고려가 이루어지고 있다고 보기는 어렵고, 다만 일반적인 합의가 이루어진 부정적인 산업에 대하여 투자배제 조치가 이루어지고 있다고 보는 것이 맞다. 이러한 투자배제 방식을 넘어선 ESG 요소의 전반적인 반영이 이루어지는 투자 의사결정 프로세스가 갖추어져야 ESG 이슈의 전반을 반영하는 책임투자가 이루어질 수 있을 것이다.

③ 투자배제된 국내 기업들

그러함에도 불구하고 위 투자배제 기준에 해당하여 투자가 배제된 국내 기업들이 있다. 이는 위 해외 주요 연기금에서 보았던 국내 기업이 대부분 포함되어 있고 추가적인 기업들도 있다. 무기나 담배 생산 및 석탄 채굴 등의 이슈는 차치하고서라도, 노동권 침해나 인권침해와 관련한 이슈는 빠른 해결을 통해 해외 시장의 신뢰를 회복할 필요가 있다.

[표 5-13] 해외 주요 자산운용사 및 보험사의 국내 기업 투자배제 현황(2020년 기준)

	기업명	배제기준	배제기관의 수
1	한화	집속탄 및 대인지뢰 생산	6
2	풍산	집속탄 생산	6
3	풍산홀딩스	집속탄 생산	3
4	S&T다이나믹스	대인지뢰 생산	6
5	S&T홀딩스	대인지뢰 생산	3
6	LIG	집속탄 생산	1
7	LIG넥스원	집속탄 생산	4
8	포스코	노동권 침해	1
9	포스코 인터내셔널	노동권 침해	1
10	SK홀딩스	인권 침해	1
11	SK이노베이션	인권 침해	1
12	경동인베스트	석탄 채굴	1
13	BGF리테일	담배 유통	1
14	GS리테일	담배 유통	1
15	KT&G	담배 생산	3

출처: 황운경 외1, 해외 주요 연기금 및 자산운용사의 책임투자와 투자제한 동향으로부터의 시사점, 대신경제연구소, 2021. 303쪽

제 4 절

국민연금의 책임투자 현황

1. 국민연금의 책임투자 동향

대한민국의 경우에도 대형 연기금이 책임투자를 주도하고 있다. 국민연금, 공무원연금, 사학연금, 우정사업본부 등이 국내주식 위탁투자 형태로 책임투자형 펀드를 도입하여 운용 중에 있다. 국가재정법에 명시된 국내 연기금의 투자원칙은 수익성, 공공성, 안정성이다. 공공성은 기금이 특정한 개인이나 기업, 단체 등의 이익이 아닌 사회 전체의 이익을 위하는 방향으로 관리 및 운용되어야 함을 의미한다. 주식이나 채권을 보유한다는 것은 경제학적인 관점에서 회사를 소유하는 것과 동일(에셋오너의 의미)하다고 볼 수 있고, 이러한 에셋오너로서 회사의 의사결정 과정에 참여하여 회사가 보다 긍정적인 ESG 행동을 수행하도록 해야 하는 의무가 있다. 이는 높은 윤리의식을 가지고 있으며, 사회적으로 긍정적인 기업에 투자함으로써 장기 투자 성과가 개선될 수 있다는 믿음이 동반되어야 가능한 일이다.[48] 이러한 방향은 신의성실 의무의 이행으로 드러나게 되며 비재무적 요소로서의 ESG 요소를 투자 의사결정 프로세스에 반영함으로써 작용하는 것이다. 국내 3대 연기금 모두 이러한 측면에서 의결권 행사를 강화하고, 책임투자를 사회책임투자로 명명하여 이행하고자 한다.

특히 국민연금은 국내 책임투자의 선두주자이다. 국민연금의 경우 자산규모가 2021년 기준 892.3조원으로 세계 3위의 연기금이 해당한다. 그리고 이 중 국내주식 대상으로 책임투자를 고려하는 자산군의 운용현황은 2020년 말 기준

101.4조원에 해당하고, 국내주식 직접운용 중 책임투자가 적용되는 자산이 약 93.37조원이고, 국내주식 위탁운용 중인 책임투자 적용 자산이 약 8조원에 해당한다.

2006년부터 사회적 책임 경영을 강조하여 기업의 책임투자 요소를 분석하여 이것을 투자요소로 고려하는 SRI 주식 위탁 펀드운영을 시작하였고, 책임투자 도입의 필요성을 인식함에 따라 2009년 UN PRI에 가입하였고, PRI에서 권고하는 책임투자 원칙을 준수하기 위해 노력하고 있다. 또한 2014년에는 책임투자 가상펀드를 운용하고, 2015년에는 기업 ESG 평가기준 마련 및 평가를 시작하였다. 국민연금은 책임투자를 위한 제도적 기반을 마련하여 왔는데, 국민연금법에 책임투자 원칙을 규정하였고, 기금운용지침에 책임투자 현황을 공시하는 내용을 포함시켰으며, 2016년도에는 책임투자 원칙을 반영하였다.

이러한 책임투자를 이행하기 위하여 투자대상의 ESG 요소 등 비재무적 요소를 체계적으로 분석하기 위해, 기금의 특성이 반영된 고유의 ESG 평가체계를 마련하여, 국내 상장 주식에 대해 매년 2회의 ESG 평가를 실시하고 있다. 또한 ESG 관련 사건·사고 등을 모니터링하고 있으며, 해당 사안이 기업가치 및 주주가치에 미칠 영향을 가능하기 위해 중대성 평가를 수행하고 있다. 또한 중대성 평가 결과와 보유지분율 및 보유 비중 등을 종합적으로 고려하여 ESG 평가 결과를 조정하거나 기업과의 대화 등 주주 활동을 병행하고 있다. 이러한 활동은 매년 국민연금기금 연차보고서의 부록으로서 수탁자 책임활동 보고서를 발행하고 있다.

2. 국민연금의 책임투자 문제점

하지만 지금까지의 책임투자의 문제점 또한 지적된다.[49] 우선 책임투자 활성화 전략의 부재가 문제된다. 다양한 책임투자 유형이 있으나 국민연금은 종합적인 책임투자 전략 없이 일부 유형만 소극적으로 활용하여 왔다. 국내주식 책임투자 위탁펀드 운용을 위해 스크리닝 전략, 기업가치 훼손시 비공개 대화 등 주주활동, 국내주식 직접 액티브 운용에 한하여 ESG 통합전략 사용 등 소극적으로 이행하는 수준이었다. 이에 대하여 기금운용 전반에 책임투자를 적용하기 위해서는 기금운용 여건을 고려한 체계적인 책임투자 활성화 전략 마련이 필요하다고 판단하고 있다.

또한 해외 주요 연기금과 달리, 책임투자 관련 원칙·지침이 없으며, 기금본부 내 책임투자 적용을 위한 통합 프로세스가 없는 실정이었다. 이에 따라 체계적인 책임투자가 어려우며, 실제 투자 활동과 연계도 미흡하게 된다. 또한, 신뢰성 높은 기업 ESG 정보가 중요하나 해외 선진국과 달리 국내는 기업 공시 의무 제도 등과 관련한 인프라가 미흡하다.

3. 국민연금의 책임투자 활성화

이러한 문제점을 해소하기 위해 국민연금은 2019. 11. 책임투자 활성화 방안을 수립하기 위한 노력을 진행하고 있다. 국민연금은 책임투자 활성화 방안으로서 1) 책임투자 대상 자산군의 확대, 2) 책임투자 추진 전략의 수립, 3) 위탁펀드 규모의 확대, 4) 책임투자 위탁펀드의 벤치마크 변경 및 공개 등을 주요 추진과제로 내걸고, 세부적으로 ① 국민연금 책임투자원칙 마련, ② 기업 ESG 정보 공시 제도 개선, ③ 책임투자 담당 조직의 역량 강화, ④ ESG 평가체계 개선 및 평가결과 활용도 제고를 추진하겠다고 밝힌 바 있다.

특히 책임투자 전략 관련하여 책임투자 추진 전략을 수립하기 위한 방향성으로서 기본적으로 자산군별·운용방식별 특성을 고려한 다양한 책임투자 전략을 적용하는 것으로 하고, ESG 통합전략의 적용 범위를 확대하고 강화하며, 기업과의 대화 전략을 확대 적용하고, 네거티브 스크리닝 전략의 도입을 검토하고 있다.

책임투자 전담 조직의 역량 강화를 위하여 수탁자책임실의 조직·인력을 확충하고 국민연금의 책임투자를 총괄·기획할 수 있도록 콘트롤 역할을 부여, 기금운용본부 내 책임투자 내실화를 위한 교류를 확대한다. 또한, 해외 기업·투자자 간의 책임투자 관련 글로벌 네트워크를 강화함으로써 전문성을 늘릴 계획이다.

4. 기금운용원칙의 개정 : 지속가능성의 원칙

국민연금 기금운용본부는 2019년 12월 27일 기금운용위원회를 개최 및 국민연금기금운용지침 제4조를 개정하여 기존 5대 기금운용원칙에서 '지속가능성의 원칙'을 추가하였다.

국민연금기금운용지침 제4조

제4조(기금운용 원칙) 보건복지부장관은 다음 각 호의 원칙에 따라 기금을 운용한다.

1. 수익성의 원칙 : 가입자의 부담, 특히 미래세대의 부담 완화를 위하여 가능한 한 많은 수익을 추구하여야 한다.
2. 안정성의 원칙 : 투자하는 자산의 전체 수익률 변동성과 손실위험이 허용되는 범위 안에 있도록 안정적으로 운용하여야 한다.
3. 공공성의 원칙 : 국민연금은 전 국민을 대상으로 하는 제도이고, 기금 적립규모가 국가경제에서 차지하는 비중이 크므로 국가경제 및 국내금융시장에 미치는 파급효과를 감안하여 운용하여야 한다.
4. 유동성의 원칙 : 연금급여의 지급이 원활하도록 유동성을 고려하여 운용하여야 하며, 특히 투자한 자산의 처분 시 국내금융시장충격이 최소화되는 방안을 사전에 강구하여야 한다.
5. '지속 가능성의 원칙' : 투자자산의 지속 가능성 제고를 위하여 환경, 사회, 지배구조 등의 요소를 고려하여 신의를 지켜 성실하게 운용하여야 한다.
6. 운용 독립성의 원칙 : 상기 원칙에 따라 기금을 운용하여야 하며, 다른 목적을 위하여 이러한 원칙이 훼손되어서는 안 된다.

'지속가능성의 원칙'은 2006년에 기금운용지침에서 5대 원칙을 세운 이후 14년 만에 처음 추가된 원칙으로, 투자자산의 지속 가능성 제고를 위해 ESG 요소를 고려해 운용하는 책임투자를 골자로 하며 국민연금이 본격적으로 책임투자를 공식 운용원칙으로 적용하려는 것이다.[50] 기존에는 국민연금이 경영참여 목적의 주주권 행사와 관련하여 경영계의 반발을 고려하여 한발 물러서기도 하였으나 이번 원칙의 제정은 사회 분위기에 맞추어 적극적인 수탁자책임 원칙을 이행하려는 시도라고 평가할 수 있다.

제5절

국내 책임투자 활성화

책임투자는 기존 다수 연금가입자의 이익을 반영하고 장기적 관점에서 안정적으로 자금을 운용해야 하는 공적 연기금의 투자 전략으로 보다 적합한 투자 방식이라는 것이 기본적인 의견이었고, 아직 책임투자를 부담스러워하는 기업들이 주장하는 바이기도 하다.

하지만 최근의 ESG 투자의 성장은 신의성실 의무를 기초로 한 수탁자 책임 원칙, 이해관계자 중심주의 등의 이론적 기반을 바탕으로 글로벌 투자산업에서 연기금뿐만 아니라 해외 주요 자산운용사들까지 책임투자를 기반으로 한 ESG 투자가 급속도로 성장하고 있다.

우리나라의 경우 2006년부터 국민연금이 주도하여 책임투자 또는 지속 가능한 투자, 사회적 책임투자 등을 추진하고 성장시키기 위해 노력하고 있고, 학계에서도 계속적인 이론적 기반을 제시하여 왔다. 이에 우리나라 SRI 시장 규모 역시 2015년도에 7조 6,863억원이던 시장 규모가 2019년도 말 33조 2,352억원까지 성장하였다.[51) 52)] 그러함에도 불구하고 한국의 자본시장 규모 대비 SRI 시장의 비중은 1.9%에 불과하다.

이러한 한국의 책임투자가 미진한 상황에서 국민연금을 주도로 하여 책임투자를 활성화하기 위한 방안들을 추진하고 있으며, 각 투자 기관들 역시 ESG 요소를 자신들의 투자 의사결정 프로세스에 포함시키기 위하여 노력하고 있다.

이러한 한국의 상황에서 책임투자 활성화를 위하여는 다음의 방안들이 모색되어야 한다.

1. 국면연금의 책임투자 대상 자산 확대

한국의 경우 국내에서 가장 많은 투자자산을 확보하고 있는 국민연금의 2018년 책임투자 자산 규모는 약 101.4조원으로 국민연금의 총 운용자산인 892.3조원의 11.36%에 불과한 정도이다. 이는 유럽의 41.6%, 미국의 33.2%, 일본의 24.3%에 비하여 한참 못 미치는 수준에 불과한 것이다. 그러함에도 국민연금이 SRI 시장에서 대부분의 역할을 담당하고 있기 때문에, 국민연금의 책임투자 대상 자산을 확대하는 것이 국내의 ESG 투자를 활성화하는 핵심적인 역할이 될 것이다. 이와 관련하여 위탁운용사 선정방안의 개선을 통한 위탁운용자산의 확대, 책임투자원칙의 마련, 다양한 책임투자 유형의 적용이 필요하다.

2. 계속되는 인식의 개선

신의성실의무에 기반한 수탁자책임, 이해관계자 중심주의의 이론적 기반이 마련되고, 글로벌한 추세로 비재무적 요소의 투자 프로세스의 반영이 기업의 본질적 가치를 찾는데 이념적 합의는 이루어졌다. 그럼에도 단기적인 성과를 바라는 투자자와 이를 위해 단기적인 성과를 내려는 기업에 있어서 아직도 ESG 이슈를 부담으로 느끼고 있는 상황이다. 이에 대한 지속적인 인식 개선의 노력이 필요하다. 이를 위하여 평가 기간의 장기화, 투자배제기준 등의 설정 등이 주된 역할을 할 것이며, 기후변화 리스크에 대한 심도있는 고려 및 정책반영 조치 등이 필요하다.

3. 투자 후 관여 정책의 적절한 활용

수탁자책임의 원칙에 기반하여 이루어지는 ESG 요소의 기업에의 반영은 투자산업을 중심으로 특히 연기금을 기수로 하여 이루어지고 있다. 그렇기 때문에 투자기관의 주주행동 및 기업 관여 정책은 ESG의 활성화에 핵심적인 역할을 할 수밖에 없다. 이는 기금운용수익률을 높일 뿐만 아니라, 기업의 ESG 요소에 기반한 개선에 적극적인 효과를 가져올 수 있다.

4. ESG 공시의 확대

ESG 투자 활성화의 전제는 기업의 ESG 정보의 적절한 공개가 되어야 할 것이다. 이를 통해서 투자기관들이 신뢰할 수 있는 ESG 평가를 통한 책임투자를 실행할 수 있다. 이를 위해 기업지배구조 보고서, 지속가능경영보고서 등 ESG 이슈와 관련된 정보공개 활동을 의무화하고 활성화할 필요가 있다.

제 6 장

ESG 평가

제1절

ESG 평가란

1. ESG 평가란

(1) ESG 평가의 중요성

ESG 정보는 책임투자의 근간이다. 최근 많은 투자자들이 자신의 투자 의사결정 프로세스에서 ESG 요소를 반영하여 투자하고 있다. 이러한 환경에서 투자대상 기업에서 ESG 평가에 대한 관심은 높아질 수밖에 없다.[1] 많은 투자자들은 ESG 투자를 할 때 투자대상 기업이 ESG 이슈에 대하여 어떻게 대처하고 있는지 파악하기 위한 정보로서 ESG 평가(직접 평가할 수도 있고, 평가기관의 결과를 활용할 수도 있다)의 결과(점수 혹은 등급)를 참고한다. ESG 평가결과를 보고 투자기업의 ESG 대책과 효과를 쉽게 파악할 수 있기 때문이다.[2]

그리고 이러한 ESG의 중요성은 결국 기업의 재무적 측면이 아닌 비재무적 측면에 대한 평가에 있어 기준으로 작용한다는 점에서 드러난다. 이에 ESG 평가는 ESG 요소에 관하여 기업이 어떻게 반영하고 실현하고 있는지 객관적으로 판단하는 것을 의미한다. ESG 평가에 있어서 핵심은 결국 평가 대상 기업이 ESG 요소를 잘 반영하고 있는지 어떠한 정보를, 어떠한 기준에 따라, 평가하느냐 하는 것이다.

이러한 ESG 평가, 즉 기업 활동의 ESG 요소를 분류 및 확인하고, 일정한 척도로 산출하여 투자에 실제로 반영하기 위해서는 많은 노력이 수반된다. 특히 재무투자 관점에서 환경, 사회 및 지배구조 성과가 높은 종목을 선별해야 하기 때문에 광범위하고 동시에 세분화된 데이터(data granularity)가 요구된다. 이러한 데이터를 분석하여 ESG 평가 서비스를 제공하는 기관들이 늘어났고, 이 기관들은 기업들의 ESG와 연관된 정보를 제공받아야 하는데 공시된 정보를 직접 제공받거나 다른 대안 원천 데이터 발굴을 통해 수집하여 나름대로의 분류 방식과 등급 산정 방법론을 사용하여 관련 데이터, 등급, 지수 등 관련 서비스의 제공을 확대하고 있다.[3)]

결국 이러한 방식에 따라 이루어지는 ESG 평가에 있어서는 기업의 ESG 데이터의 제공과 관련한 투명성, ESG 평가 기준의 통일성, ESG 평가기관의 신뢰성 등이 중요하게 된다. ESG 평가를 수행함에 있어서는 많은 요구들이 충족되어야 한다. 일단 기업의 특수성이 있을 수 있으며, 국제적인 기준을 수행하는지, 평가를 하는 이유가 무엇인지(ESG 채권을 발행하기 위한 투자인지, ESG 투자를 위한 상대적인 평가인지, 기업이 자체적으로 ESG 수행 여부를 확인하는지, ESG 평가기관의 전체적인 순위나 점수를 산정하기 위한 평가인지 등)에 따라 평가의 기준이 되는 ESG의 요소들에 차이가 있을 수 있다.

반면 최근의 연구는 ESG 평가기관의 평가점수 간의 상관관계가 상대적으로 낮게 나옴으로 인하여 ESG 등급 또는 ESG 평가점수의 차이가 발생하는 이유를 대부분은 ESG 평가기관의 통일적인 평가기준의 부재에서 들고 이러한 내용은 ESG 항목에 대해 부과하는 가중치 역시 평가기관마다 다르다는 점을 도출한 바 있다(이에 대하여는 이후 ESG 평가점수와 관련한 이슈에 대하여 따로 다룬다). 이는 ESG 항목에 대한 평가기관들의 평가지표 간 상대적 중요성을 근거로 가중치를 결정하는데, 상대적 중요성 판단은 업종별 특성과 각 지표와의 재무적 성과 간의 관계를 고려하게 된다. 뿐만 아니라 이러한 평가기관의 ESG 평가에 있어서는 앞에서 설명한 바와 같이 각 평가기관이 평가의 이유(이유가 평가기관의 주된 평가 목적에 따라 다를수도 있다)에 따라 그 상대적 중요성에 대한 판단이 달라질 수도 있게 되는 것이다.

예를 들어 ESG 평가는 평가대상 기업이 ESG 요소를 잘 반영하고 있는지, 혹은 ESG에 긍정적인 역할을 하고 있는지에 대한 평가를 함으로써 이루어지는 것이다. 하지만 평가의 이유에 따라 평가대상 기업에 들이대는 잣대로서의 ESG 요소들은 다를 수 있다. 연기금이 투자대상 기업을 선정함에 있어서 ESG를 반영하기로 결정하면 연기금의 투자대상 기업들에 대한 총괄적인 평가가 필요하게 될 것이고 이러한 방식에는 주로 네거티브 방식이 사용되고 있다. 이러한 네거티브 방식의 평가기준이 정해진다면 평가의 방식 역시 네거티브 방식으로 이루어질 것이다. 즉, 평가기관은 기존 연기금 투자에서 투자 배제된 기업이 가지고 있는 반ESG적 요소를 가지고 있는지, 혹은 꼭 갖추어야 하는 ESG 요소를 투자 대상기업의 공시정보 등 공개된 정보에 비추어 갖추고 있는지를 평가하게 될 것이다. 이러한 평가 방식은 족집게 방식의 수험공부를 하듯 전반적인 평가를 함에 있어서는 그 빈틈이 발생할 수도 있다. 이러한 일반적인 ESG 평가를 함에 있어서는 보편적인 평가를 함에 더하여, 평가기관의 족집게식 대응을 막아야 할 필요성도 있다. 이러한 측면에서 올해 국민연금은 구체적인 평가기준을 갖추겠다고 함과 동시에 평가기준은 비공개로 하겠다고 밝힌 바 있다.

반면, ESG 채권을 발행하는 경우 그 채권 발행의 전제로서 ESG를 평가한다면, 해당 채권 발행의 목표가 되는 사업(예를 들어 2020년까지 대상기업 탄소배출량의 50%를 감축하겠다)이 해당 ESG 목표에 비추어 실현 가능한 것인지에 대한 평가 등을 기준을 할 것이고, 이에 대하여는 전반적인 기준보다 평가대상 기업의 사업의 특수성, ESG 요소의 실현 가능성, ESG 요소의 특수성에 비춘 측면이 일반적인 ESG 요소(RE100에 가입한 기업인지 등)의 반영에 비하여 반영이 많이 될 수밖에 없을 것이다.

기업의 내부 ESG 위원회에서 대상기업의 ESG 성과를 연도별로 평가한다면, 이러한 평가에 있어서는 전반적인 ESG 요소가 기업 내부에서 잘 반영되고 수행되고 있는지 그 결과를 측정하는 반면, 해당 평가에서는 너무나도 다양한

ESG 요소 중에서 해당 기업이 우선적으로 투자하여 긍정적인 효과를 도출할 수 있는 ESG 요소를 발굴해 내는 것도 중요한 평가기준으로 작용하게 될 것이다.

이렇듯, ESG 평가는 다양한 요구에 따라 다양한 방법론을 취하게 될 것이다. 현실에서 MSCI가 상당히 강한 점유율을 유지하고 있는데, 그 이유는 MSCI는 재무적인 기업의 평가에 있어서 기존에도 강한 평가기관이었고, 이러한 측면에서 MSCI는 평가 대상기업 또는 평가 결과를 요구하는 기업의 요구에 절절히 부응할 수 있는 준비가 되어 있었던 것으로 추론할 수 있다.

그러함에도 작년 MSCI가 블룸버그와의 ESG 평가에 있어서 협업의 시작하게 된 사실은 시대적인 요구를 반영한 것이다. MSCI의 평가 요구 기관들의 요구를 반영하는 반면, 일반적인 ESG 평가기준을 만들어 내는데 주도적인 역할을 할 필요가 있고, 이러한 기준을 정립해 나가는 방안으로서 공시정보와 기업들에 대한 공개정보들을 다량으로 확보하여 순위를 산정하여 온 블룸버그와 협업을 함으로써 이러한 주도적인 역할을 시도한 것으로 보아도 무방한 것이다.

이번 ESG 평가를 주제로 하는 장에서는 ESG 평가에 있어서 평가방법, 평가기관, 평가기관들의 차이의 원인, 그리고 ESG 평가를 함에 있어서 구체적인 평가의 기준이 되고 있는 이니셔티브들에 대하여 정리함으로써 그 구체적인 사항을 알아보자.

(2) ESG 평가의 어려움

"Conflicting ESG Ratings Are Confusing Sustainable Investors." "서로 다른 EGS 평가는 지속가능한 투자를 혼란스럽게 하고 있다." 이는 블룸버그가 MIT의 슬론스쿨의 연구보고에 대하여 언급하면서 나온 기사의 제목이다.[4] 이 Confuting의 원인은 바로 ESG를 평가하는 회사들의 등급 평가의 다양한 방식들이 서로 달라 비교하기 어려운 결과를 만들어내고 있기 때문이라고 설명한다.[5] 이와 관련하여 Cornerstone Capital Group의 CEO인 Erika Karp는 이러한 등급 선정에 전적으로 의존하지 않도록 주의하겠다면서 ESG 평가 결과를 맹신하는 것에 대하여 조심스러움을 표하기도 하였다.[6)]

최근 ESG에 대한 관심이 높아지면서 상대적 혹은 절대적인 평가 기준들이 필요했고, 그 평가기준들에 대하여는 기존의 신용평가와 달리 정성적인 평가가 주가 될 수밖에 없었기 때문에 각 ESG 평가회사들이 독립된 평가기준들을 만들어서 활용하고 있다. 이러한 회사별로 다른 평가 방식들로 인하여, 그 평가의 결과들 역시 다르게 나타나고 있다. 그렇기 때문에 점수 간의 상관관계에 대한 연구가 ESG 평가기준 통일화의 선제 연구로서 이루어지고 있다.[7)]

[그림 6-1] 평가기관들의 상관관계

■ Below 0.1 ■ 0.1 to 0.3 ■ 0.3 to 0.5 ■ 0.5 to 0.7 ■ Above 0.7

Overall ESG rating

Agency	Asset4	KLD	RoecoSAM	Sustain*	Vigeo-Eiris
Asset4	–	0.42	0.64	0.67	0.71
KLD	0.42	–	0.49	0.53	0.48
RoecoSAM	0.64	0.49	–	0.68	0.71
Sustain*	0.67	0.53	0.68	–	0.73
Vigeo-Eiris	0.71	0.48	0.71	0.73	–

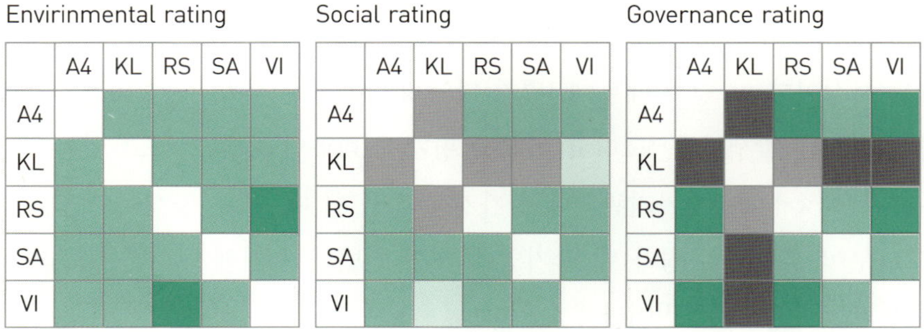

출처: Bloomberg, Conflicting ESG Ratings Are Confusing Sustainable Investors, 2019.12.11; Florian Berg et al., Aggregate Confusion: The Divergence of ESG Ratings, MIT Sloan School of Management, 2020.5.2.

MIT의 논문에 따르면 5곳의 ESG 평가기관의 평가결과에서 823개 기업의 점수 간의 상관 관계는 평균 0.61이었다. 이와 관련하여 1.0이 상관관계 100%로 정확하게 일치하는 것이고, 재무평가기관이 Moody's Investors Service와 S&P Global Ratings의 신용등급은 0.99의 상관관계를 가지고 있다. 즉 ESG 평가기관 간의 상관관계에 있어서 일치 정도는 60% 수준에 그치고 있는 것이다. 이러한 불일치는 총체적인 수준에서만 발생하는 것이 아니라, 실제 인권이나 에너지와 같은 ESG 기준의 특정 하위 범주에서 더욱 두드러진다.[8)]

이러한 ESG 평가결과가 상충되는 이유로서 가장 중요한 것은 측정다양성이다. 다시 말해, 같은 회사의 같은 범주 내에서 이루어진 측정의 결과가 서로 다르게 나타난다는 점이다. 그리고 그 다음은 범위의 다양성이다. ESG 평가의 세부기준설정에 있어서 평가기관들의 차이가 있다는 점이다. 그리고 마지막 이유는 가중치 문제이다. 같은 쟁점에 대하여 평가기관이 서로 다른 가중치를 할당한다. 하지만 가중치의 쟁점은 전반적인 등급에 있어서 큰 차이를 유발하지 않는다.[9)]

(3) 통일된 평가 기준의 필요성

또한 MIT의 논문은 평가자 효과(a rater effect)를 들고 있다. 이 평가자 효과란 평가자의 평가는 범주 간에 상관 관계가 있으므로 평가기관이 한 범주에서 회사에 좋은 점수를 줄 때 다른 범주에서도 해당 기업에 좋은 점수를 주는 경향이 있다는 사실이다. 그렇기 때문에, 평가 다양성의 문제는 일부 형태의 평가자별 편향성에 의해 발생한다. 그리고 이러한 평가자 효과의 이유로 들고 있는 것은(추가 연구가 필요하지만) 평가기관의 분석가가 분석을 할 때, 범주 중심이 아닌 기업별로 나누어 분석가의 평가 대상 기업에 대한 전반적인 견해가 다른 범주의 평가에 전파될 수 있다는 점이다.[10)]

결국 이러한 연구들을 종합하면, ESG 평가의 통일된 기준의 부재가 가장 큰 역할을 하는 것으로 볼 수 있다. 범주의 문제가 핵심적인 사항에 해당한다. 평가기관 내부의 공정성 문제의 경우는 ESG 평가 기준의 단일화가 진행될수록 그 객관성 역시 따라서 좋아질 것이다.

ESG 데이터 및 등급 제공자로서의 평가기관은 재무정보에만 초점을 맞춘 평가방식과 달리 규제가 있지 않다. 그럼에도 불구하고 업계에 더 많은 투명성과 표준화를 가져오기 위한 노력이 이루어지고 있다. 2022년 말까지 완전히 시행될 예정인 EU 분류에 있어서 지속가능성 데이터를 전부 공개할 수 있도록 요구하고 있다. 또한 중국 증권감독관리위원회는 2020년까지 모든 상장기업과 채권발행자가 ESG 리스크를 공개하도록 의무화하고 있다. 하지만 아직 미국 증권거래위원회는 기업의 중요한 ESG 데이터의 공개를 의무화하고 있지는 않다. 이러한 통합된 ESG 기준의 필요성에 따라 GRI나 SASB는 단일화된 기준을 만들기 위해 노력하고 있다.[11)]

그러함에도 불구하고 투자자들은 위험에 줄이기 위한 방편으로서 더 많은 ESG 정보를 갈망하고 있다. 그렇기 때문에 통일화된 ESG 기준의 필요성은 더욱 확대되고 있다. 그렇다면 ESG 평가의 기준과 평가방법에 대하여 간략히 알아봄으로써 ESG 평가가 나아갈 방향을 알아볼 수 있고, 평가기준에 대한 이해는 기업의 ESG 전략의 추구에 있어 큰 도움이 될 수 있다.

(4) 지속가능 경영보고서 표준 통합을 위한 노력

이러한 ESG 평가기준의 통일화 노력은 2020. 9. 11. GRI(Global Reporting Initiative), SASB(Sustainability Accounting Standards Board), CDSB(Climate Disclosure Standards Board), IIRC(국제통합보고위원회), CDP(탄소정보공개프로젝트)가 공동으로 성명서를 발표함으로써 그 진행이 되고 있음을 밝힌 바 있다. 그 목적은 기업 보고서 표준을 통합하려는 것이다.

이 성명서에서 밝히고 있는 협업 이유는 3가지이다.

첫째, ESG 투자에 대한 급격한 관심이다. 둘째, ESG 공시와 관련한 정부 및 투자기관의 요구도 늘고 있다. 셋째, 재무지표의 경우 수십 년 동안 기준을 발전시켜오면서 성숙한 레벨에 도달했지만 아직 비재무지표는 여전히 시장에 혼돈이 가득하다는 것이다.[12)]

이 5개 기관은 공통의 시장 가이던스를 마련하고, 공통의 비전을 정하고, 공통의 약속을 정하겠다고 약속하면서, 글로벌하게 동의하는 지속가능성 주제와 연관한 공시기준을 세우고, 다양한 산업군에 적용되는 지속가능성 세트를 정의하는 것을 목표로 하고 있다.

이를 위해 SASB와 CDSB가 함께 공통 브랜드로 TCFD(기후변화재무정보태스크포스)의 권고안에 관한 실행가이드 및 사례집 핸드북을 발간했다. 또 GRI와 IIRC는 GRI 표준을 채택한 기업이 재무보고와 비재무보고를 통합한 통합보고서 발

[그림 6-2] 국제적인 주제 공개

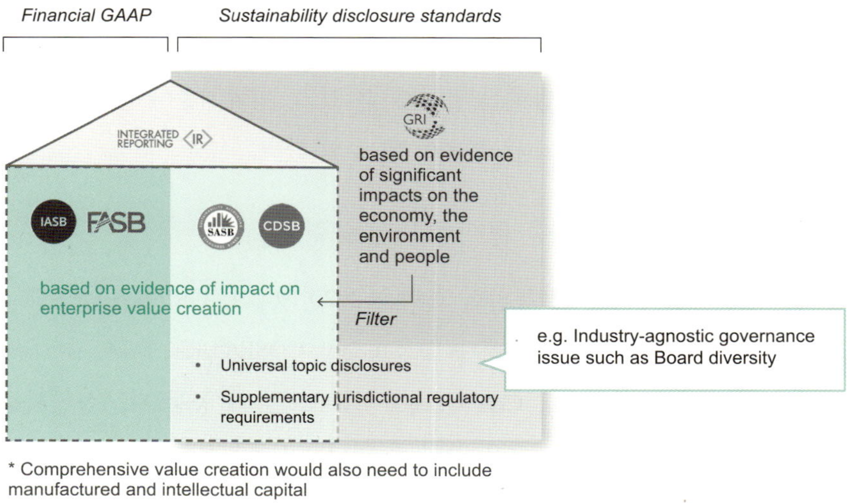

출처: GRI et al., Statement of Intent to Work Together Towards Comprehensive Corporate Reporting, 2020.9. 11, p. 18.

간을 내는 걸 돕기 위해 '통합보고에 관한 GRI 기업 리더십그룹(GRI Corporate Leadership Group on integrated reporting)'을 운영한다. 또 최근 GRI와 SASB는 함께 공동의 표준 제정작업을 하겠다며 '협업 실행계획(Coworking action plan)'을 발표했다. 특히 CDP의 경우, 현재 20년 넘게 기업 환경정보 공시의 창구 역할을 해온 플랫폼으로 8,400개 이상의 기업에 의해 사용되고 있다.[13)]

2. ESG 평가 방법론

ESG 평가에 있어 평가하는 평가기관 또는 투자기관마다 각각 다른 지표를 사용하고 있다. 물론 현재까지 국제적 이니셔티브에 따른 평가는 동일하게 활용하고 있다. 우리나라 역시 국민연금뿐만 아니라, 한국기업지배구조원은 자체 개발한 ESG 평가 지표를 활용하여 평가하고 있고, KB, 신한, 한화, 미래에셋 등 국내 투자기관과 회사들은 각자 사용하는 일단의 ESG 평가 지표들을 가지고 있다.

하지만 결국 평가지표들은 기관마다 다르지만 평가절차의 큰 흐름은 결국 동일하다. 당연도 한 것이 결국 ESG 평가는 평가대상 기업들이 공시하거나 또는 공개되어 있는 정보를 활용하여 평가대상 기업이 ESG 요소를 잘 반영하고 있는지를 평가하는 것이 되고, 이 공개된 정보는 기업공시 및 감독기구, 지자체 등의 공시자료, 뉴스, 각종 언론 등의 미디어 자료 등을 수합해 사전조사를 실시하게 되고, 이러한 자료를 기반으로 각자의 요구에 맞는 결과를 뽑아내기 위한 독자적인 모델을 활용하여 평가를 하게 된다. 최종적으로 기업의 인터뷰 등의 정성평가를 거쳐 등급 부여 및 조정을 하게 되는 절차를 취하게 된다.

예를 들어 한국기업지배구조원의 ESG 평가절차를 보면 다음 [그림 6-3]과 같다.

이러한 평가의 단계는 대체적으로 비슷한 구조를 띠고 있음에도 불구하고 결국 평가기관별 ESG 점수가 다른 이유는 정보 수집 능력과 기업마다 제공하는

[그림 6-3] 한국기업지배구조원의 ESG 평가 절차

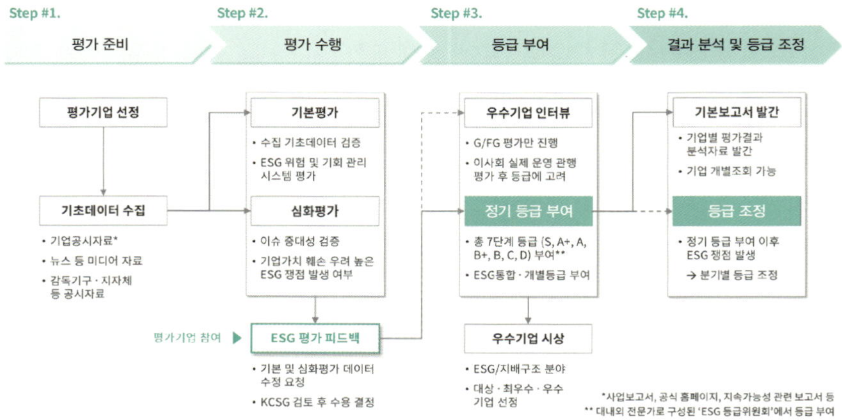

출처: 한국기업지배구조원(http://www.cgs.kr/business/esg_tab01.jsp)

정보의 차이에서 발생하게 되는 것을 넘어 각 평가에 있어서 요구가 다를 수 있기 때문이다. 그렇기 때문에 확보하는 자료의 종류를 비롯해 평가 모델, 등급 체계 등이 평가기관마다 달라 앞에서도 설명했듯이 ESG 등급은 절대적일 수 없다.[14)]

특히 현재 상황에서는 각 평가대상 기업 중에서는 지속가능경영보고서를 공시하고 있는 기업들이 있는데, 이러한 지속가능경영보고서의 내용을 기반으로 시작하여, 조사기관의 능력에 따라 수접된 정보의 양이 다를 수밖에 없으므로 평가기관마다 그 결과 역시 다를 가능성이 높다. 이러한 과정에서는 사회적 이슈에 따라 그 차이가 더욱 커진다. 예를 들어 자동차 회사에 대한 국내 평가가 이루어지는데, 정보를 모집한 평가기관 입장에서 해외에 있는 디젤자동차의 배기가스 이슈가 발생한 사실이 있는 경우 이러한 해외 정보를 확보하였는지 여부가 환경분야 평가에 있어서 차이를 발생시킬 것이다.

3. ESG 평가의 기준

ESG 평가의 방법론은 결국 평가대상 기업에 대한 정보를 수집하여 정량적 평가를 하고, 기업과의 대화 및 추가 정보의 확보를 통한 정성적인 평가를 거쳐 결과가 나오게 된다. 그렇다면 기업이나 투자기관의 입장에서는 ESG 요소의 보편적 기준에 대한 기초적 이해를 하는 것이 우선 과제가 된다. ESG 평가에 있어서 기준의 통일화/단일화 작업에 대한 필요성은 여기에 있는 것이다.

가장 보편적으로 널리 활용되는 기준은 GRI가 가이드라인을 제시하는 지속가능경영보고서이다. 그 외에도 지속가능경영보고서의 가이드라인을 제공하고 있는 기구에는 CDP(Carbon Disclosure Project), CDSB(Climate Disclosure Standard Board), IIRC(International Integrated Reporting Council), SASB(Sustainability Accounting Standard Board)가 있다.

이러한 ESG 이슈에 대한 기준을 제공하는 이니셔티브나 프레임워크들을 글로벌 표준화 기관, 주요 프레임워크, 투자자 이니셔티브, 자본시장 데이터 제공기관, 기타 이니셔티브로 분류할 수 있다.

글로벌 표준화 기관에는 GRI, SASB, ISO, GHG Protocol이 있고, 주요 프레임워크로는 UN 글로벌 콤팩트, TCFD, SBTi, CRD, CDSB, IIRC, AccountAbility가 있다. 투자자들에 대한 기준 및 원칙을 제시하는 이니셔티브로는 UN PRI, UNEP FI, Climate Action 100+, GSIA, ICGN, IFC, PDC, ISO26000이 있다.[15] 자본시장 데이터를 제공하는 대표적인 ESG 평가기관으로는 MSCI, 레피니티브, 글로벌, WSJ, Sustainalytics, 블룸버그가 있다. 그 외에 ESG 기준과 관련한 다양한 기준들이 있다.

이하에서는 평가기준을 제시하는 기관 및 프레임워크, 이니셔티브로서 세리즈 원칙, GRI, SASB, UN SDGs, UN PRI, TCFD, CDP, GSIA, UNEP FI, SBTi, UN Global Compact, ISO 26000, Climate Action 100+, WBCSD, B corp, 파리

기후변화협약 2015, 생물다양성협약, 사막화방지협약에 대하여 간략한 개념과 역할들을 알아본다.

이러한 평가기준을 기반으로 하는 ESG 평가기관에 대하여 간략히 정리하였다. 해외 주요 평가기관으로서 MSCI(Morgan Stanley Capital International), 레피니티브(Refinitiv, 옛 톰슨로이터), 서스테이널리틱스(Sustainalytics), 다우존스 지속가능경영지수(DJSI), 블룸버그 ESG data, Rep Risk ESG rating의 평가방식들에 대하여 간략히 살펴보고, 국내 ESG 평가를 하고 있는 기관들로서 한국기업지배구조원, 서스틴베스트의 평가 방법들과 국민연금의 기존 ESG 평가 방법에 대하여 간략히 정리하여 해외와 우리나라의 ESG 평가시스템에 대하여 알 수 있게 정리하였다.

제2절

ESG 평가의 기준

1. 서론 : 국제적인 기준으로서 기관, 프레임워크, 이니셔티브

이하에서는 ESG 평가의 기준을 제시하고 있는 기관이나 프레임워크의 간략한 내용을 알아보자. 환경 이니셔티브의 시작이라 할 수 있는 1989년 설립된 CERES의 원칙인 CERES 원칙을 시작으로, 1997년 설립되어 지속가능경영 보고서의 국제기준을 제시하고 있는 GRI, 지속가능성과 관련된 통합된 기준을 제시하고자 하는 미국의 지속가능성 회계기준위원회(SASB) 외에도 지속가능 발전 목표(UN SDGs), UN 책임투자원칙(UN PRI), 기후변화 재무정보공개 전담협의체(TCFD), 탄소정보공개 프로젝트(CDP), 글로벌지속가능투자연합(GSIA), 유엔 환경 계획 금융 이니셔티브(UNEP FI), 과학기반 목표 이니셔티브(SBTi), UN 글로벌 콤팩트(UN Global Compact), ISO 26000 등 이니셔티브와 환경과 관련된 3대 협약으로서 파리기후변화협약 2015, 생물다양성협약, 사막화방지협약의 기본적인 내용에 대하여 알아봄으로써 ESG 기준에 대한 내용들에 대하여 알아보도록 하자.

2. 세리즈 원칙[16)]

(1) 세리즈의 설립

CERES(Coalotopn for Environmenstally Responsible Economies)은 1989년 3월 24일 거대 석유기업 엑슨모빌의 원유운반선이 미국 밸디즈 앞바다에 좌초하여 발생한

미국 역사상 최대의 원유 유출 사고(4,200만Kl)로 인한 막대한 오염 피해에 대한 반성으로 당시 트릴리움 자산 운용의 회장이었던 조앤 바바리아의 주도하에 기업의 환경 인식과 관례를 바꾸기 위해 결성한 연맹이다. 기후변화나 물 부족 등 전 지구적 환경변화에 대응해 환경파괴 없는 지속가능성 문제를 다루기 위해 결성된 비영리 연합체이다.

(2) 세리즈 원칙

이 세리즈가 제시한 기업이 지켜야 할 환경윤리기준으로서 밸디즈 원칙을 제시하였고, 이는 1992년 세리즈 원칙으로 개칭되었다.

그 내용은 기업의 활동으로 인해 생기는 어떤 재해에 대해서도 기업은 책임을 져야 하며, 원상회복을 위해 노력해야 함을 규정하고 있다. 이는 기업의 환경에 대한 직접적인 책임을 명기한 것이다. 이러한 목표를 위해 7가지의 내용을 제시한다. ① 철저한 정보의 공개, ② 에너지 이용효율의 향상, ③ 폐기물의 감축, ④ 천연자원의 지속적인 이용, ⑤ 환경상 및 안전상의 위험 경감, ⑥ 환경문제 담당자의 임명, ⑦ 환경문제에 관한 기업감사 결과의 공표가 원칙의 내용이다.

(3) 활동

초반 수년간은 아베다, 벤 앤 제리 등 이미 환경친화적 경영으로 유명한 미국의 회사들만 이 원칙을 지켰으나, 전 세계적인 기업경영윤리로 자리 잡아가면서 세리즈에서 매년 개정해서 발표하고 있는 환경보고서인 세리즈 리포트를 작성하고 있는 기업이 점차 증가하고 있는 추세에 있다.

2017년에는 세계 최대의 투자자 참여 이니셔티브인 Climate Action 100+의 창립 파트너가 되었다. 2년 후, 세리즈는 대규모 행동 및 시스템 변화로 제로 전환을 가속화하기 위해 지속 가능한 자본 시장을 위한 Ceres Accelerator를 발동시켰다.

3. Global Reporting Initiative(GRI)

(1) Global Reporting Initiative(GRI)

GRI(Global Reporting Initiative)는 1997년 세리즈와 국제연합환경계획(UNEP) 등이 중심이 되어 설립한 기구이다. GRI의 참가자는 세계 각국의 기업, NGO, 컨설턴트, 회계사 단체, 사업자 단체 등으로 환경보고서 작성에 관여하고 있는 단체와 개인이 모두 망라되어 있었다.

1999년 3월 가이드라인의 초안을 발표하고, 사전 점검과정을 거친 후 2000년 6월 제1판을 발표하였다. 그러나 사회 전체가 급속히 변화해 가는 현실을 감안해서 가이드라인도 정기적으로 수정할 필요가 있다는 점에서 2년 내지 3년마다 이를 개정하기로 방침을 세웠다. 이에 따라 2002년 5월 2002년판 초안을 공표하여 관계자의 의견을 수렴하였다.

그러다 가이드라인 책정과는 별도로 정기적으로 이를 검토하기 위해서 상설 모체기관이 필요하다는 의견이 제기되었다. 이에 따라 1999년 5월 토론토의 운영위원회 회의에서 이 회의의 상설기관화가 결정되고, 이를 위한 위원회가 설치되었다. 2002년 4월 상설기관으로서의 GRI가 정식으로 발족되어, 4월 4일 국제연합 본부에서 이사 취임식이 거행되어 정식으로 활동을 시작하였다. GRI는 2014년부터 책임투자에 관한 보고서를 지속적으로 발간하여 책임투자에 대한 기준을 이끌어나가고 있다.

(2) GRI Standards

GRI의 핵심은 지속가능성 보고 표준(Sustainability Reporting Standards)이며, 지난 20년 동안 지속적으로 개발해 오고 있다. 2016년에는 GRI는 최초의 글로벌 지속가능성 보고 표준인 GRI Standards를 제시했으며, 계속 업데이트되고 있다.

GRI Standards는 경제 분야 6개 주제, 환경 분야 8개 주제, 사회분야 19개 주제 등 광범위한 주제별 영향 보고를 위한 세부 지침과 글로벌 우수 사례를 제시한다. 보고 대상은 투자자를 포함한 모든 이해관계자이며, 전 세계에서 가장 널리 채택된 글로벌 지속가능성 보고 표준이다. 현재 전 세계에서 15,402개 조직이 GRI 가이드라인에 따라 지속가능경영보고서를 발간하고 있다.

[표 6-1] GRI Standards 세부지표 요약

분야	세부분야		내용
경제	1	경제성과	운영비용, 근로자 임금, 복리후생, 정부의 지원 등 경제적 가치의 발생과 분배를 보고
	2	시장지위	최저임금과 비교한 초임 임금, 사업장의 현지에서 고용한 고위 경영진 비율 보고
	3	간접 경제효과	극빈 지역 경제 개발, 공급망 유통망에서 지원되는 일자리 등 간접적 효과 보고
	4	조달 관행	현지에서 구입한 제품 및 서비스 비율 보고
	5	반부패	확인된 부패 수와 조치 보고
	6	경쟁저해행위	경쟁저해행위, 독과점 등 불공정한 거래행위 수와 조치 보고
환경	1	원재료	사용 원재료, 재생투입원재료 사용 비율 보고
	2	에너지	조직 내·외 에너지소비(비재생연료원, 재생원료원)를 줄이나 배수로 보고, 에너지 집약도 보고, 에너지소비 감축 보고
	3	용수	수원별 총취수량, 영향을 받는 수원, 재생 및 재사용 용수의 비율과 총량 보고
	4	생물다양성	생물다양성과 관련된 활동, 제품, 서비스가 미치는 영향 보고, 멸종위기 종의 수 보고
	5	배출	온실가스 배출량을 CO_2 환산량 미터 톤으로 보고, 온실가스 배출 집약도 보고
	6	폐수 및 폐기물	수질 및 도착지별 총 방류량, 폐기물 유형 및 처리방법 보고
	7	제품 및 서비스	제품 및 서비스가 환경에 미치는 영향의 완화정도, 제품 및 포장재 재생 비율
	8	컴플라이언스	환경법 및 규정 위반으로 부과한 벌금의 액수 및 조치의 수 보고
	9	운송	운송이 환경에 미치는 영향 정량적 보고, 정량적 보고가 힘들 경우 이유 보고
	10	종합	환경보호를 위한 총 지출과 투자 보고
	11	공급업체 환경평가	환경 기준 심사를 거친 신규 공급업체 비율, 공급망 내 잠재적 부정적 환경영향 및 조치 보고
	12	환경고충 처리제도	공식 고충처리제도를 통해 처리된 고충 건수 보고

사회 노동관행 및 양질의 일자리	1	고용	신규 채용 근로자, 이직 근로자, 육아휴직 이후 복귀 및 근속 수와 비율 보고, 상근직 근로자에게 제공되는 복리후생
	2	노사관계	근로자에게 큰 영향을 미치는 경영상 변동에 관한 최소 통지기간 보고
	3	산업안전보건	부상 유형 질병 발생률 업무 관련 사망자 수 지역별 성별 보고, 업무상 질병 발생 위험이 높은 근로자 보고
	4	훈련 및 교육	근로자 1인당 한 해에 받는 평균 훈련시간, 평생교육 프로그램, 업무에 대한 정기적 검토를 받은 근로자 비율 보고
	5	다양성과 기회 균등	성별, 연령별, 소수집단 별, 기타 다양성 지표별 근로자 구성 현황
	6	남녀 동등 보수	남성 대비 여성의 기본급여 및 보수 비율(근로자 범주별, 주요 사업장별)
	7	공급업체 노동관행 평가	노동관행 기준에 의해 심사를 거친 신규 공급업체 비율 보고, 공급망 내 잠재적으로 노동관행에 미치는 부정적 영향과 조치 보고
	8	노동관행 고충처리제도	공식 고충처리제도에 의해 조치된 노동관행에 관한 고충 건수 보고
사회 인권	9	투자	인권조항을 포함하거나 인권심사를 거친 투자약정 및 계약의 수와 비율 보고, 인권에 관한 훈련을 받은 근로자 비율 보고
	10	차별금지	차별 사건의 수와 이에 대한 시정조치 보고
	11	결사 및 단체교섭의 자유	결사 및 단체교섭의 자유를 침해하거나 잠재성에 대하여 조치 및 보고
	12	아동노동	아동노동에 대한 위험성이 있는 사업장 및 공급업체에 대한 보고
	13	강제노동	강제노동 위험이 높다고 인정되는 사업장 및 공급업체에 대한 조치 및 보고
	14	보안 관행	사업과 관련된 인권 정책에 관한 훈련을 받은 보안요원의 비율 보고
	15	원주민 권리	원주민 권리침해 사건의 수와 조치 보고
	16	평가	인권검토 또는 인권영향평가 대상인 사업장의 수와 비율을 국가별로 보고
	17	공급업체 인권 평가	인권기준에 의해 심사를 거친 신규 공급업체 비율, 공급망 내 잠재적인 부정적 인권영향에 대한 조치 보고
	18	인권 고충처리제도	공식 고충처리제도에 의해 처리된 인권고충 건수 보고

사회	19	지역사회	지역사회의 필요를 고려한 프로그램, 이해관계자 참여 프로그램에 대한 보고. 잠재적으로 사회에 부정적 영향을 미칠 것으로 보이는 사업장에 대한 조치와 보고
	20	공공정책	기부한 정치자금의 총 규모(국가별, 수령인/수혜자별) 보고. 물건으로 기부시 금액을 계산한 방법 보고
	21	컴플라이언스	법률 및 규정 위반에 대한 중요한 벌금의 액수와 비금전적 제재의 횟수 보고
	22	공급업체가 사회에 미치는 영향 평가	사회 영향 평가기준을 이용하여 심사를 거친 신규 공급업체의 비율 보고. 공급망에서의 잠재적인 사회에의 부정적 영향에 대한 조치 및 보고
	23	사회에 미치는 영향에 관한 고충처리제도	공식 고충처리제도에 의해 처리된 사회에 미치는 영향에 관한 고충 건수 보고
사회 제품책임	24	고객 안전보건	안전보건 영향을 평가한 제품 및 서비스군의 비율. 제품생명주기 동안 안전보건에 관한 법률규정을 위반한 사건의 수 보고
	25	제품 및 서비스 라벨링	제품 및 소비스 정보와 라벨링 절차에 요구되는 정보, 이러한 정보를 갖추어야 하는 제품 및 서비스 군의 비율. 라벨링에 관한 법률을 위반한 사건의 수 보고
	26	마케팅 커뮤니케이션	금지되거나 논란이 있었던 제품의 판매 보고. 광고 등 마케팅 커뮤니케이션에 관한 법률을 어긴 사건과 조치에 대한 보고
	27	고객개인정보보호	고객개인정보보호 위반 및 고객정보 분실 사실이 입증된 불만 건수 보고
	28	컴플라이언스	제품 및 서비스공급 및 사용에 관한 법규 위반에 대한 벌금의 액수 보고

출처: GRI, GRI Standards, 2016(https://www.globalreporting.org/how-to-use-the-gri-standards/gri-standards-english-language/)

(3) 활동

GRI는 계속하여 지속가능경영보고서의 가이드라인을 개선해 나감과 동시에 책임투자에 관련한 보고서를 정기적으로 발간하고 지속가능경영보고서를 작성한 기업들로부터 보고받으면서 계속되는 기업 및 기관들이 ESG 이슈에 대응하도록 권고하고 있다.

4. 지속가능회계기준위원회(Sustainability Accounting Standards Board, SASB)

(1) 지속가능회계기준위원회(SASB)[17)]

지속가능회계기준위원회(SASB)는 2011년 설립된 비영리 단체로 ESG 요소를 재무적 성과와 연계하여 보고할 수 있도록 국제 표준을 제정하고 있다. 비교적 최근에 설립되었으나, 금융계에서 막강한 권력을 가진 미국 증권거래위원회(SEC) 출신 인사를 다수 포함하여 빠르게 그 영향력을 확장하고 있다. SASB의 궁극적인 목표는 미국 증권거래소에 제출하는 재무제표 등의 서류에 ESG 요소가 통합될 수 있도록 하는 것이며, 실제로 2018년경부터 몇몇 기업들이 이에 지속가능경영보고서를 통합하고자 하는 노력을 보여주고 있다.

(2) SASB Standards(지속가능회계기준)

지속가능회계기준은 각 산업별로 77개의 기준이 존재하며, 중요성 지도(Materiality Map)를 통해 각 산업별 중요 이슈를 자체적으로 선정한다.[18)] SASB의 경우 산업별로 정해진 중요 이슈 관련 지표만을 요구한다. GRI의 Standards와 비교하면 [표 6-2]와 같다.

[표 6-2] GRI와 SASB의 기준 비교[19)]

	SASB	GRI
형태	산업별	주제별
공개 요구 사항	정량/정성적 지표	정량/정성적 지표+세부지침, 관리 방안, 정책 등
공개 대상	투자자	모든 이해관계자
지속가능성 중요 주제 설정 방식	재무적으로 중요한 ESG 요소	이해관계자 및 사회/경제/환경에 끼치는 영향 중심

(3) 활동

SASB는 국제적인 전문가들을 초빙하여 10개의 경제 섹터 및 68개 산업군의 핵심성과지표(Key Performance Indicator)를 개발하여 동종산업간 비교 가능하면서도 35,000개의 상장기업에 두루 적용할 수 있는 통합 보고 기준을 마련할 계획을 가지고 있다. 또한 SASB는 많은 기업들이 현재 자발적으로 지속가능성 보고서를 작성하고 있긴 하지만 10-K 보고서에 비재무적 정보를 재무적 정보와 동등한 비중으로 제공하여 투자자 및 이해관계자들에게 필요한 정보를 제공하는 하나의 통합된 보고체계가 필요함을 강조하며 향후 이를 개발하기 위한 노력을 이행하고 있다.

앞에서 살핀 바와 같이 통합된 보고기준을 마련하기 위해 다른 4개 주요 기관들과 협업하여 공통된 보고 기준을 만들기 위한 노력을 하고 있다. 이에 우선적으로 SASB와 CDSB가 함께 공통 브랜드로 TCFD(기후변화재무정보태스크포스)의 권고안에 관한 실행가이드 및 사례집 핸드북으로 발간했다. 또한 GRI와 공동으로 보고서를 작성하도록 하는 권고 보고서를 작성한 바 있다.

5. 지속가능 발전목표(UN Sustainable Development Goals, UN SDGs)

(1) 지속가능 발전목표(UN SDGs)

2015년 제70차 UN총회에서 2030년까지 달성하기로 결의한 의제인 지속가능발전목표(SDGs:Sustainable Development Goals)는 지속가능발전의 이념을 실현하기 위한 인류 공동의 17개 목표를 산정하였다. '2030 지속가능발전 의제'라고도 하는 지속가능발전목표(SDGs)는 '단 한 사람도 소외되지 않는 것(Leave no one behind)'이라는 슬로건과 함께 인간, 지구, 번영, 평화, 파트너십이라는 5개 영역에서 인류가 나아가야 할 방향성을 17개 목표와 169개 세부 목표로 제시하고 있다. 이는 2030년까지 극심한 빈곤을 종식시키고 불평등을 줄이며 지구를 보호하기 위해 193개국이 채택한 UN 역사상 가장 포괄적인 협상이며 전 세계의 공동계획이다.

SDGs는 2000년부터 2015년까지 중요한 발전 프레임워크를 제공한 새천년 개발목표(Millennium Development Goals, MDGs)의 후속 의제로 2015년 9월 채택되었다. 지난 기간 동안 유엔은 향후 15년(2016~2030년) 동안 세계적인 우선순위가 무엇이어야 할지에 대한 논의해 왔다. 그리고 2012년 6월에 열린 리우+20 회의에서 2015년 이후 글로벌 개발체제에 대해 합의하고, 17개의 새로운 목표 또는 글로벌 우선순위인 지속가능발전목표(SDGs)를 도출하였다.

(2) 목표

지속가능발전목표(SDGs)는 ESG 요소에 대한 구체적인 판단기준들을 제시하고 이를 달성하기 위한 활동을 하고 있다(구체적인 지속 가능한 개발 목표의 내용에 대하여는 이 책 제2장 ESG 경영, 제1절, 2. 참조).

[그림 6-4] 지속가능발전목표(SDGs)

출처: UN 재단 홈페이지[20)]

(3) WBA(World Benchmarking Alliance)

WBA는 SDGs 달성을 목표로, 특히 SDGs 목표 17 글로벌 파트너십을 핵심으로 한 광범위한 이해관계자 그룹 연합이다. 유럽을 중심으로 기업, 투자자 등 전 세계 약 189개 기관이 참여하고 있다. 각 영역별로 기업의 SDGs에 대한 기여를 측정하고 비교하는데 필요한 다양한 벤치마크를 개발하고 분석 결과를 발표한다. 또한 WBA에서는 SDG2000(SDGs 달성에 가장 영향력 있는 기업 2,000개사 리스트)을 발표하였는데, 2021년 1월 현재 한국 기업 47곳이 포함되어 있다.

6. UN 책임투자원칙(UN PRI)

유엔은 2006년 책임투자원칙(PRI, Principles for Responsible Investment)을 발표하고 많은 기관 투자자가 여기에 동의하고 서명한 것이 책임투자의 확대 계기가 되었다. 책임투자원칙이 발표된 후 국제적으로 책임투자 흐름이 빨라지고 있다. 2021년 상반기인 현재 3,826개 기관이 PRI에 서명하였고, 그 운용자산은 121조 3천억 달러에 달하며, 빠른 속도로 증가하고 있다.

유엔이 제안한 책임투자 원칙, 즉 UN PRI의 6가지 원칙은 다음과 같다.

제1원칙 : 우리는 ESG 이슈를 투자분석과 의사결정 과정에 통합한다.
제2원칙 : 우리는 적극적인 소유주가 되어 ESG 이슈를 소유권 정책과 관행에 통합한다.
제3원칙 : 우리는 투자하는 기업이 ESG 이슈에 대해 적절하게 공개하도록 추구한다.
제4원칙 : 우리는 투자산업 내에서 원칙의 수용과 실천을 추진한다.
제5원칙 : 우리는 원칙을 실행함에 있어 우리의 효율성을 높이기 위해 함께 노력한다.
제6원칙 : 우리는 원칙을 실천함에 있어 우리의 활동과 진행상황에 대하여 보고한다.

출처: PRI홈페이지(www.unpri.org)

이러한 UN PRI 원칙은 투자자에 대한 책임투자의 원칙을 제시하는 이니셔티브로서 큰 의미를 가지고 있다. 이는 ESG 이슈를 실행하는 주도적인 주체로서 투자기관이 수행하여야 하는 원칙을 제시함으로써 투자자에 대한 기준을 제시하고 있기 때문이다(이에 대한 UN PRI에 대한 자세한 내용은 제5장 제1절을 참고).

7. 기후변화 재무정보공개 전담협의체(TCFD)

(1) Task force on Climate-related Financial Disclosures(TCFD)

2015년, G20은 기후변화가 금융기관의 부실로 연결되는 것을 막기 위한 방법을 금융안정위원회(FSB)에 의뢰했고, FSB는 기후변화 재무정보공개 태스크포스(TCFD)를 설립하였다. TCFD는 2017년 금융기관의 기후변화 리스크 대응 전략 수립 및 금융기관의 투자대상이 되는 기업의 기후변화 정보공개를 촉구하는 권고안을 발표하였고, 이를 채택하는 기관은 세계적으로 급증하고 있다. TCFD에 참여하고 있는 곳은 세계 55개국 1,057곳으로서 금융 및 비금융 기관들의 지지를 받고 있다. 우리나라의 경우에는 민간기관인 신한금융지주, KB금융지주, DGB금융지주와 ANDA자산운용사, 한국사회책임투자포럼, 에코앤파트너스(주)가 지지를 선언했다. 올해 3월엔 포스코가 제조업 최초로 지지를 선언했고, 환경부는 2020년 5월 28일 지지를 선언함으로써 8개 기관이 참여하고 있다.

(2) TCFD 권고안

이러한 기후변화의 위험 및 기회를 각 부문 및 지역의 조직이 채택 가능한 재무정보 공개 제도에 반영하기 위하여, TCFD는 조직 운영의 핵심 요소를 대변하는 4대 영역인 (1) 지배구조, (2) 경영전략, (3) 위험관리, (4) 지표·목표 설정에 관한 권고를 하고 있다. 또한 TCFD의 권고안은 금융 부문(예컨대 은행, 보험회사, 자산 운용사, 자산 소유자) 및 비금융 부문(예컨대 에너지 원자재, 건축, 교통, 농산물·식품·임산물)에 대한 추가 지침을 제공한다.

[그림 6-5] 권고안에 따른 기후변화 관련 재무정보 공개의 핵심요소

지배구조
지배구조 기후변화 관련 위험과 기회에 대한 조직의 지배구조

경영전략
기후변화 관련 위험 및 기회가 조직의 사업, 전략 및 재무 계획에 미치는 실질적 및 잠재적 영향

위험관리
기후변화 관련 위험을 파악, 평가 그리고 관리하기 위해 기관이 사용하는 프로세스

지표·목표설정
해당 기후변화 관련 위험 및 기회를 평가하고 관리하는데 사용되는 지표·감축 목표

출처: TCFD 홈페이지(https://www.fsb-tcfd.org/about/)

8. 탄소정보공개 프로젝트(Carbon Disclosure Project, CDP)

(1) 탄소정보공개 프로젝트(CDP)

탄소정보공개 프로젝트(CDP)는 2000년 영국에서 설립된 국제 비영리기구로, 전 세계 9,600여 개 기업의 기후변화 대응 등 환경경영 관련 정보공개를 요구하고 공시정보를 분석해 투자자 및 금융기관에 제공한다. 매년 발표되는 CDP 평가결과는 전 세계 금융기관의 ESG 투자 의사결정을 위한 정보원으로 활용되고 있다. 우리나라 기업들도 2008년 KOSIF(한국사회책임투자포럼)를 중심으로 CDP 한국위원회가 조직되면서 참여하고 있다.[21)]

(2) CDP 점수

CDP는 기업과 도시의 점수를 매겨 환경 투명성과 행동의 리더가 되기 위한 정보 공개를 통해 기업과 도시에 인센티브를 제공하고 안내하는 것을 목표로 하고 2020년까지 회사 점수를 발표해 오고 있다. 이러한 점에서 프레임워크이자,

ESG 정보제공 기관의 역할을 함께하고 있다.

기준은 기후변화, 산림자원, 수자원 3개 영역에 대한 데이터 공개 여부, 리스크 인식 및 관리 이해도, 목표 설정 등에 대해 평가대상기업이 응답한 내용을 기반으로 평가한다. 이를 위한 CDP의 기후 변화 설문지는 금융안정위원회(FSB) 내 G20 재무장관과 중앙은행 총재가 2015년에 설립한 기후 관련 금융 공개 태스크포스(TCFD)의 권고와 일치한다.

- 기후변화 : 온실가스 배출량, 감축목표, 전략, 지배구조 등
- 수자원 : 취수량, 사업상 중요도, 관련 정책, 의사결정구조 등
- 산림자원 : 산림 훼손 원자재, 관련 정책, 의사결정구조 등

평가 결과는 A~D 등급으로 점수를 매기고, 데이터가 미공개이거나 부족해 평가가 불가능한 기업은 F등급을 부여한다. 2020년 평가 결과 삼성전기, 신한금융그룹 등 국내 기업 7개사가 A등급을 받았고, SK네트웍스가 D-등급을 받았다.

(3) 활동

2020년 약 4,000여 개 글로벌 공급망의 탄소배출량을 추적할 수 있는 온도평가(temperature rating)시스템을 개발했다. 이는 기업 활동으로 인한 기후변화 위험을 투자자들이 더 잘 예측 및 관리하도록 지원하는 것이 목적이다.

또한 2020년 9월 11일 GRI, SASB, CDSB, IIRC, CDP가 공동으로 성명서를 발표함으로써 ESG에 관한 통합보고기준을 협업으로 만들겠다고 밝혀 현재 사업이 진행 중이다.

9. 글로벌지속가능투자연합(Global Sustainable Investment Alliance, GSIA)

(1) 글로벌지속가능투자연합(GSIA)

GSIA는 2014년 유럽, 호주, 캐나다, 영국, 미국, 일본, 네덜란드의 지속가능투자연합 기관들이 함께 설립한 조직으로, 멤버십을 바탕으로 상호 간 네트워크와 협력 강화, 공동의 이니셔티브 수행을 위한 협의체로서 기능해왔다.

(2) 활동

GSIA는 ESG 투자 방법론을 7가지 하위 부문으로 구분해 제시하고 있고, 이에 대하여 2012년부터 2년마다 글로벌 지속가능투자 규모를 발표하는 GSIR(Global Sustainable Investment Review)를 발간하고 있다. 전 세계 지속가능투자 규모는 2012년 13.2조 달러에서 2018년 30.7조 달러로 급증했고, 2020년 상반기 40.5조 달러에 이를 정도로 급증하고 있다(GSIA의 투자분류 및 GSIA의 보고서에 나온 자료들에 관하여 제5장 제2절 참조)

10. 유엔 환경계획 금융 이니셔티브 (UN environment Programme-Finance initiative, UNEP FI)

(1) 유엔 환경계획 금융 이니셔티브(UNEP FI)

유엔 환경계획 금융 이니셔티브는 유엔환경계획과 금융부문 간의 공공-민간 파트너십으로 1992년 출범하였다. 전 세계 대표적인 은행, 투자펀드사, 보험사 등 200여 금융기관들이 회원으로 등록되어 있다. 2003년 금융기관 이니셔티브와 보험산업 이니셔티브를 합병하여 UNEP 금융 이니셔티브로 알려진 하나의 이니셔티브를 구성하였다.

(2) UNEP FI 성명서

UNEP FI는 금융기관의 전반적인 경영활동이 지속가능성을 바탕으로 이루어지는 것을 목표로 한다. 여기에서 지속가능한 경영활동이라 함은 ESG 요인들을 고려하는 리스크 분석을 통한 경영활동이다.

UNEP FI는 1995년 General Accident, Gerling Global Re, National Provident, Storebrand, Sumitomo Marine & Fire, Swiss Re 및 연기금을 포함한 주요 보험 및 재보험 회사 그룹과 협력하여 UNEP 성명서를 발표했다. 이 선언에 서명함으로써 이니셔티브에 가입하게 된다. 현재 한국에서는 9개 금융기관이 가입되어 있다. 이 선언서는 지속가능발전에 대한 참여 의지, 환경경영에의 참여, 일반 대중 인식 제고와 대화의 창을 열어 활동하겠다는 3개 분야 내 19개 항목으로 구성되어 있다.[22)]

(3) 활동

UNEP FI는 리서치와 가이드라인을 통하여 금융기관에게 지속가능금융에 관한 가장 최신 동향과 정보를 제공하고 공유한다. 또한 다양한 컨퍼런스, 세미나 및 트레이닝 워크숍을 열어 금융기관들의 국제적 수준의 리더십 확립을 위해 노력하고 있으며, 정부 및 시민사회의 주요 이해관계자의 네트워크는 물론 금융기관 간의 국제적 네트워크도 형성하고 있다. 그리고 국제회의에서 다양한 부문 및 지역별 그룹에 참여해 국제적 어젠다를 작성하고 발표하는 활동도 진행 중이다. UNEP FI는 2006년 책임투자원칙(Principles for Responsible Investment, 약칭 PRI)의 설립을 UN Global Compact와 함께하였고, 2012년 지속가능한 보험(PSI) 원칙을 제정하였고, 2019년에는 책임있는 은행원칙(PRB)을 제시하였다. 또한 UNEP FI는 SDGs의 달성을 위한 SDGs 재정에 대한 긍정적 이니셔티브를 제공하기 위한 활동을 선언하였다(포지티브 임팩트 선언문).[23)]

11. 과학기반 목표 이니셔티브(Science Based Targets initiative, SBTi)

(1) 과학기반 목표 이니셔티브(SBTi)

SBTi는 2015년 CDP, UN 글로벌 콤팩트, 세계자원연구소(WRI), WWF(세계자연기금) 등의 파트너십으로 설립되었다. 산업화 수준 대비 지구 온도 상승 폭을 1.5℃ 이하까지 줄이자는 파리기후변화협약의 목표를 달성하기 위해,[24] 기업들이 '과학에 기반해' 온실가스(GHC) 배출 감축 목표를 설정할 수 있도록 전문적인 지침과 방법론을 제공하고 있다.

(2) 1.5℃를 위한 비즈니스 목표 캠페인

SBTi는 기후 과학에 따라 배축 감소 및 순 제로 목표에 대한 모범 사례를 정의하고 촉진한다. 또한 최신 기후 과학에 따라 과학 기반 목표를 설정하는 기업에 기술 지원 및 전문가 리소스를 제공한다. 전문가팀을 모아 기업에 대상에 대한 독립적인 평가 및 검증을 제공한다. 주 사업으로 1.5°C를 위한 Business Ambition 캠페인을 주도하고 있다. 이 캠페인은 UN, 비즈니스 및 업계 리더의 글로벌 연합으로부터 긴급조치를 취하도록 촉구하고 기업을 동원하여 1.5℃에 따라 순 제로 과학기반 목표를 설정하도록 촉구하고 있다.[25]

SBTi의 프로세스는 약정 서한을 보낸 후 SBTi의 온실가스 감축목표 기준을 충족하는 목표를 설정해 제출하면, SBTi에서 해당 목표의 유효성 여부를 검증하여 승인한다. SBTi에서 승인한 이후에는 기업명과 감축 목표가 SBTi 홈페이지에 공개되며, 기업차원에서도 이해관계자 커뮤니케이션에 활용할 수 있다. 중기(2030년), 장기(2050년) 절대치 및 원단위 목표 수립이 필요하며, 목표 공개완료까지 약 24개월이 소요돼 장기적인 접근 전략이 필요하다. SBTi는 이러한 행동에 대한 커뮤니케이션을 제공한다.

(3) 활동

현재 전 세계에서 조취를 취하는 기업으로 1,685개 기업이 참여하고 있고, 1.5℃에 대한 약속을 한 기업은 695개이다.[26] 한국에서는 DGB금융그룹, SKT, SK증권, 신한금융그룹이 약정서를 제출한 'Committed' 단계이다.

12. UN 글로벌 콤팩트(UN Global Compact)

(1) UN 글로벌 콤팩트

UN 글로벌 콤팩트는 코피아난 전 UN사무총장의 주도로, 2000년 7월 출범한 기업의 사회적 책임에 관한 국제협약이다. 현재 전 세계 157개국 14,000여 개 회원사(11,000여 개 기업회원 포함)가 참여하고 있으며, 한국의 경우 한국협회에서 국내기업의 가입과 참여를 담당하고 있다.

유엔 글로벌 콤팩트는 기업이 유엔 글로벌 콤팩트의 핵심 가치인 인권, 노동, 환경, 반부패 분야의 10대 원칙을 기업의 운영과 경영전략에 내재화시켜 지속가능성과 기업시민의식 향상에 동참할 수 있도록 권장하고, 이를 위한 실질적 방안을 제시하는 세계 최대의 자발적 기업시민 이니셔티브이다. 또한 UN SGDs를 주도하는 역할을 하고 있다.

(2) UN 글로벌 콤팩트 10대 원칙

인권, 노동, 환경과 반부패에 관한 UN 글로벌 콤팩트의 10대 원칙은 세계적인 협의 과정과 더불어 세계인권선언(1948), 노동에서의 권리와 기본 원칙에 관한 ILO 선언(1998), 환경과 개발에 관한 리우선언(1992), 국제연합 부패방지협약(2003)에서 유래하였다. 10대 원칙은 [표 6-3]과 같다.

[표 6-3] UN Global Compact 10대 원칙

<table>
<tr><td>

인권(Human Rights)

원칙 1.
기업은 국제적으로 선언된 인권 보호를 지지하고 존중해야 하고,
Business should support and respect the protection of internationally proclaimed human rights;

원칙 2.
기업은 인권 침해에 연루되지 않도록 적극 노력한다.
Make sure that they are not complicit in human rights abuses.

노동(Labour)

원칙 3.
기업은 결사의 자유와 단체교섭권의 실질적인 인정을 지지하고,
Businesses should uphold the freedom of association and the effective recognition of the right to collective bargaining;

원칙 4.
모든 형태의 강제노동을 배제하며,
the elimination of all forms of forced and compulsory labour;

원칙 5.
아동노동을 효율적으로 철폐하고,
the effective abolition of child labour; and

원칙 6.
고용 및 업무에서 차별을 철폐한다.
the elimination of discrimination in respect of employment and occupation.

환경(Environment)

원칙 7.
기업은 환경문제에 대한 예방적 접근을 지지하고,
Businesses should support a precautionary approach to environmental challenges;

원칙 8.
환경적 책임을 증진하는 조치를 수행하며,
undertake initiatives to promote greater environmental responsibility;

원칙 9.
환경친화적 기술의 개발과 확산을 촉진한다
encourage the development and diffusion of environmentally friendly technologies.

반부패(Anti-corruption)

원칙 10.
기업은 부당취득 및 뇌물 등을 포함하는 모든 형태의 부패에 반대한다.
Businesses should work against corruption in all its forms, including extortion and bribery.

</td></tr>
</table>

출처: UN Global Compact 한국협회 홈페이지(http://unglobalcompact.kr/about-us/10point/)

13. ISO 26000

(1) ISO 26000

국제표준화기구(ISO) 이사회는 2001년 기업의 사회적 책임에 대한 표준을 만드는 것이 적절한지를 검토할 것을 소비자정책위원회에 요청한 것을 시작으로 이후 계속적인 연구를 통해 2010년 5월 최종국제표준안을 완성하고 2010년 9월 국제투표 결과 국제표준으로 최종 채택이 결정되어 2010년 11월 사회적 책임에 관한 국제표준으로 ISO 26000을 발간하였다.

ISO 26000이 발간된 후 미국, 프랑스, 독일, 영국, 덴마크, 남아공, 일본 등 세계 40여 개국은 앞다투어 각국의 국가표준으로 도입하였다. 우리나라도 2012년 8월 30일자로 KSA ISO 26000을 고시하여 한국표준정보망(www.kssn.net)을 통해 보급하고 있다.

아울러 ISO 26000의 준수는 금융기관, 신용평가기관들의 기업투자와 평가 시 주요 지표로 사용되거나 소비자단체를 비롯한 NGO 등 이해관계자들의 모니터링 활동의 기준으로도 사용되고 있다. 나아가 정부조달기준, 포상기준, 세금감면기준, 우선구매기준, 우대금리 적용기준 등에 다양하게 활용될 수 있다.

한국의 경우 KSA(한국표준협회)가 주관기관으로 하여 ISO 26000 이행수준을 진단할 수 있는 진단 체크리스트를 개발하는 등의 활동을 하고 있다.[27)]

(2) ISO 26000 7개 핵심주제 및 37개 쟁점 사항

ISO 26000은 사회적 책임을 인식하고 이해관계자들을 참여하도록 하는 기본 원칙, 사회적 책임 관련 핵심 주제와 쟁점, 조직에 사회적으로 책임 있는 행동을 통합하는 방법에 대한 지침을 제공한다.

ISO 26000은 지배구조, 인권, 노동관행, 환경, 공정거래, 소비자 이슈, 지역사회 참여 및 개발 등을 7대 핵심 주제로 규정하고, 이에 대한 실행지침과 권

[그림 6-6] ISO 26000 도식 개요

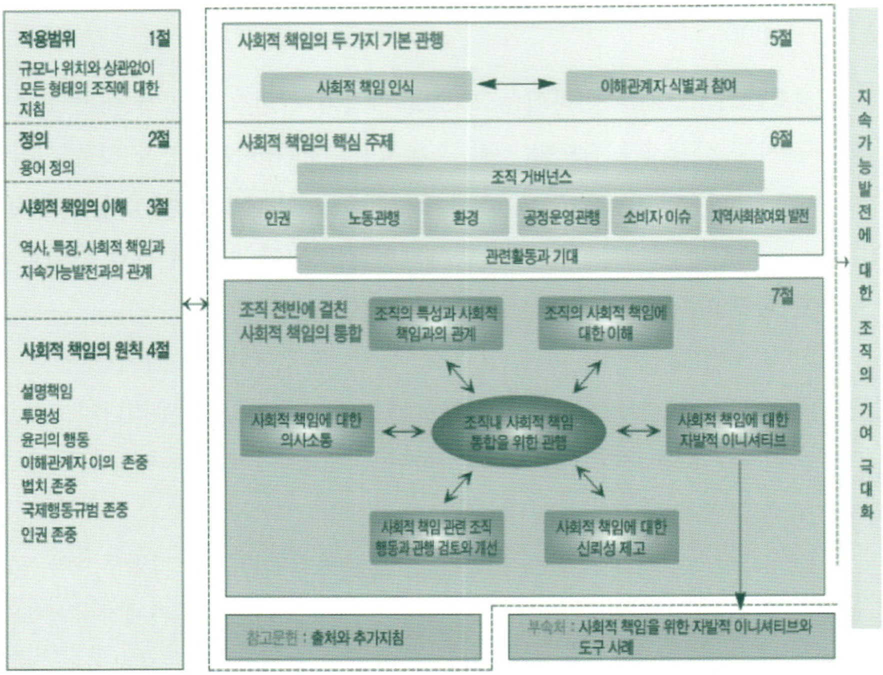

출처: 조영돈, ISO 26000 제정 및 동향, KATS 기술보고서 제28호, 기술표준원, 2011, 7쪽.

고사항 등을 담고 있다. 7개의 핵심 주제는 주제마다 여러 개의 쟁점들로 구성되어 있으며, 그 쟁점들이 조직에 관련이 있느냐 얼마나 중대하냐 하는 것은 이해관계자들과 소통을 함으로써 조직이 스스로 결정할 수 있다.

[표 6-4] ISO 26000의 7개 핵심 주제 및 37개 쟁점 사항

	7개 핵심 주제	37개 쟁점 사항
1	조직거버넌스 (Organizational governance)	• 의사결정 프로세스와 구조(Decision-making processes and structures)
2	인권 (Human rights)	• 실사(due diligence) • 인권 위험상황(human rights risk situation) • 공모회피(avoidance of complicity) • 고충처리(resolving grievances) • 차별과 취약그룹(discrimination and vulnerable groups) • 시민권과 정치적 권리(civil and political rights) • 경제, 사회 및 문화적 권리(economic, social and cultural rights) • 근로에서의 근본원칙과 권리(fundamental rights at work)
3	노동관행 (Labour practices)	• 고용과 고용관계(employment and employment relationship) • 근로조건과 사회적 보호(conditions of work and social protection) • 사회적 대화(social dialogue) • 근로에서의 보건과 안전(health and safety at work) • 직장에서의 인적개발과 훈련(human development and training in the workplace)
4	환경 (The environment)	• 오염방지(protection of pollution) • 지속가능한 자원이용(sustainable resource use) • 기후변화 완화와 적응(climate change mitigation and adaption) • 환경보호, 생물다양성 및 자연서식지복원(protection of the environment, biodiversity and restoration of the natural habitats)
5	공정운영 관행 (Fair operating practices)	• 반부패(anti-corruption) • 책임 있는 정치참여(responsible political involvement) • 공정경쟁(fair competition) • 가치사슬 내에서의 사회적 책임제고(promoting social responsibility in the value chain) • 재산권 존중(respect for property rights)
6	소비자 이슈 (Consumer issues)	• 공정마케팅, 사실적이고 치우치지 않은 정보 및 공정계약관행(fair marketing, factual and unbiased information and fair contractual practices) • 소비자의 보건과 안전보호(protecting consumers' health and safety) • 지속가능소비(sustainable consumption) • 소비자 서비스, 지원 및 불만과 분쟁해결(consumer service, support, and complaint and dispute resolution) • 소비자 데이터 보호와 프라이버시(consumer data protection and privacy) • 필수 서비스에 대한 접근(access to essential services) • 교육과 인식(education and awareness)
7	지역사회 참여와 발전 (Community involvement and development)	• 지역사회 참여(community involvement) • 교육과 문화(education and culture) • 고용창출과 기능개발(employment creation and skills development) • 기술개발과 접근성(technology development and access) • 부와 소득창출(wealth and income creation) • 보건(health) • 사회적 투자(social investment)

출처: 조영돈, ISO 26000 제정 및 동향, KATS 기술보고서 제28호, 기술표준원, 2011, 9쪽

14. 기타 이니셔티브

(1) Climate Action 100+

Climate Action 100+는 파리기후변화 협약의 달성을 위해 2017년 결성된 글로벌 투자자들의 이니셔티브다. CA100+의 투자자들은 기업들이 기후변화에 대한 거버넌스를 개선하고, 온실가스 배출량을 억제하며, 기후 관련 금융공시를 강화할 것을 요구하고 지속적으로 모니터링한다. 2021년 1월 현재 온실가스 배출량이 가장 많은 전 세계 167개 기업에 서한을 보내 2050년까지 넷제로(Net Zero, 온실가스 순배출량 0)에 도달하는 방안과 계획 수립을 요구하고 있다. 국내에서는 한전, 포스코, SK이노베이션이 있다. 이들 167개 기업이 배출하는 온실가스는 전 세계 산업부문 온실가스 배출량의 80%에 해당한다.

(2) 세계지속가능발전기업협의회(World Business Council for Sustainable Development, WBCSD)

세계지속가능발전기업협의회(WBCSD)는 지속가능발전에 관한 글로벌 기업들의 대표적인 이니셔티브로서 1995년 유엔환경개발회의에서 설립되었다. 200개 이상의 주요 기업이 회원사로 참여하고 있으며, 한국에서는 GS칼텍스, 한국타이어가 가입하였고, 한국지부인 KBCSD에는 다수의 기업이 회원사로 활동 중이다.

WBCSD는 회원사들 간의 지식 공유와 지속가능성 표준 이행을 촉진하고, 관련 정책에 대한 지지를 함께 표명하며, SDGs, 파리기후변화협약 등 공동의 지번에 맞춰 경제 시스템의 전환을 지원하는 역할을 수행한다. 2020년 9월 WBCSD는 비재무정보 공시 표준 관련 시장의 컨센서스를 마련하기 위해 UN PRI와 ESG 데이터에 관한 협력을 진행한다고 밝힌 바 있다.

(3) 비콥 인증(B corp)

B Lab은 미국에 본사를 두고 있는 "록펠러 재단"이 출자한 비영리 단체로 2006년에 설립되었다. 비영리기관으로서 비즈니스의 새로운 패러다임을 주도하고 비즈니스의 기준을 바꾸는 글로벌 기업혁신운동에 앞장서고 있다. 그 대표적인 노력으로 비랩에서는 객관적이고 투명한 평가 기준을 통해 사회적 책임을 다하는 기업들에게 2007년부터 비콥(B Corporation) 인증을 부여하고 있다.

비콥 인증이란 기업의 사회성과 공익성을 측정할 수 있는 국제적인 인증 도구이다. 비콥 인증은 단순히 기업의 제품이나 서비스를 평가하는 것이 아니고, 제품과 서비스를 넘어 기업이 창출하는 긍정적인 사회적, 환경적 성과를 전반적으로 측정하는 유일한 인증제도라고 한다. 비콥 인증에서 활용하고 있는 비임팩트평가(B Impact Assessment)는 기업의 운영과 비즈니스 모델이 지배구조, 기업 구성원, 지역사회, 환경, 그리고 고객들에게 어떻게 영향을 미치는지 평가한다. 기업의 사회적 환원에 대한 인식이 커지면서 소비자의 기대치를 충족시켜야 하는 기업의 역할도 덩달이 커지면서 미국은 30개 넘는 주에서 비콥을 법제화했다. 현재 60개국 150개의 산업에서 3,000개가 넘는 기업이 "비콥 인증"을 받았다.[28)]

B Lab은 2021년 2월 B Impact Assessment와 GRI Standards의 연결점을 찾고 자신들의 기원이 ESG 요소에 대한 파악에서 시작되었음을 깨닫고 통일된 기준을 만들기 위한 협업을 시작하였다.[29)]

15. 환경과 관련된 3대 협약

(1) 파리기후변화협약 2015[30)]

① 지구 온난화 등 기후변화로 인한 문제를 해결하기 위해 전 세계는 이미 협력체계를 구축해 왔다. 1997년 교토 의정서가 가장 대표적인 기후변화 협정이

고, 2020년 만료 예정인 교토 의정서 이후의 신기후변화체제 수립을 위해 지난 2015년 12월 파리에서 195개의 참가국 장관들이 모여 파리 협정을 체결했다. 파리기후변화협약은 ESG 이슈 중 환경 분야의 핵심적인 시작이라 할 수 있다.

② 이전 교토의정서와 비교하면 공장이나 산업시설, 또는 자동차 등에서 나오는 매연의 주성분인 탄소 배출량을 줄여서 '지구온난화'를 막자는 내용은 비슷하나, 선진국 37개국만 온실가스 감축 의무를 갖는 것이 주된 내용이었던 1997년 교토의정서와 달리 이번 파리기후협약에서는 참가한 195개 당사국 모두가 온실가스 감축 의무를 갖게 되었다는 점이 가장 큰 차이이다.

③ 파리기후변화협약의 핵심내용을 요약하면 다음과 같다.

- 기온: 기온상승을 섭씨 2℃보다 훨씬 작게 유지하고 특히 기온상승을 1.5℃ 이하로 제한하도록 노력을 기울일 예정이다.
- 자금: 2020년부터 선진국들은 매해 최소 1,000억 달러 규모로 개발도상국의 기후변화 대처사업에 지원해야 한다.
- 감축목표: 가능한 빠른 시일내에 온실가스 배출을 감축하여, 2050년까지 지구촌 온실가스 배출량을 '순수 0'으로 하는 것이 목표이다.
- 책임분담: 선진국들은 온실가스 감축에 앞장서야 하며, 개발도상국들은 역시 온실가스 감축에 노력을 기울여, 감축기준까지 점진적인 이행을 권장한다.
- 검토: 검토 시 먼저 보고서를 통해 진행사항을 통지하며, 재검토는 5년 주기로 한다. 그리고 첫 세계 결산은 2023년에 한다.
- 피해: 기후변화에 의한 피해에 취약한 나라를 돕기 위해 노력할 것이며, 예를 들어 해수면 상승으로 인해 큰 피해를 볼 가능성이 높은 섬나라들이 그 대상이다.

(2) 생물다양성협약[31)]

① 생물다양성협약(Convention on Biological Diversity, CBD)은 생물다양성[32)]을 생태계, 종, 유전자 세 가지 수준에서 파악하고 생물다양성의 보전, 생물다양성 구성요소의 지속 가능한 이용, 유전자원의 이용으로부터 발생하는 이익의 공정하고 공평한 배분을 목적으로 하는 국제 조약이다.

② 생물다양성협약은 전문(preamble)과 42개 조항의 본문 및 2개의 부속서(Annex)로 구성되어 있으며, 주요 내용은 크게 가입국의 생물다양성 보전의무와 생물다양성 보전을 위한 가입국 간 협력 부분으로 구분할 수 있다. 국내적 의무로는 생물다양성의 보전과 지속가능한 이용을 위한 국가전략의 수립, 생물다양성 구성요소의 조사 및 감시, 보호지역의 설정 등 현지 내(in-situ) 보전조치와 종자은행 설립 등 현지외(ex-situ) 보전조치의 시행, 생물다양성 보전을 고려한 환경영향평가 수행 등이 있다. 가입국 간 협력사항으로는 타국 보유 유전자원에의 접근시 해당국의 사전승인을 받도록 하는 제도(PIC : Prior Informed Consent) 도입, 생명공학기술 등 생물다양성 보전기술을 다른 가입국에게 이전 촉진, 유전자변형생물체(LMOs: Living Modified Organisms)의 안전한 국가 간 이동 및 관리를 위한 의정서 채택 검토, 개도국의 협약이행을 위한 재정지원 조항 등이 있다.

(3) 사막화방지협약

공식명칭은 '심각한 가뭄 및 사막화를 겪는 국가의 사막화방지를 위한 국제연합협약(United Nations Convention to Combat Desertification in Those Countries Experiencing Serious Drought and/or Desertification, Particularly in Africa)'이다. 심각한 가뭄 및 사막화, 토지 황폐화 현상을 겪고 있는 개발도상국(특히, 아프리카 국가)을 재정적, 기술적으로 지원하는 것을 목표로 한다. 우리나라는 1994년에 서명하고 1999년에 비준하였다.

16. ESG 평가의 기준으로서 활동

이상의 글로벌 표준화 기관, 이니셔티브, 프레임워크들은 각자 ESG 요소에 대한 기준을 제시하거나, 평가방법을 제시하거나, ESG 정보 및 공시와 관련된 일을 하고 있다. 이 과정에서 통합된 ESG 기준을 만들기 위한 노력도 계속되고 있다. 이하에서 해외 주요 ESG 평가기관의 기준 및 평가방식들에 대하여 알아본 후 종합하여 ESG 기준 및 평가에 대한 전반적인 이해를 도모해 보자.

제3절

해외 주요 ESG 평가기관의 평가 절차

1. 해외 주요 ESG 평가기관

2008년 금융위기 이후 기업의 지속가능성에 대한 중요성이 부각되고 ESG 투자가 증가하면 ESG 평가회사들이 본격적으로 등장했다. ESG 시장에는 기본적으로 MSCI, Sustainalytics, Refinitiv(구 Thomson Reuters) 등 대형 평가기관들이 ESG 표준 인덱스뿐만 아니라 투자자별 맞춤 인덱스를 설계하여 판매하고 있다. ESG는 필연적으로 비재무, 비정형 데이터에 대한 평가가 비중이 높기 때문에 평가 노하우, 비정형 데이터 수집 능력 및 평가 기술 등이 필요하기 때문이다. 이러한 평가기관의 난립과 비정형 데이터라는 점에 기인하여 평가 결과들 간의 상관관계가 낮게 책정되고, 이로 인해 혼란이 일고 있음은 앞에서 살핀 바와 같다. 하지만 역시나 기관 투자자, 자산 관리자, 금융 기관 및 기타 이해 관계자는 시간이 지남에 따라 동료와 비교하여 회사 ESG 성과를 평가하고 측정하기 위해 이러한 보고서 및 등급에 점점 더 의존하고 있다.[33)]

이러한 평가기관들의 평가방식에 차이점을 우선 정리하여 볼 필요가 있다. 이미 ESG 기준의 통일화 필요성이 드러났고, 그 기준을 단일화하기 위한 협력들이 이미 수행되고 있다. 이 기준이 단일화되었을 때, 그 단일화된 기준에서 투자기관이나 기업들이 요구하는 평가는 가중치와 공시정보의 투명성에 무게가 실리게 될 것이다. 이러한 점에 대하여 이미 대형 평가기관들은 이러한 요구에 대응하기 위한 노력들을 하고 있다. 해외 주요 ESG 평가기관들과 국내 주요 평가기관들을 비교하면 [표 6－5]와 같다(국내 평가기관에 대하여는 절을 바꾸어 다시 살펴보도록 하고, 국민연금의 평가방식은 이에 포함시키지 않았다. 해외평가기관에 대하여는 Betty Moy Huber et al., ESG Reports and Ratings: What They Are, Why They Matter, Harvard Law School Forum on Corporate Governance, 2017을 활용한 정보에 아래 정보들을 바탕으로 갱신하였다[34]).

[표 6－5] ESG 평가기관 개요

구분	기관명	지수 명칭	시작 /주기	평가 대상	평가 등급	평가지표/방법/특이사항
해외	Morgan Stanley	MSCI ESG Rating	2003 /매주 &매년	7,000	AAA ～ CCC	• 10개 주제 아래 35가지 ESG 이슈 • 정부 데이터베이스, 기업 공개자료, 매크로 데이터, NGO데이터베이스 자료 활용 • 매주마다 새로운 정보가 반영되어 업데이트, 심층 기업분석 리뷰는 연간 약1회
	Refinitiv (구 Thimson Reuter)	ESG Score	2009 /2주	6,000	0～100% & A+～D−	• 400개 이상의 ESG metric • 10개 카테고리, 이슈가 많을수록 가중치 부여 • (1) ESG Score, (2) ESG Controversy Score로 구성
	Sustainalytics	ESG Rating	2008 /매년	6,500	0～100 산업내 비교	• 72가지 지표 • ESG preparedness, Disclosure, Performance 고려
	Dow Jones +SAM	DJSI+ S&P 글로벌 ESG 스코어	1999+ 2020 /매년 9월	5,900 /7,300	0～100 산업내 비교	• 산업별 설문조사(80～120문항) • 특정 분야에 대해 사업별 가중치 부여 • Water-related risks는 electric utilities 사업에만 적용
	Bloomberg	ESG Data	2009 /매년	11,700	0～100	• 환경, 사회 투명성 등 120항목 • 14가지 핵심성과(공급, 자원, 고용, 재무관리 등) • 정보누락에 대하여는 감점 적용
	RepRisk	ESG Rating	1998 /매일 업데이트	84,000	AAA ～ D	• 28가지 ESG 이슈, 45가지 Topic Tags • 80,000 미디어 및 이해관계자 데이터 소스 모니터링 • CDP, UN PRI와 파트너
국내	한국기업 지배구조원	ESG 평가	2011 /매년 하반기	900	S～D (7등급)	• 18개 대분류 281개 핵심평가항목 • 기업공시, 기관자료, 미디어자료 활용 • 2017년 지배구조 정성평가 시범도입 • 한국거래소에서 결과 활용
	서스틴베스트	ESG Value	2006 /매년 하반기	1,000	AA～E (7등급)	• 자사 ESG Value 모델 활용 • ESG 각 영역에 대해 평가항목, 평가지표, 세부지표 순의 단계별로 구분

출처: Betty Moy Huber et al., ESG Reports and Ratings: What They Are, Why They Matter, Harvard Law School Forum on Corporate Governance, 2017.

2. MSCI(Morgan Stanley Capital International)

(1) MSCI

MSCI는 1999년부터 ESG 평가를 제공하여 왔으며, 초기 ESG 분야를 개척한 RiskMetrics, Innevest, KLD 등을 인수합병해서 2011년부터 ESG 리서치를 독자적으로 제공한다. 2019년에는 기후관련 대응 관련 애널리스틱 기업 Carbon Delta도 인수하였다. 현재 가장 활발히 활용되고 있는 평가 기관이다.

전 세계 8,500여 개 기업을 평가하고 있으며(2020년 11월 기준), MSCI에서 산출하는 다양한 ESG관련 지수에 편입된 기업을 중점적으로 평가하고 있다. 국내 기업의 경우는 2011년부터 국내유가증권시장에 상장된 기업 중 100개 기업에 대해 평가하고 있다.

(2) MSCI ESG Rating 평가방법

MSCI ESG 등급은 장기적인 산업 물질적 환경, 사회 및 거버넌스(ESG) 위험에 대한 회사의 탄력성을 측정하기 위해 고안된 것으로서 핵심 ESG 이슈에 대한 가중치, 즉 전체 등급에 미치는 각 이슈별 기여도를 결정한다. ESG 영역별 10개 주제, 35개 핵심이슈를 평가하는데 이는 [그림 6-7]과 같다.

MSCI ESG 평가는 기업 공개자료, 정부 데이터베이스, 매크로데이터, NGO 데이터베이스 자료를 활용하여 실시되며, 피평가기업은 정보 검증과정에 참여할 수 있다. 위 ESG 영역별 주제 및 이슈를 평가하여 AAA~CCC의 7개 등급으로 평가결과를 부여한다. 매주 새로운 정보가 반영되어 업데이트하고 있으며, 심층 기업분석은 1년에 1번 정도 제공된다.

이슈별 기여도를 결정함에 있어 통상 5~30%로 부여되며 산업에 대한 기여도와 환경과 사회에 대한 + 또는 −의 충격도에 따라 결정된다. 여기서 높은 충격과 단기 범주에 해당하는 경우 가중치는 낮은 충격과 장기 범주의 3배 이상의

[그림 6-7] MSCI의 평가항목

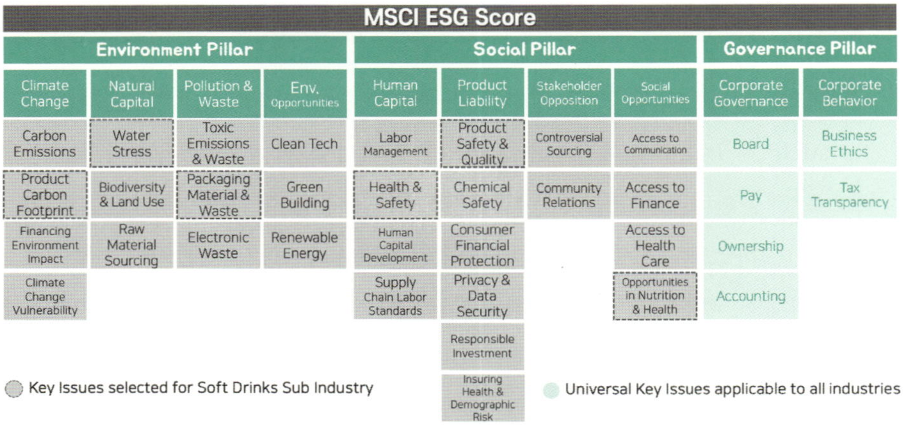

출처: MSCI 홈페이지

[그림 6-8] MSCI ESG Rating 평가절차도

출처: MSCI 홈페이지

가중치를 적용한다.

이에 각 기업이 ESG 위험을 적절히 관리하고 있는지를 평가하기 위해서는 노출되어있는 위험의 파악과 이에 대한 관리 전략을 이해할 필요가 있으며. 이러한 관점에서 MSCI는 위험의 노출과 위험의 관리의 양 측면에서 ESG 위험을 측정한다. 핵심이슈들은 각 산업을 전체적으로 정량적인 측면에서 확인하게 되지만 개별 기업의 각 문제에 대한 노출도는 다양하다. 즉 주요 ESG 위험에 대한 회사의 노출도는 제품 및 사업 부문, 사업장 위치, 아웃소싱과 같은 정부계약 의존도 등은 각 기업마다 차별적이며 0에서 10까지의 척도 중 노출이 없을 경우 0의, 가장 높은 노출도를 가질 경우 10의 척도값을 부여하게 된다.

논란 이슈는 기업의 운영 또는 제품에 부정적인 환경, 사회적, 지배구조적 충격을 미쳐 기업가치에 심대하게 부정적인 영향을 미칠 상황으로 정의할 수 있다. 각 논란 이슈들은 사회나 환경에 미치는 영향은 심각성에 따라 평가되며, 결과적으로 매우 심각, 심각, 보통, 적음으로 평가된다.

이외 지배구조 이슈와 관련해서 각 기업에 대해 10점에서 출발하여 지표에 따라 감점해나가는 방식을 채택하고 있다.

3. 레피니티브(Refinitiv, 구 톰슨로이터)

(1) 레피니티브(Refinitiv)

과거 톰슨로이터가 2009년부터 제공하던 ESG Score를 2018년 미국 사모펀드 블랙스톤과 싱가포르 국부펀드(GIC) 등이 톰슨로이터의 금융 사업 부문 지분 55%를 사들이며 레피니티브(Refinitiv)로 이름을 바꿨다. 분사를 통해 전체 톰슨로이터 구성원의 1/4 정도로 새 조직을 꾸려 과감한 사업 확장이 가능해졌다고 평가된다.

[그림 6-9] Refinitiv ESG Score 체계도

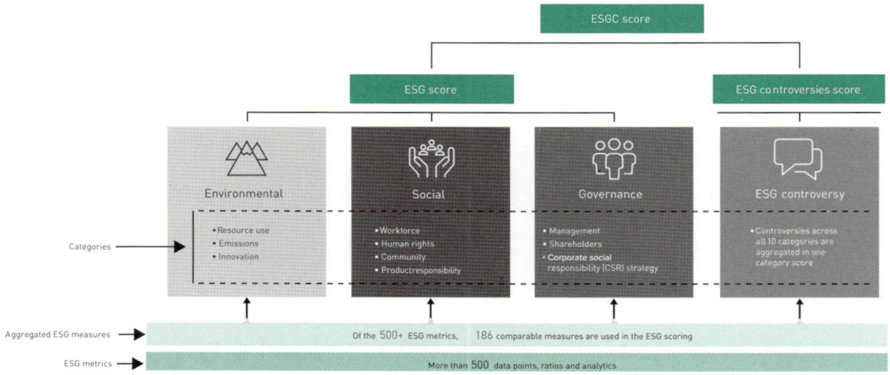

출처: Refinitiv, Refinitiv ESG scores Metrhdology, 2021

공시된 회사 데이터를 기준으로 우리는 전 세계 시가 총액의 70% 기업에 대해 표준화된 ESG 데이터 포인트(400 이상)와 분석(70개 이상)을 활용한다. 또한 기업의 공개정보가 측정 기준(환경, 사회, 거버넌스)을 반영할 수 있도록 노력하고 있으며, 이를 통해 업계 표준의 데이터베이스를 제공하고 있다.

(2) 평가 기반 Data와 평가지표 분류

ESG 이슈에 대한 기업의 정보 공개 및 보고 기준은 정확한 투자자 정보, 공개 담론 및 규제 지침을 추진하는 데 매우 중요하다고 믿는다. 또한, 재무 수준과 사회적 차원에서 긍정적인 결과를 이끌어내는 데에는 투명성이 필수적이라고 설명한다. 이를 위해, 기업을 평가하는 데 있어서 공시 또는 공개되지 않은 데이터를 사용, 생성 또는 수집하지 않는다고 한다. 이에 따라 연차보고서 등의 문서, 데이터베이스의 회사데이터 포인트, 기업 성과, 그리고 강력한 펀드 데이터를 기반으로 펀드 등급에 이르기까지 완전한 감사 가능성을 확보할 수 있다.[35)]

[그림 6-10] Refinitiv ESG Score 데이터 수집 방식

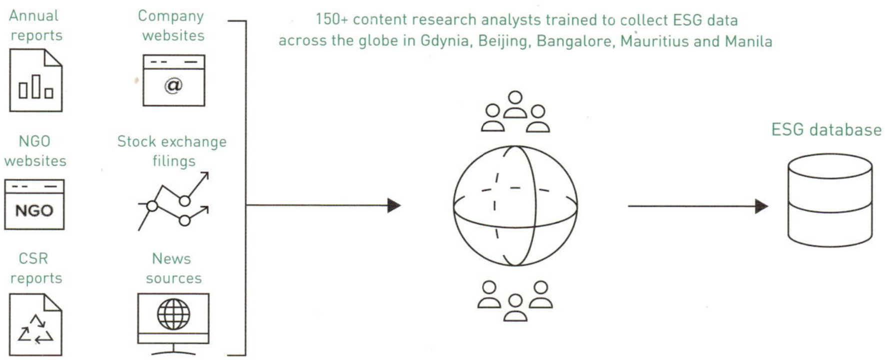

출처: Refinitiv, Refinitiv ESG scores Metrhdology, 2021

Refinitiv는 500개 이상의 회사 수준 ESG 측정을 캡처하고 계산하며, 그중 186개의 하위 집합(요청 시 ESG 용어집에서 세부 정보 제공, 요청 시 사용 가능)은 업계별로 가장 유사하고 중요한 요소로 전체 회사 평가 및 채점 프로세스를 거친다. 이들은 3개의 주요 점수와 공개적으로 보고된 정보를 기반으로 회사의 ESG 성과,

[그림 6-11] Refinitiv ESG Score 평가지표

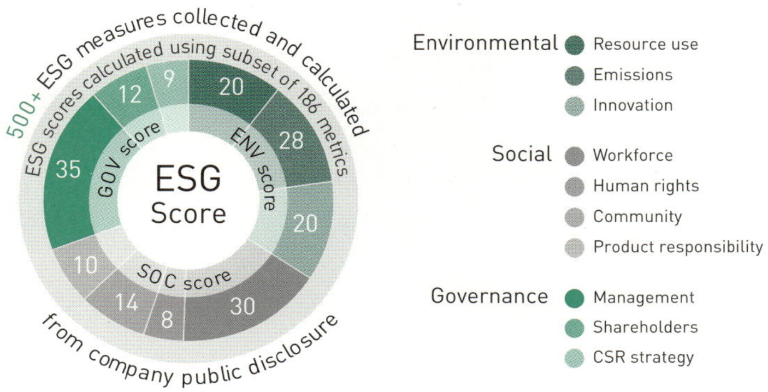

출처: Refinitiv, Refinitiv ESG scores Metrhdology, 2021

약속 및 효율성을 반영하는 최종 ESG 점수를 재구성하는 10개 범주로 그룹화된다. 범주 점수는 환경, 사회 및 기업 거버넌스의 세 가지 주요 점수로 집계된다. ESG 주요 점수는 환경 및 사회 범주에 대해 산업별로 다른 범주 가중치의 상대적 합계이다. 거버넌스의 경우 가중치는 모든 산업에서 동일하게 유지된다. 주요 요소 가중치는 0에서 100 사이의 백분율로 정규화된다.

(3) Refinitiv ESG 추정 방법

Refinitiv ESG 스코어링 방법론은 5단계 프로세스 흐름을 통해 요약되고 설명될 수 있다.

1단계로 ESG 카테고리 점수를 측정하고, 2단계로 Materiality matrix에 적용한다. 3단계에서 전반적인 ESG Score를 계산하고, Pillar score를 추출한다. 추가로 Controversies scores를 계산한다. 마지막 5단계로 이를 종합하여 ESGC score를 추출한다.[36)]

[그림 6 – 12] Refinitiv ESG Score 측정 방식

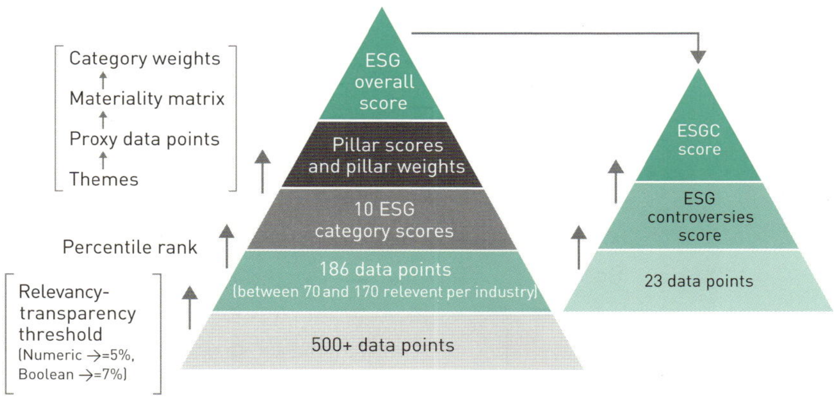

출처: Refinitiv, Refinitiv ESG scores Metrhdology, 2021

4. 서스테이널리틱스(Sustainalytics)

(1) Sustainalytics

Sustainalytics는 1992년 설립되어 기업의 ESG 리스크 평가 및 리서치 등의 높은 전문성을 보여온 평가기관이다. 글로벌 펀드 평가회사 모닝스타가 2020년 Sustainalytics를 인수하였다. 이후 모닝스타는 Sustainalytics의 ESG 평가방법론을 활용하여 모든 펀드, 주식, 자산 분석에 ESG 요소를 통합하고 있다.

Sustainalytics는 전 세계 4만 개 기업의 데이터와 2만 개 회사 및 172개국의 평가 등급을 제공한다. Sustainalytics의 주식 등급인 ESG 리스크 등급(ESG Risk Ratings)은 기관 자산관리자, 연기금 및 기타 금융시장 참가자에게 잘 알려진 벤치마크로, 이들은 투자 과정과 의사결정에 ESG 요소를 통합해 반영한다. Sustainalytics의 ESG 리서치 및 평가 등급은 전 세계 투자자들이 참조할 뿐 아니라 펀드 부문의 모닝스타 지속가능성 등급(Morningstar's Sustainability Rating), 모닝스타 지수(Morningstar Indexes)를 포함하여 수많은 지수와 지속가능한 투자 상품의 근거를 제공한다.[37)]

ESG 리스크를 측정할 뿐만 아니라, 모든 투자자에게 ESG 정보에 대한 접근성을 높였다. 향후 투자 관계자, 기업의 사회적 책임 담당자 등 이해관계자들이 ESG 관점에서 개별 기업 및 산업을 평가하는데 이와 같은 정보가 도움이 될 것으로 보인다. 홈페이지에는 관련 하위 산업 내 기업들에게 경제적으로 중요하다고 간주되는 이슈를 공개해 산업별, 기업별 주요 ESG를 쉽게 파악할 수 있도록 해 놓았다.

(2) 평가방법

Sustainalytics의 ESG 평가 모델은 ESG 리스크, 특히 미관리된(Unmanaged) ESG 리스크가 기업의 재무적 가치에 끼치는 영향을 측정한다. 기업의 ESG 리스크 점수는 정량적인 수치로 표시되며(0~50 사이), 해당 점수에 따라 리스크 등급이 매겨지게 된다(0~10: 미미함, 10~20: 낮음, 20~30: 중간, 30~40: 높음, 40+ 매우 높음)

Sustainalytics의 예측 ESG 위험 등급은 당사의 유명한 ESG 연구와 기계 학습 알고리즘을 결합하여 회사의 지속 가능성 위험을 즉각적으로 나타내는 지표이다. 이러한 예측 등급은 더 빨리 평가될 수 있으므로 기업이 공급망에서 더 많

[그림 6-13] ESG Risk Ratings Prediction Model(RRPM)

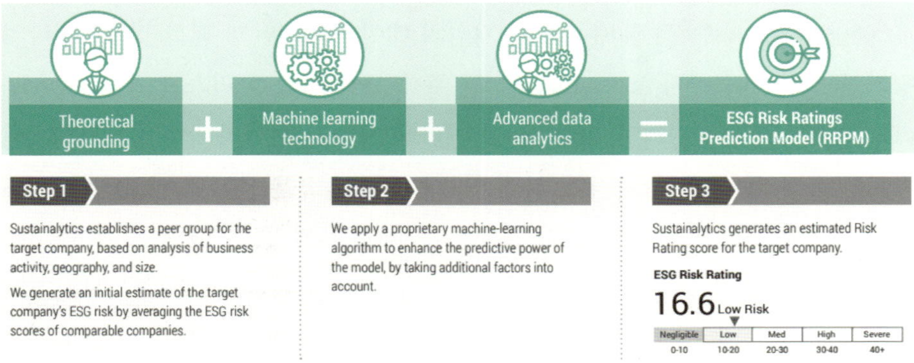

출처: Sustainalytics, Sustainalytics ESG Assessment Platform Brochure, 2021.

[그림 6-14] ESG Risk Rating－점수화 구조

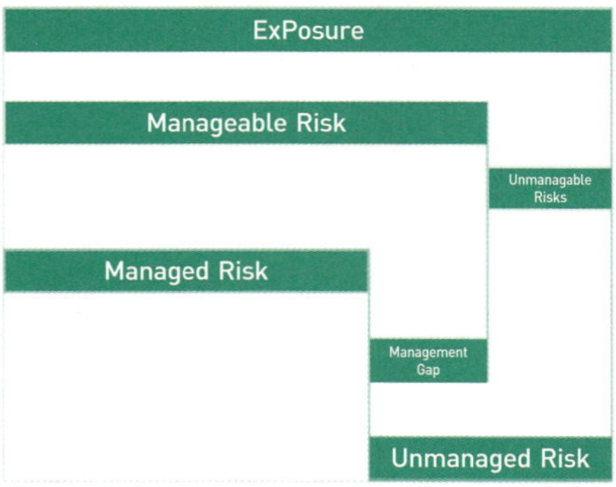

Company Exposure	=	Subindustry Exposure	*	Issue Beta		
	=	8	*	1.5	=	**12**
Manageable Risk	=	Company Exposure	*	MRF		
	=	12	*	90%	=	**10.8**
Managed Risk	=	Manageable Risk	*	Management score (as %)		
	=	10.8	*	75%	=	**8.1**
Unmanaged Risk	=	Company Exposure	-	Managed Risk		
	=	12	-	8.1	=	**3.9**

출처: Sustainalytics, Sustainalytics ESG Ratings Methodology Abstract, 2021.

은 회사를 평가하는 데 도움이 된다. 제한된 공개정보만 사용할 수 있는 경우에도 다수의 회사에 대한 ESG 위험 등급을 신속하게 생성하고, 현재 애널리스트가 평가하지 않은 기업의 ESG 위험 등급 및 범주를 정량적으로 추정한다. 최대 90%의 예측 정확도를 보여준다.

Sustainalytics는 최종적으로 기업이 관리할 수 있는 리스크 요소 중, 미관리된 리스크를 수치로 환산하여, 이를 점수로 나타낸다.

5. 다우존스 지속가능경영지수(Dow Jones Sustainability Indices, DJSI)

(1) 다우존스 지속가능경영지수(DJSI)

기업의 경제적 성과뿐 아니라 환경적, 사회적 측면에서 종합적으로 평가하는 지속가능경영 평가 및 투자(SRI) 글로벌 표준으로, 1999년 세계 최대 금융정보사인 미국 S&P다우존스인덱스와 지속가능경영 평가 및 투자 글로벌 선도 기업인 스위스 샘(SAM, 과거 로베코샘)이 공동으로 개발하였다. DJSI는 현재 유동자산

[그림 6-15] DJSI 구성도

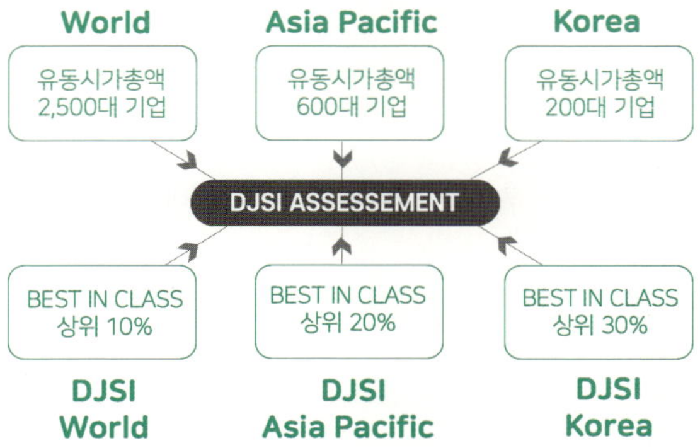

출처: 한국생산성본부 홈페이지(http://djsi.or.kr/wp/?p=225)

시가총액 기준으로 전 세계 2,500개 기업을 평가하여 상위 10%를 편입시키는 글로벌 지수인 DJSI World와 아시아 퍼시픽 지역의 상위 600대 기업을 평가하여 상위 20%를 편입시키는 지역 지수인 DJSI Asia Pacific, 그리고 국내 상위 200대 기업을 평가하여 상위 30%를 편입시키는 세계 최고 국가 단위 다우존스 지속가능경영지수인 DJSI Korea 등으로 구성되어 있다.[38)]

대상기업에 따라 월드지수, 아시아태평양지수, 코리아지수 등으로 구분되며, 2020년 발표된 평가에서 DJSI 월드지수에는 한국은 지난해 19개에서 올해 17개 기업이 포함되었다.

(2) 평가절차와 방법

공개정보가 아니라 평가설문으로 진행되며, 세부 항목에 따라 가중치가 설정되며 평가에 반영된다. 이 중 산업별 항목은 각 산업별로 주요한 지속가능경

[그림 6-16] DJSI 평가절차

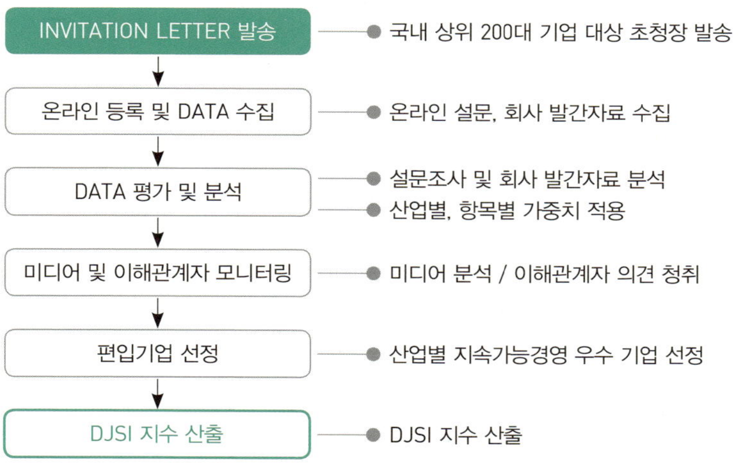

출처: 한국생산성본부 홈페이지(http://djsi.or.kr/wp/?p=225)

영 이슈에 의거해 평가 기준이 다르게 설정되어 있다. DJSI 평가기준은 지속가능경영 이슈가 바뀜에 따라 매년 일부분씩 갱신된다. 분야별 평가항목을 보면 경제 부문에는 기업지배구조, 리스크·위기관리, 윤리강령·반부패 등이 포함되며 환경 부문에는 환경보고서 등이 포함된다. 또 사회 항목에는 인적자원 개발, 인적자원 보유, 노동지표, 기업시민의식, 사회보고서 등이 포함되며 각 항목별로 별도의 산업별 항목이 들어가게 된다.

[그림 6-17] **DJSI 평가기준**

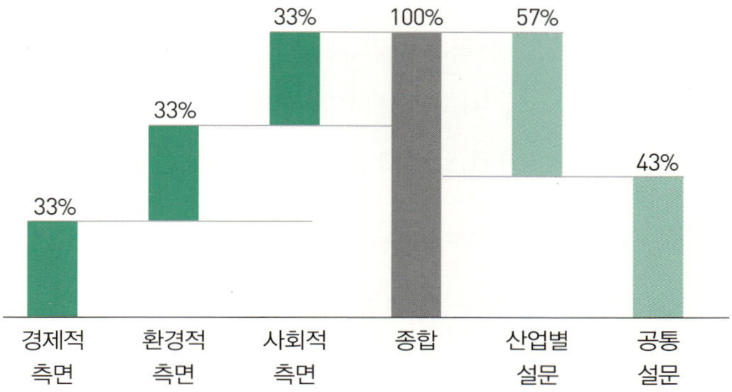

출처: 한국생산성본부 홈페이지(http://djsi.or.kr/wp/?p=225)

[표 6-6] **세부평가 기준 및 항목가중치**

경제적 측면	지배구조 (6.0%)	리스크관리 (6.0%)	윤리강령 (6.0%)	산업별 항목		
환경적 측면	환경보고서 (3.0%)	산업별 항목				
사회적 측면	인적자원개발 (5.5%)	인적자원보유 (5.5%)	노동지표 (5.0%)	기업시민의식 (3.0%)	사회보고서 (3.0%)	산업별 항목

출처: 한국생산성본부 홈페이지(http://djsi.or.kr/wp/?p=225)

2020년 5월부터는 S&P 글로벌 ESG 스코어 서비스를 출시하였고, S&P 글로벌 ESG 스코어는 전 세계 시가총액의 95%에 해당하는 7,300여 개 기업의 ESG 점수를 제공한다.

(3) 관련사항

① 샘(SAM, S&P Global Switzerland SA)

1995년에 설립된 샘은 지속 가능한 투자만을 전담하는 투자 전문기관이다. 1999년부터 기업을 단순히 경제적 가치로만 평가하지 않고 환경적, 사회적 측면에서 종합적으로 평가하는 다우존스 지속가능경영지수를 개발하여 현재 유럽, 북미, 미국, 아태지역, 호주, 한국 등에 대한 지수정보를 제공하고 있다. 2020년 1월 S&P Global은 샘(SAM)의 지속가능경영 평가부문(Coporate Sustainability Assessment, CSA)을 인수하였으며, 이에 로베코샘(RobecoSAM)에서 사명이 변경되었다.

② S&P 다우존스 인덱스(S&P Dow Jones Indices)

세계 최댐 규모의 금융정보를 제공하고 있는 S&P Dow Jones Indices는 120여 년의 경험을 바탕으로 S&P 500, Dow Jones Industial Average 등 금융정보를 기관 및 소매투자자들에게 제공하고 있다. S&P Dow Jones Indices는 지수, 뉴스, 데이터 및 리서치 등 글로벌 금융시장의 동향을 파악하는데 유용한 지표와 정보를 다양한 형태로 제공한다.

6. 블룸버그 ESG data

(1) 블룸버그

블룸버그(Bloomberg)는 2009년부터 전 세계 기업의 ESG 공시 데이터를 제공해왔으며, 2020년 8월부터는 ESG Score서비스를 시작했다. 2008년 9월 CDP와의 제휴를 통해 블룸버그 터미널에서 기업의 탄소발자국, 에너지 사용량 등을 조회하도록 했으며, 2009년 7월 ESG 데이터서비스를 론칭했다.

(2) 블룸버그 ESG Data

기업 지속 가능성 공개의 품질과 유용성을 개선하기 위해 오랫동안 활동해 온 블룸버그는 환경, 사회 및 거버넌스(ESG) 데이터에 대한 신뢰할 수 있고 신뢰할 수 있는 출처이다. 블룸버그는 100개 이상의 국가에서 11,800개 이상의 기업에 대해 10년 이상의 역사를 가진 ESG 데이터를 2,000개 분야로 구성하여 제공한다. 지속적으로 업데이트되는 이 데이터는 블룸버그 터미널의 완전히 통합된 기능과 보고된 데이터와 파생된 배급량, 부문 및 국가별 데이터 포인트를 포함하는 엔터프라이즈 데이터 피드로도 사용할 수 있다. 이러한 ESG Data는 블룸버그 터미널에 공개되는데, 이용자(가입자)만 평가 결과와 내용에 접근이 가능하다.

(3) 터미널 분석

ESG 데이터는 재무 분석(FA), 주식 스크리닝(EQS), 리서치 관리 솔루션(RMS) 및 포트폴리오 및 위험 분석(PORT)을 포함하여 회사 분석을 위해 설계된 터미널 애플리케이션에 완전히 통합되어 터미널 이용자가 자신의 투자과정에 ESG를 원활하게 통합할 수 있도록 하고 있다.

블룸버그의 RMS 연구 출판 도구는 내부 ESG 연구 및 참여 노트에서 구조, 일관성 및 체계적인 데이터 캡처 및 보고를 장려한다. 포트폴리오 및 위험 분석을 통해 포트폴리오 관리자와 위험 관리자는 펀드 특성, 성과 귀속 및 미래 예측 위험 시나리오를 이해할 수 있다. 이용자는 PORT의 내부 및 외부 ESG 데이터를 모두 활용하여 ESG가 포트폴리오 구성 및 위험 관리 결정에 영향을 미치도록 할 수 있다.

ESG 관련 위험과 기회에 대한 심층 탐구를 위해 블룸버그는 다양한 독립형 ESG 분석을 제공한다. 터미널의 전용 ESG 기능인 환경, 사회 및 지배구조 분석은 가장 중요하고 가장 잘 보고된 메트릭과 제3자 ESG 점수를 사용하여 회사의 과거 ESG 성과에 대한 빠른 스냅샷을 제공한다.

(4) 블룸버그 ESG Score

2020년 8월부터 ESG Score 서비스를 시작했다. 투자자가 공시 및 성과를 평가하고 업계 동료와 비교하여 회사 활동을 평가하는 데 사용할 수 있는 다양한 독점 및 제3자 ESG 점수를 제공한다. 블룸버그의 독점 ESG 점수는 데이터 기반이며 완전히 투명하므로 이용자는 각 점수의 기초가 되는 채점 방법과 회사보고 데이터를 모두 검토할 수 있다. 특히 제3자 ESG 점수에는 MSCI, Sustainalytics, ISS 및 RobecoSAM을 비롯한 주요 평가 제공기관의 제품이 포함된다.

블룸버그 ESG Score 및 제3자 ESG Score는 터미널 이용자가 이러한 등급 및 블룸버그 ESG Data를 사용하여 자신의 점수를 생성할 수 있도록 하는 분석 도구를 터미널에서 함께 사용할 수 있다. MSCI와 협력하여 투자자에게 터미널 환경에서 MSCI ESG 등급 구독에 대한 액세스를 제공하기도 한다.

(5) 블룸버그 지수

블룸버그는 ESG 지수 리소스 및 이용자 중심 기능을 제공하여 왔다. 블룸버그의 ESG 지수 상품은 당사의 종합 채권 지수 제품군과 동종 최고의 주가 지수를 기반으로 한다. 지수는 터미널에서 또는 블룸버그 데이터 라이선스를 통해 기업용으로 사용할 수 있습니다.

① 블룸버그 SASB ESG 지수

State Street Global Advisors에서 개발한 ESG 점수 솔루션인 R-Factor™를

사용하여 SASB(Sustainability Accounting Standards Board)와 협력하여 생성한 지수이다. 지수군은 특정 산업에서 기업의 재무 상태 또는 운영 성과에 중대한 영향을 미칠 가능성이 가장 큰 ESG 요소의 하위 집합에 중점을 두고 있으며 미국 대형주 및 투자 등급 회사채 ESG 지수를 포함하고 있다.

② 블룸버그 Barclays MSCI ESG 지수

블룸버그는 선두 ESG 데이터 제공업체인 MSCI ESG Research와 협력하여 ESG 위험 측정을 통합한 시장 최초이자 가장 포괄적인 채권 지수 모음인 블룸버그 Barclays MSCI ESG 채권 지수를 생성·발표하기 시작했다. 핵심 ESG 채권 제품군에는 사회적 책임(SRI), 지속 가능 및 ESG 가중의 세 가지 ESG 방법론에 중점을 둔 지수가 포함된다. 또한 기후에 중점을 둔 임팩트 투자자를 위한 Green Bond 지수 제품군도 제공한다.

7. Rep Risk ESG rating

(1) Rep Risk

Rep Risk는 ESG 데이터 사이언스 기업으로 1998년 설립되었다. 인공지능과 머신러닝을 사용하여 전 세계 15만 개 이상의 기업 ESG 리스크를 분석한다. Rep Risk에서 2007년부터 운영하는 ESG Risk Platform은 ESG 리스크에 대한 세계 최대 실사 데이터베이스로, ESG와 연관된 기업 경영, 투자, 사업 관계 등의 데이터가 포함된다.

Rep Risk의 평점은 ESG 위험이 심각해져 주가에도 큰 영향을 미치는 상황을 방지하는 데 도움이 된다. 이는 ESG 등급을 제공하는 것이 아니라 중요한 ESG 위험을 체계적으로 식별하고 평가하는 것이기 때문이다.

(2) 평가방법

인공지능을 활용하여 전 세계 20개 이상의 언어로 된 9만여 개의 정보를 검토해 매일 업데이트 되는 연구 및 지표와 데이터 기록이 포함된 업계 고유의 데이터 세트를 기반으로 Risk를 평가한다. 또한 GRI, SASB, UNGC 등 글로벌 ESG 표준에 의거해 28개의 ESG 이슈, 58개의 하위주제를 설정하여 ESG 리스크를 측정한다.

Rep Risk의 특징은 공개된 정보뿐만 아니라, 온라인 정보출처(미디어, 싱크탱크, 뉴스레터, 소셜미디어 등)를 통해 비정형 ESG 리스크를 식별한다는 점이다. 기업의 자체 보고나 공개정보를 의도적으로 제외해, 제3자 데이터를 통해 이슈를 분석하는 것이 특징이다. 이용자들은 매일 모니터링할 수 있다는 점에서 해당 플랫폼 이용의 장점이 있다.

[그림 6-18] Rep Risk ESG rating의 데이터 세트

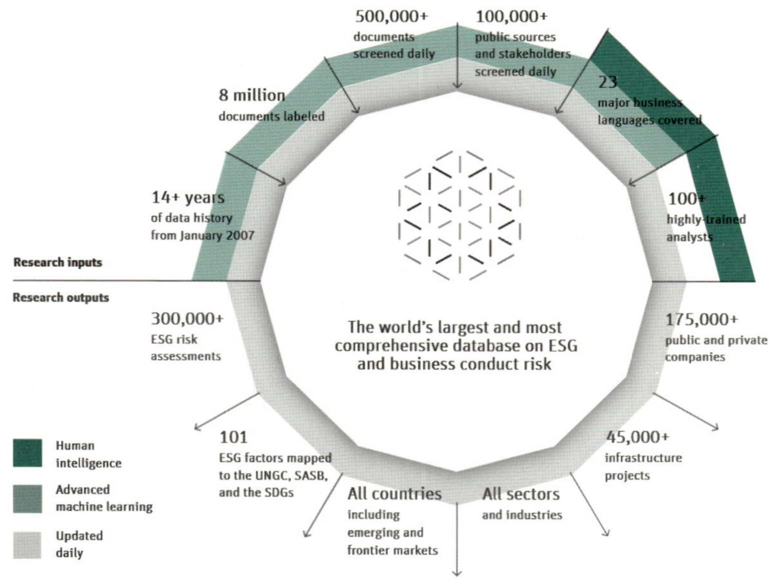

출처: 한국생산성본부 홈페이지(http://djsi.or.kr/wp/?p=225)

제4절

국내 ESG 평가기관

1. 한국기업지배구조원

(1) 한국기업지배구조원

한국기업지배구조원은 높은 투명성과 전문성을 토대로 2003년부터 기업 지배구조 평가를 실시해왔으며, 2011년부터는 사회책임과 환경경영이 포함된 ESG 평가를 통해 매년 국내 상장회사의 지속가능경영 수준을 평가하고 있다. 한국기업지배구조원의 ESG 평가는 상장회사가 현재 지속가능경영 수준을 점검하고 개선에 활용할 수 있도록 지원하는 것을 목표로 한다. 특히 한국거래소의 KRX ESG 테마지수 5종의 종목 구성에 활용되고 있다.

(2) 평가기준으로서 KCGS 모범 규준

평가 모형 구성 및 개선 작업을 위해 KCGS 모범규준과 국내 법·제도 및 국제 규범을 활용하고 있으며, 평가 모형의 지속적 개정 작업을 통해 기업의 ESG 경영을 위한 기준점을 제공하고 평가 체계를 고도화하고 있다.

기본평가는 기업 특성별로 분류 후 가점방식을, 심화평가는 부정적 ESG 이슈에 대한 감점방식을 적용한다. 총 18개 대분류, 265개 핵심평가항목으로 구성되며 상세 평가문항은 평가대상 기업만 확인가능하다. 한국기업지배구조원은 ESG 평가에 자신의 모범규준을 기초자료로 활용한다.

[표 6 – 7] KCGS의 평가모형과 기준

평가 영역	평가모형 모델	KCGS 모범규준	법·제도·규범
환경	❖ 경영프로세스 모델 • 업종에 따른 환경 환경위험관리 및 성과 평가 고려 • 산업별 환경 민감도를 상·중·하로 구분하여 구성 • 환경경영 체계, 성과, 이해관계자 대응 수준 판단	리더십과 거버넌스 위험관리 운영 및 성과 이해관계자 소통	• 저탄소 녹색성장 기본법 • 화학물질의 등록 및 평가 등에 관한 법률 • ISO 14001 및 환경표지·환경인증제도 • 기후관련 재무정보공개(TCFD) 등
사회	❖ 이해관계자 모델 • 기업과 직·간접적 이해관계를 형성한 대상에 중점 • 산업 분류기준인 WICS 중분류로 분리하여 산업별로 이해관계자에게 중대한 사회책임경영 이슈 고려	리더십과 거버넌스 비재무 위험 관리 운영 및 성과 이해관계자 소통	• 독점규제 및 공정거래에 관한 법률 • 사회적 책임 세계 표준 (ISO 26000) • 국제노동기구 핵심 협약 • UN 국제 인권 선언 및 OECD 인권 실사 지침 등
지배구조	❖ 통제기능 모델 • 지배구조가 작동하기 위한 주요 장치별 분류 • 일반 상장사 및 금융회사 특화 지배구조 요건 고려 • 자산 규모 및 이사회 내 주요 위원회 설치 여부, 세부 금융업권 특성 고려	이사회 리더십 주주권 보호 감사 주주 및 이해관계자 소통	• 상법 및 금융회사의 지배구조에 관한 법률 • OECD 기업지배구조 원칙 • 영국 FRC 및 일본 JPX 기업지배구조 코드 • ICGN 글로벌 지배구조 원칙 • 바젤은행감독위원회 은행 지배구조 원칙 등

출처: 한국기업지배구조원, ESG 평가 안내

[그림 6 – 19] KCGS의 모범규준 체계

출처: 한국기업지배구조원 홈페이지(http://www.cgs.kr/business/best_practice.jsp)

(3) 평가절차

한국기업지배구조원의 ESG 평가는 ① 평가 준비, ② 평가수행, ③ 등급 부여, ④ 결과분석 및 등급 조정의 절차로 진행되고, 기업은 평가 피드백 기간 내 평가 결과에 따른 문항별 소명자료를 제출하여 답변 수정요청이 가능하다.

[그림 6 – 20] **KCGS의 ESG 평가 절차**

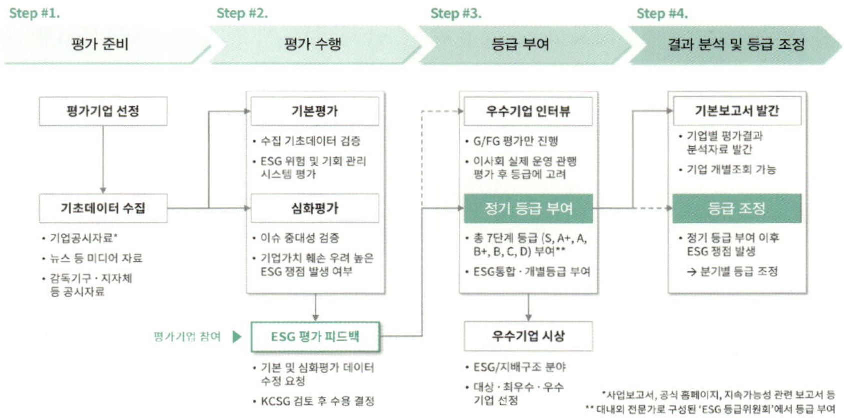

출처: 한국기업지배구조원, ESG 평가 안내

2. 서스틴베스트

(1) 서스틴베스트의 ESG 평가

서스틴베스트는 자체 개발한 ESG Value 모형을 활용해 국내 상장기업들의 ESG 관리 수준을 평가해 국내 투자자들에게 제공하고 있다. 매년 3월 31일 기준 KOSPI 및 KOSDAQ 종목 중 52주 평균 시가총액 기준으로 상위 800위 종목을 평가대상으로 하되, 고객사의 요청에 따라 800개에 포함되지 않은 종목은 추가로 평가대상 기업에 포함하고 있다. 다만 평가기간 내 평가대상 기업 중 상장폐

지나 관리종목 선정 등의 이슈가 발생한 경우 평가대상에서 제외하고 있다. 하반기 평가 시에는 기본적으로 상반기 평가대상 기업군을 유지하되, 고객사의 신규요청에 따라 최종 평가대상 기업을 선정한다. 2020년 하반기에는 총 999개 상장기업에 대하여 평가하였다.

(2) 평가체계

환경, 사회, 지배구조 ESG 세 영역하에서 다시 각 영역은 평가항목(Category), 평가지표(KPI), 세부지표(data point) 순의 단계별로 하부체계로 구성된다. 환경영역은 총 4개의 평가항목, 8개의 평가지표, 20개의 세부지표로, 사회영역은 총 4개의 평가항목, 13개의 평가지표, 34개의 세부지표로, 지배구조 영역은 총 6개의 평가항목, 19개의 평가지표, 41개의 세부지표로 구성되어 있다. 다수의 하부지표 간의 상대적 중요성을 근거로 가중치를 결정하고, 단계별 지표 점수에 가중치를 적용해 상위지표의 점수를 산출하고 있다.[39]

(3) 평가 프로세스

다음 그림과 같은 프로세스로 ESG 평가를 진행하고 있다.

[그림 6－21] ESG Value 평가 프로세스

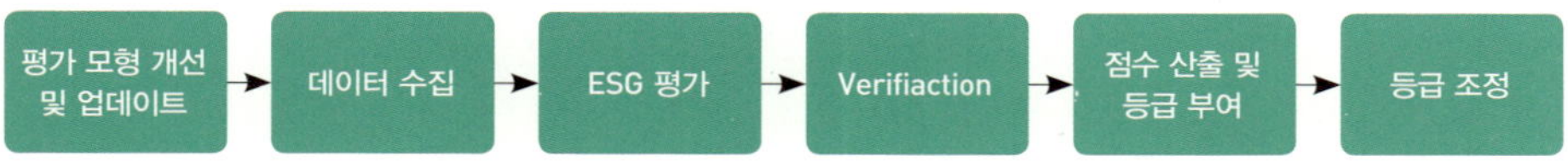

출처: 서스틴베스트, 상장기업 ESG 분석보고서 2020, 2020, 11쪽

3. 국민연금

(1) 국민연금의 ESG 평가

국민연금은 자체적으로 ESG 평가를 하고 있고, 국내 최대 연기금으로서 책임투자를 이끌고 있기 때문에 국민연금의 ESG 평가는 큰 의미를 가진다. 연 2회 정기평가를 기본으로 하되, 기업가치에 영향을 미치는 사건 발생시(컨트러버셜 이슈, 기업의 가치에 영향을 미칠 수 있는 사건이나 쟁점이 되는 이슈를 총칭)에는 이를 평가하여 기업 ESG 평가를 결과에 수시로 반영하고 있다. 기업의 ESG 평가는 연 2회 이루어져 중도에 발생한 이슈가 즉각 반영되지 못하는 한계를 개선할 목적이다.[40)]

(2) 국민연금의 ESG 평가지표 및 평가결과

국민연금이 제시한 ESG 평가지표는 ESG 관련 13개 이슈를 기본으로 52개 세부 평가지표를 가지고 있다. ESG 관련 13개 이슈는 환경 분야에 있어서 ① 기후변화, ② 청정생산, ③ 친환경제품개발, 사회 분야에 있어서 ① 인적자원관리, ② 산업안전, ③ 하도급거래, ④ 제품안전, ⑤ 공정경쟁, 지배구조분야에 있어서 ① 주주권리, ② 이사회구성과 활동, ③ 감사제도. ④ 관계사 위험. ⑤ 배당을 들고 있다.

이에 관한 세부평가지표에는 환경 분야에 있어서 탄소 배출량, 대기오염물질 배출량 등 12개 지표, 사회 분야에 있어서 급여 수준, 고용수준, 협력업체 지원 여부 등 21개, 지배구조 분야에 있어서 감사위원회 사외이사 비율, 대표이사와 이사회 의장 분리 여부 등 19개 세부 평가지표를 가지고 있다.

이러한 세부평가지표에 따라 2018년 하반기 실시한 ESG 평가결과를 보면 [표 6-7]과 같다.

[표 6-7] 국민연금 ESG 평가결과(2018년 하반기 실시내용)

구분	AA	A	BB	B	C	D	계
코스피	69	103	198	193	155	50	768
코스닥	1	9	21	35	27	12	105
계	70 (8.0%)	112 (12.8%)	219 (25.1%)	228 (26.1%)	182 (20.8%)	62 (7.1%)	873 (100.0%)

출처: 보건복지부·국민연금공단, 국민연금 책임투자 활성화 방안(초안), 2019.7, 25쪽

(3) 국민연금의 ESG 평가체계 개선 및 평가결과 활용도 제고

국민연금은 2019년 11월 국민연금기금 책임투자 활성화 방안을 발표하면서 ESG 평가체계를 개선하고 평가결과 활용도를 제고하는 것을 책임투자 활성화 방안으로 밝힌 바 있다. 이에서는 평가지표는 개별기업에 대한 투자의사결정, 주주권 행사 기준 등으로 직접 활용되므로 기금본부가 결정하되, 수탁자 책임 전문위원회에서 논의하고, 변경내용 등은 기금운용위원회에 보고하도록 하여 지표를 결정한다. ESG 관련 위험 수준 반영 및 수익 제고에 기여할 수 있는 지표를 지속적으로 발굴하고 정기적 개선을 검토하는 것을 추진하기로 하였다. 이렇게 확정된 ESG 지표를 기반으로 ESG 평가를 하고 리서치 자료를 토대로 선정한 수탁자 책임 활동 중점관리사안에 환경과 사회 요소를 포함하는 것을 통해 장기적 주주가치의 증대를 추구하겠다고 밝힌 바 있다. 다만 2015년도에 국민연금의 ESG 투자지표를 연구용을 통해 갖추었으나 이에 대한 ESG 평가 및 ESG 평가결과의 적용에 제한적이고 ESG 통합전략의 적절한 적용을 통한 책임투자의 확대를 위해 새로이 ESG 평가지표를 개선하고 이를 바탕으로 ESG 투자를 확대하겠다는 것이다. 이러한 과정에서 ESG 평가지표는 시장에 미치는 영향을 고려해 비공개를 원칙으로 하겠다고 밝혔다.

제5절

ESG 평가의 발전 방안

1. 종합적 ESG 평가 기준

(1) 단일화된 기준의 필요성

이상까지 ESG 평가에 대하여 알아보면서 ESG 평가의 기준에 관한 프레임워크나 이니셔티브에 대하여 알아보고, 또한 ESG 평가방법들에 대하여 알아보았다. 이 과정을 통해서 ESG 요소의 전반적인 이해와 흐름을 파악할 수 있다. 결국 ESG 이슈는 ESG 이슈가 무엇인지 확인하고(ESG 요소 및 기준), 기업이 ESG 이슈에 대하여 적절히 대응하고 있는지(ESG 경영) 확인하고(ESG 공시 및 ESG 평가), 이 확인된 정보를 통하여 책임투자를 실행하는 것(ESG 투자, ESG 채권)이다.

이러한 ESG 이슈에 대한 사회 전반의 대응은 ESG 평가의 기준을 확립하는 것에서 시작하는 것이다. 하지만 국내외 평가기관이 ESG와 관련해 600여 개의 평가지표를 운용하고 있다. 이러한 많은 평가지표 속에서 ESG 평가지표의 단일화가 기업의 ESG 이슈 대응의 첫걸음이라 할 수도 있다. 그렇기 때문에 ESG 평가의 기준의 단일화 및 통일화 작업이 글로벌 이슈화되어 있고, 모든 ESG 유관기관들이 이에 매달려 협업을 진행하고 있다. 프레임워크, 이니셔티브, 평가기관, 정보제공기관 모두 서로 협업을 해가면서 공동된 지표를 만들고 서로 간의 정보를 상호 간 활용하면서 통일된 기준을 만들고, 통합 데이터를 제공하거나 통합 지수를 발표하고 있다.

(2) ESG 평가 기준의 공통요소들

ESG 정보의 확인을 위한 공통의 ESG 지표로 여기서는 국민연금의 ESG 평가지표와 한국거래소의 권고지표, 산업통상자원부의 K-ESG 지표를 제시한다. 이러한 지표들은 모두 거의 동일한 쟁점을 지표로 포함시키고 있음을 확인할 수 있다. 이러한 요소들에 대한 쟁점별 심도있는 이해가 결국 ESG 이슈에 대한 적절한 대응을 이끌어낼 수 있을 것이다.

① 국민연금의 ESG 평가지표

국민연금은 자체적으로 ESG 평가를 하고 있고 이에 반영하는 ESG 평가지표는 다음 표와 같다.

[표 6-8] 국민연금 ESG 평가지표

구분	ESG 이슈	정의	평가 지표
환경(E)	기후변화	탄소배출 관리 수준	• 온실가스관리시스템 • 탄소배출량 • 에너지소비량
	청정생산	환경유해물질 배출 관리 수준	• 청정생산관리시스템 • 용수사용량 • 화학물질 사용량 • 대기오염물질 배출량 • 폐기물 배출량
	친환경 제품 개발	환경 친화적 제품 개발 노력 수준	• 친환경제품 개발 활동 • 친환경 특허 • 친환경 제품 인증 • 제품 환경성 개선
사회(S)	인적자원 관리	근로환경과 인권 및 다양성 관리 수준	• 급여 • 복리후생비 • 고용 • 조직문화 • 근속연수 • 인권 • 노동관행

사회 (S)	산업안전	작업장 내 안전성 관리 수준	• 보건안전시스템 • 안전보건경영시스템 외부 인증 • 산재다발사업장 지정
	하도급 거래	공정하고 합리적인 협력업체 관리 수준	• 거래대상선정 프로세스 • 공정거래자율준수 프로그램 • 협력업체 지원 활동 • 하도급법 위반 사례
	제품 안전	제품 안전성 관리 수준	• 제품안전시스템 • 제품안전경영시스템 인증 • 제품안전사고 발생
	공정경쟁	공정경쟁 및 사회발전 노력 수준	• 내부거래위원회 설치 • 공정경쟁 저해 행위 • 정보보호시스템 • 기부금
지배구조 (G)	주주의 권리	주주권리 보호 및 소통 노력 수준	• 경영권 보호장치 • 주주의견 수렴장치 • 주주총회 공시시기
	이사회 구성과 활동	이사회의 독립성 및 충실성 수준	• 대표이사와 이사회 의장의 분리 • 이사회 구조의 독립성 • 이사회의 사외이사 구성 현황 • 이사회 활동 • 보상위원회 설치 및 구성 • 이사보수 정책 적정성
	감사제도	감사의 독립성 수준	• 감사위원회 사외이사 비율 • 장기 재직 감사 또는 감사위원 비중 • 감사용역 비용 대비 비감사용역 비용
	관계사 위험	관계사 부실로 인한 위험성 수준	• 순자산 대비 관계사 우발채무 비중 • 관계사 매출 거래 비중 • 관계사 매입 거래 비중
	배당	배당 등 주주가치 환원 노력 수준	• 중간/분기배당 근거 마련 • 총주주수익률 • 최근 3년 내 배당 지급 • 과소 배당

출처: 국민연금; 한국거래소, ESG 정보 공개 가이던스, 2021.1, 8쪽

② 한국거래소의 ESG 권고지표

한국거래소는 상장법인의 ESG 정보공개 활성화를 위하여 ESG 정보공개 가이던스를 제정하였고, 이 가이던스에는 ESG 권고 공개지표를 포함하고 있다.[41)]

[표 6-9] 한국거래소의 ESG 권고지표

구분	항목	지표	비고
조직	ESG 대응(1)	경영진의 역할	ESG 이슈의 파악/관리와 관련한 경영진의 역할
	ESG 평가(1)	ESG 위험 및 기회	ESG 관련 위험 및 기회에 대한 평가
	이해관계자(1)	이해관계자 참여	이해관계자의 ESG 프로세스 참여 방식
환경	온실가스배출(3)	직접 배출량(Scope 1)	회사가 소유하고 관리하는 물리적 장치나 공장에서 대기중으로 방출하는 온실가스 배출량
		간접 배출량(Scope 2)	회사 소비용으로 매입 또는 획득한 전기, 냉난방 및 증기배출에 기인한 온실가스 배출량
		배출 집약도	활동, 생산 기타 조직별 미터법의 단위당 배출된 온실가스 배출량
	에너지사용(3)	직접 에너지 사용량	조직이 소유하거나 관리하는 주체의 에너지 소비량
		간접 에너지 사용량	판매제품의 사용 및 폐기처리 등 조직 밖에서 소비된 에너지 소비량
		에너지 사용 집약도	활동, 생산 기타 조직별 미터법의 단위당 필요한 에너지 소비량
	물사용(1)	물 사용 총량	조직의 물 사용 총량
	폐기물배출(1)	폐기물 배출 총량	매립, 재활용 등 처리 방법별로 폐기물의 총 중량
	법규위반·사고(1)	환경 법규 위반·사고	환경 법규 위반·환경 관련 사고 건수 및 조치 내용
사회	임직원현황(4)	평등 및 다양성	성별·고용형태별 임직원 현황, 차별 관련 제재 건수 및 조치 내용
		신규고용 및 이직	신규 고용 근로자 및 이직 근로자 현황
		청년인턴 채용	청년인턴 채용 현황 및 정규직 전환 비율
		육아휴직	육아휴직 사용 임직원 현황
	안전·보건(3)	산업재해	업무상 사망, 부상 및 질병 건수 및 조치 내용
		제품안전	제품 리콜(수거, 파기, 회수, 시정조치 등) 건수 및 조치 내용
		표시·광고	표시·광고 규제 위반 건수 및 조치 내용
	정보보안(1)	개인정보 보호	개인정보 보호 위반 건수 및 조치 내용
	공정경쟁(1)	공정경쟁·시장지배적 지위 남용	내부거래·하도급거래·가맹사업·대리점거래 관련 법규 위반 건수 및 조치 내용

출처: 한국거래소, ESG 정보 공개 가이던스, 2021.1, 30쪽

③ 산업통상자원부의 K-ESG 지표

산업통상자원부는 ESG 경영에 관심이 많은 주요 기업 등을 대상으로 간담회를 개최하면서 ESG 표준화 작업의 일환으로 지표 초안을 공개하였다.[42)]

[표 6－10] **산업통상자원부의 K-ESG 지표**

분 류		세부 내용
정보공시 (5개 문항)	정보공시	지속가능경영 정보공개 방식, 사업장 범위, 목표
환경 (14개 문항)	환경경영 정책	환경정책 및 조직, 기후변화 대응 등
	환경경영 성과	친환경 비즈니스, 폐기물 배출량·재활용률 등 환경경영 성과, 이해관계자 소통 등
	환경경영 검증	협력업체 환경경영 지원 등
	법규준수	환경 법규 위반
사회 (22개 문항)	사회책임경영 정책	사회책임경영 전략 및 목표 등
	임직원	임직원 다양성, 채용 등
	인적자원관리	임직원 교육, 역량 개발 등
	근로환경	사업장 안전관련 사항 등
	인권	인권정책, 교육 등
	협력사	공급망, 동반성장 관련 성과 등
	지역사회	지역사회 사회공헌 참여 및 활동 등
	정보보호	개인정보보호 현황 등
	법규준수	사회 부문 법규 위반
지배구조 (20개 문항)	이사회	이사회 다양성, 활동 등
	주주	주주권리, 배당 등
	소유구조	소유구조 등
	윤리경영 및 반부패	윤리경영 및 반부패, 준법 현황 등
	감사	감사기구 관련 등
	법규준수	지배구조 법규 위반

출처: 산업통상자원부 보도자료, 산업부, 한국식 ESG 지표 정립 본격 착수, 2021.4.21.

2. ESG 평가에 대한 제언

지금까지 ESG 평가의 기준들, ESG 평가의 지표를 기반으로 한 ESG 평가기관들의 평가방법들에 대하여 검토하였다. 그러함에도 ESG를 표방하는 투자자금의 급속한 이동에 비추어 볼 때, 기준의 부재는 자원 배분의 왜곡 내지는 불완전 판매 문제까지 야기할 수 있고 주요국의 관련 당국은 해결 방안을 모색하고 있다. 이러한 문제점 해결을 위한 접근 방향은 크게 세 갈래로 이루어지고 있다.[43)]

첫째, 기업들이 지속가능 활동과 관련한 주요 정보를 체계적으로 공시할 수 있도록 신뢰성 있는 기준과 제도를 마련하여야 한다. 기업들이 ESG 정보를 공개하여야 하고 이러한 정보공개가 이루어질 수 있도록 적절한 공시제도와 함께 단일화된 ESG 기준과 ESG 지표가 제공되어 한다는 점에 대하여는 국제적인 합의가 이루어지고 이를 위한 사업들이 진행되고 있다. 일례로, 국제증권감독기구(IOSCO)는 국제회계기준(IFRS) 재단과 지속가능성보고서 작성 기준을 제시하고 있는 기존 다섯 개의 기구에게 신뢰성 있는 ESG 정보공시를 위한 기준안 마련을 위해 협업할 것을 권고하였다. 이에 따라 이 다섯 기구에서 환경 관련 재무정보 공시기준 원형을 발표한 바 있다.[44)] 우리나라의 국민연금, 한국거래소, 산업통상자원부의 표준을 제시하는 것도 이러한 방향성의 일환이다.

둘째, 현재 표준화된 지속 가능성 평가 방안이 마련되어 있지 않은 상황에서의 투자자 보호를 위한 금융당국의 적절한 규제의 제정이 필요하다. 세계적으로 ESG 공시가 아직은 일반적으로 의무화까지는 되어 있지 않고 유럽에서 최근 규제를 통해 의무화 움직임이 시작된 상황이다. 의무화되지 않은 자발적인 공시자료를 근거로 이루어진 평가에 대하여는 당연히 신뢰성 문제가 나올 수밖에 없고 이러한 이슈는 결국 금융상품의 불완전판매로 이어지고 투자자들에게 피해가 발생할 수도 있다. ESG 평가기관들이 ESG 평가의 일환으로 ESG Risk Rating

을 하고 있는 것은 이러한 ESG 이슈에서 발생할 수 있는 투자 위험을 줄이기 위한 목적도 있는 것이다. 이는 결국 공통된 ESG 표준의 제정과 연계되어 있다고 할 수 있다.

마지막은 ESG 평가기관에 대한 규제 필요성의 검토이다. MIT의 보고서에서 밝힌 바와 같이 ESG 평가의 상관관계가 재무 부분의 지표에 비하여는 너무 낮은 수준이고 그 원인은 너무 다양한 평가지표와 평가기관의 주관적 성향(평가자 효과, a rater effect)이라는 점을 밝힌 바 있다. 평가지표의 경우에는 단일화 작업을 통해 해결할 수 있는 것이지만 평가기관의 평가자 효과에 대하여는 ESG 평가기관에 대한 규제가 가장 적절한 해결책일 수 있다. 이를 위해 기존 신용평가사에 대한 규율을 참조할 수 있지만, 현재 ESG 평가방법론이 발전해 나가는 추세이고 재무적 지표와 달리 너무나도 다양한 이슈들이 존재하기 때문에 혁신을 저해하지 않는 범위 내에서 규율 마련 필요성을 검토할 필요가 있다.

이러한 개선 방향은 ESG 평가체계의 개선을 위한 방향성을 제시하는 것이다. 한편 국내에서 ESG 이슈에 대한 대응은 다른 해외 주요 국가에 비하여 초기 단계이다. 국민연금의 책임투자가 급속도로 늘어가고 있지만 아직 세계 연기금의 책임투자 비율에 한참 못 미치고, 국내기업의 해외 이니셔티브나 프레임워크에 가입하는 비율도 낮은 편이다. 최근 정부와 대통령의 ESG 강조 기조는 국내 기업들의 지속가능 활동에 대한 활성화의 원천이 될 수 있다. 이에 부응하여 연기금뿐만 아니라, 유관 정부 부처와 국내 많은 기업과 단체들 역시 국제 정합성 논의에 적극적인 이해당사자로 나서야 할 필요가 있다.

전체 참고문헌

제1장 ESG 원칙

박혜진, "글로벌 ESG 투자의 최근 동향과 주요 논점", KCMI 자본시장포커스 2020-05호

Pedro Matos, 「ESG and Responsible Institutional Investing around the World: A Critical Review」, CFA Institute Research Foundation, 2020

WEF, The Global Risks Report 2020

https://www.iso.org/files/live/sites/isoorg/files/store/en/PUB100372.pdf

https://www.iso.org/iso-26000-social-responsibility.html

https://www.iso.org/iso-37001-anti-bribery-management.html

https://www.financeforbiodiversity.org/wp-content/uploads/Finance_and_Biodiversity_Overview_of_Initiatives.pdf

https://www.unpri.org/sustainability-issues/environmental-social-and-governance-issues/governance-issues/corruption.

https://www.whitehouse.gov/briefing-room/statements-releases/2021/06/13/carbis-bay-g7-summit-communique/

https://news.mt.co.kr/mtview.php?no=2021071521265057628

https://happy-genie.com/

https://blog.naver.com/fursys_official/222423456887

https://blog.naver.com/hanwhadays/222363767879

https://blog.naver.com/mopaspr/221609821620

https://blog.naver.com/lifein7070/222344746583

https://www.mk.co.kr/opinion/editorial/view/2021/05/517589

https://blog.naver.com/jiny9669/222328717197

http://csr.yuhan-kimberly.co.kr/sub/sub_01_07.html

http://mbiz.heraldcorp.com/view.php?ud=20210325000736

https://nca2018.globalchange.gov/

http://www.munhwa.com/news/view.html?no=2020071401031030316001

https://www.euronews.com/2019/12/02/live-un-leaders-and-delegates-arrive-in-madrid-for-the-climate-change-summit

https://www.theguardian.com/environment/2018/oct/08/global-warming-must-not-exceed-15c-warns-landmark-un-report

https://www.greenablefuturesolutions.com/post/re100-%EA%B0%80%EC%9E%85-%EA%B8%B0%EC%97%85-%ED%98%84%ED%99%A9-21-4-18

https://post.naver.com/viewer/postView.nhn?volumeNo=31957826&memberNo=48926002 &vType=VERTICAL

https://www.yna.co.kr/view/AKR20210714043300063?input=1195m

http://www.cnbnews.com/news/article.html?no=499515

https://blog.naver.com/monthlypeople/222415371380

https://m.post.naver.com/viewer/postView.nhn?volumeNo=31957826&memberNo=48926 002

https://www.solarconnect.kr/insight/policy-issue/5979

제2장 ESG 경영

강애림, EU 의회 기업실사지침안의 주요 내용과 시사점, 대외경제정책연구원 세계경제포커스, Vol. 4 No. 32(2021.6.21)

강승태, 재계 ESG 공들이는 5가지 이유는? 매경이코노미 제2091호(2021.1.6.~2021.1.12)

김국현, 세계는 지금 ESG 혁신 중, 다양한 사례를 통해 알아본 ESG 경영(2021.2.9) https://news.skhynix.co.kr/2387

김성균·이서진, 북부 캘리포니아 산불과 지역 전력공급회사인 PG&E의 파산 보호 신청, 세계 에너지시장 인사이트 제19-14호(2019.4.15)

로버트 에클스(Robert G. Eccles), 메리 존스톤루이스(Mary Johnstone-Louis), 콜린 메이어(Colin Mayer), 주디스 스트롤(Judith C. Stroehle), 지속가능성을 위한 이사회의 역할, 하버드비즈니스 리뷰, 2020. 9~10월호

류정선, 최근 글로벌 ESG 투자 및 정책동향, 금융투자협회(2020.6.17)

문재완, 프라이버시 보호: 신화에서 규범으로, 개인정보보호법제 개선을 위한 정책연구보고서, 프라이버시 정책연구 포럼(2013.2)

박윤정, 미국 상장기업 이사회의 지속가능경영 관여 현황, 2014년 4권 16호 CGS Report

바이든 한눈에 보기. Fact Book 2021-1호, 국회도서관(2021)

박종철, 2021년 한국중견기업학회 하계학술대회, 중견기업과 ESG경영, 토론문(2021.7.16)

백상경, 전경운, 오찬종, 양연호, 송민근, 윤지원, ESG에 올라탄 공기업들 혁신·상생 두바퀴로 간다, 매일경제(2021.4.23)

빌 노벨리, 팬데믹시대 착한성장으로 생명력 강한 기업 되라. 50년간 좋은 기업 연구, 매일경제신문(2021.4.22)

삼정 KPMG경제연구원, ESG, 기업가치의 뉴 페러다임, vol.74. 2021(통권 제74호)

사회적가치연구원, 김규식, 전 세계 큰손 투자지표 1순위…ESG, 제대로 알고 투자하라, 매일경제신문(2021.5.3)

송재경, ESG 투자, 어디까지 해봤니? 흥국증권 리서치센터(2021.2.8), https://sdgs.un.org/ 2030agenda

송준호, 독일 실사법 국회 통과…위험 관리 보고서와 정부규제 지켜봐야, impact on(2021.6.15.)

우태희, '지속가능사회, 기업에만 맡길 것인가? 바람직한 ESG 생태계 구축방안' 이데일리 전략포럼, 자본주의 대전환 ESG 노믹스(2021.6.24)

이상호, ESG 공시의무와의 방향성과 과제, 자본시장연구원 정책세미나(2021.5.26)

이선경·박재영, EU, NFRD 개정안인 CSRD발의 주요 내용과 시사점, ESG Issue & Opinion, 대신지배구조연구소(2021.4.29)

이성희, [ESG탐구영역②] 美 바이든 정부 출범에 더 뜨거워진 ESG, 이코노믹리뷰(2021.2.12)

이승현, 독일의 공급사슬법 입법 관련 현황, 국제노동브리프, 한국노동연구원, 2021년 3월호

이현주, ESG 글로벌 기구가 뜬다…기후변화부터 인권까지 평가 기준 등 표준화, 한경비즈니스(2021.4.14)

유럽집행위원회, 이선경·박재영, EU, NFRD 개정안인 CSRD발의 주요 내용과 시사점, ESG Issue & Opinion, 대신지배구조연구소(2021.4.29)

정승환, 2003년 유엔환경계획 FI서 첫 등장…ESG, CSR과 개념 달라, 매일경제(2021.4.22)

한국 무역협회 브뤼셀 지부, EU의 ESG 관련 입법 동향과 시사점, KITA Market Report(2021.4.27)

abc 7 news, Salesforce CEO, Marc Benioff says Prop C will be incredible for city(Nov. 28, 2018), https://abc7news.com/marc-benioff-salesforce-prop-c-homeless-proposition/4775422/

Apple, 협력업체 청정 에너지 프로그램/2020년 프로그램 업데이트 https://www.apple.com/newsroom/pdfs/Apple_Supplier_Clean_Energy_Program_Update_2020_KR.pdf

BlackRock, "Larry Fink's 2018 Letter to CEOs: A Sense of Purpose," https://www.blackrock. com/corporate/investor-relations/2018-larry-fink-ceo-letter

BlackRock, "Larry Fink's 2020 Letter to CEOs, A Fundamental Reshaping of Finance," https:// www.blackrock.com/corporate/investor-relations/2020-larry-fink-ceo-letter

Brad Smith, Microsoft will be carbon negative by 2030(Jan. 16, 2020), https://blogs.microsoft.com/blog/2020/01/16/microsoft-will-be-carbon-negative-by-2030/

COSO, Enterprise Risk Management, Applying enterprise risk management to environmental, social and governance-related risks, 2018

Deloitte, On the board's agenda, ESG and corporate purpose in a disrupted world(July 2020)

Edelman, Edelman Trust Barometer 2020, Special Report : Brands and Racial Justice in America

Environmental Progress Report 2020, Apple

Google Environmental Report 2020, https://www.gstatic.com/gumdrop/sustain

Google, Achieving Our 100% Renewable Energy Purchasing Goal and Going Beyond

https://static.googleusercontent.com/media/www.google.com/ko//green/pdf/achieving- 100-renewable-energy-purchasing-goal.pdf

Jessica Strine, Marc Lindsay, and Robert Main, The Age of ESG(March 9, 2020), https://corpgov.law.harvard.edu/2020/03/09/the-age-of-esg/

Jill E. Fisch & Steven Davidoff Solomon, Should Corporations Have A Purpose? Working Paper, 2020, Texas Law Review, Forthcoming, U of Penn, Inst for Law & Econ Research Paper No. 20-22, European Corporate Governance Institute - Law Working Paper No. 510/202, https://ssrn.com/abstract=3561164

Jonathan Vanian, Techworld's Most Admired Companies, Salesforce CEO Marc Benioff Battles Georgia Over Gay Rights, FORTUNE(Feb. 27, 2016)

Initiative Lifeerkettengesetz.de, what the new supply chain act delivers-and what it dosen't (June. 11, 2021)

Kent Greenfield, Corporations are People Too (And They Should Act Like It)(Jan. 30, 2019), https://corpgov.law.harvard.edu/2019/01/30/corporations-are-people-too-and-they-should-act-like-it/

Kent Greenfield, In Defense of Corporate Persons, Boston College Law School, Legal Studies Research Paper Series, Research Paper 366(Aug. 4, 2015)

KPMG, ESG의 부상 기업은 무엇을 준비해야 하는가(2021.2.23.)

Lorenzo Saa, UN PRI 이사, 글로벌 SRI 이슈 및 SRI/RI 소개, 지속가능성장을 위한 사회책임투자 세미나/PRI, 주식투자를 위한 ESG 통합 실용가이드

Mark S. Bergman, Ariel J. Deckelbaum, and Brad S. Karp, Introduction to ESG, August 1, 2020, https://corpgov.law.harvard.edu/2020/08/01/introduction-to-esg/, https://executive.law.berkeley.edu/online-programs/sustainable-capitalism-and-esg/

Melissa Murray, Consequential Sex: #MeToo, Masterpiece Cakeshop, and Private Sexual Regulation, Northwestern University Law Review, Vol. 113 Iss. 4(2019)

Michael R. Littenberg, Emily J. Oldshue, and Brittany N. Pifer, Delaware Public Benefit Corporations—Recent Developments, Ropes & Gray LLP, Harvard Law School Forum on Corporate Governance(Aug. 31, 2020)

Milton Friedman, The Social Responsibility of Business is to Increase its Profits, The New York Times Magazine(Sept. 13, 1970)

Olivier Jan, The Board and ESG, Deloitte Global (Feb. 25. 2019), https://corpgov.law.harvard.edu/2019/02/25/the-board-and-esg/

Paula Loop, Paul DeNicola, and Barbara Berlin, How Does the Board Oversee ESG?, PricewaterhouseCoopers LLP(Dec. 21, 2020) https://corpgov.law.harvard.edu/2020/12/21/how-does-the-board-oversee-esg/

Pedro Matos, ESG and Responsible Institutional Investing Around the World, 2020 CFA Institute Research Foundation

Robert G. Eccles, Leo E. Strine, and Timothy Youmans, 3 Ways to Put Your Corporate Purpose into Action, Harvard Business Review (May 13, 2020), https://hbr.org/2020/05/3-ways-to-put-your-corporate-purpose-into-action

Scott Herren, ESG란 무엇인가? ESG 투자가 환경과 비즈니스에 좋은 5가지 이유(2020.10.13), What Is ESG? 5 Reasons Why ESG Investing Is Good for the Planet—and for Business, https://redshift.autodesk.co.kr/what-is-esg/

Solar Connect, 해외 RE100 현황 및 글로벌 동향 (2) 구글, 애플 기업사례 살펴보기, https://www.solarconnect.kr/insight/foreign-market-report/2869

Thomson Reuters Foundation, Which Legal Structure is Right For My Social Enterprise? A Guide To Establishing A Social Enterprise In The United States(Sept. 2019)

Tom C. W. Lin, Incorporating Social Activism, Boston University Law Review [Vol. 98:1535]

https://www.keramida.com/blog/what-is-the-boards-role-in-esg

https://sdgs.un.org/goals

https://sdgs.un.org/2030agenda

https://www.morningstar.com/insights/2020/04/06/how-did-esg-indexes-fare?utm_source=eloqua&utm_medium=email&utm_campaign=&utm_content=0

https://www.blackrock.com/kr/about-us/sustainability-progress-update

https://www.keramida.com/blog/what-is-the-boards-role-in-esg

https://www.fec.gov/legal-resources/court-cases/citizens-united-v-fec/

https://www.businessroundtable.org/business-roundtable-redefines-the-purpose-of-a-corporation-to-promote-an-economy-that-serves-all-americans

https://investor.apple.com/esg/default.aspx

https://www.solarconnect.kr/insight/policy-issue/2464

제3장 ESG 법률

김병연·권재열·양기진, 『자본시장법: 사례와 이론』, 박영사, 2019

곽관훈, "사회적 기업 육성법제 및 기타 창업관련 법제 정비방안", 『증권법연구』 제13권 제3호(2012)

김병연, "사회적 기업금융과 자본시장법적 검토", 『증권법연구』 제13권 제3호(2012)

이상호, 『ESG 정보 유용성 제고를 위한 기업공시 개선방안』 한국자본시장연구원 이슈보고서 21-12

한국기업지배구조원, "수탁자 책임 원칙 이행 방안"(2018)

TCFD, Recommendations of the Task Force on Clomate-related Financial Disclosures Final Report, June 2017

https://www.mois.go.kr/frt/sub/a06/b06/village/screen.do

https://news.nate.com/view/20210402n02342?mid=n1101

http://www.cgs.kr/business/esg_tab01.jsp

제4장 ESG 채권

강윤식·정재만, "ESG 채권현황 및 활성화 방안에 관한 연구," 아태비즈니스 연구, 2020

글로벌채권팀/ESG연구소, 성공적인 ESG 채권 발행 전략, ESG 채권발행, 선택이 아닌 필수, 삼성증권(2021.2월)

삼정 KPMG 경제연구원, ESG 경영전략 수립과 정보공시 대응, Samjong INSIGHT vol. 74(2021)

삼정 KPMG 경제연구원, ESG, 기업가치의 뉴 페러다임, Samjong INSIGHT vol. 74(2021)

삼정 KPMG 경제연구원, ESG 경영시대, 전략 패러다임 대전환(Dec. 2020)

삼정회계법인, GS 칼텍스 녹색채권원칙에 기반한 검증보고서(2019.10)

송재경, ESG 투자, 어디까지 해봤니? 흥국증권 리서치센터(2021.2.8)

ESG TFT, 글로벌 사례 분석을 통해 본 한국형 ESG 정책도입의 방향, 한국신용평가(2020.5)

오덕교, 국내외 녹색채권 동향, ESG 현안분석, 한국기업지배구조원(2020.5)

오민영, ESG 채권시장 현황과 활성화 방안, 사회책임 투자채권(ESG 채권) 활성화 토론회 토론자료(2020.9.15)

이인형, 사회적책임투자채권(ESG 채권) 활성화 토론회 토론 자료(2020.9.15)

이재원, 그린뉴딜 재원확보 ESG 채권 발행확대(안), 사회책임 투자채권(ESG 채권) 활성화 토론회 토론자료(2020.9.15)

이준희, 한국기업들의 ESG 경영을 위한 변화 I, Deloitte Insights(2020. No.16)

이현주, ESG 글로벌 기구가 뜬다...기후변화부터 인권까지 평가 기준 등 표준화, 한경비즈니스(2021.4.14.)

전혜현, ESG 채권, 관심은 안정성에서 수익률로 Transition, KB 증권(2021.3.12)

진익, 국내외 ESG 채권시장 현황과 시사점, 국회예산처, NABO 경제·산업 동향 & 이슈, 제11호(2020.11)

한상범, 한국판 뉴딜과 사회책임투자의 활성화, 사회책임 투자채권(ESG 채권) 활성화 토론회(2020.9.15)

환경부, 금융위원회, 한국환경산업기술원, 한국거래소, 녹색채권 가이드라인(2020.12)

Creating Green Bond Markets – Insights, Innovations, and Tools from Emerging Markets, Sustainable Banking Network (SBN), October 2018

Environmental Finance, Bond of the year: Social and sustainability – Starbucks(2017. 4.7일)

ICMA, "Green Project Mapping", 2019.6

LARRY FINK'S 2020 LETTER TO CEO'S

Lorenzo Saa, UN PRI 이사, 글로벌 SRI 이슈 및 SRI/RI 소개, 지속가능성장을 위한 사회책임투자 세미나/PRI, 주식투자를 위한 ESG 통합 실용가이드

Pedro Matos, ESG and Responsible Institutional Investing Around the World, 2020 CFA Institute Research Foundation

PWC, ESG oversight: The corporate director's guide(Nov. 2020)

https://www.sustainalytics.com/corporate-solutions/sustainable-finance-and-lending/published –-projects/project/starbucks/starbucks-sustainability-bond-framework-second-party-opinion/starbucks-sustainability-bond-second-party-opinion-05012019-pdf

http://sribond.krx.co.kr/contents/01/01010000/SRI01010000.jsp

https://sdgs.un.org/2030agenda

제5장 ESG 투자

고려대학교 산학협력단, 국민연금 책임투자와 스튜어드십 코드에 관한 연구, 국민연금연구원 용역보고서 2017-04, 2017

국민연금공단·국민연금연구원, 국민연금 책임투자와 스튜어드십 코드에 관한 연구(Ⅰ), 2017. 4

국민연금 홈페이지(https://fund.nps.or.kr/jsppage/fund/mcs/mcs_06_01.jsp)

박영석, ESG를 활용한 자산운용 전략, 한국기업지배구조원 기업지배구조리뷰 VOL.86, 2018

이명수, 2015 정책백서: 국민연금기금 일본전범기업 투자현황 진단, 2015

이종오 외2, 한국 사회책임투자 시장현황 및 전망 2019, 한국사회책임투자포럼, 2020.8

이형종 외1, ESG경영과 자본주의 혁신, 21세기북스, 2021

장우영, 국민연금기금의 법적 성격과 운용원칙에 관한 연구, 상사법연구 제31권 제3호, 2012

정승혜 외3, 기금 사회책임투자 실행 및 성과평과 기준 연구, 국회예산처 2016년도 연구용역보고서, 2016

조선일보, 운용원칙에 '사회책임·지배구조' 명시한 국민연금… 재계 "평가기준 개선해야" 2020.1.16.자 기사(https://biz.chosun.com/site/data/html_dir/2020/01/15/202001150 2389.html)

보건복지부·국민연금공단, 국민연금 책임투자 활성화 방안(초안), 2019.7

한국경영자총협회, 해외 연기금 현황과 시사점－CalPERS의 자산운용방식과 시사점, 월간 경영계, 2008

황운경 외1, 해외 주요 연기금 및 자산운용사의 책임투자와 투자제한 동향으로부터의 시사점, 대신경제연구소, 2021

APG 홈페이지(https://apg.nl/en/)

APG, APG Responsible Investment Report 2019, 2020

CalPERS, Annal Investment Report(https://www.calpers.ca.gov/page/investments/about-investment-office/investment-financial-reports)

EU 홈페이지(https://ec.europa.eu/info/business-economy-euro/banking-and-finance/sustainable-finance_en)

Gordon L Clark, From the Stockholders to the Stakeholders, University of Oxford & Arabesque Partners, 2015

GPIF, Investment results for 3Q of fiscal 2019, 2019

GSIA, 2016 Glibal Sustainable Investment Review, 2016

GSIA, 2018 Glibal Sustainable Investment Review, 2018

GSIA, 2020 Glibal Sustainable Investment Review, 2020

IPE 홈페이지(https://www.ipe.com/reports/top-500-asset-managers-2020/10045925.article)

JSIF, Sustainable Investment Survey 2018, 2018

Norges Bank 홈페이지(https://www.nbim.no/en/)

PRI 홈페이지(https://www.unpri.org/)

RobecoSAM AG, RobecoSAM's Alpha from Sustainability, 2014

Rory Sullivan, Fiduciary-duty-21st-century-final-report, unep fi and pri, 2019

US SIF 홈페이지(https://www.ussif.org/blog_home.asp?Display=155)

US SIF, Report on US Sustainable, Responsible and Impact Investing Trends, 11th edition, 2016

VBDO, Benchmark Responsible Investment by Pension Funds in the Netherlands 2019, 2019

WBCSD, Reinventing capitalism: a transformation agenda, 2020

제6장 ESG 평가

김재필, ESG 혁명이 온다. 한스미디어, 2021

보건복지부·국민연금공단, 국민연금 책임투자 활성화 방안(초안), 2019.7

산업통상자원부 보도자료, 산업부, 한국식 ESG 지표 정립 본격 착수, 2021.4.21

서스텐베스트, 상장기업 ESG 분석보고서 2020, 2020

이인형, ESG 평가 체계 개선 방향, 자본시장포커스 2021-10호, 2021

이형종 외1, ESG경영과 자본주의 혁신, 21세기북스, 2021.5

임팩트온, GRI, SASB 등 글로벌 표준 빅5 뭉쳤다, 2020.9.23.자 기사

한국거래소 보도자료, ESG 정보공개 가이던스 제정 및 교육 동영상 제작, 2021.1.18

한국생산성본부 보도자료, 한국생산성본부, 2020 다우존스 지속가능경영지수(DJSI) 평가결과 발표, 2020.11.14

Betty Moy Huber et. al., ESG Reports and Ratings: What They Are, Why They Matter, Harvard Law School Forum on Corporate Governance, 2017

Bloomberg, Conflicting ESG Ratings Are Confusing Sustainable Investors, 2019.12.11. (https://www.bloomberg.com/news/articles/2019-12-11/conflicting-esg-ratings-are-confusing-sustainable-investors)

Florian Berg et al., Aggregate Confusion: The Divergence of ESG Ratings, MIT Sloan School of Management, 2020.5.2

GRI & B Lab, Complementary Use and Linkage of the GRI Standards and B Lab's B Impact Assessment, 2021

GRI & SASB, A practical guide to sustainability reporting using GRI and SASB Standards, gri-sasb-joint-publication, 2021.4

Kotsantonis, Sakis, and George Serafeim. Four Things No One Will Tell You About ESG Data., Journal of Applied Corporate Finance 31, no. 2 (Spring 2019)

Pedro Matos, ESG and Responsible Institutional Investing Around the World, Acritical Review, CFA Institute Research Foundation, 2021

Reporting on enterprise value: Illustrated with a prototype climate-related financial disclosure standard, December 2020

Refinitiv, Refinitiv ESG scores Metrhdology, 2021

모닝스타 홈페이지(https://www.morningstar.co.kr)
생물다양성 협약 홈페이지(https://www.cbd.int/convention/)
한국표준협회 홈페이지(https://www.ksa.or.kr/ksa_kr/875/subview.do)
B Corp 홈페이지 참조(https://bcorporation.net/about-b-corps)
CERES 홈페이지(https://www.ceres.org/homepage)
KoSIF 홈페이지 참조(https://kosif.azurewebsites.net/cdp/)
Refinitiv 홈페이지(https://solutions.refinitiv.com/esg-data/)
SASB 홈페이지(https://materiality.sasb.org/)
SBTi 홈페이지 참조(https://sciencebasedtargets.org/business-ambition-for-1-5c)
UN 재단 홈페이지(https://unfoundation.org/what-we-do/)
UN Climate Change 홈페이지(https://unfccc.int/)
UNEP FI 홈페이지 참조(https://www.unepfi.org/about/)

미주

제1장 ESG 원칙

1) Pedro Matos, 「ESG and Responsible Institutional Investing around the World: A Critical Review」, CFA Institute Research Foundation, 2020, pp.6~7.

2) 우리나라의 사회적기업 육성법이 대표적인 경우라고 할 수 있다.

3) https://www.iso.org/files/live/sites/isoorg/files/store/en/PUB100372.pdf 참조.

4) https://www.iso.org/iso-26000-social-responsibility.html 참조.

5) https://www.iso.org/iso-37001-anti-bribery-management.html 참조.

6) 석유 내지 셰일가스 탐사를 위해 물, 화학제품, 모래 등의 혼합물을 고압으로 분사해서 바위를 파쇄하는 것을 말하는 것으로서 환경오염에 심각한 영향이 있다.

7) 이러한 문제에 관심을 가진 금융기관들의 활동도 주목할 만하다. https://www.financeforbiodiversity.org/wp-content/uploads/Finance_and_Biodiversity_Overview_of_Initiatives.pdf 참고.

8) 전술한 2001년 Enron의 경우 부패로 인한 손실규모는 $74 billion, 2002년 Worldcom의 경우는 $107 billion, 2015년 Volkswagen의 경우는 $87 billion에 달하고 있다. https://www.unpri.org/sustainability-issues/environmental-social-and-governance-issues/governance-issues/corruption

9) https://www.blackrock.com/us/financial-professionals/products/investment-funds#!type=all&style=All&search=ESG&view=perfNav

10) 2021년 7월 2일 한국증권법학회·한국거래소 공동 하계학술대회에서 BlackRock Korea대표가 토론에서 언급한 내용이다.

11) World Economic Forum, The Global Risks Report 2020, p.3.

12) https://www.unpri.org/cyber-security/engaging-on-cyber-security-results-of-the-pri-collaborative-engagement-2017-2019/5680.article

13) 박혜진, "글로벌 ESG 투자의 최근 동향과 주요 논점", KCMI 자본시장포커스 2020-05호, 2면.

14) 국민연금기금운용위원회, 시장의 예측가능성 및 장기성과 제고를 위한 수탁자책임에 관한 원칙 후속조치 및 책임투자 활성화 추진 관련 보도자료(2019.11.29) 참조.

15) https://www.whitehouse.gov/briefing-room/statements-releases/2021/06/13/carbis-bay- g7-summit-communique/ Introduction 41 참고.

16) https://news.mt.co.kr/mtview.php?no=2021071521265057628 참고.

17) https://happy-genie.com 참고.

18) https://blog.naver.com/fursys_official/222423456887 참고.

19) https://blog.naver.com/hanwhadays/222363767879 참고.

20) https://blog.naver.com/mopaspr/221609821620 참고.

21) https://blog.naver.com/lifein7070/222344746583 참고.

22) https://www.mk.co.kr/opinion/editorial/view/2021/05/517589 참고.

23) hankyung.com/finance/article/2021090647316 참고.

24) https://blog.naver.com/jiny9669/222328717197 참고.

25) http://csr.yuhan-kimberly.co.kr/sub/sub_01_07.html 참고.

26) http://mbiz.heraldcorp.com/view.php?ud=20210325000736 참고.

27) WEF, The Global Risks Report 2020, p.33.

28) 다행히 조 바이든 미국 대통령의 취임 후 첫 업무가 파리기후협약에 복귀하는 행정명령에 서명한 것은 매우 다행스러운 일이다.

29) WEF, The Global Risks Report 2020, p.31; https://nca2018.globalchange.gov 참고.

30) http://www.munhwa.com/news/view.html?no=2020071401031030316001 참조.

31) WEF, The Global Risks Report 2020. p. 12, https://www.euronews.com/2019/12/02/live-un-leaders-and-delegates-arrive-in-madrid-for-the-climate-change-summit; https://www.theguardian.com/environment/2018/oct/08/global-warming-must-not-exceed-15c-warns-landmark-un-report 참고.

32) 미국(26.2%), 일본(17.5%), 영국(15.2%), 유럽(26.2%), 한국(2.6%) 등에 달한다. https:// www.greenablefuturesolutions.com/post/re100-%EA%B0%80%EC%9E%85-%EA %B8%B0%EC%97%85-%ED%98%84%ED%99%A9-21-4-18 참고.

33) https://post.naver.com/viewer/postView.nhn?volumeNo=31957826&memberNo=48926002&vType=VERTICAL; https://www.yna.co.kr/view/AKR20210714043300063?input=1195m; http://www.cnbnews.com/news/article.html?no=499515 참고.

34) https://blog.naver.com/monthlypeople/222415371380 참고.

35) https://m.post.naver.com/viewer/postView.nhn?volumeNo=31957826&memberNo=48926002 참고.

36) https://www.solarconnect.kr/insight/policy-issue/5979 참고.

제2장 ESG 경영

1) SASB에 대한 아이디어는 2010년 설립자 Jean Rogers가 Harvard에서 근무했던 동료 몇 명과 함께 작성한 논문에서 기인한다.

2) The Board and ESG, Olivier Jan, Deloitte Global, February 25, 2019, https://corpgov.law.harvard.edu/2019/02/25/the-board-and-esg/

3) https://sdgs.un.org/goals

4) BlackRock, "Larry Fink's 2018 Letter to CEOs : A Sense of Purpose," https://www.blackrock.com/corporate/investor-relations/2018-larry-fink-ceo-letter

5) BlackRock, "Larry Fink's 2020 Letter to CEOs, A Fundamental Reshaping of Finance," https://www.blackrock.com/corporate/investor-relations/2020-larry-fink-ceo-letter

6) Edelman, Edelman Trust Barometer 2020, Special Report:Brands and Racial Justice in America, 13~18쪽.

7) Tom C. W. Lin, Incorporating Social Activism, Boston University Law Review [Vol. 98:1535], 1558~1573.

8) Edelman, Edelman Trust Barometer 2020, Special Report : Brands and Racial Justice in America, 2~26쪽.

9) Edelman, Edelman Trust Barometer 2020, Special Report : Brands and Racial Justice in America, 2~26쪽.

10) Marc Benioff, 기업이 세상을 바꿀 수 있다, Huffpost(2016.1.19), https://www.huffingtonpost.kr/marc-benioff/story_b_9013400.html

11) Jonathan Vanian, Techworld's Most Admired Companies, Salesforce CEO Marc Benioff Battles Georgia Over Gay Rights, FORTUNE(Feb. 27, 2016)

12) abc 7 news, Salesforce CEO, Marc Benioff says Prop C will be incredible for city(Nov. 28, 2018), https://abc7news.com/marc-benioff-salesforce-prop-c-homeless-proposition/4775422/

13) 문재완, 프라이버시 보호: 신화에서 규범으로, 개인정보보호법제 개선을 위한 정책연구보고서, 프라이버시 정책연구 포럼(2013.2), 2~5쪽.

14) 문재완, 프라이버시 보호: 신화에서 규범으로, 개인정보보호법제 개선을 위한 정책연구보고서, 프라이버시 정책연구 포럼(2013.2), 2~5쪽.

15) 미국 연방 증권거래법 규칙 10b-5에 의하면, 상장 기업은 중요한 사실에 대한 사실이 아닌 진술과 중요한 누락에 대해 책임을 질 수 있다.

16) Pacific Gas and Electric Company(PG&E): 1905년 설립한 미국 캘리포니아 북부 지역 최대의 전기가스 사업자로 약 540만 가구에 전력 서비스를 제공하였다. Goldman Scahs는 산불로 인해 PG&E가 부담해야 하는 손해배상, 법률 및 기타 비용이 약 290억 달러에 이를 것이라고 추정하였으며, 이는 PG&E의 지급 능력 범위를 초과하는 수준임. 결국, PG&E는 파산보호를 신청하였고 이는 결국 캘리포니아 북부 지역의 전기요금 인상으로 이어질 것으로 보인다.
김성균·이서진, 북부 캘리포니아 산불과 지역 전력공급회사인 PG&E의 파산 보호 신청, 세계 에너지 시장 인사이트 제19-14호(2019.4.15).

17) Wynn Hotels, Fox, Nike 및 Alphabet을 비롯한 여러 유명 회사가 최근에 책임을 지고 있다.

18) Olivier Jan, The Board and ESG, Deloitte Global(Feb. 25, 2019) https://corpgov.law.harvard.edu/2019/02/25/the-board-and-esg/

19) Mark S. Bergman, Ariel J. Deckelbaum, and Brad S. Karp, Introduction to ESG(Aug. 1, 2020), https://corpgov.law.harvard.edu/2020/08/01/introduction-to-esg/

20) 이성희, [ESG탐구영역②] 美 바이든 정부 출범에 더 뜨거워진 ESG, 이코노믹리뷰(2021.2.12).

21) 한국 무역협회 브뤼셀 지부, EU의 ESG 관련 입법 동향과 시사점, KITA Market Report(2021.4.27).

22) 기업실사(due dilligence): 사업활동에 의한 침해를 예방·완화하기 위한 기업의 활동으로 ① 위험 확인 및 평가, ② 예방 또는 완화, ③ 실행 및 결과 추적, ④ 검토 및 소통의 순환으로 구성된 내재화된 위험 관리 시스템을 의미한다. OECD, OECD Due Diligence for Responsible Business Conduct(2018), 강애림, EU 의회 기업실사지침안의 주요 내용과 시사점, 대외경제정책연구원 세계경제 포커스 Vol. 4 No. 32(2021.6.21), 3쪽.

23) 한국 무역협회 브뤼셀 지부, EU의 ESG 관련 입법 동향과 시사점, KITA Market Report(2021.4.27).

24) 강애림, EU 의회 기업실사지침안의 주요 내용과 시사점, 대외경제정책연구원 세계경제포커스 Vol. 4 No. 32(2021.6.21), 3쪽.

25) 한국 무역협회 브뤼셀 지부, EU의 ESG 관련 입법 동향과 시사점, KITA Market Report(2021.4.7).

26) 국제적 가치사슬에서 인권침해의 감소를 위한 기업의 주의의무 강화에 관한 법률, 주의의무법, 공급사슬법으로도 불린다. 이승현, 독일의 공급사슬법 입법 관련 현황, 국제노동브리프, 한국노동연구원, 2021년 3월호, 105쪽.

27) Initiative Lifeerkettengesetz.de, what the new supply chain act delivers-and what it dosen't(June. 11, 2021), 2쪽.

28) 송준호, 독일 실사법 국회 통과...위험 관리 보고서와 정부규제 지켜봐야, impact on(2021.6.15), http://www.impacton.net/news/articleView.html?idxno=1937

29) 송준호, 독일 실사법 국회 통과...위험 관리 보고서와 정부규제 지켜봐야, impact on(2021.6.15), http://www.impacton.net/news/articleView.html?idxno=1937

30) 송준호, 독일 실사법 국회 통과...위험 관리 보고서와 정부규제 지켜봐야, impact on(2021.6.15), http://www.impacton.net/news/articleView.html?idxno=1937

31) 이승현, 독일의 공급사슬법 입법 관련 현황, 국제노동브리프, 한국노동연구원, 2021년 3월호, 112~114쪽.

32) Jill E. Fisch & Steven Davidoff Solomon, Should Corporations Have A Purpose? Working Paper, 2020, Texas Law Review, Forthcoming, U of Penn, Inst for Law & Econ Research Paper No. 20-22, European Corporate Governance Institute - Law Working Paper No. 510/202, https://ssrn.com/abstract=3561164

33) Milton Friedman, The Social Responsibility of Business is to Increase its Profits, The New York Times Magazine(Sept. 13, 1970).

34) 완전 고용과 물가 안정의 관계. 곧, 실업률(失業率)을 줄이면 물가가 상승하고, 물가를 안정시키면 실업률이 높아진다는 모순적 관계를 이르는 말임.

35) Dodge v. Ford Motor Company, 204 Mich. 459, 170 N.W. 668(Mich. 1919).

36) Unocal v. Mesa Petroleum Co. ,493 A.2d 946(Del. 1985).

37) Revlon, Inc. v. MacAndrews & Forbes Holdings, Inc., 506 A.2d 173(Del. 1986).

38) Paramount Communications, Inc. v. Time Inc., Fed. Sec. L. Rep.(CCH) ¶ 94, 514(Del. Ch. 1989); aff'd, 571 A.2d 1140(Del. 1989).

39) eBay Domestic Holdings, Inc. v. Newmark - 16 A.3d 1(Del. Ch. 2010).

40) Robert G. Eccles, Leo E. Strine, and Timothy Youmans, 3 Ways to Put Your Corporate Purpose into Action, Harvard Business Review(May 13, 2020), https://hbr.org/2020/05/3-ways-to-put-your-corporate-purpose-into-action

41) 불합리한 압수와 수색에 대하여 신체, 주거, 서류, 물건의 안전을 확보할 국민의 권리는 침해되어서는 아니된다. 선서나 확약에 의하여 상당하다고 인정되는 이유가 있어 특별히 수색할 장소와 압수할 물건, 체포·구속할 사람을 특정한 경우를 제외하고는 영장은 발부되어서는 안된다.
The right of the people to be secure in their persons, houses, papers, and effects, against unreasonable searches and seizures, shall not be violated, and no Warrants shall issue, but upon proba-

ble cause, supported by Oath or affirmation, and particularly describing the place to be searched, and the persons or things to be seized.

42) Trustees of Dartmouth College v. Woodward 17. US 636(1819).

43) Kent Greenfield, Corporations are People Too(And They Should Act Like It), Jan. 30, 2019, https://corpgov.law.harvard.edu/2019/01/30/corporations-are-people-too-and-they-should-act-like-it/

44) Santa Clara County v. Southern Pacific Railroad Company, 118 U.S. 394(1886).

45) Hale v. Henkel 201 U.S. 43(1906).

46) Grosjean v. American Press Co., 297 U.S. 233(1936).

47) NAACP v. Button, 371 U.S. 415(1963).

48) Citizens United v. Federal Election Commission, 558 U.S. 310(2010), Kent Greenfield, Corporations are People Too(And They Should Act Like It)(Jan. 30, 2019) https://corpgov.law.harvard.edu/2019/01/30/corporations-are-people-too-and-they-should-act-like-it/
Kent Greenfield, In Defense of Corporate Persons, Boston College Law School, Legal Studies Research Paper Series, Research Paper 366(Aug. 4, 2015), 309-312.

49) https://www.fec.gov/legal-resources/court-cases/citizens-united-v-fec/

50) 종교 자유 복원법(Religious Freedom Restoration Act)은 기업이 소유주의 종교적 반대에 따라 피임에 대한 건강 보장을 거부할 권리를 부여한다.

51) Burwell v. Hobby Lobby, 573 U.S. 682(2014),

52) CRS 2014, §§ 24-34-301 ~ §§ 24-34-804, CRS 24-34-301에서 24-34-804까지를 주장함.

53) Masterpiece Cakeshop, Ltd. v. Colo. Civil Rights Comm'n, 138 S. Ct. 1719(2018).

54) Kent Greenfield, Corporations are People Too(And They Should Act Like It)(Jan. 30, 2019) https://corpgov.law.harvard.edu/2019/01/30/corporations-are-people-too-and-they-should-act-like-it/
Kent Greenfield, In Defense of Corporate Persons, Boston College Law School, Legal Studies Research Paper Series, Research Paper 366(Aug. 4, 2015), 309-312.
Melissa Murray, Consequential Sex: #MeToo, Masterpiece Cakeshop, and Private Sexual Regulation, Northwestern University Law Review, Vol. 113 Iss. 4(2019).

55) 이해관계자의 이익을 고려해야 한다는 내용의 법률.

56) Thomson Reuters Foundation, Which Legal Structure is Right For My Social Enterprise?
A Guide To Establishing A Social Enterprise In The United States(Sept. 2019).
Michael R. Littenberg, Emily J. Oldshue, and Brittany N. Pifer, Delaware Public Benefit Corporations—Recent Developments, Ropes & Gray LLP, Harvard Law School Forum on Corporate Governance(Aug. 31, 2020).

57) Mark S. Bergman, Ariel J. Deckelbaum, and Brad S. Karp, Introduction to ESG, Aug. 1, 2020, https://corpgov.law.harvard.edu/2020/08/01/introduction-to-esg/
https://executive.law.berkeley.edu/online-programs/sustainable-capitalism-and-esg/

58) 삼정 KPMG경제연구원, ESG, 기업가치의 뉴 페러다임, vol.74. 2021(통권 제74호) 4쪽.

59) 이성희, [ESG탐구영역②] 美 바이든 정부 출범에 더 뜨거워진 ESG, 이코노믹리뷰(2021.2.12).

60) 삼정 KPMG경제연구원, ESG, 기업가치의 뉴 페러다임, vol.74. 2021(통권 제74호), 19쪽

61) https://investor.apple.com/esg/default.aspx

62) Solar Connect, 해외 RE100 현황 및 글로벌 동향(2) 구글, 애플 기업사례 살펴보기, https://www.solarconnect.kr/insight/foreign-market-report/2869

63) Solar Connect, 해외 RE100 현황 및 글로벌 동향(2) 구글, 애플 기업사례 살펴보기, https://www.solarconnect.kr/insight/foreign-market-report/2869

64) Environmental Progress Report 2020, Apple, Solar Connect, 해외 RE100 현황 및 글로벌 동향(2) 구글, 애플 기업사례 살펴보기, https://www.solarconnect.kr/insight/foreign-market-report/2869

65) Solar Connect, 해외 RE100 현황 및 글로벌 동향(2) 구글, 애플 기업사례 살펴보기, https://www.solarconnect.kr/insight/foreign-market-report/2869

66) 협력업체 청정 에너지 프로그램/2020년 프로그램 업데이트, https://www.apple.com/newsroom/pdfs/Apple_Supplier_Clean_Energy_Program_Update_2020_KR.pdf

67) 협력업체 청정 에너지 프로그램/2020년 프로그램 업데이트, https://www.apple.com/newsroom/pdfs/Apple_Supplier_Clean_Energy_Program_Update_2020_KR.pdf

68) 협력업체 청정 에너지 프로그램/2020년 프로그램 업데이트, https://www.apple.com/newsroom/pdfs/Apple_Supplier_Clean_Energy_Program_Update_2020_KR.pdf

69) Brad Smith, Microsoft will be carbon negative by 2030(Jan. 16, 2020) https://blogs.microsoft.com/blog/2020/01/16/microsoft-will-be-carbon-negative-by-2030/

70) 김국현, 세계는 지금 ESG 혁신 중, 다양한 사례를 통해 알아본 ESG 경영, https://news.skhynix.co.kr/2387

71) Brad Smith, Microsoft will be carbon negative by 2030(Jan. 16, 2020) https://blogs.microsoft.com/blog/2020/01/16/microsoft-will-be-carbon-negative-by-2030/

72) Brad Smith, Microsoft will be carbon negative by 2030(Jan. 16, 2020) https://blogs.microsoft.com/blog/2020/01/16/microsoft-will-be-carbon-negative-by-2030/

73) 기후변화에 관한 정부 간 협의체(IPCC, Intergovernmental Panel on Climate Change)는 산업혁명 이전보다 지구 평균 기온이 1.5도 이상 상승하면 커다란 재앙이 될 것으로 보고, 기온 상승을 1.5도 이내로 억제하기 위해서는 2030년까지 온실가스 배출량을 2010년 대비 45% 줄여야 하고, 2050년까지는 배출량을 제로까지 낮춰야 한다고 주장한다.

74) Google, Achieving Our 100% Renewable Energy Purchasing Goal and Going Beyond https://static.googleusercontent.com/media/www.google.com/ko//green/pdf/achieving-100-renewable-energy-purchasing-goal.pdf

75) Solar Connect, 해외 RE100 현황 및 글로벌 동향(2) 구글, 애플 기업사례 살펴보기, https://www.solarconnect.kr/insight/foreign-market-report/2869, Google 2019 Environmental Report, Google 2019 Environmental Report.

76) Solar Connect, 해외 RE100 현황 및 글로벌 동향(2) 구글, 애플 기업사례 살펴보기, https://www.solarconnect.kr/insight/foreign-market-report/2869, Google 2019 Environmental Report, Google 2019 Environmental Report.

77) Google, Achieving Our 100% Renewable Energy Purchasing Goal and Going Beyond https://static.googleusercontent.com/media/www.google.com/ko//green/pdf/achieving-100-renewable-energy-purchasing-goal.pdf

78) Solar Connect, 해외 RE100 현황 및 글로벌 동향(2) 구글, 애플 기업사례 살펴보기, https://www.solarconnect.kr/insight/foreign-market-report/2869, Google 2019 Environmental Report, Google 2019 Environmental Report.

79) Solar Connect, 해외 RE100 현황 및 글로벌 동향(2) 구글, 애플 기업사례 살펴보기, https://www.solarconnect.kr/insight/foreign-market-report/2869, Google 2019 Environmental Report, Google 2019 Environmental Report.

80) Solar Connect, 해외 RE100 현황 및 글로벌 동향(2) 구글, 애플 기업사례 살펴보기, https://www.solarconnect.kr/insight/foreign-market-report/2869, Google 2019 Environmental Report, Google 2019 Environmental Report.

81) Solar Connect, 해외 RE100 현황 및 글로벌 동향(2) 구글, 애플 기업사례 살펴보기, https://www.solarconnect.kr/insight/foreign-market-report/2869, Google 2019 Environmental Report, Google 2019 Environmental Report.

82) Solar Connect, 해외 RE100 현황 및 글로벌 동향(2) 구글, 애플 기업사례 살펴보기, https://www.solarconnect.kr/insight/foreign-market-report/2869, Google 2019 Environmental Report, Google 2019 Environmental Report.

83) Jessica Strine, Marc Lindsay, and Robert Main, The Age of ESG(March 9, 2020) https://corpgov.law.harvard.edu/2020/03/09/the-age-of-esg/

84) Jessica Strine, Marc Lindsay, and Robert Main, The Age of ESG(March 9, 2020) https://corpgov.law.harvard.edu/2020/03/09/the-age-of-esg/

85) Jessica Strine, Marc Lindsay, and Robert Main, The Age of ESG(March 9, 2020) https://corpgov.law.harvard.edu/2020/03/09/the-age-of-esg/

86) Jessica Strine, Marc Lindsay, and Robert Main, The Age of ESG(March 9, 2020) https://corpgov.law.harvard.edu/2020/03/09/the-age-of-esg/

87) Jessica Strine, Marc Lindsay, and Robert Main, The Age of ESG(March 9, 2020) https://corpgov.law.harvard.edu/2020/03/09/the-age-of-esg/

88) Jessica Strine, Marc Lindsay, and Robert Main, The Age of ESG(March 9, 2020) https://corpgov.law.harvard.edu/2020/03/09/the-age-of-esg/

89) Canadian Coalition for Good Governance, The Directors' E&S Guidebook(2018, May), 24~25쪽.

90) Canadian Coalition for Good Governance, The Directors' E&S Guidebook(2018, May), 24~25쪽.

91) Canadian Coalition for Good Governance, The Directors' E&S Guidebook(2018, May), 24~25쪽.

92) 박윤정, 미국 상장기업 이사회의 지속가능경영 관여 현황, 2014년 4권 16호 CGS Report, 12쪽.

93) 박윤정, 미국 상장기업 이사회의 지속가능경영 관여 현황, 2014년 4권 16호 CGS Report, 11쪽.

94) Canadian Coalition for Good Governance, The Directors' E&S Guidebook(2018, May), 24~25쪽.

95) https://www.keramida.com/blog/what-is-the-boards-role-in-esg

96) Canadian Coalition for Good Governance, The Directors' E&S Guidebook(2018, May), 24~25쪽.

97) Canadian Coalition for Good Governance, The Directors' E&S Guidebook(2018, May), 24~25쪽.

98) Canadian Coalition for Good Governance, The Directors' E&S Guidebook(2018, May), 24~25쪽.

99) On the board's agenda, ESG and corporate purpose in a disrupted world, Deloitte, July 2020, 5쪽.

100) https://www.keramida.com/blog/what-is-the-boards-role-in-esg

101) https://www.keramida.com/blog/what-is-the-boards-role-in-esg

102) Canadian Coalition for Good Governance, The Directors' E&S Guidebook(2018, May), 24-25쪽.

103) Canadian Coalition for Good Governance, The Directors' E&S Guidebook(2018, May), 24-25쪽.

104) 로버트 에클스(Robert G. Eccles), 메리 존스톤루이스(Mary Johnstone-Louis), 콜린 메이어(Colin Mayer), 주디스 스트롤(Judith C. Stroehle), 지속가능성을 위한 이사회의 역할, 하버드비즈니스리뷰, 2020. 9~10월호.

105) Paula Loop, Paul DeNicola, and Barbara Berlin, How Does the Board Oversee ESG?, PricewaterhouseCoopers LLP(Dec. 21, 2020) https://corpgov.law.harvard.edu/2020/12/21/how-does-the-board-oversee-esg/

106) Paula Loop, Paul DeNicola, and Barbara Berlin, How Does the Board Oversee ESG?, PricewaterhouseCoopers LLP(Dec. 21, 2020) https://corpgov.law.harvard.edu/2020/12/21/how-does-the-board-oversee-esg/

107) Paula Loop, Paul DeNicola, and Barbara Berlin, How Does the Board Oversee ESG?, PricewaterhouseCoopers LLP(Dec. 21, 2020) https://corpgov.law.harvard.edu/2020/12/21/how-does-the-board-oversee-esg/

108) https://www.keramida.com/blog/what-is-the-boards-role-in-esg

109) Deloitte, On the board's agenda, ESG and corporate purpose in a disrupted world(July 2020), 4쪽.

110) Paula Loop, Paul DeNicola, and Barbara Berlin, How Does the Board Oversee ESG?, PricewaterhouseCoopers LLP(Dec. 21, 2020) https://corpgov.law.harvard.edu/2020/12/21/how-does-the-board-oversee-esg/

111) Paula Loop, Paul DeNicola, and Barbara Berlin, How Does the Board Oversee ESG?, PricewaterhouseCoopers LLP(Dec. 21, 2020) https://corpgov.law.harvard.edu/2020/12/21/how-does-the-board-oversee-esg/

112) 류정선, 최근 글로벌 ESG 투자 및 정책동향, 금융투자협회(2020.6.17).

113) Paula Loop, Paul DeNicola, and Barbara Berlin, How Does the Board Oversee ESG?, PricewaterhouseCoopers LLP(Dec. 21, 2020) https://corpgov.law.harvard.edu/2020/12/21/how-does-the-board-oversee-esg/

114) https://www.keramida.com/blog/what-is-the-boards-role-in-esg

115) 로버트 에클스(Robert G. Eccles), 메리 존스톤루이스(Mary Johnstone-Louis), 콜린 메이어(Colin Mayer), 주디스 스트롤(Judith C. Stroehle), 지속가능성을 위한 이사회의 역할, 하버드비즈니스리뷰, 2020. 9~10월호.

116) 박윤정, 미국 상장기업 이사회의 지속가능경영 관여 현황, 2014년 4권 16호 CGS Report, 11쪽.

117) COSO, Enterprise Risk Management, Applying enterprise risk management to environmental, social and governance-related risks, 2018.

제3장 ESG 법률

1) 예를 들어 "협동조합기본법" 제4조 제1항에는 '협동조합등은 법인으로 한다.'라고 되어 있고, "도시 및 주거환경정비법" 제38조 제1항도 '조합은 법인으로 한다.'고 규정하고 있다.

2) 예를 들어 상법 제173조에서는 '권리능력의 제한'이라는 제목 하에 회사가 다른 회사의 무한책사원이 되는 것을 금지하고 있다.

3) 대법원 1999. 10. 8. 선고 98다2488 판결에서는 "회사의 권리능력은 회사의 설립 근거가 된 법률과 회사의 정관상의 목적에 의하여 제한되나 그 목적범위 내의 행위라 함은 정관에 명시된 목적 자체에 국한되는 것이 아니라, 그 목적을 수행하는 데 있어 직접, 간접으로 필요한 행위는 모두 포함되고 목적수행에 필요한지의 여부는 행위의 객관적 성질에 따라 판단할 것이고 행위자의 주관적, 구체적 의사에 따라 판단할 것은 아니다."라고 하였다.

4) 그러한 방법 중 대표적인 것이 집단소송의 경우라고 할 수 있다.

5) 김병연, "사회적 기업금융과 자본시장법적 검토", 『증권법연구』 제13권 제3호(2012), 97면.

6) 곽관훈, "사회적 기업 육성법제 및 기타 창업관련 법제 정비방안", 『증권법연구』 제13권 제3호(2012), 3면.

7) 김병연, 앞의 논문, 98~99면.

8) 사회적기업 육성법은 사회적 목적에 대하여 "취약계층에게 사회서비스 또는 일자리를 제공하거나 지역사회에 공헌함으로써 지역주민의 삶의 질을 높이는" 것으로 정의하고 있다(법 제2조 제1호).

9) https://www.mois.go.kr/frt/sub/a06/b06/village/screen.do 참고.

10) 이외에도 집행위원회(executive committee), 재무위원회(finance committee), 보상위원회(remuneration committee), 지배구조위원회(corporate governance committee), 윤리위원회(ethics committee) 등이 있다.

11) 특히 국내 기업들은 아직 기업경영에 있어서 ESG의 현실적 의미와 필요성을 제대로 인식하지도 않은 상태에서 ESG위원회를 만들고 향후 설치할 계획중인 기업들이 많은데, 모두 이러한 고민 속에 있다. https://news.nate.com/view/20210402n02342?mid=n1101 참고.

12) 이상호, 『ESG 정보 유용성 제고를 위한 기업공시 개선방안』 한국자본시장연구원 이슈보고서 21~12, 8면.

13) 김병연·권재열·양기진, 『자본시장법: 사례와 이론』, 박영사, 2019, 9면과 237면 참고.

14) 이상호, 『ESG 정보 유용성 제고를 위한 기업공시 개선방안』 한국자본시장연구원 이슈보고서 21-12, 9면.

15) 한국기업지배구조원, "수탁자 책임 원칙 이행 방안"(2018) 참조.

16) 즉 http://www.cgs.kr/business/esg_tab01.jsp에 따르면, 2011년부터 사회적 책임과 환경경영이 포함된 ESG 평가를 실시하고 있고, 이러한 ESG 평가모형은 OECD 기업지배구조원칙과 ISO26000의 내용을 반영한 것이라고 한다.

17) 환경기술 및 환경산업 지원법 제16조의8 참조.

18) 2021. 4. 13일 개정이유문 참조.

19) 증권발행공시규정 제4-3조는 녹색경영과 관련된 사업보고서 기재사항을 정하고 있고, 기업공시서식 제4-2-12조, 제6-2-6조, 제11-3-11조는 녹색경영과 관련된 주요사항보고서 및 거래소 공시사항에 관한 내용을 규정하고 있다.

20) 2021년 10월 14일부터 시행예정이다.

21) 이 경우 환경부장관은 미리 산업통상자원부장관 및 금융위원회 위원장과 협의하여야 한다(법 제10조의4 제2항 제1호 단서).

22) 유효기간은 한 번만 연장이 가능하며 그 연장 기간은 신기술인증은 5년 이내, 기술검증은 7년 이내로 한다(법 제7조의3 제2항).

23) 이러한 업무에는 ① 지역의 환경개선 및 보전을 위한 조사·연구, 환경기술 개발 및 민관협력 사업, ② 환경 및 환경기술정보 관련 기초자료의 수집·분류·가공·보급 및 이에 관한 전산망의 구축과 관련되는 사업, ③ 환경기술의 국제교류, ④ 환경산업체에 대한 지원 및 협력을 위한 사업, ⑤ 녹색성장 및 지역의 환경개선 등을 위한 환경 관련 교육·홍보 사업이 있다(법 제10조 제2항 제2호).

24) 환경기술 및 환경산업 지원법 시행령 제22조의9에 따르면 다음의 기관 또는 기업들이 해당된다.

1. 「정부조직법」 제2조에 따른 중앙행정기관
2. 「지방자치법」 제2조에 따른 지방자치단체
3. 「공공기관의 운영에 관한 법률」 제4조에 따라 지정된 기관(같은 법 제5조제4항에 따른 기타공공기관으로서 직원의 정원이 100명 미만인 기관은 제외한다)
4. 「고등교육법」 제3조에 따른 국립대학 및 공립대학
5. 시·도지사가 설립한 다음 각 목의 기관
   가. 「지방공기업법」 제49조에 따른 지방공사(직원의 정원이 50명 미만인 지방공사는 제외한다)
   나. 「지방공기업법」 제76조에 따른 지방공단(직원의 정원이 50명 미만인 지방공단은 제외한다)
6. 「지방의료원의 설립 및 운영에 관한 법률」에 따른 지방의료원(직원의 정원이 300명 미만인 지방의료원은 제외한다)
7. 「저탄소 녹색성장 기본법」 제42조 제5항에 따른 관리업체 또는 「온실가스 배출권의 할당 및 거래에 관한 법률」 제8조 제1항에 따라 지정된 배출권 할당 대상업체.

25) 2021년 7월 현재 아직 제정되지 않은 상태이다. 아직 법 시행 전이기는 하지만, 부처간 긴밀한 협의를 통하여 미리 제정되는 것이 바람직한데, 이러한 입법적 노력은 아쉽다.

26) 기업공시서식 제11-3-1조 제1항에서는 그러한 사실에 관한 일자, 처벌 또는 조치대상자, 처벌 또는 조치내용, 사유 및 근거법령, 처벌 또는 조치에 대한 회사의 이행현황, 재발장지를 위한 회사의 대책에 관하여 기재하도록 하고 있다.

27) 평가기관에는 한국광물자원공사, 한국지질자원연구원, 5년 이상 자원개발 평가업무의 경력을 가진 자로서 유가증권시장주권상장법인(코스닥시장 및 외국 거래소 상장법인을 포함한다)의 자원개발관련 평가실적이 있는 자로 정하고 있다(유가증권시장 공시규정 시행세칙 제8조 제2-2호 가목~다목).

28) 유가증권시장 공시규정 시행세칙 제8조 제7호가 정하고 있는 사항들은 아래와 같다.

가. 「저탄소 녹색성장 기본법」(이하 “녹색성장법”이라 한다) 제32조에 따른 녹색기술, 녹색사업에 대한 적합성 인증 또는 녹색전문기업의 확인 및 그에 대한 인증취소 또는 확인취소

나. 녹색성장법 제42조에 따른 관리업체에 관한 사항
   (1) 관리업체 지정(재지정을 포함한다) 또는 취소
   (2) 동법 제44조에 따라 정부에 보고하여야 하는 온실가스 배출량 및 에너지 사용량에 관한 사항. 이 경우 사업보고서등의 제출 이후 7일 이내에 신고하여야 한다.

다. 녹색성장법에 따른 개선명령, 시정이나 보완명령, 과태료 부과 등의 조치
라. 「환경기술 및 환경산업 지원법」 제16조의2 및 제16조의3에 따른 녹색기업 지정 또는 취소
마. 지속가능경영보고서(어떤 명칭으로도 녹색경영정보와 관련한 기타 보고서를 포함한다) 관련사항, 온실가스 배출권의 취득 또는 처분 등 녹색경영정보와 관련한 사항으로서 투자자에게 알릴 필요가 있다고 판단되는 사항

29) 대규모법인이 아닌 유가증권시장주권상장법인의 규정 제24조의2에 따른 기업지배구조 보고서를 말하며, 이 경우 신고기한은 사업보고서의 법정제출기한으로부터 2개월 이내로 되어 있다(유가증권시장 공시규정 시행세칙 제8조 제7-2호).

30) 상호저축은행법의 규정과 관련한 과점주주가 되거나 그 지위변경, 당해 법인이 과점주주로 있는 상호저축은행의 국제결제은행이 정한 자기자본비율이 낮아진 사실, 당해 법인이 과점주주로 있는 상호저축은행의 매 분기별 재무제표의 어느 하나에 해당하는 경우를 말한다(유가증권시장 공시규정 시행세칙 제8조 제9호).

31) 여기에 해당되는 사항으로는 「가족친화 사회환경의 조성 촉진에 관한 법률」(이하 "가족친화법") 제15조에 따른 가족친화인증, 가족친화법 제17조에 따른 인증의 유효기간 연장 및 동법 제18조에 따른 인증취소의 경우 또는 가족친화법 제25조에 따른 과태료 부과 조치가 있다(유가증권시장 공시규정 시행세칙 제8조 제15호).

32) 이 경우 반기보고서 및 사업보고서 제출 이후 7일 이내 해당 자원개발에 관한 진행사항을 신고하여야 하며, 해당 자원개발이 중단된 경우에는 지체 없이 그 사실을 신고하여야 한다(코스닥시장 공시규정 시행세칙 제13조 제2호).

33) 한국광물자원공사, 한국지질자원연구원, 5년 이상 자원개발 평가 업무 경력을 가진 자로서 코스닥시장상장법인(유가증권시장 주권상장법인 및 해외거래소 상장법인을 포함한다)의 자원개발 관련 경제성 평가실적이 있는 자가 여기에 해당된다.

34) 「저탄소 녹색성장 기본법」(이하 "녹색성장법") 제32조에 따른 녹색기술, 녹색사업에 대한 적합성 인증 또는 녹색전문기업의 확인 및 그에 대한 인증취소 또는 확인취소, 녹색성장법 제42조에 따른 관리업체 지정 또는 취소, 녹색성장법에 따른 개선명령, 시정이나 보완명령, 과태료 부과 등의 조치, 「환경기술 및 환경산업 지원법」 제16조의2 및 제16조의3에 따른 녹색기업 지정 또는 취소, 온실가스 배출권의 취득 또는 처분 등 녹색경영정보와 관련한 사항으로서 투자자에게 알릴 필요가 있다고 판단되는 사항이 여기에 해당된다.

35) 「가족친화 사회환경의 조성 촉진에 관한 법률」(이하 "가족친화법") 제15조에 따른 가족친화인증, 동법 제17조에 따른 인증의 유효기간 연장 및 동법 제18조에 따른 인증의 취소의 경우 또는 가족친화법 제25조에 따른 과태료 부과 조치가 여기에 해당된다.

36) TCFD, Recommendations of the Task Force on Clomate-related Financial Disclosures Final Report, June 2017, p.1.

37) 원문은 아래와 같다.

Figure 4

Recommendations and Supporting Recommended Disclosures

Governance	Strategy	Risk Management	Metrics and Targets
Disclose the organization's governance around climate-related risks and opportunities.	Disclose the actual and potential impacts of climate-related risks and opportunities on the organization's businesses, strategy, and financial planning where such information is material.	Disclose how the organization identifies, assesses, and manages climate-related risks.	Disclose the metrics and targets used to assess and manage relevant climate-related risks and opportunities where such information is material.
Recommended Disclosures	**Recommended Disclosures**	**Recommended Disclosures**	**Recommended Disclosures**
a) Describe the board's oversight of climate-related risks and opportunities.	a) Describe the climate-related risks and opportunities the organization has identified over the short, medium, and long term.	a) Describe the organization's processes for identifying and assessing climate-related risks.	a) Disclose the metrics used by the organization to assess climate-related risks and opportunities in line with its strategy and risk management process.
b) Describe management's role in assessing and managing climate-related risks and opportunities.	b) Describe the impact of climate-related risks and opportunities on the organization's businesses, strategy, and financial planning.	b) Describe the organization's processes for managing climate-related risks.	b) Disclose Scope 1, Scope 2, and, if appropriate, Scope 3 greenhouse gas (GHG) emissions, and the related risks.
	c) Describe the resilience of the organization's strategy, taking into consideration different climate-related scenarios, including a 2°C or lower scenario.	c) Describe how processes for identifying, assessing, and managing climate-related risks are integrated into the organization's overall risk management.	c) Describe the targets used by the organization to manage climate-related risks and opportunities and performance against targets.

출처: TCFD, Recommendations of the Task Force on Clomate-related Financial Disclosures Final Report, p.14(June 2017).

38) EEC(유럽경제공동체) 체제였던 1978년에 78/660/EEC Article 46(1)(b)에서 비재무적 정보의 공시에 관심을 보였으며, 1983년 83/349/EEC Article 36(1)을 거쳐서, 현재 EU 체제 하에서 2013/34/EU Article 19(a)에서는 경영보고서(Article 19 management report), 비재무적 보고서(Article 19a Non-financial statement), 기업지배구조 보고서(Corporate governance statement)로 구분하여 작성·공시하도록 하고 있다.

39) Directrive 78/660/EEC Article 46(1)(b); 83/349/EEC Article 36(1), 2013/34/EU Article 19(a).

40) 비재무적 정보의 공시이기 때문에 NFRD(Non-Financial Reporting Directive)라고도 한다.

41) https://info.dechert.com/10/14179/june-2020/esg-snap-shot---rules-and-regulations-overview-of-the-eu-non-financial-reporting-directive(1).asp?sid=8d5efd75-2e0a-49de-a9ee-06a178c711a2 참고.

42) https://ec.europa.eu/commission/presscorner/detail/en/qanda_21_1806 참고.

43) https://www.sec.gov/sec-response-climate-and-esg-risks-and-opportunities 참고.

44) ESG 공시 및 단순화법은 기업이 ESG 측정 기준을 광범위하게 공개하고 기후 위험, 정치적 지출, CEO 급여 및 세율을 명시하도록 강제한다. 상장 기업은 ESG 메트릭스와 장기 사업 성과가 ESG와 어떤 연관 관계가 있는지 공개해야 한다.

45) https://www.law.nyu.edu/news/ideas/edward-rock-ALI-corporate-governance-restatement 참고.

46) https://www.blackrock.com/corporate/investor-relations/larry-fink-ceo-letter 참고.

47) https://www.blackrock.com/corporate/about-us/investment-stewardship 참고.

48) https://www.americanprogress.org/issues/economy/reports/2021/06/10/500352/sec-broad-author-

ity-require-climate-esg-disclosures 참고.

49) https://www.sec.gov/news/public-statement/lee-climate-change-disclosures 참고.

50) https://www.cnbc.com/2021/07/28/sec-chair-gensler-says-investors-want-mandatory-disclosure-on-climate-risks.html 특히 기후 관련 정보를 회사의 재무 성과에 대한 연례 보고서인 Form 10-K의 일부로 제출해야 하는지 여부를 고려할 것이라고 하였다. 공시대상이 되는 정보에는 회사의 리더십이 기후 관련 위험과 기회를 관리하는 방법은 물론 온실 가스 배출, 기후 변화의 재정적 영향 및 기후 관련 목표를 향한 진행 상황과 관련된 지표가 포함될 수 있을 것이며, S&P 100 기업의 92%가 배출 감소 목표를 설정할 계획임을 언급하면서 기후 변화 해결에 대한 약속에 대해 기업도 책임을 지게 될 것이라고 하였다.

제4장 ESG 채권

1) 송재경, ESG 투자, 어디까지 해봤니? 흥국증권 리서치센터(2021.2.8), 7쪽.

2) 한국거래소, http://sribond.krx.co.kr/contents/01/01010000/SRI01010000.jsp

3) 한상범, 한국판 뉴딜과 사회책임투자의 활성화, 사회책임 투자채권(ESG 채권) 활성화 토론회(2020.9.15), 33쪽.

4) 글로벌채권팀/ESG연구소, 성공적인 ESG 채권 발행 전략, ESG 채권발행, 선택이 아닌 필수, 삼성증권(2021.2월), 28쪽.

5) Creating Green Bond Markets – Insights, Innovations, and Tools from Emerging Markets, Sustainable Banking Network(SBN), October 2018, 4쪽.

6) 한상범, 한국판 뉴딜과 사회책임투자의 활성화, 사회책임 투자채권(ESG 채권) 활성화 토론회(2020.9.15), 36~39쪽.

7) 한상범, 한국판 뉴딜과 사회책임투자의 활성화, 사회책임 투자채권(ESG 채권) 활성화 토론회(2020.9.15), 36~39쪽.

8) 오덕교, 국내외 녹색채권 동향, ESG 현안분석, 한국기업지배구조원(2020.5).

9) ESG TFT, 글로벌 사례 분석을 통해 본 한국형 ESG 정책도입의 방향, 한국신용평가(2020.5), 6~7쪽.

10) 오덕교, 국내외 녹색채권 동향, ESG 현안분석, 한국기업지배구조원(2020.5).

11) ESG TFT, 글로벌 사례 분석을 통해 본 한국형 ESG 정책도입의 방향, 한국신용평가(2020.5), 5쪽.

12) ESG TFT, 글로벌 사례 분석을 통해 본 한국형 ESG 정책도입의 방향, 한국신용평가(2020.5), 6~7쪽.

13) ESG TFT, 글로벌 사례 분석을 통해 본 한국형 ESG 정책도입의 방향, 한국신용평가(2020.5), 7쪽.

14) ESG TFT, 글로벌 사례 분석을 통해 본 한국형 ESG 정책도입의 방향, 한국신용평가(2020.5), 6~7쪽.

15) ESG TFT, 글로벌 사례 분석을 통해 본 한국형 ESG 정책도입의 방향, 한국신용평가(2020.5), 6~7쪽.

16) ESG TFT, 글로벌 사례 분석을 통해 본 한국형 ESG 정책도입의 방향, 한국신용평가(2020.5), 7쪽.

17) ESG TFT, 글로벌 사례 분석을 통해 본 한국형 ESG 정책도입의 방향, 한국신용평가(2020.5), 8쪽.

18) ESG TFT, 글로벌 사례 분석을 통해 본 한국형 ESG 정책도입의 방향, 한국신용평가(2020.5), 9쪽.

19) 글로벌채권팀/ESG연구소, 성공적인 ESG 채권 발행 전략, ESG 채권발행, 선택이 아닌 필수, 삼성증권(2021.2월), 29쪽.

20) ESG TFT, 글로벌 사례 분석을 통해 본 한국형 ESG 정책도입의 방향, 한국신용평가(2020.5), 9쪽.

21) 글로벌채권팀/ESG연구소, 성공적인 ESG 채권 발행 전략, ESG 채권발행, 선택이 아닌 필수, 삼성증권(2021.2월), 29쪽.

22) ESG TFT, 글로벌 사례 분석을 통해 본 한국형 ESG 정책도입의 방향, 한국신용평가(2020.5), 9쪽.

23) 글로벌채권팀/ESG연구소, 성공적인 ESG 채권 발행 전략, ESG 채권발행, 선택이 아닌 필수, 삼성증권(2021.2월), 29쪽.

24) ESG TFT, 글로벌 사례 분석을 통해 본 한국형 ESG 정책도입의 방향, 한국신용평가(2020.5), 9쪽.

25) 글로벌채권팀/ESG연구소, 성공적인 ESG 채권 발행 전략, ESG 채권발행, 선택이 아닌 필수, 삼성증권(2021.2월), 29쪽.

26) ESG TFT, 글로벌 사례 분석을 통해 본 한국형 ESG 정책도입의 방향, 한국신용평가(2020.5), 11쪽.

27) ESG TFT, 글로벌 사례 분석을 통해 본 한국형 ESG 정책도입의 방향, 한국신용평가(2020.5), 11쪽.

28) 환경부, 금융위원회, 한국환경산업기술원, 한국거래소, 녹색채권 가이드라인(2020.12).

29) 전혜현, ESG 채권, 관심은 안정성에서 수익률로 Transition, KB 증권(2021.3.12), 20쪽.

30) 진익, 국내외 ESG 채권시장 현황과 시사점, 2020년 11월호 73쪽.

31) 전혜현, ESG 채권, 관심은 안정성에서 수익률로 Transition, KB 증권(2021.3.12), 20쪽.

32) 진익, 국내외 ESG 채권시장 현황과 시사점, 2020년 11월호 73쪽.

33) 전혜현, ESG 채권, 관심은 안정성에서 수익률로 Transition, KB 증권(2021.3.12), 20쪽.

34) 글로벌채권팀/ESG연구소, 성공적인 ESG 채권 발행 전략, ESG 채권발행, 선택이 아닌 필수, 삼성증권(2021.2월), 40쪽.

35) 한국거래소, http://sribond.krx.co.kr/contents/01/01010000/SRI01010000.jsp

36) 이인형, 사회적책임투자채권(ESG 채권) 활성화 토론회 토론 자료(2020.9.15), 47-48쪽.

37) 이인형, 사회적책임투자채권(ESG 채권) 활성화 토론회 토론 자료(2020.9.15), 47-48쪽.

38) 진익, 국내외 ESG 채권시장 현황과 시사점, 2020년 11월호, 75쪽.

39) 이인형, 사회적책임투자채권(ESG 채권) 활성화 토론회 토론 자료(2020.9.15), 47-48쪽.

40) 이인형, 사회적책임투자채권(ESG 채권) 활성화 토론회 토론 자료(2020.9.15), 47-48쪽.

41) 진익, 국내외 ESG 채권시장 현황과 시사점, 2020년 11월호, 75쪽.

42) 이인형, 사회적책임투자채권(ESG 채권) 활성화 토론회 토론 자료(2020.9.15), 47-48쪽.

43) 이인형, 사회적책임투자채권(ESG 채권) 활성화 토론회 토론 자료(2020.9.15), 47-48쪽.

44) 이인형, 사회적책임투자채권(ESG 채권) 활성화 토론회 토론 자료(2020.9.15), 47-48쪽.

45) 이인형, 사회적책임투자채권(ESG 채권) 활성화 토론회 토론 자료(2020.9.15), 47-48쪽.

46) 오민영, ESG 채권시장 현황과 활성화 방안, 사회책임 투자채권(ESG 채권) 활성화 토론회 토론자료(2020.9.15), 69쪽.

47) Environmental Finance, Bond of the year: Social and sustainability – Starbucks(2017. 4.7일).

48) https://www.sustainalytics.com/corporate-solutions/sustainable-finance-and-lending/published-projects/project/starbucks/starbucks-sustainability-bond-framework-second-party-opinion/starbucks-sustainability-bond-second-party-opinion-05012019-pdf

49) 삼정회계법인, GS 칼텍스 녹색채권원칙에 기반한 검증보고서(2019.10), 4~9쪽.

제5장 ESG 투자

1) 고려대학교 산학협력단, 국민연금 책임투자와 스튜어드십 코드에 관한 연구, 국민연금연구원 용역보고서 2017-04, 2017. 15쪽.

2) 결국 실무에서 거의 동일한 의미로 사용하고 있지만, (사회)책임투자는 투자자의 책임투자원칙을 강조하는 반면, ESG 투자에서는 ESG의 각 환경, 사회, 지배구조의 각 요소의 반영에 가중치를 두는 의미로 받아들여지고 있다.

3) CSR과 CSV의 차이에 대하여는 이 책의 제1장 제1절 1. 참조.

4) US SIF, Report on US Sustainable, Responsible and Impact Investing Trends, 11th edition. 2016; 고려대학교 산학협력단, 위의 책, 20쪽.

5) 이에 대하여는 ESG 평가의 측면에서 각 이니셔티브 및 단체들이 ESG 평가 즉 ESG 요소에 어떠한 영향을 주고 있는지에 대하여 참조할 수 있다.

6) UN PRI의 환경, 사회, 지배구조의 각 측면에서 가지는 의미에 대하여는 이 책의 제1장 제1절 3. 참조.

7) 이형종 외1, ESG경영과 자본주의 혁신, 21세기북스, 2021, 231쪽.

8) UN PRI 홈페이지(https://www.unpri.org/annual-report-2020/foreword).

9) 연합인포맥스, 국민연금－주식 이어 채권까지 ESG 평가한다…기준은 비공개하기로, 2021. 1.19.자 기사(https://news.einfomax.co.kr/news/articleView.html?idxno=4128062).

10) 정승혜 외3, 기금 사회책임투자 실행 및 성과평과 기준 연구, 국회예산처 2016년도 연구용역보고서, 2016, 20쪽.

11) Rory Sullivan, Fiduciary-duty-21st-century-final-report, unep fi and pri, 2019, p.8.

12) Rory Sullivan, op. cit., p.8.

13) WBCSD, Reinventing capitalism: a transformation agenda, 2020, p.16.

14) 황운경 외1, 해외 주요 연기금 및 자산운용사의 책임투자와 투자제한 동향으로부터의 시사점, 대신경제연구소, 2021. 2쪽.

15) GSIA가 제시한 책임투자의 유형에 대한 내용은 국민연금공단, 국민연금연구원, 국민연금 책임투자와 스튜어드십 코드에 관한 연구(1), 2017. 25쪽 이하의 내용을 요약 정리한 것이다.

16) Gordon L Clark, op. cit.; RobecoSAM AG, RobecoSAM's Alpha from Sustainability, 2014.

17) 정승혜 외3, 위의 논문, 25쪽.

18) 황운경 외1, 위의 논문, 6쪽.; 박영석, ESG를 활용한 자산운용 전략, 한국기업지배구조원 기업지배구조리뷰 VOL.86, 2018, 18쪽.

19) 고려대학교 산학협력단, 국민연금 책임투자와 스튜어드십 코드에 관한 연구, 국민연금연구원 용역보고서 2017-04, 68쪽.

20) SIF는 세계이니셔티브로서 지속가능한 책임투자 포럼(The Forum of Sustainable and Responsible Investment)이고, EURO SIF는 유럽 지부를 일컫는다.

21) EU 홈페이지 참조(https://ec.europa.eu/info/business-economy-euro/banking-and-finance/sustainable-finance_en).

22) 국민연금 홈페이지 참조(https://fund.nps.or.kr/jsppage/fund/mcs/mcs_06_01.jsp).

23) 정승혜 외3, 위의 논문, 41쪽.

24) 장현숙, 기후변화대응: 기업의 책임과 역할, 기업윤리브리프스, 국민권익위원회, 2019, 2쪽.

25) 우리나라의 국민연금(NPS)의 경우 자산규모가 2021년 기준 892.3조원으로 세계 3위의 연기금이 해당한다. 본 장에서는 해외 주요연기금의 책임투자 동향에 대하여 살펴보므로 이후에서 따로 다루기로 한다.

26) 해외 연기금의 투자정책에 대하여 많은 부분을 각 연기금의 홈페이지와 '황운경 외1, 해외 주요 연기금 및 자산운용사의 책임투자와 투자제한 동향으로부터의 시사점, 대신경제연구소, 2021'을 참조하였다.

27) 황운경 외1, 위의 논문, 54쪽.

28) VBDO, Benchmark Responsible Investment by Pension Funds in the Netherlands 2019, 2019, p.10.

29) APG, APG Responsible Investment Report 2019, 2020. p.10.

30) Norges Bank 홈페이지(https://www.nbim.no/en/).

31) GSIA의 유럽 규제 강화에 따른 책임투자 자산의 정의 개념의 변동에 따라 정확하지 않을 수 있다.

32) US SIF(https://www.ussif.org/blog_home.asp?Display=155).

33) 장우영, 국민연금기금의 법적 성격과 운용원칙에 관한 연구, 상사법연구 제31권 제3호, 2012, 224쪽.

34) CalPERS, Annal Investment Report 참조(https://www.calpers.ca.gov/page/investments/about-investment-office/investment-financial-reports).

35) 한국경영자총협회, 해외 연기금 현황과 시사점-CalPERS의 자산운용방식과 시사점, 월간 경영계, 2008, 33쪽.

36) 이는 앞의 GSIA의 보고서에서 이미 살펴본 바 있다.

37) 장우영, 위의 논문, 226쪽.

38) 이명수, 2015 정책백서: 국민연금기금 일본전범기업 투자현황 진단, 2015, 27~28쪽.

39) JSIF, Sustainable Investment Survey 2018, 2018, p.2.

40) 황운경 외1, 위의 논문, 171쪽.

41) GPIF, Investment results for 3Q of fiscal 2019, p.1.

42) JSIF, op. cit., p.3

43) 황운경 외1, 위의 논문, 176쪽.

44) 황운경 외1, 위의 논문, 186쪽.

45) IPE https://www.ipe.com/reports/top-500-asset-managers-2020/10045925.article

46) US SIF(https://www.ussif.org/blog_home.asp?Display=155).

47) 하나의 폭탄 속에 여러 개의 소형폭탄이 들어 있는 폭탄.

48) 정승혜, 위의 논문, 54쪽.

49) 보건복지부·국민연금공단, 국민연금 책임투자 활성화 방안(초안), 2019. 7, 7쪽.

50) 조선일보, 운용원칙에 '사회책임·지배구조' 명시한 국민연금… 재계 "평가기준 개선해야" 2020. 1. 16.자 기사(https://biz.chosun.com/site/data/html_dir/2020/01/15/202001150 2389.html).

51) 이종오 외2, 한국 사회책임투자 시장현황 및 전망 2019, 한국사회책임투자포럼, 2020. 8. 3쪽.

52) 이는 공적연기금, 공제회, 우정사업본부, 공모펀드의 SRI 규모의 합계이다.

제6장 ESG 평가

1) Pedro Matos, ESG and Responsible Institutional Investing Around the World, Acritical Review, CFA Institute Research Foundation, 2021, p.49.

2) 이형종 외1, ESG경영과 자본주의 혁신, 21세기북스, 2021.5, 194쪽.

3) 이인형, ESG 평가 체계 개선 방향, 자본시장포커스 2021-10호, 2021, 1쪽.

4) Bloomberg, Conflicting ESG Ratings Are Confusing Sustainable Investors, 2019.12.11(https://www.bloomberg.com/news/articles/2019-12-11/conflicting-esg-ratings-are-confusing-sustainable-investors).

5) Florian Berg et al., Aggregate Confusion: The Divergence of ESG Ratings, MIT Sloan School of Management, 2020.5.2(이하 'MIT 논문').

6) Bloomberg, op. cit.

7) 이에 관한 연구로는 Florian Berg et al., op. cit.; Kotsantonis, Sakis, and George Serafeim. Four Things No One Will Tell You About ESG Data, Journal of Applied Corporate Finance 31, no. 2(Spring 2019): 50~58.

8) Florian Berg et al., op. cit., p.30.

9) Florian Berg et al., op. cit., p.31.

10) Florian Berg et al., op. cit., p.30.

11) Bloomberg, op. cit.

12) 임팩트온, GRI, SASB 등 글로벌 표준 빅5 뭉쳤다, 2020.9.23.자 기사.

13) 임팩트온, 위의 기사.

14) 김재필, ESG 혁명이 온다. 한스미디어, 2021, 102쪽.

15) 글로벌 이니셔티브의 간략한 정리는 제2장 ESG경영, 제1절, 2. 참조.

16) CERES 홈페이지(https://www.ceres.org/homepage).

17) SASB에 대하여는 제2장 ESG 경영 제1절, 1.을 참조. 개괄적인 내용을 재차 설명하였다.

18) SASB 홈페이지(https://materiality.sasb.org/).

19) 해당 표에 대한 설명은 이 책의 제2장 ESG 경영 제1절 1.을 참조.

20) UN 재단 홈페이지(https://unfoundation.org/what-we-do/issues/sustainable-development-goals/?gclid=CjwKCAjwgb6IBhAREiwAgMYKRl3XyoomZRkBJSSCvtxHtizh76Efn0CTcxKCIBTbDkfElHTqfPrj6xoCoSwQAvD_BwE).

21) KoSIF 홈페이지 참조(https://kosif.azurewebsites.net/cdp/%ED%94%84%EB%A1%9C%EA%B7%B8%EB%9E%A8/).

22) UNEP FI 홈페이지 참조(https://www.unepfi.org/about/).

23) UNEP FI 홈페이지 참조(https://www.unepfi.org/positive-impact/rethinking-impact/).

24) 이는 2℃이하 목표에서 1.5℃이하로 변경하여 2021년에 발표하였다.

25) SBTi 홈페이지 참조(https://sciencebasedtargets.org/business-ambition-for-1-5c).

26) 2021.8.9.기준 SBTi 홈페이지 참조(https://sciencebasedtargets.org/companies-taking-action).

27) 한국표준협회 홈페이지(https://www.ksa.or.kr/ksa_kr/875/subview.do).

28) B Corp 홈페이지 참조(https://bcorporation.net/about-b-corps).

29) GRI & B Lab, Complementary Use and Linkage of the GRI Standards and B Lab's B Impact Assessment, 2021.

30) UN Climate Change 홈페이지(https://unfccc.int/process-and-meetings/the-paris-agreement/the-paris-agreement).

31) 생물다양성 협약 홈페이지(https://www.cbd.int/convention/).

32) 생물다양성이란 육상, 해상 및 그밖의 수생생태계 및 생태학적 복합체(Ecological Complexes)를 포함하는 모든 자원으로부터의 생물간의 변이성을 말하며, 종들간 또는 종과 그 생태계 사이의 다양성을 포함한다(생물다양성 협약 제2조).

33) Betty Moy Huber et al., ESG Reports and Ratings: What They Are, Why They Matter, Harvard Law School Forum on Corporate Governance, 2017.

34) 구체적인 출처들은 이하 정보에서 발췌하였다.

35) Refinitiv 홈페이지(https://solutions.refinitiv.com/esg-data/?utm_content=Refinitiv%20Brand%20Product-KR-APAC-G-EN-Exact&utm_medium=cpc&utm_source=google&utm_campaign=434508_PaidSearchEN&elqCampaignId=13781&utm_term=refinitiv%20esg%20scoring&gclid=CjwKCAjwp-MOIBhBAEiwAy5M6YMveljUt7AtkqM0v8li8Rycjozzy8c0bWvft5TsDmTIZlyVcWnNYQxoC5_UQAvD_BwE&gclsrc=aw.ds).

36) Refinitiv, Refinitiv ESG scores Metrhdology, 2021, p.8.

37) 모닝스타 홈페이지(https://www.morningstar.co.kr/asp/News/ViewArticle.asp?tab=6&subTap=0&section=Abou&seq=159081).

38) 한국생산성본부 보도자료, 한국생산성본부, 2020 다우존스 지속가능경영지수(DJSI) 평가결과 발표, 2020.11.14.

39) 서스틴베스트, 상장기업 ESG 분석보고서 2020, 2020, 9쪽.

40) 보건복지부·국민연금공단, 국민연금 책임투자 활성화 방안(초안), 2019.7, 24쪽.

41) 한국거래소 보도자료, ESG 정보공개 가이던스 제정 및 교육 동영상 제작, 2021.1.18.

42) 산업통상자원부 보도자료, 산업부, 한국식 ESG 지표 정립 본격 착수, 2021.4.21.

43) 이인형, 위의 논문, 3쪽.

44) Reporting on enterprise value: Illustrated with a prototype climate-related financial disclosure standard, December 2020.

찾아보기

저자 약력

김병연

건국대학교 법학전문대학원 교수로 재직하고 있고 자본시장법, 회사법 강의를 담당하고 있다. 연세대학교 법과대학 및 동 대학원 졸업, 미국 Indiana University Law School에서 LL.M.과 S.J.D. 학위를 취득하였다. 자본시장과 금융투자업에 관한 법률 제정T/F위원으로 활동하였으며, 한국거래소 시장감시위원회위원, 금융감독원 금융투자업인가외평위원을 역임하였다. (사)금융부동산규제연구원장, 한국상사법학회, 한국증권법학회, 한국신탁학회 부회장으로 활동하고 있으며, 자본시장과 관련된 다수의 연구용역에 참가하였고, NH투자증권 소비자보호협의회 위원, 한국상사중재원의 상사중재인으로 실무활동도 활발하게 하고 있다. 저서로는 주식회사 운영법률실무, 자본시장법: 사례와 실무(공저), 회사법: 사례와 실무(공저) 외에 60여 편의 자본시장 관련 학술논문을 발표하였다.

박종철

미국 뉴욕주 변호사, 법학전문박사로 중앙대학교 보안대학원 겸임교수로 강의하고 있다. 현재 한국지속경영연구원장, (사)금융부동산규제연구원 부원장, 한국중견기업학회 부회장, 한국산업보안연구학회 상임이사, 다수의 기업 및 단체의 법률자문 변호사, 대신경제연구소 자문위원과 한화투자증권 고문으로 활동하고 있다. 푸르덴셜투자증권 전략기획실장(CFO겸직), 한화투자증권 지역본부장, 준법감시인, CISO, CPO 및 신용정보보호관리인을 역임하였고 저서로는 보안거버넌스의 이해, 보안컨설팅과 보안실무 등이 있다. 현재 ESG 경영(준법경영, 윤리경영), 이해상충방지, 소비자보호, 개인정보보호와 보안분야에서 활발한 저술활동을 하고 있다.

정웅채

법무법인 예현의 파트너 변호사로 재직하고 있다. 건국대학교 법학전문대학원에서 전문석사 졸업 및 전문박사과정을 수료하였다. 회사법, 행정 및 부동산 분야의 전문변호사로서 회사법, 행정 및 부동산금융 관련 자문과 정비사업 관련 송무 업무 등을 수행하고 있다. (사)금융부동산규제연구원 이사, 서울시 공익변호사, 대법원 국선변호인, 서울동부교육지원청 학교폭력대책심의위원회 위원, 국가인권위원회 현장인권상담위원, 중랑경찰서 선도위원회 위원 등 다양한 분야에서 활동하고 있다.

(사)금융부동산규제연구원 총서 1

ESG 경영과 법률

초판 발행 2021년 9월 30일

지은이 김병연 · 박종철 · 정웅채

펴낸이 김중용
총괄기획 박노일 · 최준규
편 집 심성보
펴낸곳 도서출판 정독
경기도 고양시 일산서구 하이파크로 113, 102-204
등록 제406-2014-000093호
전 화 070)7550 - 3758 팩 스 02)718 - 8554
홈페이지 www.jeongdok.co.kr 이메일 pnc@pncmedia.co.kr
ISBN 979-11-90899-91-8 93320

정 가 20,000원